玄空風水秘訣

付録 玄空紫白訣

白鶴易人 監修
安藤成龍 著者
易海陽光 翻訳

東洋書院

出版にあたって

玄空風水の本を出版しようと思って原稿を書き始め早や3年もかかってしまいました。玄空の理論は流派によって異なっているし、あれも書こう、これも書こうとやっているうちにページ数がどんどん増えてしまったのです。ほぼ原稿が出来上がって師匠である上海の白鶴易人老師に送ると私が勘違いしているところを直して頂いたばかりか、加筆をされた項目が何カ所もありました。それでこの本がずいぶん格調高くなったものと思います。白鶴易人老師にはお忙しい中、ご指導頂きましたことに感謝申し上げます。

私は縁あって上海の白鶴易人老師より玄空風水を上海で直接学ぶことが出来、さらに弟子にまでして頂きました。この本が世に出たことで恩返しの一つになったと喜んでいます。

今年になってようやく原稿の目途がついたので、出版の相談を奇門遁甲の同門であり、第一人者の黒門先生に相談したら東洋書院を紹介頂きました。有難いことに親切丁寧に出版までのお世話をして頂き、ここまでたどり着いたことにお礼申し上げます。

また、出版にあたりまして以下の方々のご協力があったことを紹介します。易海陽光《いかいようこう》さんは易経と風水の研究家で現代風水研究会の秘書長でもあります。ハルピンで高名な中国揺鞭派風水の伝人、泰論詩老師に学び、中国揺鞭派風水　第七代目弟子となりました。私がこの本の出版を考えた頃、日本で翻訳されていない中国の風水書を併せて出したいと思い、いち早く玄空風水の原書として数えられる「玄空紫白訣」の原文と翻訳文を担当して頂きました。非常感謝！

この本で力を入れたのは具体的な実例の紹介です。私が風水鑑定を行った依頼者の方に許可を得て、鑑定の状況を公表させて頂いた上で、その感想文まで頂戴しました。これにより玄空風水の実際が紹介できたことは感謝の気持ちで一杯です。

鑑定図を作るのにあたって冨岡瑞穂さんにイラストについてはデザイナーの広本理絵さんにご協力頂きました。併せてお礼申し上げます。

内容の確認と校正については武藤安希恵さんにお世話になりました。

この本が玄空風水の鑑定を行う方、あるいは研究者の方にとっての参考となれば望外の喜びです。

平成31年1月吉日

現代風水研究会
会長 **安藤 成龍**（吉村徳則）

白鶴易人老師とのご縁

わが師である上海の著名な風水師、白鶴易人老師と出会ったのは不思議な縁があります。もう12年も前になりますが、２００６年4月11日に岡山駅近くの岡山県立大学サテライトキャンパスが初対面でした。先生は風水の講演で来日しておられてその前日に大阪の書店で私の著書「奇門遁甲ビジネス開運方位術」を目にされ、そこに記載してあった私のメールアドレスにメールを送信されました。確か「私は上海の風水師白鶴易人。明日、良かったら会いませんか」というものでした。私は驚くと同時に喜んで先生の滞在されているホテルへ電話しました。翌日、岡山の大学で風水の講演をされると聞き、それはチャンスだと感じて飛んでいきました。私はかねてより、中国の風水師より本場の風水を直接学びたいと思っていましたが、なかなかその縁がありません。またあったとしても中国語にうといもので、話しを聞いてもチンプンカンプンで理解不能です。実現しそうもない願いに天の助けと言うか、日本語のしゃべれる本格的な風水師が目の前に現れたのです。どんな方かといささか緊張していましたが、とてもきさくな方でした。大学での講義が終わって、福岡に行かれるというので新幹線で広島まで同席させてもらうことにしました。その席で「先生、弟子にしてください」と初対面にもかかわらず頼んだのです。それを先生は「いいですよ」と応えてくれました。それから私が上海に何度か訪問して、玄空風水や奇門遁甲の個人学習をして頂きました。そして現代風水研究会の顧問にもなって頂いたことは、感謝してもしきれないほどです。

その頃、私はすでに玄空風水を学んでいて、鑑定にも使っていました。しかし、実務の世界において判断に悩むことが少なくありませんでした。その点でタイミング良く、師匠に出会えたものだと思います。これはもう縁としか言いようがありません。

このたび玄空風水の本を出版するにあたって、監修と同時にご多忙の中、筆を加えて頂いたことは感謝感謝で、この紙面を借りてお礼申し上げます。

ホテルグランビア岡山にて

弟子證書

安籐成龍茲為白鶴易人弟子（白鶴易人為中國劉伯温奇門遁甲24代門第，楊筠松楊公風水38代弟子，蔣大鴻大玄空三元地理24代傳人），特發此證。

白鶴易人

2016年6月26日　颁发

白鶴易人先生よりの弟子証書

白鶴易人老師の紹介

白鶴易人老師は中国の上海を拠点に中国各地、シンガポールなど海外まで広くご活躍されている風水名士。幼少の頃より漢方医である父親より、易学、陰陽学の影響を受けて長期間、中国各地へ名師や高人を歴訪し、香港、台湾、シンガポール、日本などの易学大師に学び研究し、多くの方より高い評価を得ています。

現在、楊公風水第38代伝人、蔣大鴻大玄空風水第24代門弟、劉伯温奇門遁甲第23代弟子、中国国際発展研究院国学教授、日本現代風水研究会顧問、シンガポール国際風水総会会員、浙江大学ＥＭＢＡ班（奇門遁甲、六壬、風水課程）授課老師、楊公風水研究院上海分院院長の要職にあります。また、２０１５年に国際高級堪輿策画師を授与されました。２０１６年には易経文化と信息科学研究会顧問に就任。

白鶴易人老師はかって上海の名門学校の複旦大学で中村璋八教授より日本思想史を学ばれました。日本語が堪能で親日家でもあります。日本での活動としては、１９９９年に福岡市で風水の講義が最初で、２００５年には東洋運勢学会設立30周年記念大会にゲスト講師として招かれ京都都ホテルで多数の参加者を前に風水の講演をされました。その後、現代風水研究会の顧問に就任頂き、広島市と東京都で風水講演と企業鑑定を実施。２０１６年12月にはＴＢＳテレビ系列の「林修の歴史ミステリー 徳川家２６０年最大の謎 隠された財宝３０００億円徹底解明スペシャル」に出演され、上海一の風水師と紹介されました。２０１７年４月にもＴＢＳテレビの徳川埋蔵金番組に特別ゲストとして来日し、赤城山で奇門遁甲による埋蔵金の発掘指導を実施したのは記憶に新たです。

著書として「風水遊記」「劉氏奇門直解」「白鶴易人掌訣一百図」「当代奇門遁甲名家案例賞析」「六壬直解」があります。

白鶴易人

私は元々、中国上海の旅行社の日本語部の担当者でした。漢方医の家系で易学の趣味を持っている私はよく日本を旅行しました。日本語を分かっている私は易学により日本と縁を結びつけば最大の幸せだと思います。

振り返れば大阪で安藤成龍さんが書かれた奇門遁甲の本を見たことがきっかけとなり、岡山県立大学で初めてお会いし、良いご縁ができることで交流が始まり、その後10年にも渡っています。初めてお会いした時、私と同じ奇門遁甲と風水の趣味を持つことが分かり大変喜びました。

この10年の間に何度か訪日し、広島、宮島、奈良、伊勢神宮、富士宮、皇居などを一緒に廻って頂きました。また、安藤さんが訪中した際には、南京中山陵、諸葛八卦村、劉伯温の故郷である南田鎮、福建省の土楼など風水名所を見学しました。巻頭の写真を眺め、懐かしく思います。併せて蒋氏大玄空風水、劉氏奇門遁甲、羅盤の個人指導を行ったことはご縁があったとしか言いようがありません。２０１６年には日本人で最初の弟子として認定をしました。現代風水研究会が主催する玄空風水の講座に出講したことも良い思い出です。

２０１７年にはＴＢＳテレビの特番「徳川埋蔵金大発掘」に特別ゲストとして招かれたことは非常に光栄でした。今後も易学を通じて各地にご縁が広がっていくことを期待しています。

いま、安藤成龍さんの風水著作「玄空風水秘訣」が出版されましたが、これは日本の風水界において大変有益なことと思います。玄空風水の理論ばかりでなく、その実例が具体的に紹介されており、玄空風水を学ぶ者にとって大変良い教科書となることでしょう。

さて、玄空風水は中国で重要な風水流派ですが、明清時代に始まって最近では大変盛んになりました。玄空風水は時間の変化である三元九運を大事にしています。三元は上元60年、中元60年、下元60年。九運は一運20年であることから全部で１８０年になります。

玄空風水の九宮盤中の運星、山星、水星から組み合わせて風水の吉凶を表します。「玄空風水秘訣」の中で玄空風水の秘密を十分に公開しました。私は10カ所ほどあると思います。

化解の方法についてこの本にははっきりと説明があります。五行の木火土金水の五元素を弱める方法として、五行の木火土金水の物質、形、色によって洩らす方法です。中国風水の呼び方は通関と言います。216局の玄空風水盤で山星と水星は相生が吉で相剋が凶で、その悪さが数字の対応卦象で推断できます。また、土地を旺気にするための炭素埋設も素晴らしいやり方で中国では見られないものです。私も実施したいと考えております。

加えてこの本には「玄空紫白訣」の原文と解説が掲載されています。初心者にとってこれは良い勉強となることでしょう。「玄空紫白訣」は玄空風水の秘訣を豊かに含んでいるため、これを知らない訳にはいかないのです。特にその中の奇門遁甲と納音等の内容は天機とも言えるもので価値が高いです。古い言葉に「宅局旺衰星盤定，客星加臨凶吉生」があります。紫白訣は年、月などの客星の使い方が図ではっきり表されました。

風水を判断する上で巒頭は大事です。風水は晋代の郭璞《かくはく》が言うように「蔵風蓄気得水、得水は一番上」です。風水に悪い影響を与えるものは山煞と水煞です。三元派の祖師である唐代の宮廷風水師、楊筠松は「天玉経」で「関天関地定雌雄，富貴此中逢，翻天倒地対不同，秘密在玄空」と言いました。

楊公風水で二十四山の劫曜煞と黄泉煞を巒頭で大事にします。秘訣は黄泉としての歌訣。

庚丁坤向是黄泉，乙丙須防巽水先，甲癸向上憂見艮，辛壬水路怕当乾，坤向庚丁切莫言，巽向忌行乙丙上，艮逢甲癸禍連連，乾向辛壬禍依然。

これは座向に対して屋外の川など来水の見え始めの方位に忌むものがあると言うことです。

また、劫曜煞には次のような訣があります。

巽未申山癸劫蔵，辛戌居丑庚馬郷，震艮逢丁甲見丙，壬猴乾兎丙辛方，坎癸逢蛇巳午鶏，丁酉逢寅坤亥乙，龍虎逢羊乙猴劫，犀牛龍位永不立。

座山に対して劫曜煞となる方位に奇怪な山や建築物が見えるのを忌むことを述べています。私は山煞と水煞のある所に風水立局は絶対にしません。

少し難しいことを書きましたが、玄空風水は屋内の風水判断に優れているが、屋外の判断には不足している。よってこれを加味する必要があるということです。風水は奥が深いので、これをきっかけとして読者の研究が深まっていくことを願っています。

白鶴易人老師

奇門遁甲結業証書の授与

華東師範大学　張志哲教授

シンガポール　陳軍栄　風水大師

南京大学　李書有　教授

白鶴老師と楊公風水学研究院劉国勝院長

第一回長三角易経風水大会に参加

インドラダック　ゲンギャウ師

近代五行易学会会長　寒作昴臣先生

黒門アカデミー　黒門先生

広島での玄空風水修了者との記念写真

大阪での風水研究会

玄空風水秘訣◆目次

第1章　風水総論

1　風水とは

⑴風水の概念

風水の歴史の中で晋の時代に実在した郭璞《かくはく》（276～324年）が書いたとされる（郭璞に仮託されたとの説もある）風水の原典「葬経」には

「葬者乗生気也。気乗風則散，界水則止。古人聚之使不散，行之使有止，故謂之風水。風水之法得水為上，蔵風次之。」

翻訳文「葬者は生気に乗るなり。気は風に乗じて散じ、水に界《くぎ》られれば則ち止まる。古人はこれを聚めて散ぜじめず。これを行いて止めるあり。ゆえにこれを風水という。風水の法は得水を上とし、蔵風を次とする。」という有名な言葉を残している。

埋葬するときは生気に接することだ。その気というものは風に吹かれると散ってしまうが、水に接すれば止まる。先人はこれを集めて散らないようにした。これを止めて使ったのだ。故にこれを風水という。風水の法は得水を上とし、蔵風を次としたということは、水がある場所を第一とし、山がある場所を第二の要件としたものと考えられる。また蔵風得水は「風を屏風のような山が藏《おさ》め水を得る」ことである。

葬者はの言葉で、いわゆる陰宅（墓地風水）のことが重要視されていたように思えるが、中国では古代より陽宅と陰宅の両方を整えることが一族の安泰をもたらすものとされてきた。

中国風水で良く使われる言葉に「山管人丁水管財」がある。山は人の健康を管理し、水は財を管理するというものだ。その意味を考えると、山から発生する気によって健康面に恵まれ、良い男の子（跡取り）が生まれて一家が繁栄する。一方、水は水運による財貨の移動を意味する。かつては川や運河のそばに蔵屋敷が立ち並んで商業が盛んとなった。つまり、川のそばに財があるという様子を表すものである。察するに家族が多くてもお金に恵まれないのは良くない。ある程度お金があれば一家は繁栄するという考えであろう。しかしながら安定した山に支えられ、水に面した地形が大吉であることは間違いないのだ。

風水の理想的な地形は秀麗な高山があって祖山と呼ぶ。大地の気が発生する場所である。そこを起点に山脈を形成している。この山脈を気の通り道として龍脈という。途中には祖山よりも低い秀麗な山があると宗山と呼ぶ。龍脈の中継地点である。それからさらに先に龍脈は伸び、平地部の手前にある山が主山である。主山は山裾が両側に広がって屏風のように強風を防ぐ働きをしている。向かって右側を青龍、左側を白虎とする。場合によっては主山の内側に馬蹄形の小山が接した地形を見ることがある。直前にある龍穴を二重に守っているのだ。

龍穴の前方には平地が広がり、これを明堂と言う。その平地を取り巻くように川が流れているのを水龍とする。主山の前面で上流側を来龍、下流側を去龍という。これが得水であって、山の麓にある龍穴から発生する気は前方にゆるやかに進み、やがて川に接してそこで止まるものとした。川の代わりに湖水であっても良いとされる。このような地形を風水の吉地と位置づけた。

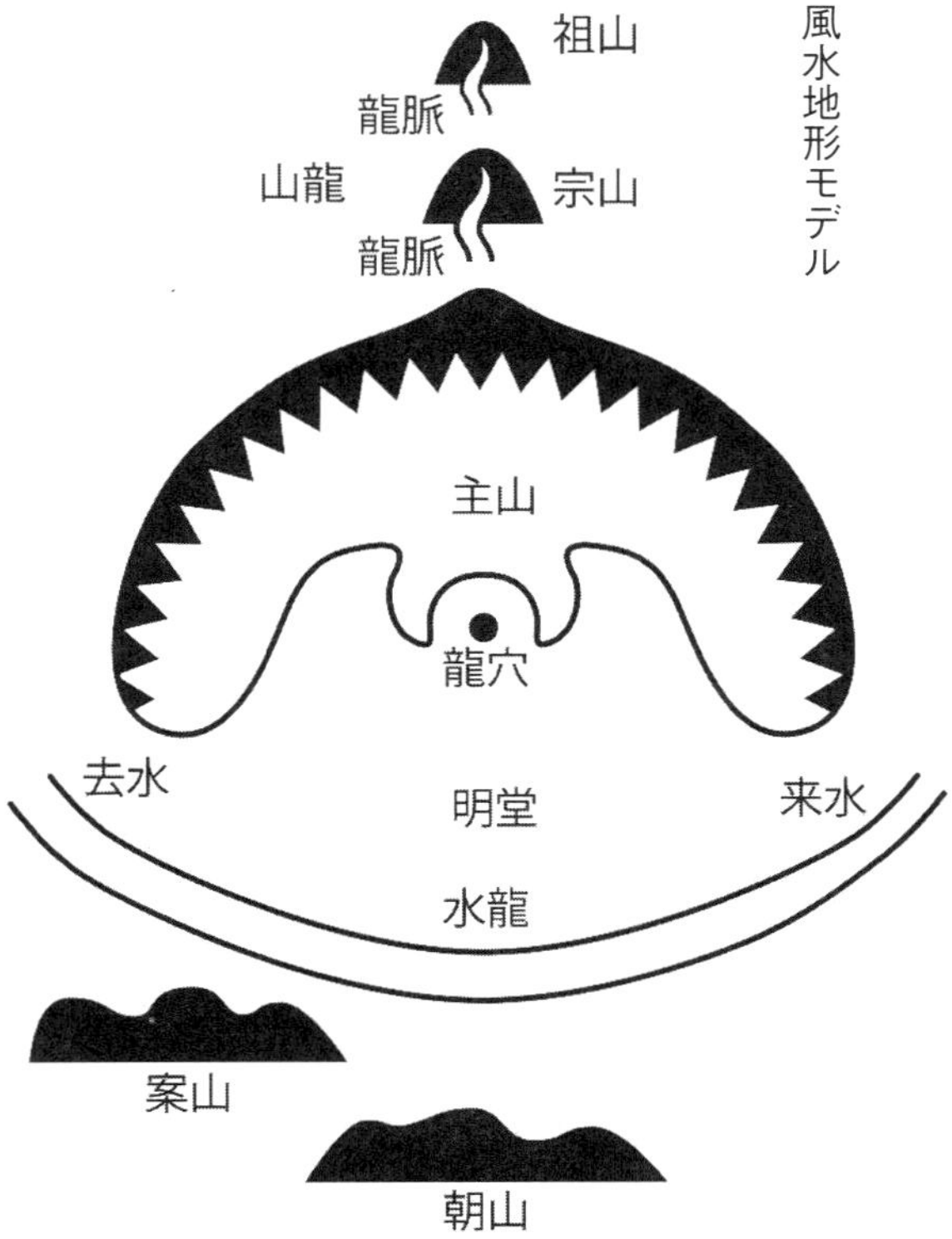

風水地形モデル

同様な地形が実際にある。兵庫県高砂市と加古川市にまたがる高御位山（たかみくらやま）標高３０４ｍ。山形は馬蹄形をしていて図に良く似ている。龍穴にあたるところが高砂市公園墓地となっている。

⑵易経と風水

易経と風水が同じものではないが関係するものとして述べておきたい。易は日と月という二つの文字が組み合わさってできている。また、易は蜥蜴という文字に組み込まれている。これは蜥蜴の色が見る方向から変化するためと言われている。森羅万象という言葉があるが、この世に存在する物体や現象は時間と共に変化していく。この現象と変化を一定の法則として整理したものが易経だと思う。易経は中国古代の哲学であるが、地理学と結びついたものが風水であると考える。

書経に「日月星辰」という言葉があり、太陽と月、星の動きを観察し、暦を作ることにつながっている。易の成り立ちを説明した繋辞伝《けいじでん》に「仰いで天を観て、伏しては地理

高御位山

を察す」という有名な言葉がある。つまり天体と地理とを観察することが陰陽家にとって重要な仕事であったといえる。

風水は地形の吉凶を判断する巒頭と目に見えない気を判断する理気という二つの要素で組み立てられており、気の要素こそが易理から取りいれられているといえる。太陽や月、星の動きによって気象の変化を予測し、大地の形状によって吉凶を知るということだ。

中国では風水学を易学から派生したものとしている。おもしろいことに六十四卦に「風水渙」がある。上卦に風（巽）で下卦に水（坎）。それに続いて渙となっている。「渙は散ること」を意味している。水の上を風が吹けば散るとなれば「葬経」に通じているではないか。易経が先にあって、風水思想に大きな影響を与えたと思えるのである。

また「三才」という言葉があるが、これは古代中国における世界観で、「天・地・人」の三つの要素で成り立っている。「天変地異」すなわち天候の変化は大雨や豪雪、旱魃、落雷などの天からの禍を天変とし、土砂崩れ、陥没、噴火、津波などを地異とした。そして、天が最上であって、影響が大きく、予測しがたいが日月や星の動きを観測することによってその兆候を読み取ることができるものと考えたのだ。

山から地上を観察し、地形の状況を判断することは地理風水として主に築城に用いられた。これとは別に地上からある地点の上空の気を観測する望気術というものがある。望気術とは古代中国で城を攻略する際に城内の気が上空に立ち上る色によって籠城した兵士の士気を確認するものである。山中に埋蔵される金銀鉱物の気が立ち上るのを目で探知する術としても活用された。このように風水師や兵法家にとって天と地の観測は重要視すべきものであった。

一方、人については出生の生年月日時間が個人の性格や運勢に大きな影響を与えるものと考え、四柱推命など命理術が考案された。しかしながら生年月日時間が同じであっても命運が同じであるわけではない。その違いについては立地や生活環境によって影響を受けることは否定できないのである。

「天・地・人」となっているのは天を最も影響するものとして最上のものとし、地はそれに次ぐものだが備えをすることによって禍をある程度防ぐことができる。人については傷つきやすい肉体を持ち、数十年の時間を生老病死という避けられない変化を持つ者ということで、最後にしたものと考える。

風水は地の優劣を判断するものであって古代の都市計画に用いられたことはいうまでもない。邸宅や墓地の選地についても重要視された。こうした中で、群雄割拠する古代においては防災と共に、敵の攻撃から防御しやすい地形を選んで都市を形成したものである。福建省に多く見られる土楼はその一例と思う。

「天・地・人」に類似した言葉を探すと、紀元前５００年頃の兵法家、孫子が著した「孫子の兵法（始計篇）」に「道、天、地、将、法」がある。兵法では天を戦機として天候や時間を、地を地形や陣形、人を統率の三要素として重視されるほか道は道理、すなわち大義名分である。法は統率のための軍法である。これらが揃わないと勝てないとした。一方で有名な儒家である孟子（紀元前３７２年~紀元前２８９年）は「天の時は地の利に如かず、地の利は人の和に如かず」という言葉を残した。すなわち、時期を見ることよりも、地形が重要で、地形よりも人材と統率力が重要であるということだ。

風水というものは環境の経験学と言えるもので、過去何千年もの歴史と経験則がこれまで伝えられてきたものだ。迷信だと一笑して終わるものではない。

孔子が著した論語に「温故知新」という有名な言葉がある。直訳すると「古きをたずねて新しきものを知る」

過去の知識を研究して新しいものが見えてくるという意味である。

　風水も時代の変化と共にその考え方も不変のものもあり、変化していくものもある。そのような考え方でこの本をまとめている。易経に「積善の家には必ず余慶あり」という言葉がある。良いことをしていると必ず慶びごとがあるという意味だ。易経は哲学として人の生きる道を示しているのである。風水は易の思想を根本理念としている。風水を学ぶ者は易経も学んでおかないとその深奥が分かることはないだろう。

福建省の世界遺産「永定客家土楼」

2　基礎理論

⑴ 河《か》図《と》

易経では古代の五帝として、伏義、神農、黄帝、尭、舜としている。伝説であるが中国古代最初の王、伏義《ふくぎ》が黄河に現れた馬を見てその背にあった不思議な模様を書き取った。これを黄河から出た図ということで、河図と名付けた。

黄石公伝赤松子述「青嚢経」に以下の文がある。

経曰天尊地卑陽奇陰偶一六共宗二七同道三八為朋四九為友五十同途。

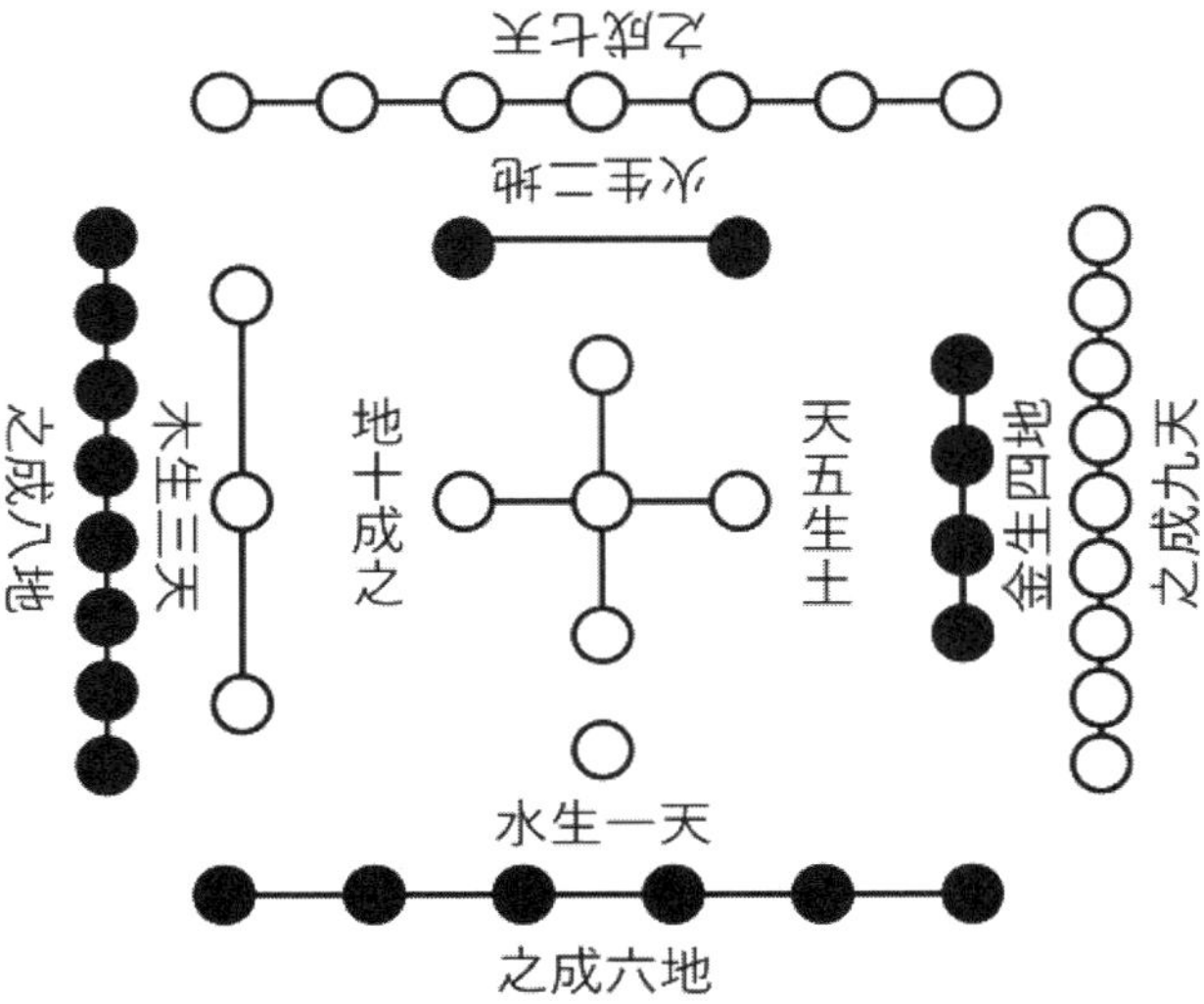

真ん中に五が置かれ、奇数と偶数が一定の法則で配置されている。天は奇数で陽、地は偶数で陰となる。それぞれ、一から四の数に中心の五を加えて同類のものとし、これを成数としている。その構成としては、一と六は北にあって五行の水である。二と七は南にあって火である。三と八は東にあって木である。四と九は西にあって金である。

	二七 火 南方	
三八 木 東方	五十 土 中央	四九 金 西方
	一六 水 北方	

(2) 洛　書

五帝の最後の王である舜は黄河の支流である洛水を治水するため禹を採用した。禹は人々を率いて治水にあたり、自分の家の前を3度通ったが寄らないほど専念したと言われている。あるとき川岸に立った禹は、大きな亀が浮上したのを発見した。亀の背にあった黒白の不思議な斑点を見て書き取ったものを洛水から名をとって洛書と呼んでいる。禹はその後、治水に成功し堯に禅譲され夏王朝の王となった。

亀の背にある斑点を数字に置き換えると、左の図になる。この模様は1から9までの数となっている。洛書の数は縦横斜めどの列を合計しても15となる魔法陣となっている。

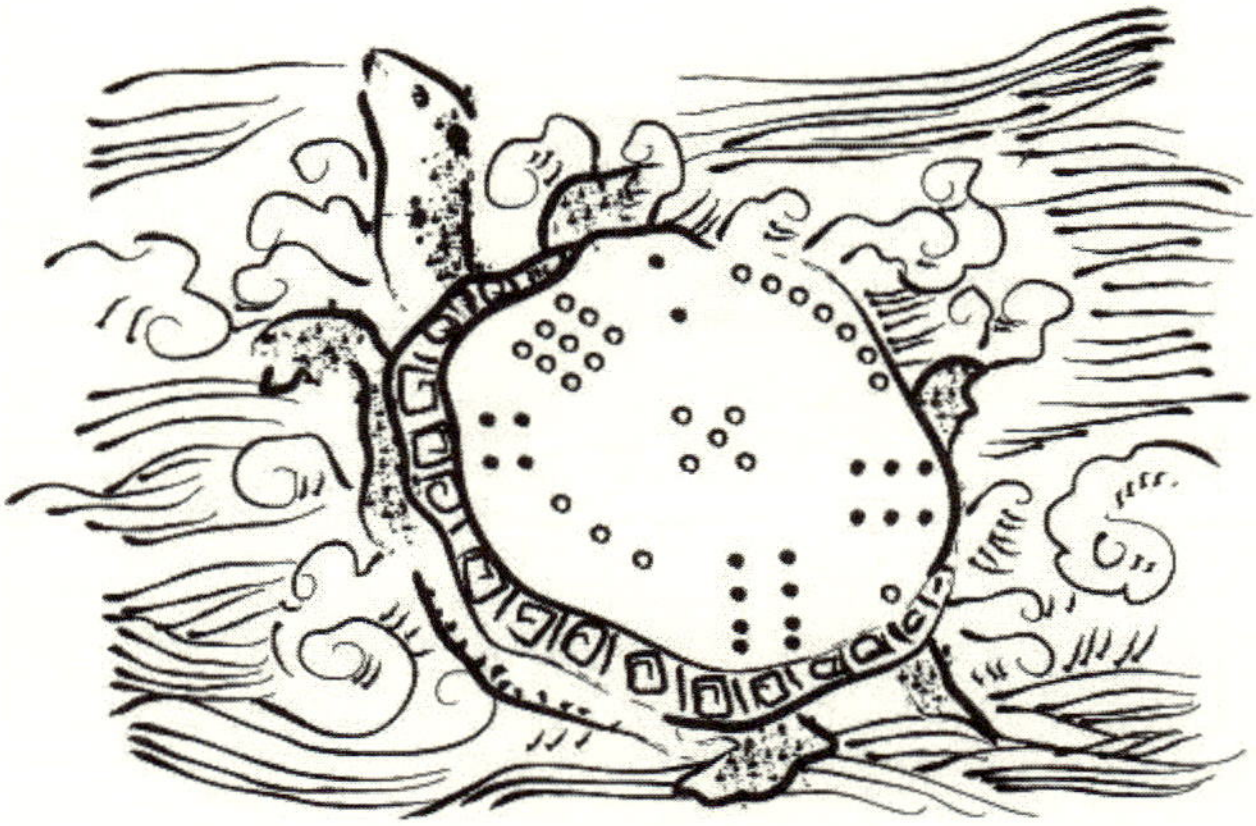

四	九	二
三	五	七
八	一	六

横列

4＋9＋2＝15

3＋5＋7＝15

8＋1＋6＝15

縦列

4＋3＋8＝15

9＋5＋1＝15

2＋7＋6＝15

斜め列

4＋5＋6＝15

2＋5＋8＝15

正に完全なる配列とされ、これが神秘性をもってとらえられた。

河図と関係するところは、一と六、二と七、三と八、四と九が隣り合わせているところである。河図と異なるところは、五が中央に位置するものの、十は存在しない。

先天八卦図

河図を元にして伏義が作ったと言われる。乾、兌、離、震から反転して巽、坎、艮、坤と一周する。天は高いため上に、地は低いために下に位置している。乾（天）と坤（地）、艮（山）と兌（沢）、震（雷）と巽（風）、坎（水）と離（火）はそれぞれ陽と陰とが相対する関係となっている。

後天八卦図

洛書の図を元にして周の文王が作ったと言われるため文王八卦とも呼ぶ。これも離（太陽）は真上に、坎（水）は下に位置づけており夜だ。艮（東北）は夜明け前。太陽は震（東）に昇り、巽（東南）に上昇し、離（南）へと到達する。坤（西南）へと傾き、兌（西）は最後の輝きを示し、乾（西北）は日没する。このような一日を表している。また、八卦にそれぞれ九星をあてはめる。中央は数字が無いが五が位置する。

河図と洛書との関係

河図は先天八卦とされ洛書は後天八卦となったが、体用の関係とされた。つまり体が本体で、その姿を現し

たものであり、用は作用のことでその働きを現している。

先天八卦と後天八卦は表裏一体とも言え、先天の乾は後天の離、先天の坤は後天では坎であって密接な関係となっている。

先天後天対比表

先天	乾	兌	離	震	巽	坎	艮	坤
後天	離	巽	震	艮	坤	兌	乾	坎

乾を父とし、坤を母として陽と陰に分け、それから生み出させる三人の男子（陽）と三人の女子（陰）とを合わせ八卦とした。

文王八卦図

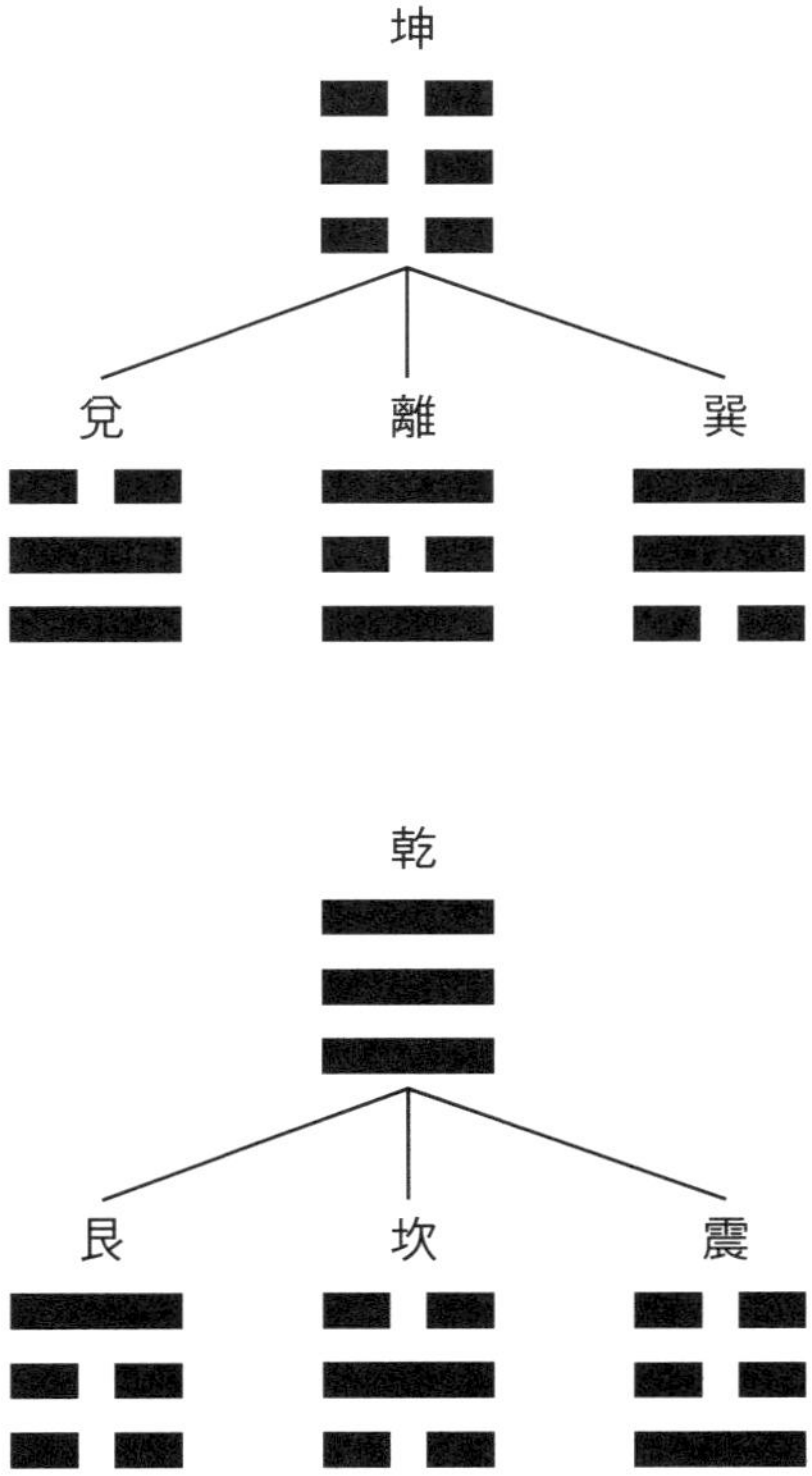

八卦の意味

	自然	人物	性質	方位	五行	色	季節	易数	五行数
乾	天	父	剛健	西北	金	金	秋冬間	一	四、九
坤	地	母	従順	西南	土	黄土	夏秋間	八	五、十
震	雷	長男	奮動	東	木	青	春	四	三、八
巽	風	長女	伏入	東南	木	青緑	春夏間	五	三、八
坎	水	二男	陥険	北	水	黒	冬	六	一、六
離	火	二女	美麗	南	火	赤	夏	三	二、七
艮	山	三男	静止	東北	土	茶色	冬春間	七	五、十
兌	沢	三女	愉悦	西	金	白	秋	二	四、九

(3) 五　行

五行という言葉は隋代の蕭吉《しょうきつ》の編集した「五行大義」に詳しく述べられている。その中で五行は「天地万物の根源」であるとし、世の中の万物は木、火、土、金、水の五大元素のいずれかに所属するものとした。

五行の相生相剋理論は風水にも広く取り入れられ、活用されている。当然のことながら玄空風水についても五行思想がいたるところに見られる

五行分類一覧表

五行	五方	五時	五色	五臓	五常（徳）	十干	十二支
木	東	春	青	肝臓	仁	甲、乙	寅、卯、（辰）
火	南	夏	赤	心臓	礼	丙、丁	巳、午、（未）
土	中央	土用	黄色	脾臓	信	戊、己	丑、辰、未、戌
金	西	秋	白	肺臓	義	庚、辛	申、酉、（戌）
水	北	冬	黒	腎臓	智	壬、癸	亥、子、（丑）

五行相生相剋の図

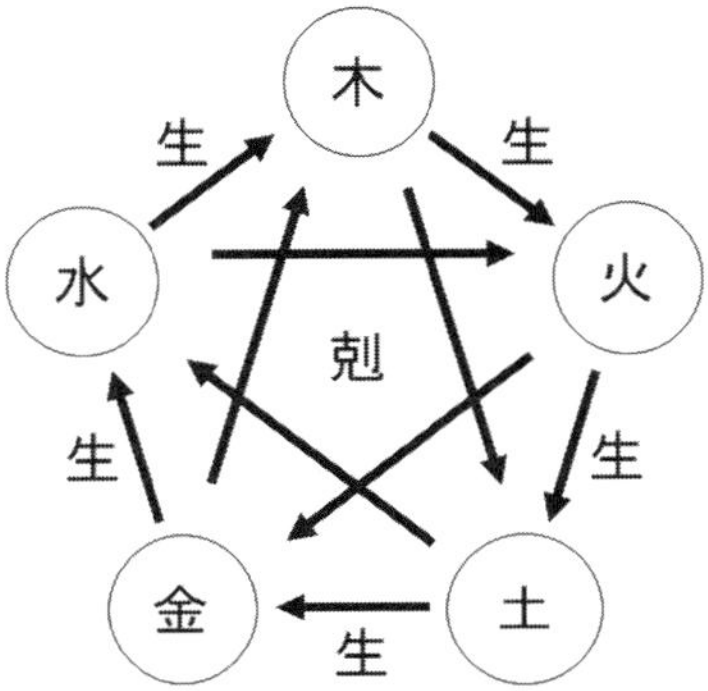

相生関係

木が火を生じ、火は土を生じ、土は金を生じ、金は水を生じ、水は木を生じるという五行循環を示している。相通じる良い関係である。

相剋関係

木は土を剋し、土は水を剋し、水は火を剋し、火は金を剋し、金は木を剋すという関係である。剋すというのは打ち勝つという意味を持つ。

(4) 九星図

洛書を元にして九星図が作られた。九つの枡に一から九までの数を配置する。五を中宮に入れ、右下のように順に配置したものを定位盤《じょういばん》という。これは停止しているものでなく、時間の変化によって数字が移動していく。この活動を飛泊と呼んでいる。その動きは中宮から始まって、乾宮→兌宮→艮宮→離宮→坎宮→坤宮→震宮→巽宮へと移動し、中宮へ戻る。つまり数字の変化については常に連続性を持っている。

一白、六白、八白と九紫が吉星なので紫と白を合わせて紫白九星という。

九宮図

巽宮	離宮	坤宮
震宮	中宮	兌宮
艮宮	坎宮	乾宮

九星図

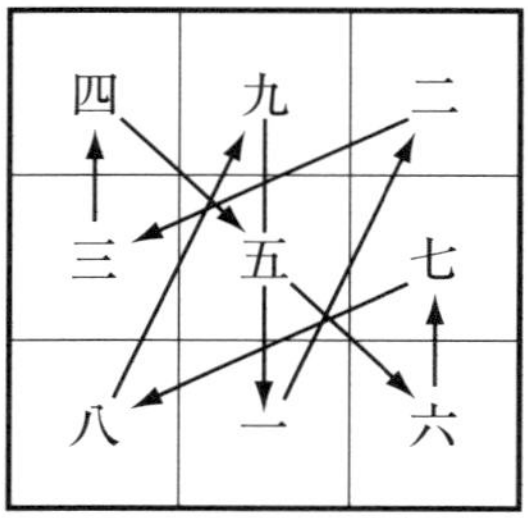

北を上にする表示方法について

私は現代社会に合わせて北を上にして九星図を表示する。これには訳があって。平成13年に近江一成先生と出会い、気学と挨星法を教えて頂いた。そのとき参考書としたのが、高島正龍著「八陣の秘法」であった。そこでは北を上にして標示されていたのでそれがすっかり身についてしまった。特に奇門遁甲では地図を見ることが多い。地図上で北は上として表示するのでその方がなじむのである。また、東洋思想研究者である中村璋八駒澤大学名誉教授が「五行大義」（明徳出版社）の中で、黄帝九宮経の図は北を下にしているが、尚書洪範伝の図は北を上にした盤として書かれている。そのほか、陰陽五行の研究家である吉野裕子氏は「陰陽五行思想からみた日本の祭」（人文書院）に九星と八卦の図で北を上にして表示されているのでそれに倣った。

黄帝九宮経

巽 四	離 九	坤 二
震 三	中宮 五	兌 七
艮 八	坎 一	乾 六

尚書洪範伝

		北		
	六	一	八	
西	七	五	三	東
	二	九	四	
		南		

したがって易や気学の世界では北を下にして表示するのが伝統的ではあるが、現代社会では北を上として地図を認識することが習慣となっており、風水で方位を表示する場合、今後はそのようにした表示方法に改める。

参考までに北を上にした表示で中宮に一から九まで入れた九星盤の一覧を示す。

三碧中宮

四	八	六
五	三	一
九	七	二

二黒中宮

三	七	五
四	二	九
八	六	一

一白中宮

二	六	四
三	一	八
七	五	九

六白中宮

七	二	九
八	六	四
三	一	五

五黄中宮

六	一	八
七	五	三
二	九	四

四緑中宮

五	九	七
六	四	二
一	八	三

九紫中宮

一	五	三
二	九	七
六	四	八

八白中宮

九	四	二
一	八	六
五	三	七

七赤中宮

八	三	一
九	七	五
四	二	六

3　風水の流派

風水を見る対象としては巒頭《らんとう》と理気がある。巒頭は地形や地勢、建物の形について吉凶判断を行うもので流派が分かれていない。一方、理気というものは方位の吉凶を判断する方法であり、その判断基準が異なるため流派が存在する。中国では玄空飛星派や八宅派、三合派が多いようである。ただし、三合派については陰宅風水で使われることが多く、陽宅では少ない。

我が国ではこれまで八宅派が主流であったが、ここ10年くらいは玄空飛星派が普及しているようだ。海外に目を移すと中国本土、台湾、香港、韓国など東アジアにおいて販売されている書籍を見ると玄空飛星派のものを良く目にする。一昨年にカナダのトロントに旅行したが、チャイナタウンの書店では玄空風水のタイトルの書物を発見してここにもあったかと喜んだほどだ。玄空飛星派の流派は章仲山が創始者の無常派を含めて六大流派に分かれているというが、実際にはさらに多くの分派があると考えて良い。

風水流派一覧表

流派	特徴
八宅派	生まれ年によって方位の吉凶が決まるという考え方に基づき、八種類の本命卦に分類する。本命卦ごとに室内の八方位を四吉方（生気、天医、延年、伏位）と四凶方（絶命、五鬼、六煞、禍害）に分け吉凶判断する。
紫白九星派	玄関の向きによって八種類の宅卦が決まる。（坎宅、艮宅、震宅、巽宅、離宅、坤宅、兌宅、乾宅）中宮に座にあたる方位の九星数を入れ、飛泊させて五行相生相剋の原理により、五種の宅気に分類し、八方位ごとの吉凶を判断する。
玄空飛星派	20年間を一単位とする三元九運と二十四方位（15度）により飛星盤を作る。それを四大格局に分けて吉凶判断する。玄空飛星派の中でも無常派、広東派、滇南派、蘇州派、上虞派、湘楚派の六大流派が代表的である。
玄空大卦派	玄空大卦は方位を六十四卦（5.6度）に分割し、それぞれに五行を割り当てる。座山と方位との関係を吉凶判断する。これだけを単独で使用することは少なく、玄空飛星派と併用することが多い。吉祥物を配置する際に使われることがある。
三合派	建物と山の方位を五行の相生相剋の原理で吉凶判断する砂法。建物または陰宅と川の方位を十二支方位の三合（生旺墓）から吉凶の状況判断を行う水法の判断方法が代表的なものだ。屋外の環境に重点を置く流派である。
三元派	三元派は唐代の宮廷風水師、楊筠松を祖とする。地元龍、天元龍、人元龍をもって三元とし、陰陽交媾の理論によって吉凶判断する。時代は下って明代末の蒋大鴻は三元九運を二元八運とし、正神と零神を分けて吉凶を判定する方法を伝えた。これを三元派としており、三元派も大きく二つに分かれている。三元派と玄空飛星派は似て非なるものである。

⑴八宅派の概要

天の気が年ごとに変化しているが、それが人体に影響を与え、磁性感応傾向というものが身に付くというもの。生まれ年の男女別に八種類の本命卦に分かれ、四吉方と四凶方が決まるというもの。その原典としては清代の風水書「八宅明鏡」がある。作者は形勢派の祖と言われる楊筠松と書かれているが実際は楊筠松に仮託されたものだろう。撰者は清代の箬冠《じゃっかん》道人。

その原理としては八卦の五行相生相剋を元にしている。

生まれ年（西暦）によって八種類の本命卦が決まる。その計算方式は次のとおり。

生まれ年が１９８５年の場合で男性では定数11から生年を合計して１桁にしたものを引く。

$$1+9+8+5=23$$

↓

$$2+3=5$$

↓

$$11-5=6$$

↓

乾命

本命卦配当図

1	坎命
2	坤命
3	震命
4	巽命
5	男坤命 女艮命
6	乾命
7	兌命
8	艮命
9	離命

生まれ年が１９９２年の女性では。定数４と生年を合計して１桁にしたものを合計する。なお、合計した数字が10以上になるとさらに合計して１桁にする。これを本命卦に置き換える。

男女いずれも合計した数字が5となった場合、男性では坤命とし、女性では艮命とする。

1+9+9+2＝21
↓
2+1＝3
↓
4+3＝7
↓
兌命

1986年の男性の場合

1+9+8+6＝24
↓
2＋4＝6
↓
11－6＝5
↓
坤命

なお、年の区切りは立春（2月4日）から始まり、節分（2月3日）で終わるとしているので注意が必要だ。

この八宅風水だが、玄空風水の補助的なものとして使う。例えば家の方位吉凶は玄空風水で判断し、ベッドの位置を選ぶときに八宅風水の吉方位となるようにする。

四吉方位の意味		四凶方位の意味	
生気（最大吉方位）	生命力がアップする	絶命（最大凶方位）	ストレスによる不調
天医（大吉方位）	健康的で健やかな生活	五鬼（大凶方位）	対人関係で衝突する
延年（中吉方位）	良い人間関係ができる	六煞（中凶方位）	トラブルが発生する
伏位（小吉方位）	謙虚で地道な生活態度	禍害（小凶方位）	無気力でミスが発生

男女別本命卦表（２月３日までであれば前年の本命卦となる）

生まれ年	男	女
１９８４年	兌	艮
１９８５年	乾	離
１９８６年	坤	坎
１９８７年	巽	坤
１９８８年	震	震
１９８９年	坤	巽
１９９０年	坎	艮
１９９１年	離	乾
１９９２年	艮	兌
１９９３年	兌	艮
１９９４年	乾	離
１９９５年	坤	坎
１９９６年	巽	坤
１９９７年	震	震
１９９８年	坤	巽
１９９９年	坎	艮
２０００年	離	乾
２００１年	艮	兌
２００２年	兌	艮
２００３年	乾	離
２００４年	坤	坎
２００５年	巽	坤
２００６年	震	震
２００７年	坤	巽
２００８年	坎	艮
２００９年	離	乾
２０１０年	艮	兌
２０１１年	兌	艮
２０１２年	乾	離
２０１３年	坤	坎
２０１４年	巽	坤
２０１５年	震	震
２０１６年	坤	巽
２０１７年	坎	艮

生まれ年	男	女
１９５０年	坤	坎
１９５１年	巽	坤
１９５２年	震	震
１９５３年	坤	巽
１９５４年	坎	艮
１９５５年	離	乾
１９５６年	艮	兌
１９５７年	兌	艮
１９５８年	乾	離
１９５９年	坤	坎
１９６０年	巽	坤
１９６１年	震	震
１９６２年	坤	巽
１９６３年	坎	艮
１９６４年	離	乾
１９６５年	艮	兌
１９６６年	兌	艮
１９６７年	乾	離
１９６８年	坤	坎
１９６９年	巽	坤
１９７０年	震	震
１９７１年	坤	巽
１９７２年	坎	艮
１９７３年	離	乾
１９７４年	艮	兌
１９７５年	兌	艮
１９７６年	乾	離
１９７７年	坤	坎
１９７８年	巽	坤
１９７９年	震	震
１９８０年	坤	巽
１９８１年	坎	艮
１９８２年	離	乾
１９８３年	艮	兌

本命卦盤一覧表

東四命

西北 六煞	北 伏位	東北 五鬼
西 禍害	坎命	東 天医
西南 絶命	南 延年	東南 生気

西北 五鬼	北 天医	東北 六煞
西 絶命	震命	東 伏位
西南 禍害	南 生気	東南 延年

西北 絶命	北 延年	東北 禍害
西 五鬼	離命	東 生気
西南 六煞	南 伏位	東南 天医

西北 禍害	北 生気	東北 絶命
西 六煞	巽命	東 延年
西南 五鬼	南 天医	東南 伏位

西四命

西北 伏位	北 六煞	東北 天医
西 生気	乾命	東 五鬼
西南 延年	南 絶命	東南 禍害

西北 延年	北 絶命	東北 生気
西 天医	坤命	東 禍害
西南 伏位	南 六煞	東南 五鬼

西北 生気	北 禍害	東北 延年
西 伏位	兌命	東 絶命
西南 天医	南 五鬼	東南 六煞

西北 天医	北 五鬼	東北 伏位
西 延年	艮命	東 六煞
西南 生気	南 禍害	東南 絶命

(2) 紫白九星派の概要

玄関の向きによって気の入る方位が住宅の吉凶に影響を与えるという考え方だ。八宅派の一種とされている。清代の堪輿家、姚廷鑾（餐霞道人）が「陽宅集成」の中で飛白図として記している。「陽宅集成」では屋内外の状況について述べているがここでは省く。

宅盤一覧表

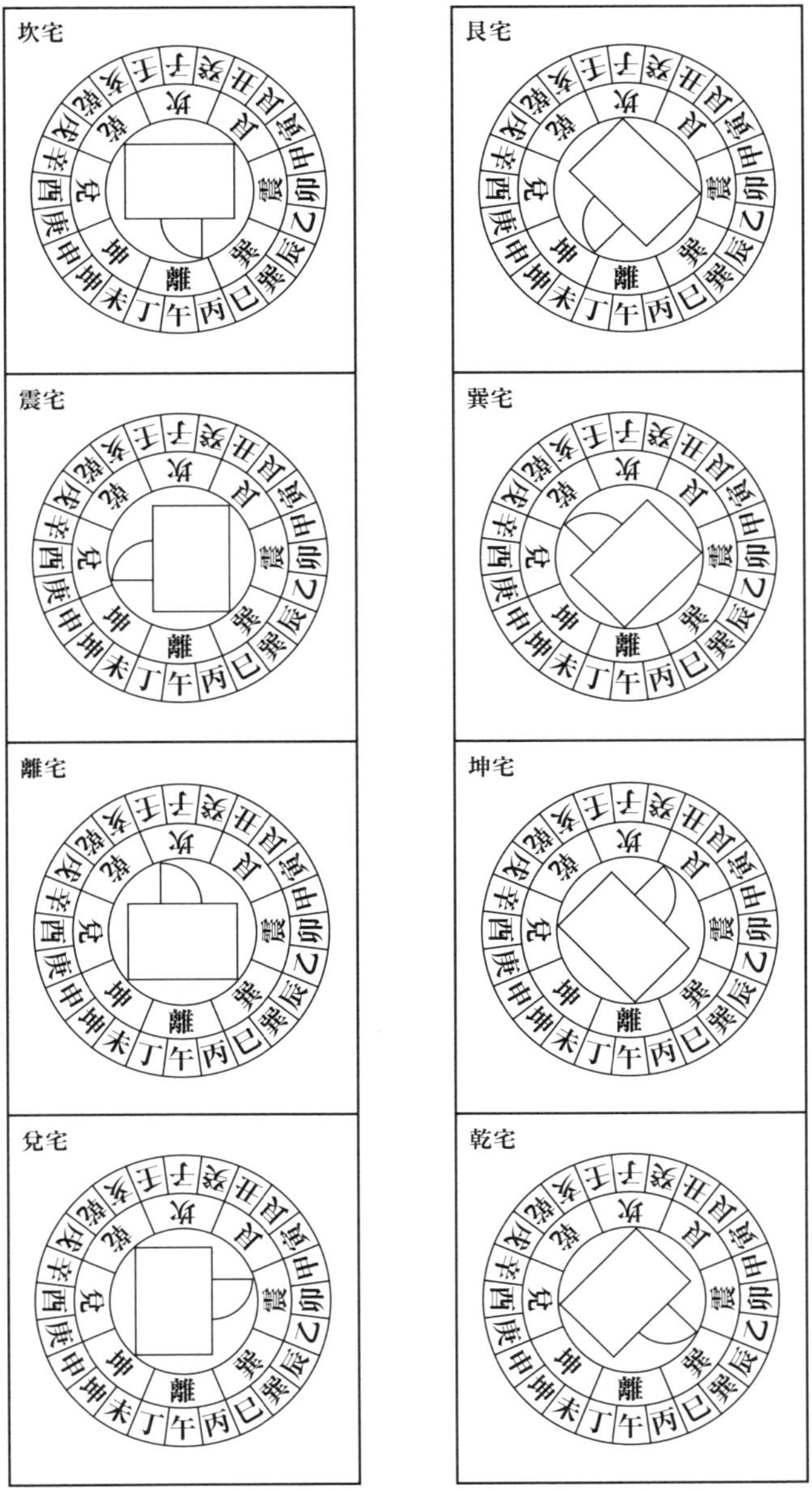

紫白九星派のポイントは玄関の向きによって気の性質が異なるものとしていることである。玄関の向きを45度の八方位に分けて宅卦を決め、五行相生相剋の原理で各方位の吉凶を判断するものである。

玄関の反対の座山の八卦方位（45度）を宅卦とする。すなわち北が座山であると坎宅。東北であると艮宅、東は震宅、東南は巽宅、南は離宅、西南は坤宅、西は兌宅、西北では乾宅となる。

②宅盤の作成法

宅卦の数字を中宮に入れ、飛泊させる。次に中宮と方位の九星を五行相生相剋の関係で5つの宅気に分ける。その方法としては図のとおり。

宅盤分類表

中宮と方位との関係	九星の組み合わせ	宅気
中宮と方位の五行が同じ	二黒と八白、三碧と四緑、六白と七赤	旺気（大吉）
方位の星が中宮の星を生じる	一白と三碧・四碧（水生木）、二黒・八白と六白・七赤（土生金）、三碧・四緑と九紫（木生火）、六白・七赤と一白（金生水）、九紫と二黒・八黒（火生土）	生気（吉）
中宮の星が方位の星を生じる	同右	洩気（凶）
中宮の星が方位の星を剋す	一白と九紫（水剋火）、二黒・八白と一白（土剋水）、三碧・四緑と二黒・八白（木剋土）、六白・七赤と三碧・四緑（金剋木）、九紫と六白・七赤（火剋金）	死気（半吉半凶）
方位の星が中宮の星を剋す	同右	煞気（凶）
五黄が飛泊する宮	同右	関煞（凶）

坎宅を事例として説明する。坎を表す1を中宮に入れ、飛泊させる。次に坎宮の6金と中宮の1水では金生水であり、方位の五行が中宮の五行を生じる関係なので生気となる。次に艮宮の4木と中宮の1水との関係は中宮の五行が方位の五行を生じるので洩気となる。震宮では方位は8土で中宮が1水なので土剋水であり煞気となる。巽宮は中宮1水で方位は9火、水剋火で死気となる。離宮は五黄が飛泊し関煞とする。坤宮は7金、中宮は1水であり、金生水と中宮を生じるため生気とする。兌宮は中宮が1水、方位は3木のため、水生木と方位を生じるため洩気となる。乾宮は方位が2土と中宮1で土剋水であり、方位から剋されるため煞気となる。

坎宅飛泊図

乾宮 2土	坎宮 6金	艮宮 4木
兌宮 3木	1水	震宮 8土
坤宮 7金	離宮 5土	巽宮 9火

↓

煞気 2	生気 6	洩気 4
洩気 3	1	煞気 8
生気 7	関煞 5	死気 9

③吉凶判断

旺気方：財運好調、協力を得る。子孫繁栄の意味があり、玄関やリビング、居住空間に最適とされる一方、水周りだと吉運を失う。

生気方：健康運に恵まれる。成長発展する。後援者を得る。玄関やリビング、居住空間に適す。逆にこの方位が水周りだと吉運を失う。

洩気方：財運の流出、健康を損なうなど運気が低迷する。玄関やリビング、居住空間には不適。水周りに最適の方位。

死気方：一般的に玄関や居住空間に不適。水周りに適す。居住する場合、男性には吉で女性には凶と言われている。死気方は別名を財方という。この方位がリビングである場合、水槽を置くと財運を高める。よって半吉半凶とされる。

煞気方：玄関や居住空間に不適である。特に玄関から見える位置にタワーや高圧鉄塔、煙突、建物の角が直面していると災厄が発生しやすい。水周りや納戸に適す。

関煞方：五黄が飛泊する方位を関煞として忌む。特に動きがあるところを嫌い、静かにする必要があると言う。五黄関煞には煞気の成分があるため居住空間には適さない。納戸に適す。玄関がこの方位であれば清潔にする必要がある。五黄は土なので、金で洩らすのが良い。よって金属製の瓢箪または数霊額などを置いて化解する。

流年飛星も各方位に作用として影響を与えるが特に五黄が同宮する年は災厄が発生するということで、注意が必要である。

紫白九星の象意

一白水星	学問、恋愛	大吉	六白金星	仕事、出世	大吉
二黒土星	病気	凶	七赤金星	口論	凶
三碧木星	暴力、盗難	凶	八白土星	財運、健康	大吉
四緑木星	学問、恋愛	半吉	九紫火星	慶事	吉
五黄土星	災難	大凶			

紫白宅盤一覧表

艮宅（玄関が西南向き）

生気 9	煞気 4	旺気 2
死気 1	8	洩気 6
関煞 5	煞気 3	洩気 7

坎宅（玄関が南向き）

煞気 2	生気 6	洩気 4
洩気 3	1	煞気 8
生気 7	関煞 5	死気 9

巽宅（玄関が西北向き）

関煞 5	洩気 9	煞気 7
煞気 6	4	死気 2
生気 1	死気 8	旺気 3

震宅（玄関が西向き）

旺気 4	死気 8	煞気 6
関煞 5	3	生気 1
洩気 9	煞気 7	死気 2

坤宅（玄関が東北向き）

煞気 3	洩気 7	関煞 5
煞気 4	2	生気 9
旺気 8	洩気 6	死気 1

離宅（玄関が北向き）

煞気 1	関煞 5	生気 3
洩気 2	9	死気 7
死気 6	生気 4	洩気 8

乾宅（玄関が東南向き）

旺気 7	生気 2	煞気 9
生気 8	6	死気 4
死気 3	洩気 1	関煞 5

兌宅（玄関が東向き）

生気 8	死気 3	洩気 1
煞気 9	7	関煞 5
死気 4	生気 2	旺気 6

第2章　玄空風水論

1　玄空とは

玄空風水は明末から清初に現れたと言われる。比較的新しい風水の手法だ。

玄空の語源としては玄とは時間の推移であって、空は空間のことを意味する。

中国戦国時代の思想家「尸子《しし》」に「天地四方為宇、往古来今為宙」（天地四方を宇とし、往古来今を宙となす）という言葉がある。つまり宇宙の語源である。空間と時間が共にあるということを表したものだ。かなり古い時代から、中国人は空間と時間とは密接につながるものと考えていた。また、玄と空という二つの言葉に分解すると、「玄」は根源、玄妙、玄学など道教に関係する言葉である。一方、「空」は仏教用語で般若心経にある。「色即是空　空即是色」の言葉を考えると有形の存在と無形の存在ともとれる。道教と仏教に通じる玄妙な風水、最高の風水ともとれるのである。また、別の見方をすると玄が「天の時」を、空を「地の利」と考えることができる。

玄空語源表

玄	空
時間	空間
三元九運（一単位20年間）	方位（二十四方位）
天の時	地の利

それまでの風水は時間の概念が無かったが、玄空風水は三元九運という20年単位の大運を九星数で設定した。そしてさらには年飛星を加えて４つの九星が九宮に巡り変化していく四次元風水学。つまり立体と時間的変化の判断法こそ玄空風水の特徴である。ということは非常に複雑なシステムと言える。簡単であれば誰でも使えるが、底が浅いものであるのは仕方のないことだ。玄空風水は奥深く、複雑であるゆえに理解しがたく、使う人がごく限られていた。しかしながら、習得してしまうと非常に整理された仕組みであることが分かる。

そのポイントとしては、玄空の空間概念には座山と座向の位置が吉凶の大前提となる。つまり背山面水が理想。山水と家屋との関係を格局として分類し、大まかな吉凶を判断する。また忘れてはならないのは巒頭と理気の関係だ。すなわち風水は巒頭を主として理気を従とする。いくら理気が良くても危険な立地であれば吉にならないことはいうまでもないからだ。

玄空風水は九星の組み合わせを象意に置き換え、方位ごとの吉凶判断を行う。これにも三元九運という20年単位の時間の変化により、吉であったものが凶に変化したり、凶であったものが吉に変化する。そして五行の相生・相剋の原則により、大きくは健康運と財運の吉凶を判断していくものである。また、年ごとに変化する九星によってもその吉凶には強弱が生じることを注意したい。

2　玄空風水の源流

唐代玄宗皇帝に仕えた宮廷風水師の楊筠松が記したとされる「青嚢奥語」が玄空風水の原典という説があるが、これは後世の人による仮託であるという説が強い。誰が玄空風水を考案したのかはっきりしないのが現実である。そこで代表的な人物を紹介することに留める。

蒋大鴻　明代末（1616年～1714年）の人

生まれた年に満州地方の有力部族である女真族をまとめたヌルハチが金を建国した。金は明に攻め入り滅亡の危機にあった。蒋大鴻は若いころより博識で名声を得ていたが国を守るため抵抗勢力に属して戦った。1645年に明が亡んだが、江南地方で彼は道士に変装して戦いを続けた。何度か敗退した後に抵抗をやめて興味のあった風水の研究に専念したと言われる。蒋大鴻はそれまで隆盛であった三合風水を間違ったものと批判し、「三元玄空」の名を初めて流伝させた。彼の著書に「地理弁正」「秘伝水龍経」などがある。しかし蒋大鴻の風水は高邁な理論であって、書物の中では実務的な要素は伏せられていた。この時代は特に風水は秘伝とされ、限られた弟子のみに伝授することが原因であったと言える。

章仲山　清代初めの風水師　号は無心道人

江蘇省無錫の人で蒋大鴻の後継者と言われる。玄空風水を研究実践してその理論を具体化していった。著書に「弁正直解」「陰陽二宅録験」「心眼指要」「天元五歌」などがある。現在は玄空派といってでも主なものだけでも六大流派に分かれているという。その中でも章仲山を祖とする無常派が主流を占めている。現在は無常派の中でも流派が分かれているものの。沈氏玄空学が広く知れ渡っている。

沈竹礽　清代末（1849年~1906年）の人

沈竹礽の原名は沈招勳。字は竹礽。浙江省銭塘の人。若いころから易経や風水に関心を持っていたが、風水を本格的に学ぶために無錫に住む章仲山の子孫を訪ねた。しかしそれを伝える人は死去しており、残されていた子孫に章仲山の著書を書き写す許しを得た。沈竹礽は短期間で実行した。その中でも「陰陽二宅録験」を精読し、玄空の術を会得したと言われている。

章仲山の玄空学を研究して実験を繰り返して完成の域に達した。玄空学の祖である蔣大鴻の著書は、秘伝という理由か具体的なことが書かれていなかった。沈竹礽はそれを詳しい内容にまとめたという評価をされている。彼の死後、子息などにより「沈氏玄空学」という書をまとめた。これは玄空風水の理論を分かりやすく表現している。現在では玄空風水の大成者と位置づけられている。

3　三元九運

玄空風水では長期的な時間の変化を重要視する。建物の運気サイクルのことで三元九運と呼んでいる。三元とは上元、中元、下元をいう。それぞれ60年の単位であって、その中に20年の運を3つずつ含む。全部で九運となるので三元九運という。

現在は下元第八運となる。八運は2004年に始まって2023年で終わる。2024年からは第九運に移る。八運の時代と言われて久しいが、これから家を建てる方は九運のことを意識しなければいけない時代となったのである。

八運のところを見ると8旺としている。現在は八白が旺じる気ということで旺気と呼ぶ。大吉に相当する。この八白を令星ともいう。9は次に来る運であって生じる気であって生気で吉である。1は一運になって強まる気なので少しずつ進むことから進気と呼び小吉。この三つは吉星だ。一方、7は七運の時期には旺気であったが、八運となって気が退いたという意味で退気。6は同様な理由で衰気となる。7と6は衰退の気ということになる。5は死気だ。五黄土星は最悪の作用をもたらすため大凶の星とされる。4、3、2は煞気に位置づけられている。

これが九運となると、9が旺気で令星となる。そして1は生気。続いて2は進気となる。しかしこれまで令星であった8は退気となって力が弱くなるというわけだ。

重要なことだが、八運に完成した建物は九運に入っても八運の盤で吉凶を判断することを忘れてはならない。

三元九運表

上元	一運	1864年〜1883年	一白運	1旺、2生、3進、9退、8衰、7死、6・5・4煞気
	二運	1884年〜1903年	二黒運	2旺、3生、4進、1退、9衰、8死、7・6・5煞気
	三運	1904年〜1923年	三碧運	3旺、4生、5進、2退、1衰、9死、8・7・6煞気
中元	四運	1924年〜1943年	四緑運	4旺、5生、6進、3退、2衰、1死、9・8・7煞気
	五運	1944年〜1963年	五黄運	5旺、6生、7進、4退、3衰、2死、1・9・8煞気
	六運	1964年〜1983年	六白運	6旺、7生、8進、5退、4衰、3死、2・1・9煞気
下元	七運	1984年〜2003年	七赤運	7旺、8生、9進、6退、5衰、4死、3・2・1煞気
	八運	2004年〜2023年	八白運	8旺、9生、1進、7退、6衰、5死、4・3・2煞気
	九運	2024年〜2043年	九紫運	9旺、1生、2進、8退、7衰、6死、5・4・3煞気

年の区切りは2月4日の立春に始まり、翌年2月3日の節分で終わる。

4　座山座向

玄空風水で最初に重要なポイントは座山座向を決定すること。簡単に言うと、建物のどちらが背で、どちらに向いているかの方位判断を正しく行うということである。

建物の四面のうち、外気や光が多く入る面がどちらかを確認し、その面を座向とする。次に座向の180度反対側を座山とする。つまり座山と座向は一直線となるのである。

玄関側よりも反対側に開口部が多い場合は、この面が座向となる。このような観点で見ていくと、マンションではベランダ側が座向となる。座山座向を間違えると玄空盤の配置が違ってしまう。このようにならないために現地へ出向き、環境を確認することが必要だ。

座山座向のパターンには何種類かあるがその特徴を図によって示す。

①背山面水型座向

山を背にして立地する建物で、前方には取り巻くように流れる川もしくは道路がある。迷うことなく前面が座向であることが分かる。

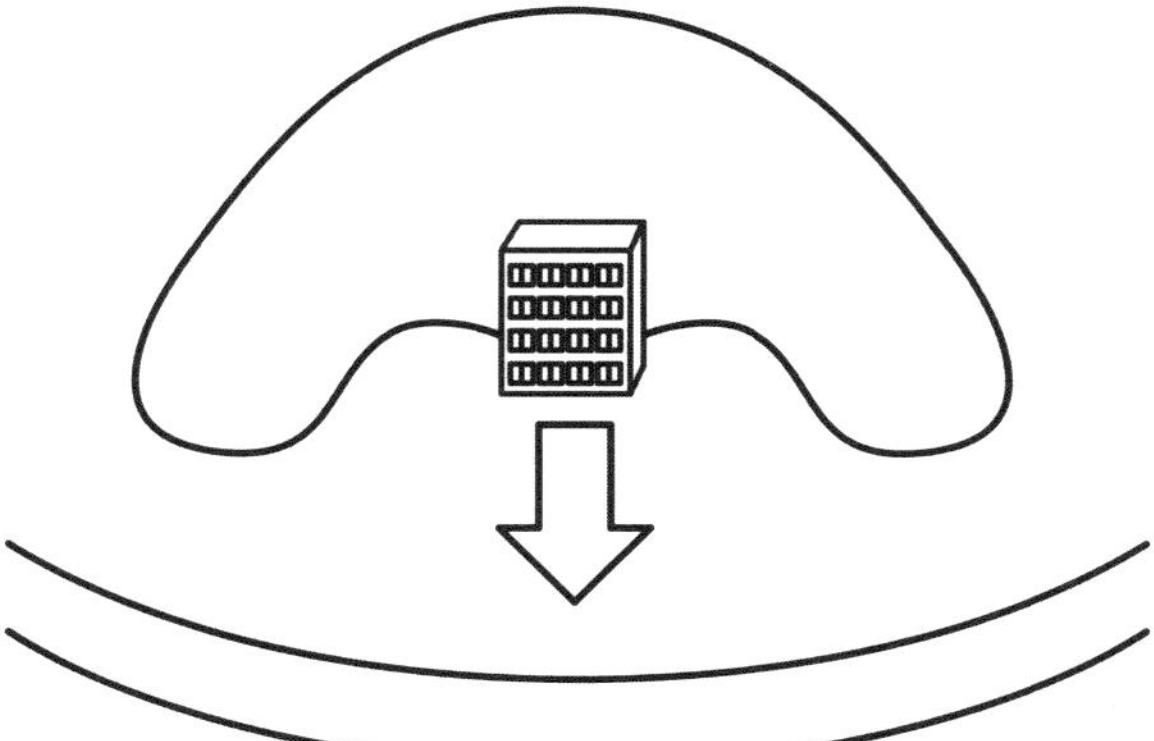

②背林面水型座向

家屋の背後には林があって座山の役目を果たしている。前方には池がある。これも先と同様に前方が座向となる。

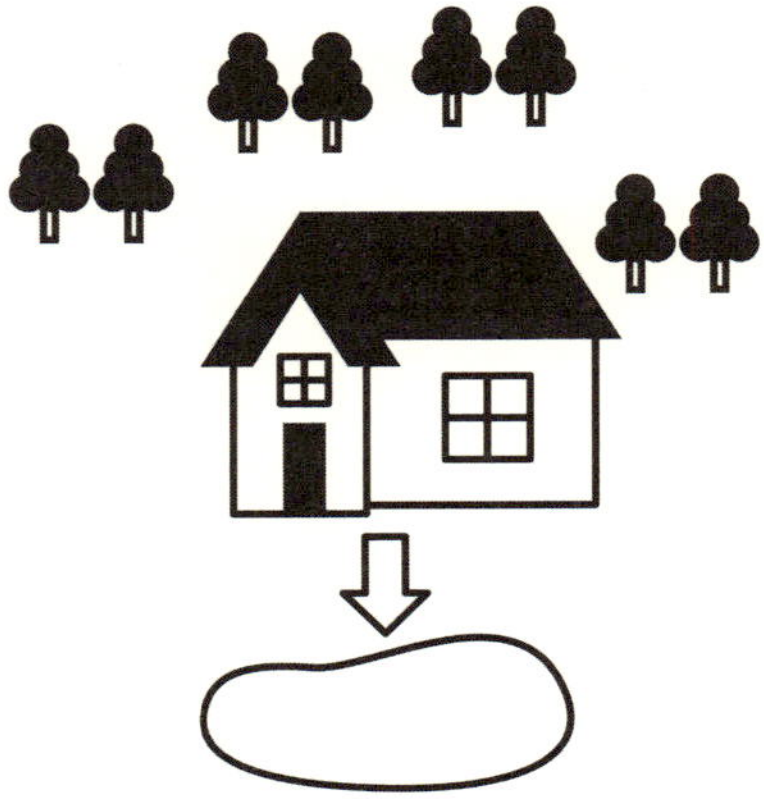

③前面型座向

普通の家屋に多いタイプだが、正面に玄関と並び窓などの開口部が大きい。このような場合、この向きを座向とする。

④庭園面型座向

玄関の開口部よりもリビングの面には開口部が大きい。同時にその面には庭園が広がっている。このような場合、庭園の側を座向とする。

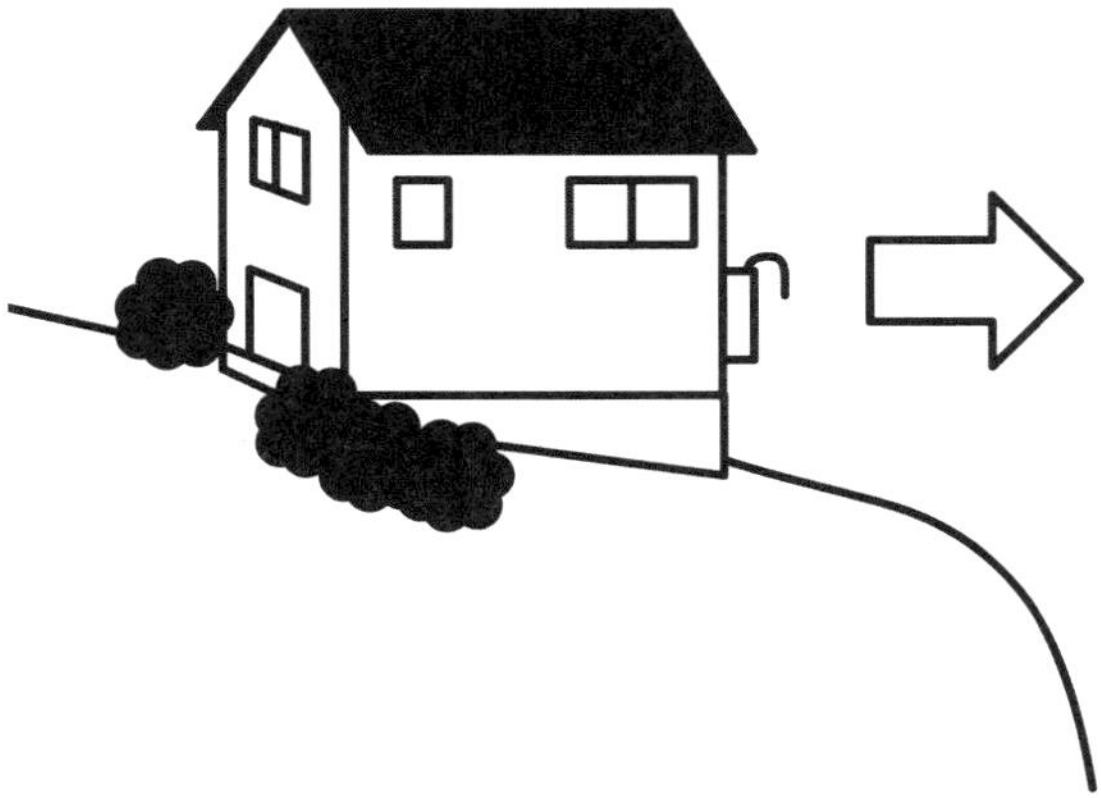

⑤傾斜地型座向

傾斜地に立つ家屋で、玄関の開口部よりも反対側に開口部が多い場合、地形が下がっているその向きを座向とする。山間部の別荘やレストランに見られるタイプだ。

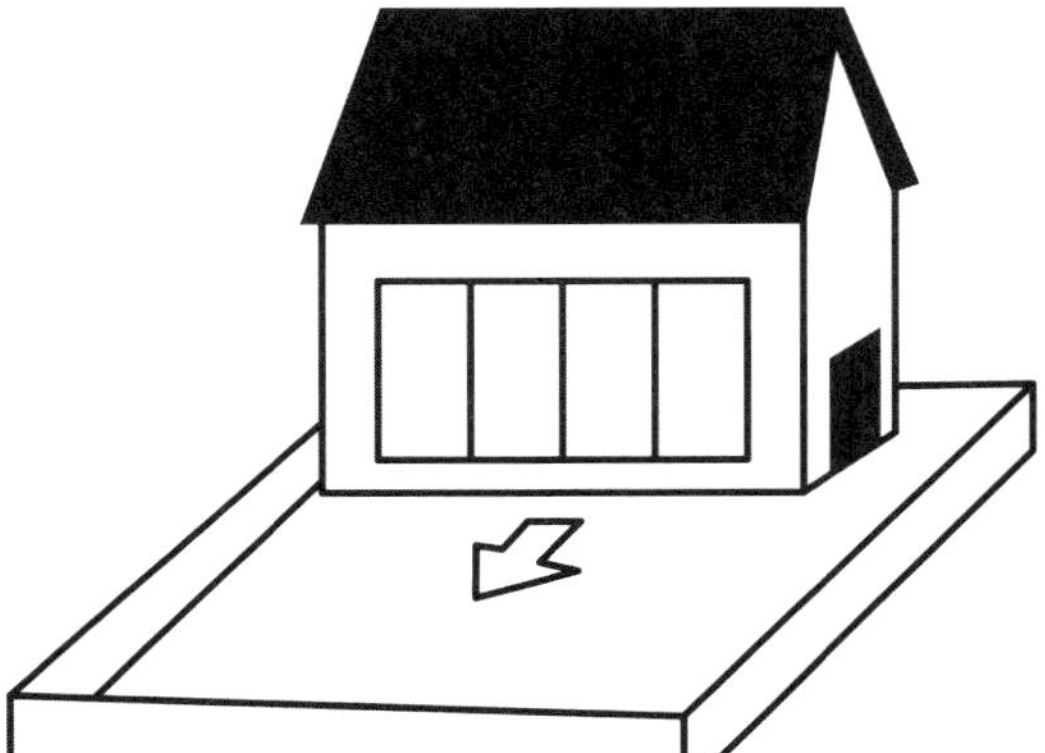

⑥開口部型座向

ビルの場合、窓が多い側を座向とする。マンションの場合ではベランダの向きを座向と定める。光が多く取りいれられるかどうかを考慮するものだ。

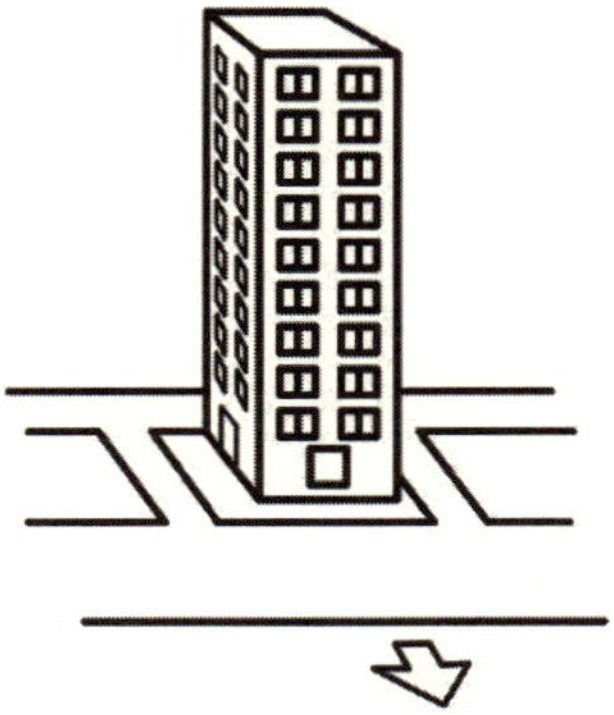

⑦大道面型座向

四方を道路に囲まれているビルの場合、どの面も同じ大きさとすると、大きな道路に面している向きを座向とする。ただし、個別の部屋については其々の窓の向きを座向とするので、座向はそれによって異なる。

図面鑑定する場合、座山座向の判断を行うことが難しい場合がある。相談者に地図や写真を持参してもらうことが一つの方法だが、それで

も判断に迷う場合がある。それは臨場感がないことからくる間違いがありうることだ。よって、現地を訪問しての判断が正しいことに違いない。しかしながらそれができない場合は、インターネットを利用してGoogleマップでその建物を特定して道路との位置関係を確認する。またストリートビューという機能を活用すると道路面から見た物件の景観が分かる。ただし方位を確認する場合は真北で表示しているので、磁北に直して見ることが必要だ。そして家屋の画像は小さいため、誤差があることを忘れてはならない。二十四方位の境界線に近い場合は特に注意が必要だ。

5　羅盤の解説

⑴羅盤の種類

羅盤は風水で使用する方位の測定器である。測定する目的物の方位が何度か分かれば大型の磁石で問題はないのだろう。しかしながら羅盤は風水師の必携のアイテムである。サイズは小型のもので縦横12㎝、大型のもので24㎝までが標準と言えるだろう。表面には10層、普通の大きさのものには20層くらい見慣れぬ文字が描かれている。これは流派によって使用するものもあり、昔は使っていたが、現代では使用していないもの、あるいは飾り程度のものもある。その内容を正しく知るためには知識を持つ風水師に教えてもらうほかない。つまり本には詳しく書かれていないのだ。

羅盤の産地は中国本土のほか、台湾や香港、韓国などがある。観光地で土産物として販売されているものは安価だが、粗雑な作りのものが少なくない。日本では専門店というほどの所も少ないので手に取って選ぶのが難しい。よって、ネットショップで購入することになるのだろうが、その良し悪しがつかめない。良質な羅盤は価格が2万円以上するが、金属製の円盤を回転させると動きがスムーズである。針の振えが収まるのが早い。一方、粗雑な羅盤は安価だが、回転させると引っ掛かりが生じたり、擦れる音が出る。また、円盤は木製で、その表面に薄い銅版を貼っているものは何回か回転させていると銅版が木製の部分と分離してしまうことがある。現物を良く確かめて購入されることをお勧めする。

羅盤の種類には三元羅盤、三合羅盤、総合羅盤の3種類がある。最近では盤面に玄空盤を印字した玄空羅盤というものも見られる。羅盤は基本的に三合羅盤と三元羅盤の二つに分けられる。その特徴としては三合羅盤が二十四山の層を地盤、人盤、天盤の三つあること。地盤は家屋の座山座向を測定し、人盤は山の方位を、天盤は川の方位を測定するのに使われる。また、二十四山を5分割した百二十分金という層がある。総合羅盤にも刻まれているが、これは後ほど替卦の項で説明する。

三元羅盤の特徴としては、二十四方位の層は1つしかないこと。これを地盤二十四山、あるいは地盤正針二十四山と呼ぶ。二十四山にはそれぞれ陰陽が配当されている。その配列は四正（子午卯酉）が陰で、そのあと2つずつ陰が続く。四隅（艮坤巽乾）は陽で、そのあと2つずつ陽が続く。写真の日星堂三元羅盤では二十四山の層を分かりやすくするため、陽を金色の下地に赤色の文字とし、陰を黒の下地に金色の文字にしている。一方、三合羅盤は陰陽の配当が異なる。

玄空羅盤は七運と八運の玄空盤が刻まれているのが特徴だ。鑑定の現場で紙の上に作盤しなくても済むので便利が良いと言える。いずれにしてもこれらのことを考慮して羅盤を選ぶ必要がある。この本では玄空風水を学ぶ方のために三元羅盤で実際に使用する層の説明を行う。六十四卦や玄空五行は玄空大卦派で使用されるがここでは説明を省く。

三元羅盤（台湾　日星羅庚盤）

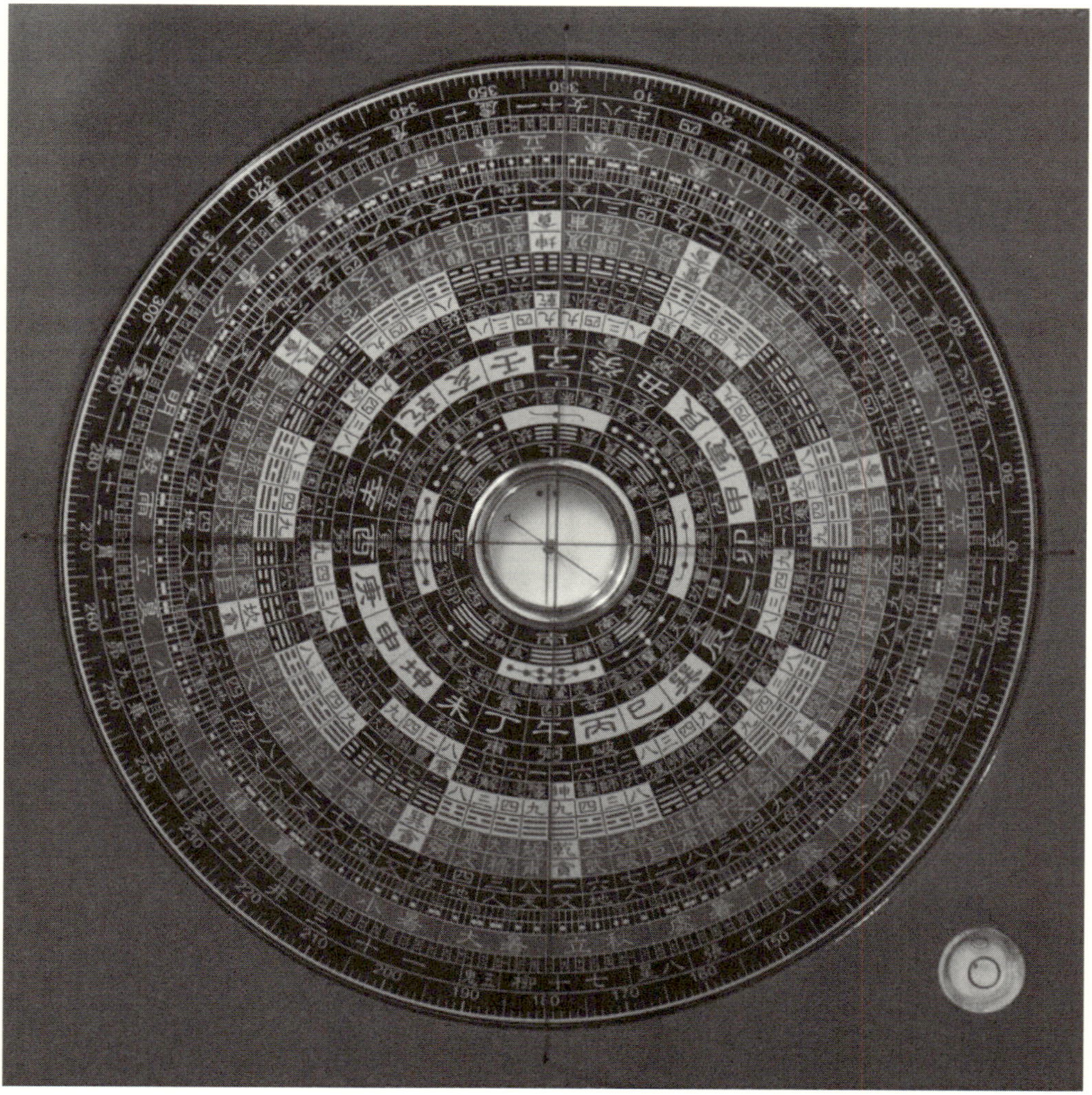

北方の表示

								第1層 天池
北								第2層 八方位
	辰		⚏		坎			第3層 八煞
								第4層 洛書図
鑾駕			帝座			八武		第5層 二十四天星盤
巳			巳			申		第6層 刧曜煞
癸			子			壬		第7層 地盤二十四山
貪			禄			巨		第8層 二十四山挨星
八	三	四	九	九	四	三	八	第9層 内盤玄空五行
益	家人	中孚	小畜	乾	履	同人	无妄	第10層 内盤六十四卦
二	七	六	一	一	六	七	二	第11層 外盤玄空五行
☴	☵	☶	☷	☷	☶	☵	☴	第12層 内卦卦象
益	屯	頤	復	坤	剥	比	観	第13層 外盤六十四卦
弼	文	禄	甫	貪	武	破	巨	第14層 貪狼九星
九	四	三	八	一	六	七	二	第15層 挨星卦運
毋	地	人	天	父	地	人	天	第16層 父母天人地卦
刀 上 上	刀 刀	上 上	刀 刀	上 上	刀 刀	上 上	刀	第17層 易卦抽爻換象
• ••	•	•• ••	• •	• •	• •	• •	•• ••	第18層 同上
小寒		大寒		立春		雨水		第19層 二十四節季
								第20層 二十八度数
斗廿四		牛八	女十一		虚十		危二十	第21層 二十八星宿
22			360				337	第22層 三百六十度数

三合羅盤（中国製）

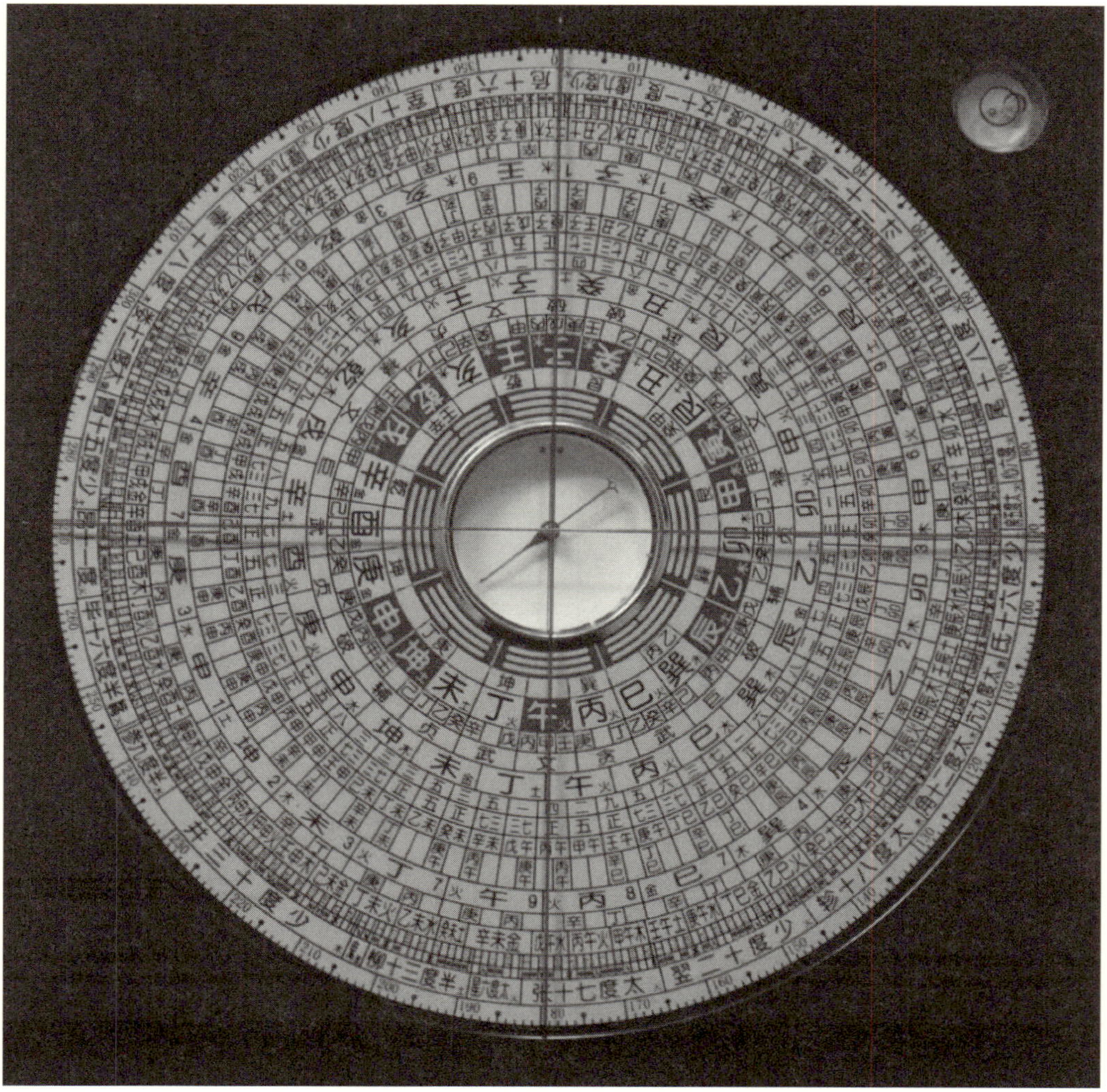

(2) 二十四山

玄空風水で最も利用するのは二十四山の層である。一般的に風水の方位は八卦で分けて45度で区分している。北は坎、東北は艮、東は震、東南は巽、南は離、西南は坤、西は兌、西北は乾である。羅盤ではこれを三分割して二十四山方位とする。この二十四山方位は地・天・人と表示されているが、地は地元龍、天は天元龍、人は人元龍の略である。一例を挙げると北は坎で壬を地元龍とし、○は陽である。子は天元龍で●は陰を意味し、癸は人元龍で●なので陰となる。羅盤には三元羅盤と三合羅盤があるが、三合羅盤では陰陽の配置が異なるので、注意したい。

羅盤二十四山陰陽配当図

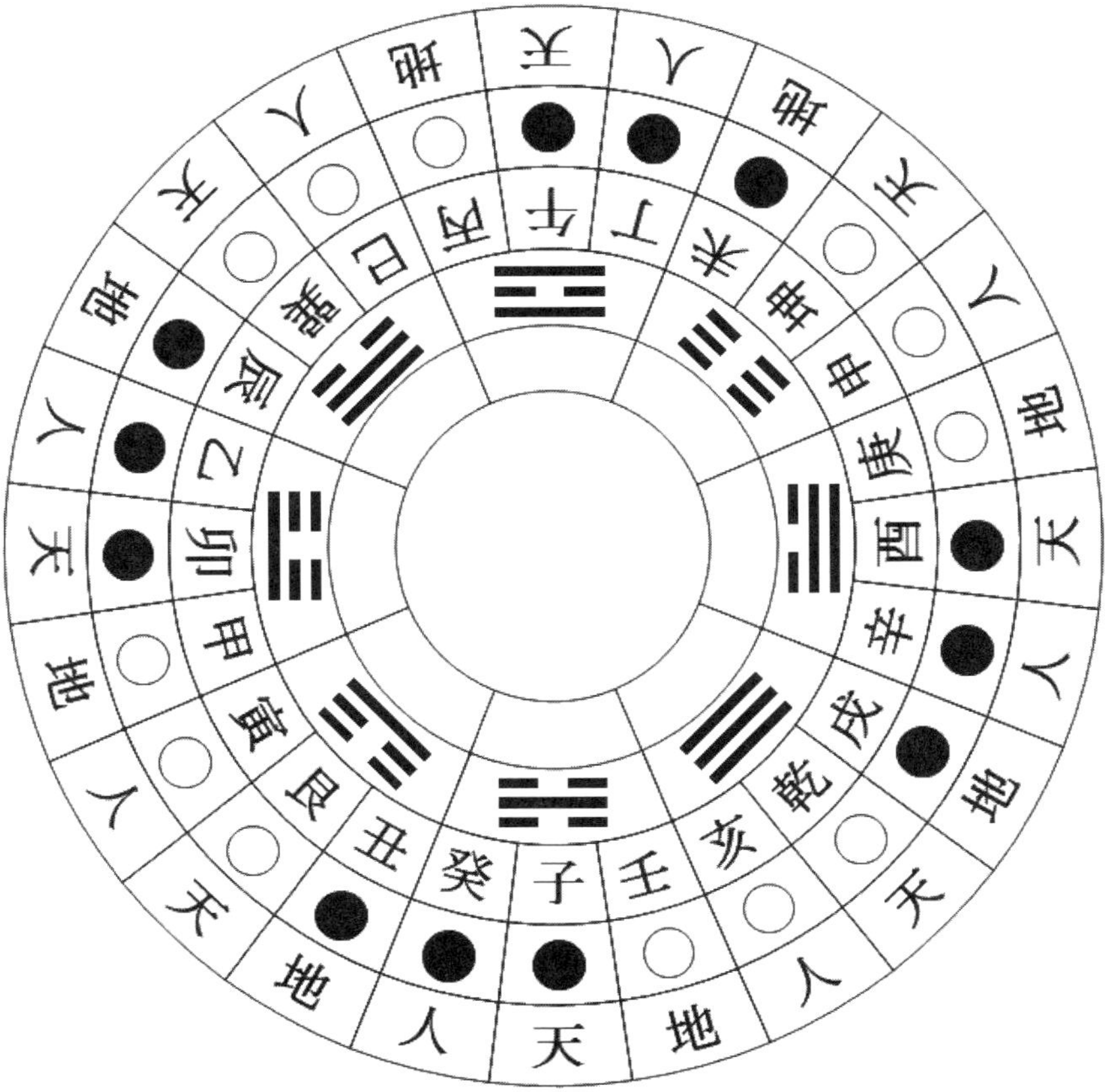

二十四山方位度数

方位	北			東北			東			東南		
八卦	坎			艮			震			巽		
二十四山	壬	子	癸	丑	艮	寅	甲	卯	乙	辰	巽	巳
陰陽	陽	陰	陰	陰	陽	陽	陽	陰	陰	陰	陽	陽
円周度数	337.5～352.5	352.5～7.5	7.5～22.5	22.5～37.5	37.5～52.5	52.5～67.5	67.5～82.5	82.5～97.5	97.5～112.5	112.5～127.5	127.5～142.5	142.5～157.5
方位	南			西南			西			西北		
八卦	離			坤			兌			乾		
二十四山	丙	午	丁	未	坤	申	庚	酉	辛	戌	乾	亥
陰陽	陽	陰	陰	陰	陽	陽	陽	陰	陰	陰	陽	陽
円周度数	157.5～172.5	172.5～187.5	187.5～202.5	202.5～217.5	217.5～232.5	232.5～247.5	247.5～262.5	262.5～277.5	277.5～292.5	292.5～307.5	307.5～322.5	322.5～337.5

(3)羅盤の使用法

木造家屋である場合は建物に羅盤の側面を接して測定することができるが、現代の建築物では鉄材を使用しているので磁石が影響を受けてしまう。そこで建物から1～2m離れ、羅盤の側面を腹部に当て並行に立つ。羅盤では中央に天池と呼ばれる磁石の部分に北を示す2つの点が表示されている。磁針頭といって丸い部分

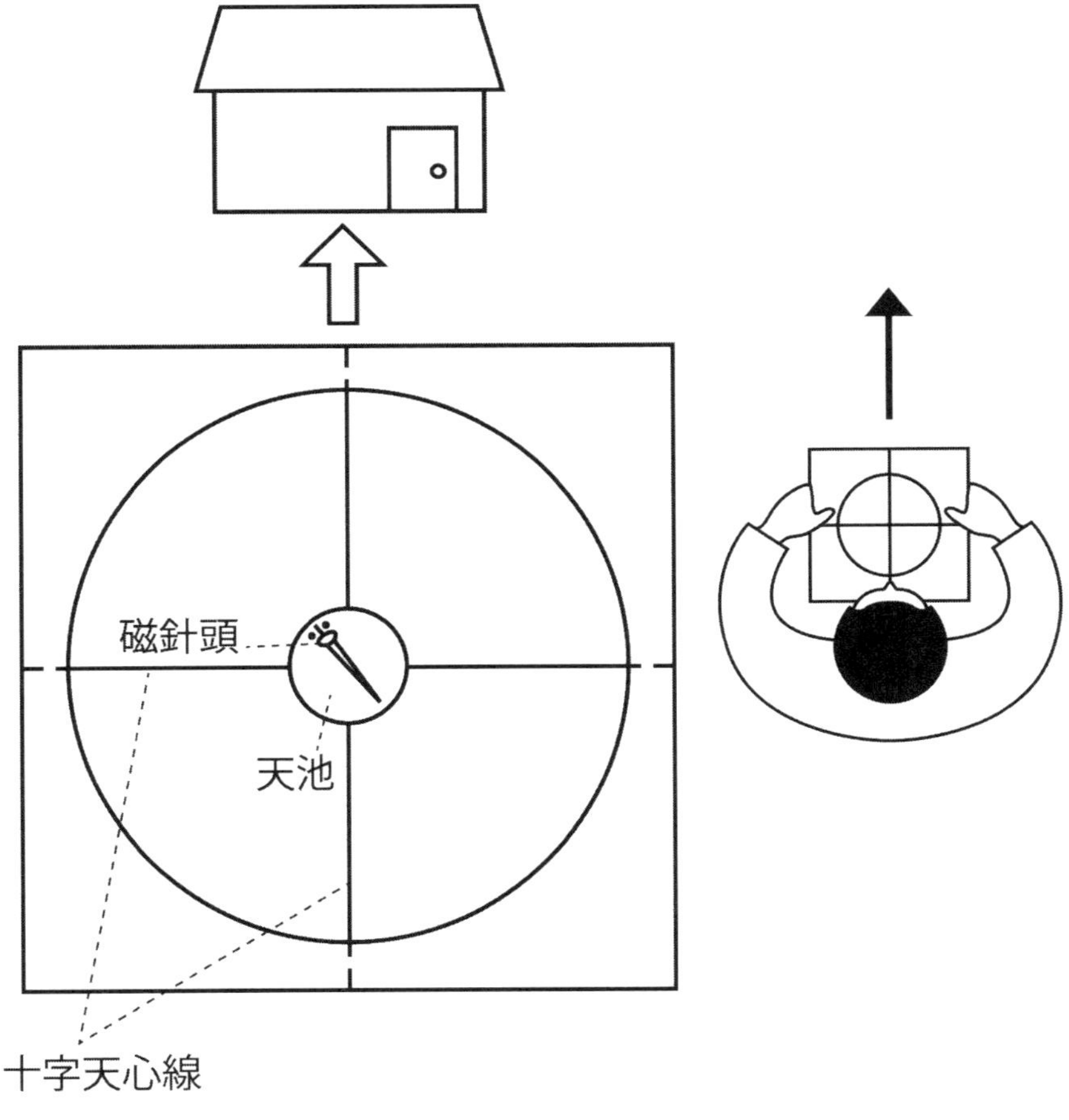
磁針頭
天池
十字天心線

が北を指すので、これに合わせるように金属の円盤を回して北の位置で止める。羅盤を縦横に区切る十字天心線があって、測定する建物に向いた側の度数と二十四山の方位を読み取る。

ここで注意したいのが測定する位置で磁場が異なることがあって方位が正しく測定できないことがある。これは近くに電柱のトランスがあるため影響を受けていることが考えられる。それで最初に建物の真正面に向かって立ち測定し、次に建物の壁右端と左端に立って測定するなど3回は確認する。方位の判断を間違ってしまうと風水鑑定に大きな問題を生じるので念には念を入れるということだ。

羅盤による方位の測定でもう一つ注意したいことがある。これは体が正しく建物に向いていないことを見かける。これでは高額な羅盤であっても意味をなさない。ある程度の大きさを持つ羅盤であれば建物と並行かどうかが確認しやすいが、小型の羅盤であればその誤差が出やすいのだ。

中国では羅盤を三脚に固定して測定地点に置くことで正確さを保つようにするほか、近年ではレーザー光線を建物に照射して測定するものもある。つまり方位測定の誤りによって二十四山を誤認すれば間違った玄空盤を作成することになってしまう。このことから羅盤の選定と操作については注意しなければならない。

(4)真北と磁北との関係

建築や不動産業界で使われている図面は建築基準法によって真北表示と定められている。つまり北極星のある方位を北として表示しているものだ。ところが風水では羅盤によって北を確認する場合、各地の地磁気に影響を受けるため、測定した結果は異なる。この北表示を磁北と呼んでいる。

真北と磁北の差を磁気偏角という。東京から広島まではおよそ7度西偏（西に傾く）している。北海道では

9度、青森、秋田、岩手の東北3県は8度。九州6度、沖縄は4度西偏している。

よって建築図面を元に真北から磁北へ修正するため真北のラインを中心点に通して、地域の偏角分だけ左転させると良い。

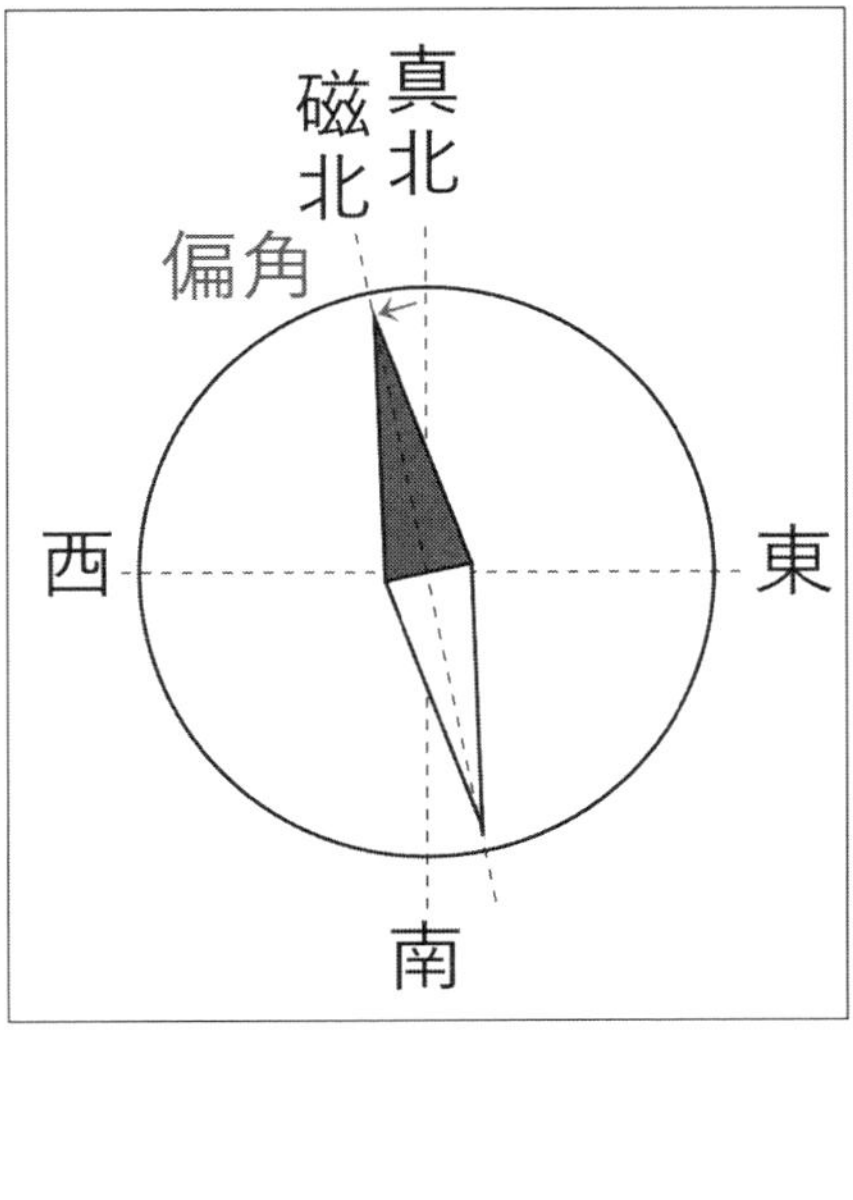

都道府県	西偏の角度
北海道	9度
青森県、秋田県、岩手県	8度
宮城県、山形県、福島県、茨城県、栃木県、群馬県、埼玉県、東京都、新潟県、富山県、石川県、福井県、山梨県、長野県、岐阜県、愛知県、滋賀県、京都府、大阪府、兵庫県、鳥取県、島根県、岡山県、広島県	7度
千葉県、神奈川県、静岡県、三重県、奈良県、和歌山県、山口県、徳島県、香川県、愛媛県、高知県、福岡県、佐賀県、長崎県、熊本県、大分県、宮崎県、鹿児島県	6度
沖縄県	4度

二十四山図一覧表

壬山丙向

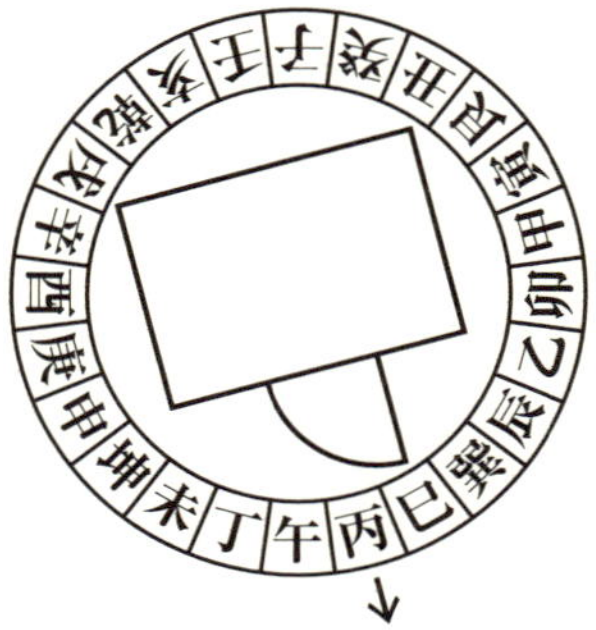

子山午向

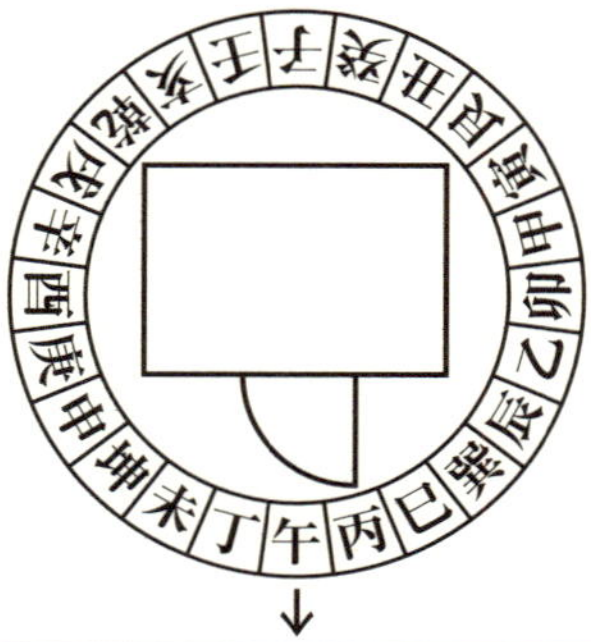

癸山丁向

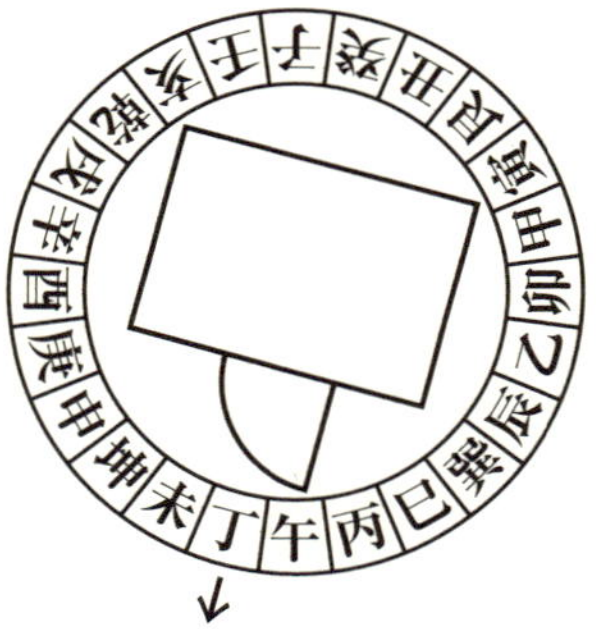

丑山未向

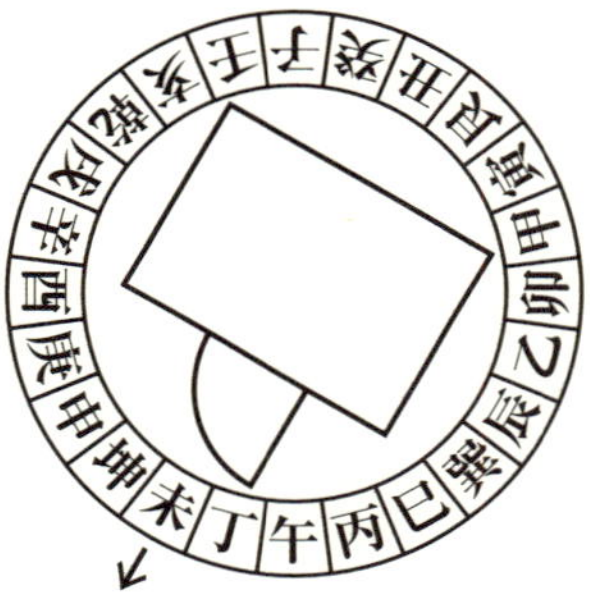

艮山坤向

寅山申向

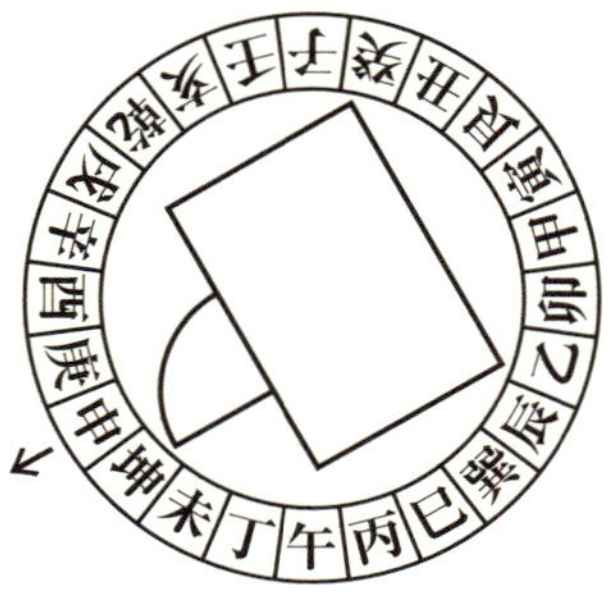

二十四山図一覧表

甲山庚向

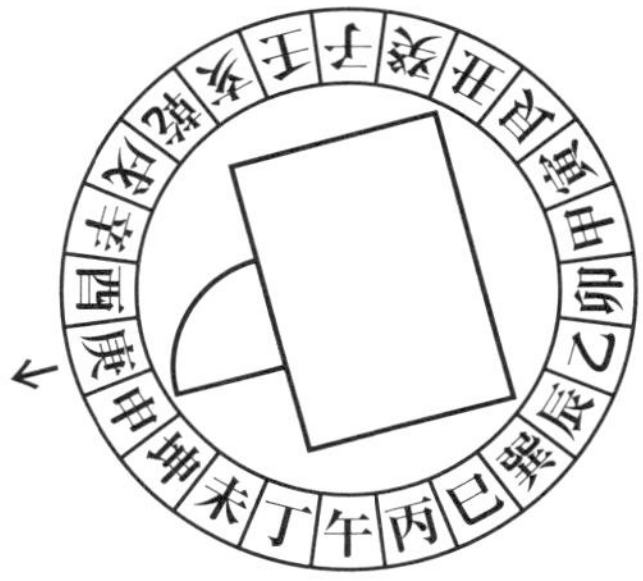

卯山酉向

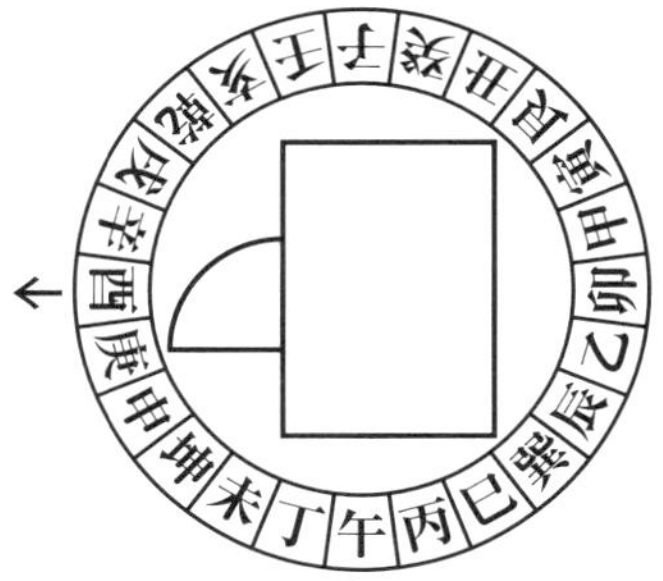

乙山辛向

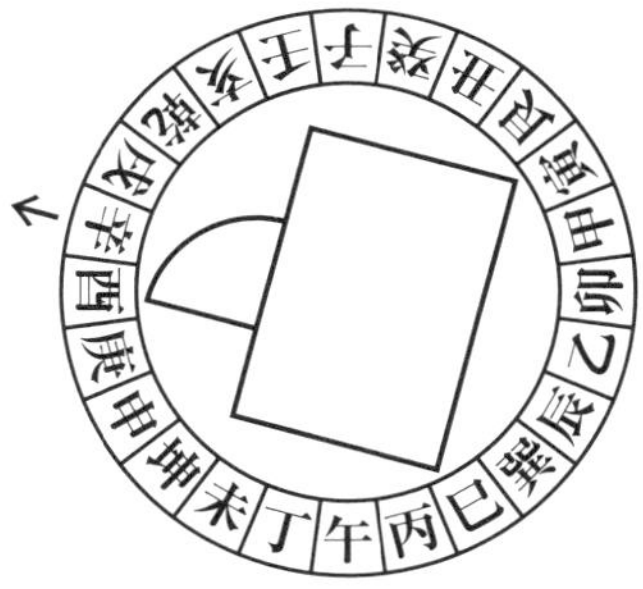

辰山戌向

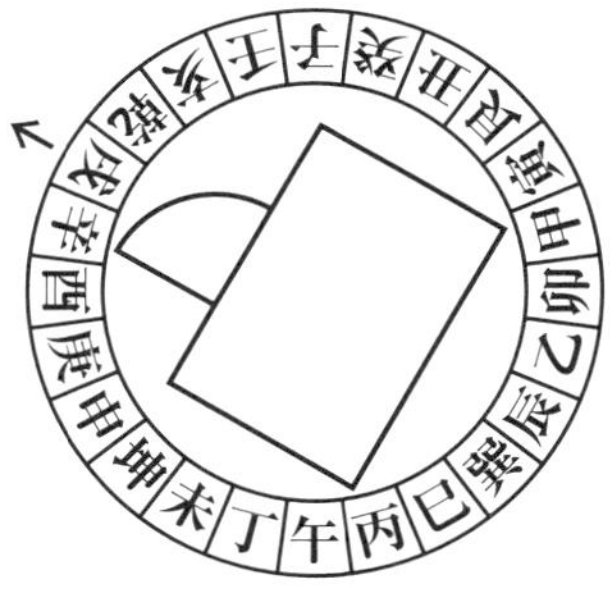

巽山乾向

巳山亥向

二十四山図一覧表

丙山壬向	午山子向
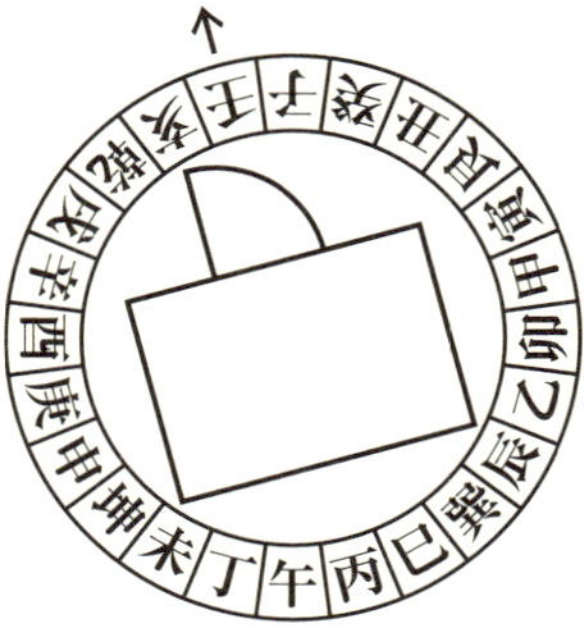	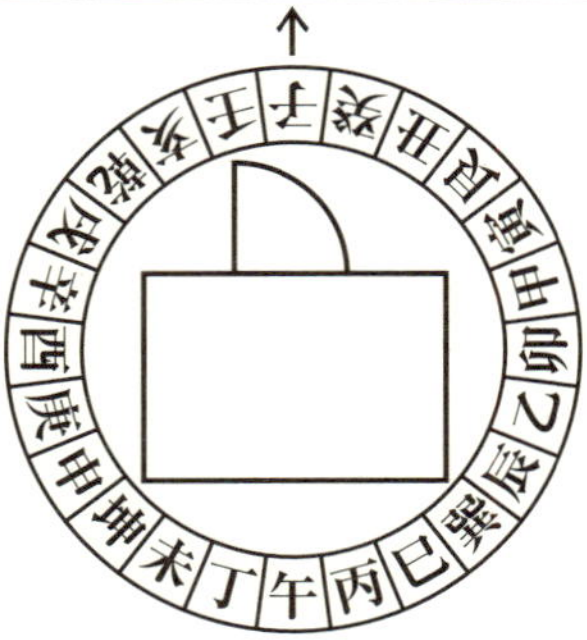
丁山癸向	未山丑向
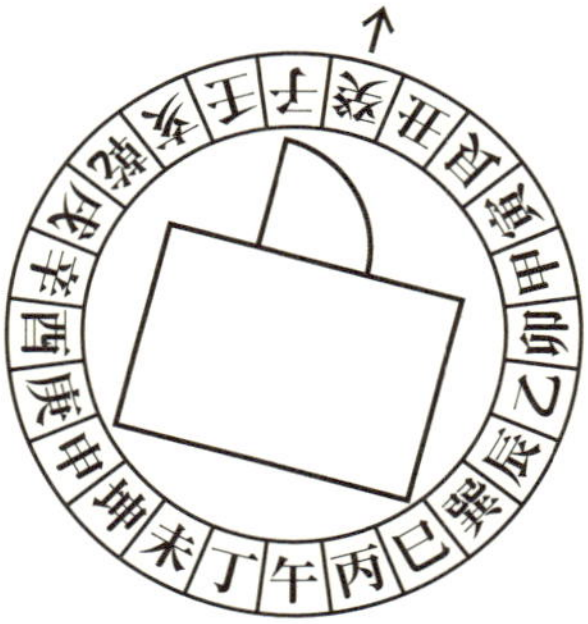	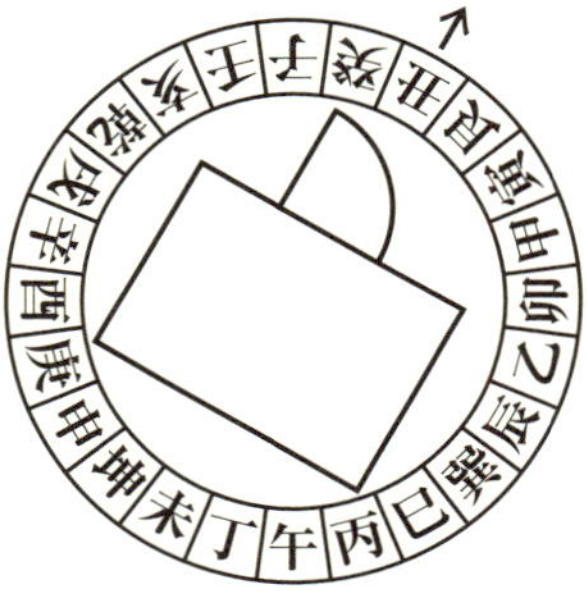
坤山艮向	申山寅向
	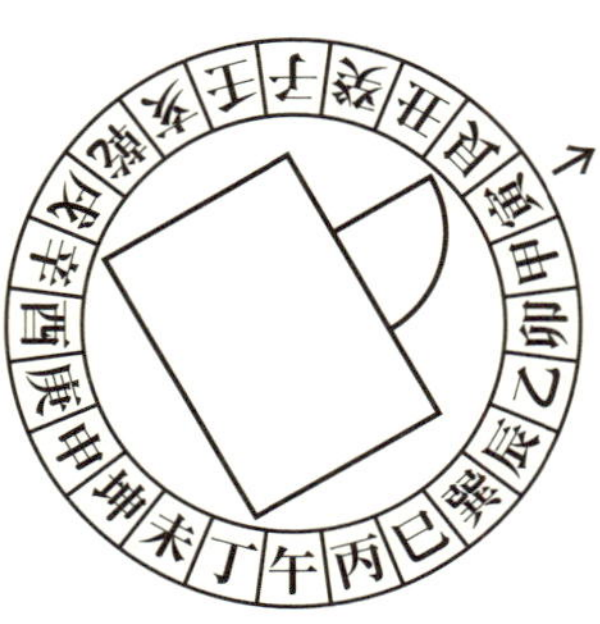

二十四山図一覧表

庚山甲向

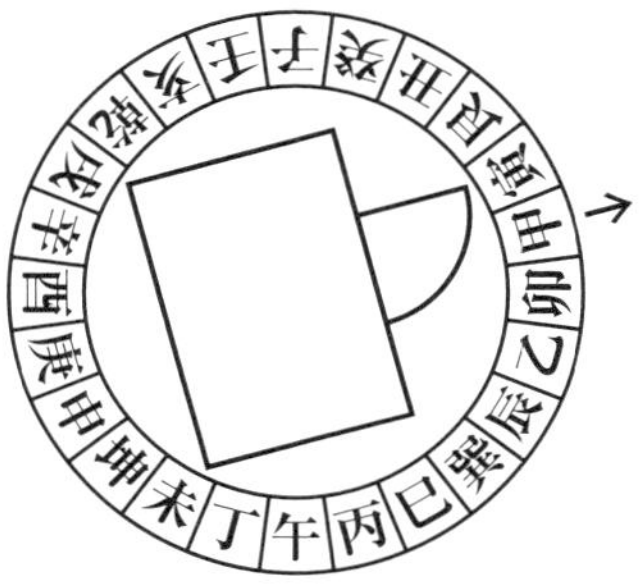

酉山卯向

辛山乙向

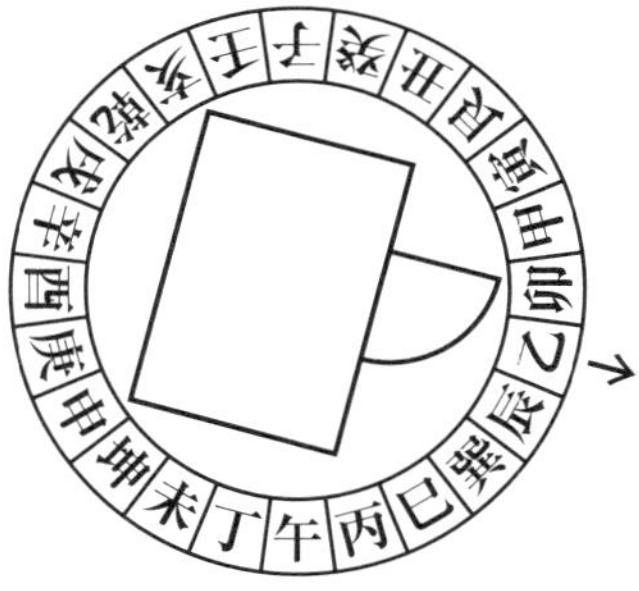

戌山辰向

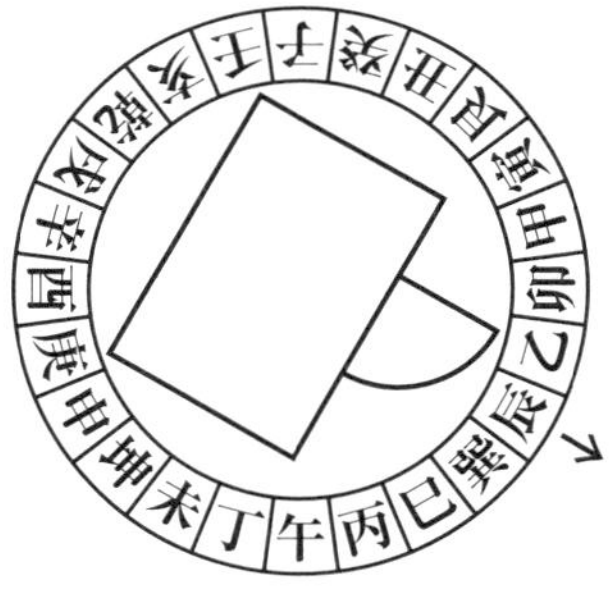

乾山巽向

亥山巳向

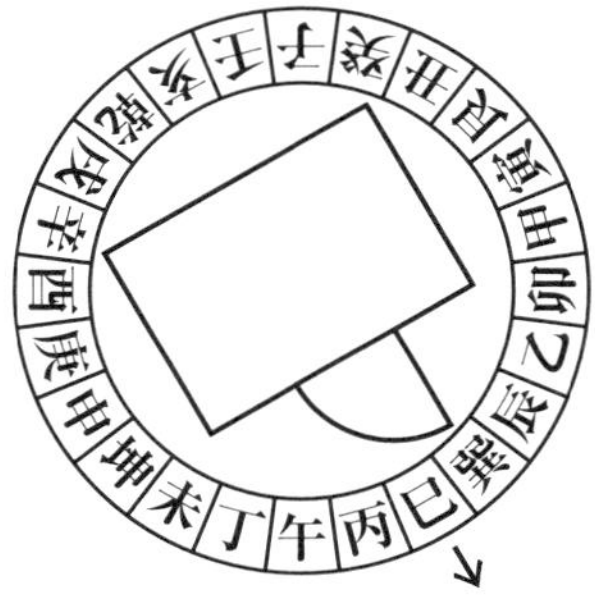

6　作盤法

⑴ 運星盤

建物が完成した年を三元九運表（48頁）により運星を求める。その九星数を漢数字で中宮に入れ、飛泊させる。八運であれば数字は中宮に八を入れ、乾宮に九、兌宮一、艮宮二、離宮三、坎宮四、坤宮五、震宮六、巽宮七と飛泊させる。

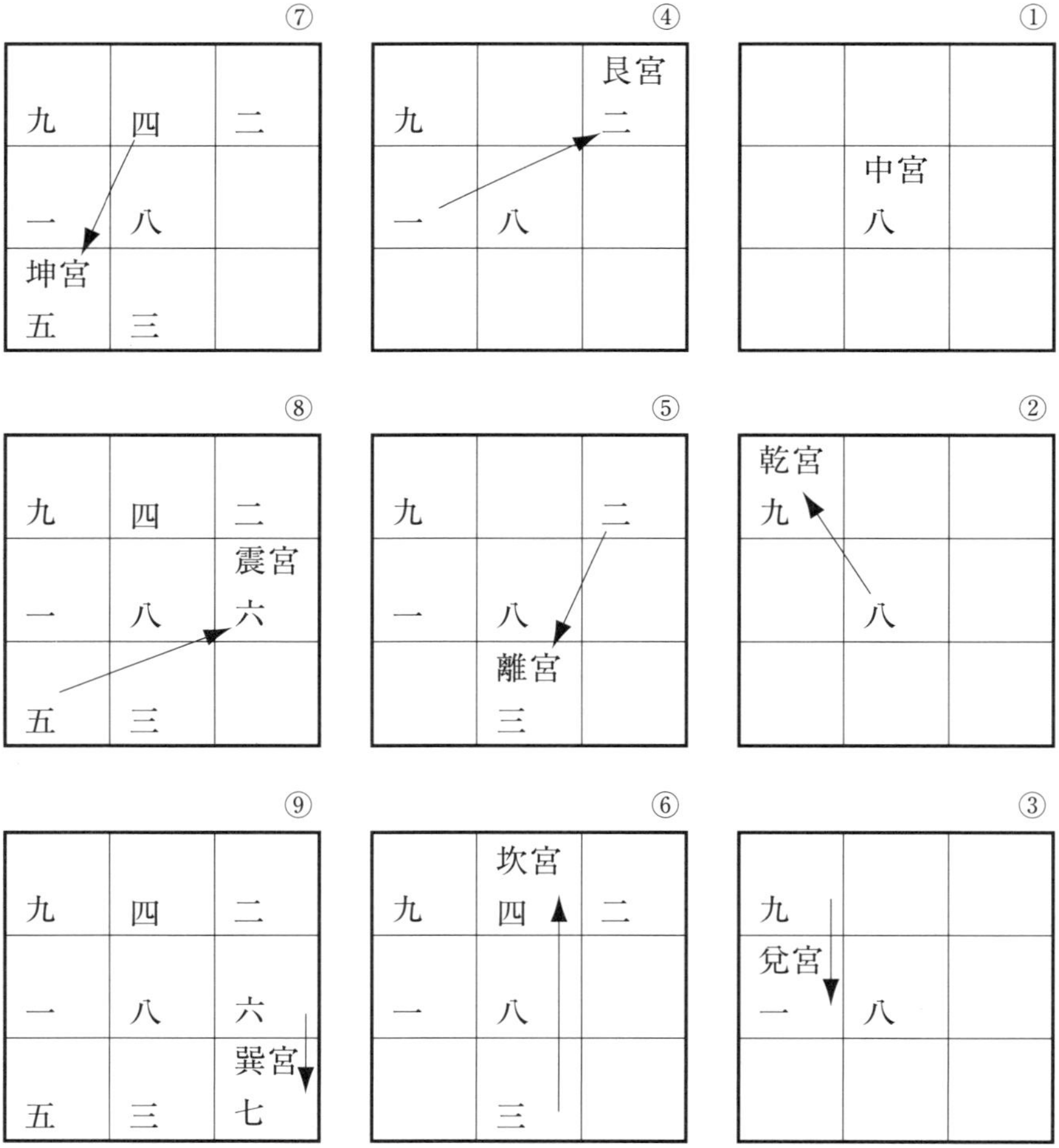

⑵山星と水星

子山午向を例に説明する。座山側の坎宮にある四を英数字に変え中宮の左上に入れる。次に座向側の離宮にある三を英数字に変え中宮の右上に入れる。左側の九星を山星、右側を水星という。

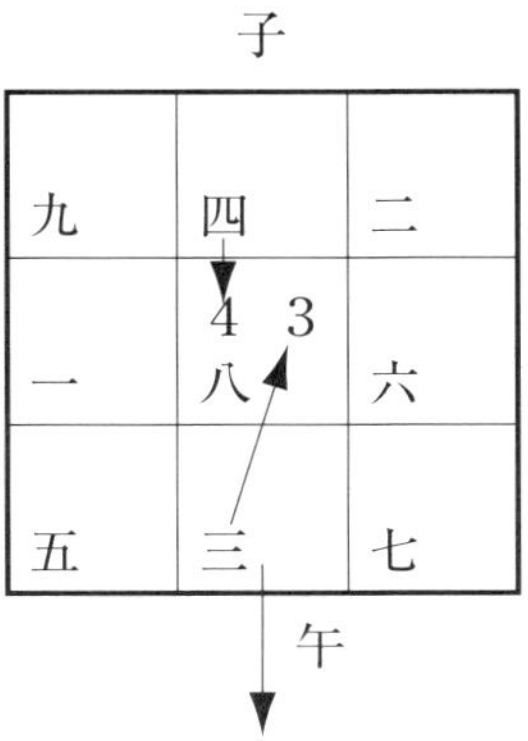

⑶順飛と逆飛

中宮の山星と水星は必ず乾宮、兌宮、艮宮と飛泊するがその数が増加していくのを順飛、低減するのを逆飛という。順飛、逆飛の決定については二十四山の陰陽に関係する。この二十四山は八方位を三分割し、前半の15度を地元龍、真ん中の15度を天元龍、後半の15度を人元龍と呼ぶがそれぞれに陰陽が決められている。

中宮に入った山星と水星の洛書での位置が地元龍、天元龍、人元龍のいずれかを確認し、その陰陽により、陽であれば順飛とし、陰であれば逆飛とするのである。順飛の動きは数字が増加していき、逆飛では低減させていく。

子山は坎宮の中で天元龍である。山星4は洛書では巽宮ということになる。巽宮の天元龍にあたる方位は巽であって陽である。よって順飛となる。中宮の4から、乾宮5、兌宮6、艮宮7、離宮8、坎宮9、坤宮1、震宮2、巽宮3と入れていく。

山星の飛泊

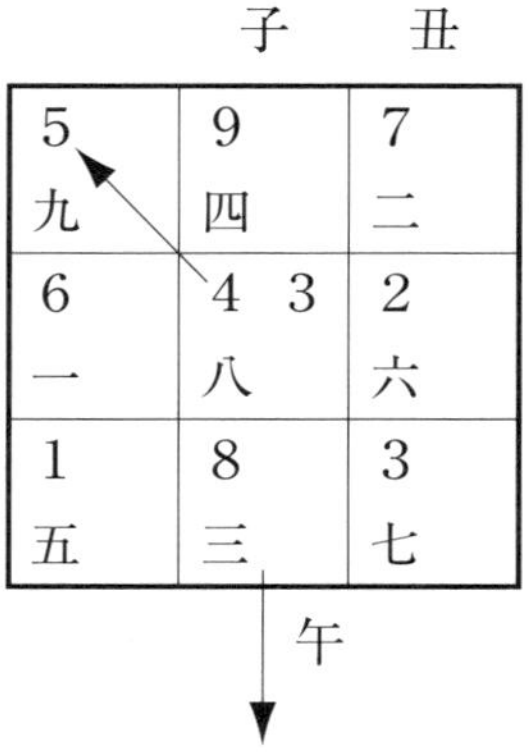

東南（巽宮）	辰●	地元龍
	巽○	天元龍
	巳○	人元龍

次に水星3は震宮を表す。向の方位である午は離宮で天元龍。中宮の水星3は震宮を表す。震宮の天元龍は卯であり陰なので逆飛とする。中宮の3から乾宮2、兌宮1、艮宮9、離宮8、坎宮7、坤宮6、震宮5、巽宮4と低減させていく。

水星の飛泊

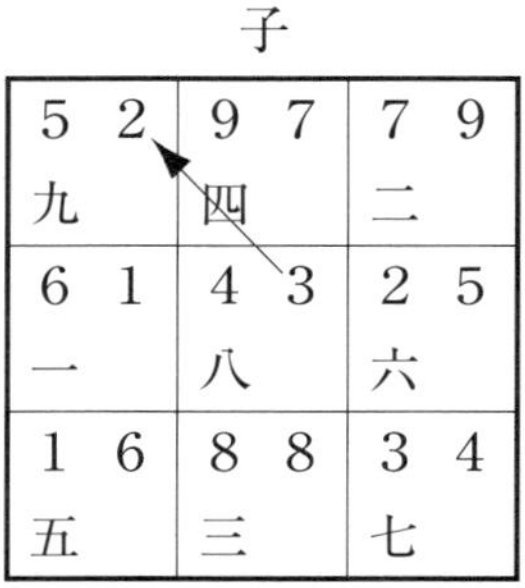

東（震宮）	甲○	地元龍
	卯●	天元龍
	乙●	人元龍

⑷例外の配置

中宮に5が入ったとき二十四山方位に該当しない。このような場合は座山座向のどちらに五が入っているかを確認し、五が入宮している側の二十四山陰陽で順逆を決める。具体例として第8運丑山未向で説明する。座山艮宮に運星二があるので、山星として中宮の上部左側に2を入れる。座向の方位に運星五があるので中宮上部の右側に5を配置する。

まず丑は艮宮で地元龍である。山星2は二黒で坤宮。その地元龍は未であって陰なので逆飛となる。中宮2から始まって乾宮1、兌宮9、艮宮8、離宮7、坎宮6、坤宮5、震宮4、巽宮3と低減させていく。

山星の飛泊

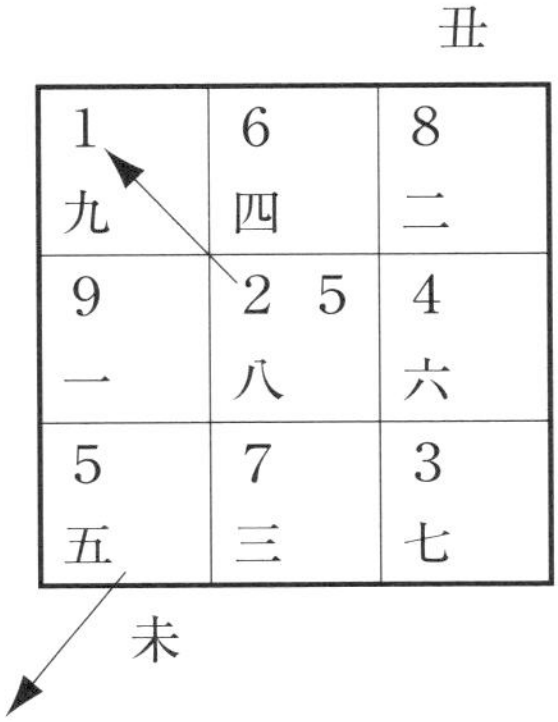

東北（艮宮）		
	丑●	地元龍
	艮○	天元龍
	寅○	人元龍

次に水星5は中宮を表し、二十四山の陰陽が当てはまらない。このような場合、そのまま向である地元龍の陰陽を使う。未は陰であるので先と同様に逆飛にする。中宮5から乾宮4、兌宮3、艮宮2、離宮1、坎宮9、坤宮8、震宮7、巽宮6と低減させていく。

水星の飛泊

1 4 九	6 9 四	8 2 二
9 3 一	2 5 八	4 7 六
5 8 五	7 1 三	3 6 七

西南（坤宮）	未●	地元龍
	坤○	天元龍
	申○	人元龍

これで玄空盤ができたことになるが、細かく見るのであれば運星の右に年飛星を加えて完成である。年飛星はすべて順飛となる。九紫の年では中宮に9を入れ、乾宮に1、兌宮に2、艮宮に3、離宮に4、坎宮に5、坤宮に6、震宮に7、巽宮に8と飛泊させていく。

八運丑山未向　九紫年の玄空盤

丑

1 4 九 1	6 9 四 5	8 2 二 3
9 3 一 2	山星 水星 2 5 運星 年飛星 八 9	4 7 六 7
5 8 五 6	7 1 三 4	3 6 七 8

未

以下、一運から九運まで二十四山の玄空盤を記載するが、地元龍は陰陽いずれかだが、天元龍と人元龍は陰陽が同一であるため、同じ玄空盤となる。よって、一つの運につき16種類の盤が出来上がる。

三元九運入中順逆表

	座山＼運	一運	二運	三運	四運	五運	六運	七運	八運	九運
1坎	壬	6逆5順	7順6逆	8逆7順	9順8逆	1順9順	2逆1順	3順2逆	4逆3順	5順4逆
	子癸	6順5逆	7逆6順	8順7逆	9逆8順	1逆9逆	2順1逆	3逆2順	4順3逆	5逆4順
8艮	丑	4逆7順	5逆8逆	6逆9順	7順1順	8逆2逆	9順3順	1順4逆	2逆5逆	3順6逆
	艮寅	4順7逆	5順8順	6順9逆	7逆1逆	8順2順	9逆3逆	1逆4順	2順5順	3逆6順
3震	甲	8逆3順	9順4逆	1順5順	2逆6逆	3順7順	4逆8逆	5順9順	6逆1順	7順2逆
	卯乙	8順3逆	9逆4順	1逆5逆	2順6順	3逆7逆	4順8順	5逆9逆	6順1逆	7逆2順
4巽	辰	9順2逆	1順3順	2逆4逆	3順5逆	4逆6逆	5逆7順	6逆8逆	7順9順	8逆1順
	巽巳	9逆2順	1逆3逆	2順4順	3逆5順	4順6順	5順7逆	6順8順	7逆9逆	8順1逆
9離	丙	5順6逆	6逆7順	7順8逆	8逆9順	9順1順	1順2逆	2逆3順	3順4逆	4逆5順
	午丁	5逆6順	6順7逆	7逆8順	8順9逆	9逆1逆	1逆2順	2順3逆	3逆4順	4順5逆
2坤	未	7順4逆	8逆5逆	9順6逆	1順7順	2逆8逆	3順9順	4逆1順	5逆2逆	6逆3順
	坤申	7逆4順	8順5順	9逆6順	1逆7逆	2順8順	3逆9逆	4順1逆	5順2順	6順3逆
7兌	庚	3順8逆	4逆9順	5順1順	6逆2逆	7順3順	8逆4逆	9順5順	1順6逆	2逆7順
	酉辛	3逆8順	4順9逆	5逆1逆	6順2順	7逆3逆	8順4順	9逆5逆	1逆6順	2順7逆
6乾	戌	2逆9順	3順1順	4逆2逆	5逆3順	6逆4逆	7順5逆	8逆6逆	9順7順	1順8逆
	乾亥	2順9逆	3逆1逆	4順2順	5順3逆	6順4順	7逆5順	8順6順	9逆7逆	1逆8順

年干支・九星表

小運	西暦年	干支	九星	小運	西暦年	干支	九星
八運	2018年	戊戌	九紫	九運	2027年	丁未	九紫
八運	2019年	己亥	八白	九運	2028年	戊申	八白
八運	2020年	庚子	七赤	九運	2029年	己酉	七赤
八運	2021年	辛丑	六白	九運	2030年	庚戌	六白
八運	2022年	壬寅	五黄	九運	2031年	辛亥	五黄
八運	2023年	癸卯	四緑	九運	2032年	壬子	四緑
九運	2024年	甲辰	三碧	九運	2033年	癸丑	三碧
九運	2025年	乙巳	二黒	九運	2034年	甲寅	二黒
九運	2026年	丙午	一白	九運	2035年	乙卯	一白

1年は立春（2月4日）に始まり、節分（2月3日）に終わるため、2月3日までは前年の干支と九星になる。

一運玄空盤

子山午向・癸山丁向

7 4 二	2 9 六	9 2 四
8 3 三	6 5 一	4 7 八
3 8 七	1 1 五	5 6 九

壬山丙向

5 6 二	1 1 六	3 8 四
4 7 三	6 5 一	8 3 八
9 2 七	2 9 五	7 4 九

艮山坤向・寅山申向

5 6 二	9 2 六	7 4 四
6 5 三	4 7 一	2 9 八
1 1 七	8 3 五	3 8 九

丑山未向

3 8 二	8 3 六	1 1 四
2 9 三	4 7 一	6 5 八
7 4 七	9 2 五	5 6 九

卯山酉向・乙山辛向

9 2 二	4 7 六	2 9 四
1 1 三	8 3 一	6 5 八
5 6 七	3 8 五	7 4 九

甲山庚向

7 4 二	3 8 六	5 6 四
6 5 三	8 3 一	1 1 八
2 9 七	4 7 五	9 2 九

巽山乾向・巳山亥向

8 3 二	4 7 六	6 5 四
7 4 三	9 2 一	2 9 八
3 8 七	5 6 五	1 1 九

辰山戌向

1 1 二	5 6 六	3 8 四
2 9 三	9 2 一	7 4 八
6 5 七	4 7 五	8 3 九

一運玄空盤

午山子向・丁山癸向

4 7 二	9 2 六	2 9 四
3 8 三	5 6 一	7 4 八
8 3 七	1 1 五	6 5 九

丙山壬向

6 5 二	1 1 六	8 3 四
7 4 三	5 6 一	3 8 八
2 9 七	9 2 五	4 7 九

坤山艮向・申山寅向

6 5 二	2 9 六	4 7 四
5 6 三	7 4 一	9 2 八
1 1 七	3 8 五	8 3 九

未山丑向

8 3 二	3 8 六	1 1 四
9 2 三	7 4 一	5 6 八
4 7 七	2 9 五	6 5 九

酉山卯向・辛山乙向

2 9 二	7 4 六	9 2 四
1 1 三	3 8 一	5 6 八
6 5 七	8 3 五	4 7 九

庚山甲向

4 7 二	8 3 六	6 5 四
5 6 三	3 8 一	1 1 八
9 2 七	7 4 五	2 9 九

乾山巽向・亥山巳向

3 8 二	7 4 六	5 6 四
4 7 三	2 9 一	9 2 八
8 3 七	6 5 五	1 1 九

戌山辰向

1 1 二	6 5 六	3 8 四
9 2 三	2 9 一	4 7 八
5 6 七	7 4 五	3 8 九

二運玄空盤

子山午向・癸山丁向

6 7 三	2 2 七	4 9 五
5 8 四	7 6 二	9 4 九
1 3 八	3 1 六	8 5 一

壬山丙向

8 5 三	3 1 七	1 3 五
9 4 四	7 6 二	5 8 九
4 9 八	2 2 六	6 7 一

艮山坤向・寅山申向

6 9 三	1 4 七	8 2 五
7 1 四	5 8 二	3 9 九
2 5 八	9 3 六	4 7 一

丑山未向

4 7 三	9 3 七	2 5 五
3 6 四	5 8 二	7 1 九
8 2 八	1 4 六	6 9 一

卯山酉向・乙山辛向

8 5 三	4 9 七	6 7 五
7 6 四	9 4 二	2 2 九
3 1 八	5 8 六	1 3 一

甲山庚向

1 3 三	5 8 七	3 1 五
2 2 四	9 4 二	7 6 九
6 7 八	4 9 六	8 5 一

巽山乾向・巳山亥向

9 2 三	5 7 七	7 9 五
8 1 四	1 3 二	3 5 九
4 6 八	6 8 六	2 4 一

辰山戌向

2 4 三	6 8 七	4 6 五
3 5 四	1 3 二	8 1 九
7 9 八	5 7 六	9 2 一

二運玄空盤

午山子向・丁山癸向

7 6 三	2 2 七	9 4 五
8 5 四	6 7 二	4 9 九
3 1 八	1 3 六	5 8 一

丙山壬向

5 8 三	1 3 七	3 1 五
4 9 四	6 7 二	8 5 九
9 4 八	2 2 六	7 6 一

坤山艮向・申山寅向

9 6 三	4 1 七	2 8 五
1 7 四	8 5 二	6 3 九
5 2 八	3 9 六	7 4 一

未山丑向

7 4 三	3 9 七	5 2 五
6 3 四	8 5 二	1 7 九
2 8 八	4 1 六	9 6 一

酉山卯向・辛山乙向

5 8 三	9 4 七	7 6 五
6 7 四	4 9 二	2 2 九
1 3 八	8 5 六	3 1 一

庚山甲向

3 1 三	8 5 七	1 3 五
2 2 四	4 9 二	6 7 九
7 6 八	9 4 六	5 8 一

乾山巽向・亥山巳向

2 9 三	7 5 七	9 7 五
1 8 四	3 1 二	5 3 九
6 4 八	8 6 六	4 2 一

戌山辰向

4 2 三	8 6 七	6 4 五
5 3 四	3 1 二	1 8 九
9 7 八	7 5 六	2 9 一

三運玄空盤

子山午向・癸山丁向

9 6 四	4 2 八	2 4 六
1 5 五	8 7 三	6 9 一
5 1 九	3 3 七	7 8 二

壬山丙向

7 8 四	3 3 八	5 1 六
6 9 五	8 7 三	1 5 一
2 4 九	4 2 七	9 6 二

艮山坤向・寅山申向

7 8 四	2 4 八	9 6 六
8 7 五	6 9 三	4 2 一
3 3 九	1 5 七	5 1 二

丑山未向

5 1 四	1 5 八	3 3 六
4 2 五	6 9 三	8 7 一
9 6 九	2 4 七	7 8 二

卯山酉向・乙山辛向

9 4 四	5 9 八	7 2 六
8 3 五	1 5 三	3 7 一
4 8 九	6 1 七	2 6 二

甲山庚向

2 6 四	6 1 八	4 8 六
3 7 五	1 5 三	8 3 一
7 2 九	5 9 七	9 4 二

巽山乾向・巳山亥向

3 5 四	7 9 八	5 7 六
4 6 五	2 4 三	9 2 一
8 1 九	6 8 七	1 3 二

辰山戌向

1 3 四	6 8 八	8 1 六
9 2 五	2 4 三	4 6 一
5 7 九	7 9 七	3 5 二

三運玄空盤

午山子向・丁山癸向

6 9 四	2 4 八	4 2 六
5 1 五	7 8 三	9 6 一
1 5 九	3 3 七	8 7 二

丙山壬向

8 7 四	3 3 八	1 5 六
9 6 五	7 8 三	5 1 一
4 2 九	2 4 七	6 9 二

坤山艮向・申山寅向

8 7 四	4 2 八	6 9 六
7 8 五	9 6 三	2 4 一
3 3 九	5 1 七	1 5 二

未山丑向

1 5 四	5 1 八	3 3 六
2 4 五	9 6 三	7 8 一
6 9 九	4 2 七	8 7 二

酉山卯向・辛山乙向

4 9 四	9 5 八	2 7 六
3 8 五	5 1 三	7 3 一
8 4 九	1 6 七	6 2 二

庚山甲向

6 2 四	1 6 八	8 4 六
7 3 五	5 1 三	3 8 一
2 7 九	9 5 七	4 9 二

乾山巽向・亥山巳向

5 3 四	9 7 八	7 5 六
6 4 五	4 2 三	2 9 一
1 8 九	8 6 七	3 1 二

戌山辰向

3 1 四	8 6 八	1 8 六
2 9 五	4 2 三	6 4 一
7 5 九	9 7 七	5 3 二

四運玄空盤

子山午向・癸山丁向

8 9 五	4 4 九	6 2 七
7 1 六	9 8 四	2 5 二
3 5 一	5 3 八	1 7 三

壬山丙向

1 7 五	5 3 九	3 5 七
2 6 六	9 8 四	7 1 二
6 2 一	4 4 八	8 9 三

艮山坤向・寅山申向

6 9 五	2 5 九	4 7 七
5 8 六	7 1 四	9 3 二
1 4 一	3 6 八	8 2 三

丑山未向

8 2 五	3 6 九	1 4 七
9 3 六	7 1 四	5 8 二
4 7 一	2 5 八	6 9 三

卯山酉向・乙山辛向

3 7 五	7 2 九	5 9 七
4 8 六	2 6 四	9 4 二
8 3 一	6 1 八	1 5 三

甲山庚向

1 5 五	6 1 九	8 3 七
9 4 六	2 6 四	4 8 二
5 9 一	7 2 八	3 7 三

巽山乾向・巳山亥向

2 6 五	7 1 九	9 8 七
1 7 六	3 5 四	5 3 二
6 2 一	8 9 八	4 4 三

辰山戌向

4 4 五	8 9 九	6 2 七
5 3 六	3 5 四	1 7 二
9 8 一	7 1 八	2 6 三

四運玄空盤

午山子向・丁山癸向

9 8 五	4 4 九	2 6 七
1 7 六	8 9 四	5 2 二
5 3 一	3 5 八	7 1 三

丙山壬向

7 1 五	3 5 九	5 3 七
6 2 六	8 9 四	1 7 二
2 6 一	4 4 八	9 8 三

坤山艮向・申山寅向

9 6 五	5 2 九	7 4 七
8 5 六	1 7 四	3 9 二
4 1 一	6 3 八	2 8 三

未山丑向

2 8 五	6 3 九	4 1 七
3 9 六	1 7 四	8 5 二
7 4 一	5 2 八	9 6 三

酉山卯向・辛山乙向

7 3 五	2 7 九	9 5 七
8 4 六	6 2 四	4 9 二
3 8 一	1 6 八	5 1 三

庚山甲向

5 1 五	1 6 九	3 8 七
4 9 六	6 2 四	8 4 二
9 5 一	2 7 八	7 3 三

乾山巽向・亥山巳向

6 2 五	1 7 九	8 9 七
7 1 六	5 3 四	3 5 二
2 6 一	9 8 八	4 4 三

戌山辰向

4 4 五	9 8 九	2 6 七
3 5 六	5 3 四	7 1 二
8 9 一	1 7 八	6 2 三

五運玄空盤

子山午向・癸山丁向

9 8 六	5 4 一	7 6 八
8 7 七	1 9 五	3 2 三
4 3 二	6 5 九	2 1 四

壬山丙向

2 1 六	6 5 一	4 3 八
3 2 七	1 9 五	8 7 三
7 6 二	5 4 九	9 8 四

艮山坤向・寅山申向

9 3 六	4 7 一	2 5 八
1 4 七	8 2 五	6 9 三
5 8 二	3 6 九	7 1 四

丑山未向

7 1 六	3 6 一	5 8 八
6 9 七	8 2 五	1 4 三
2 5 二	4 7 九	9 3 四

卯山酉向・乙山辛向

2 6 六	7 2 一	9 4 八
1 5 七	3 7 五	5 9 三
6 1 二	8 3 九	4 8 四

甲山庚向

4 8 六	8 3 一	6 1 八
5 9 七	3 7 五	1 5 三
9 4 二	7 2 九	2 6 四

巽山乾向・巳山亥向

5 7 六	9 2 一	7 9 八
6 8 七	4 6 五	2 4 三
1 3 二	8 1 九	3 5 四

辰山戌向

3 5 六	8 1 一	1 3 八
2 4 七	4 6 五	6 8 三
7 9 二	9 2 九	5 7 四

五運玄空盤

午山子向・丁山癸向

8 9 六	4 5 一	6 7 八
7 8 七	9 1 五	2 3 三
3 4 二	5 6 九	1 2 四

丙山壬向

1 2 六	5 6 一	3 4 八
2 3 七	9 1 五	7 8 三
6 7 二	4 5 九	8 9 四

坤山艮向・申山寅向

3 9 六	7 4 一	5 2 八
4 1 七	2 8 五	9 6 三
8 5 二	6 3 九	1 7 四

未山丑向

1 7 六	6 3 一	8 5 八
9 6 七	2 8 五	4 1 三
5 2 二	7 4 九	3 9 四

酉山卯向・辛山乙向

6 2 六	2 7 一	4 9 八
5 1 七	7 3 五	9 5 三
1 6 二	3 8 九	8 4 四

庚山甲向

8 4 六	3 8 一	1 6 八
9 5 七	7 3 五	5 1 三
4 9 二	2 7 九	6 2 四

乾山巽向・亥山巳向

7 5 六	2 9 一	9 7 八
8 6 七	6 4 五	4 2 三
3 1 二	1 8 九	5 3 四

戌山辰向

5 3 六	1 8 一	3 1 八
4 2 七	6 4 五	8 6 三
9 7 二	2 9 九	7 5 四

六運玄空盤

子山午向・癸山丁向

3 9 七	7 5 二	5 7 九
4 8 八	2 1 六	9 3 四
8 4 三	6 6 一	1 2 五

壬山丙向

1 2 七	6 6 二	8 4 九
9 3 八	2 1 六	4 8 四
5 7 三	7 5 一	3 9 五

艮山坤向・寅山申向

8 2 七	4 7 二	6 9 九
7 1 八	9 3 六	2 5 四
3 6 三	5 8 一	1 4 五

丑山未向

1 4 七	5 8 二	3 6 九
2 5 八	9 3 六	7 1 四
6 9 三	4 7 一	8 2 五

卯山酉向・乙山辛向

5 9 七	9 4 二	7 2 九
6 1 八	4 8 六	2 6 四
1 5 三	8 3 一	3 7 五

甲山庚向

3 7 七	8 3 二	1 5 九
2 6 八	4 8 六	6 1 四
7 2 三	9 4 一	5 9 五

巽山乾向・巳山亥向

6 6 七	1 2 二	8 4 九
7 5 八	5 7 六	3 9 四
2 1 三	9 3 一	4 8 五

辰山戌向

4 8 七	9 3 二	2 1 九
3 9 八	5 7 六	7 5 四
8 4 三	1 2 一	6 6 五

六運玄空盤

午山子向・丁山癸向

9 3 七	5 7 二	7 5 九
8 4 八	1 2 六	3 9 四
4 8 三	6 6 一	2 1 五

丙山壬向

2 1 七	6 6 二	4 8 九
3 9 八	1 2 六	8 4 四
7 5 三	5 7 一	9 3 五

坤山艮向・申山寅向

2 8 七	7 4 二	9 6 九
1 7 八	3 9 六	5 2 四
6 3 三	8 5 一	4 1 五

未山丑向

4 1 七	8 5 二	6 3 九
5 2 八	3 9 六	1 7 四
9 6 三	7 4 一	2 8 五

酉山卯向・辛山乙向

9 5 七	4 9 二	2 7 九
1 6 八	8 4 六	6 2 四
5 1 三	3 8 一	7 3 五

庚山甲向

7 3 七	3 8 二	5 1 九
6 2 八	8 4 六	1 6 四
2 7 三	4 9 一	9 5 五

乾山巽向・亥山巳向

6 6 七	2 1 二	4 8 九
5 7 八	7 5 六	9 3 四
1 2 三	3 9 一	8 4 五

戌山辰向

8 4 七	3 9 二	1 2 九
9 3 八	7 5 六	5 7 四
4 8 三	2 1 一	6 6 五

七運玄空盤

子山午向・癸山丁向

2 3 八	7 7 三	9 5 一
1 4 九	3 2 七	5 9 五
6 8 四	8 6 二	4 1 六

壬山丙向

4 1 八	8 6 三	6 8 一
5 9 九	3 2 七	1 4 五
9 5 四	7 7 二	2 3 六

艮山坤向・寅山申向

9 5 八	5 9 三	7 7 一
8 6 九	1 4 七	3 2 五
4 1 四	6 8 二	2 3 六

丑山未向

2 3 八	6 8 三	4 1 一
3 2 九	1 4 七	8 6 五
7 7 四	5 9 二	9 5 六

卯山酉向・乙山辛向

4 8 八	9 4 三	2 6 一
3 7 九	5 9 七	7 2 五
8 3 四	1 5 二	6 1 六

甲山庚向

6 1 八	1 5 三	8 3 一
7 2 九	5 9 七	3 7 五
2 6 四	9 4 二	4 8 六

巽山乾向・巳山亥向

7 9 八	2 4 三	9 2 一
8 1 九	6 8 七	4 6 五
3 5 四	1 3 二	5 7 六

辰山戌向

5 7 八	1 3 三	3 5 一
4 6 九	6 8 七	8 1 五
9 2 四	2 4 二	7 9 六

七運玄空盤

午山子向・丁山癸向

3 2 八	7 7 三	5 9 一
4 1 九	2 3 七	9 5 五
8 6 四	6 8 二	1 4 六

丙山壬向

1 4 八	6 8 三	8 6 一
9 5 九	2 3 七	4 1 五
5 9 四	7 7 二	3 2 六

坤山艮向・申山寅向

5 9 八	9 5 三	7 7 一
6 8 九	4 1 七	2 3 五
1 4 四	8 6 二	3 2 六

未山丑向

3 2 八	8 6 三	1 4 一
2 3 九	4 1 七	6 8 五
7 7 四	9 5 二	5 9 六

酉山卯向・辛山乙向

8 4 八	4 9 三	6 2 一
7 3 九	9 5 七	2 7 五
3 8 四	5 1 二	1 6 六

庚山甲向

1 6 八	5 1 三	3 8 一
2 7 九	9 5 七	7 3 五
6 2 四	4 9 二	8 4 六

乾山巽向・亥山巳向

9 7 八	4 2 三	2 9 一
1 8 九	8 6 七	6 4 五
5 3 四	3 1 二	7 5 六

戌山辰向

7 5 八	3 1 三	5 3 一
6 4 九	8 6 七	1 8 五
2 9 四	4 2 二	9 7 六

八運玄空盤

子山午向・癸山丁向

5 2 九	9 7 四	7 9 二
6 1 一	4 3 八	2 5 六
1 6 五	8 8 三	3 4 七

壬山丙向

3 4 九	8 8 四	1 6 二
2 5 一	4 3 八	6 1 六
7 9 五	9 7 三	5 2 七

艮山坤向・寅山申向

3 6 九	7 1 四	5 8 二
4 7 一	2 5 八	9 3 六
8 2 五	6 9 三	1 4 七

丑山未向

1 4 九	6 9 四	8 2 二
9 3 一	2 5 八	4 7 六
5 8 五	7 1 三	3 6 七

卯山酉向・乙山辛向

7 9 九	2 5 四	9 7 二
8 8 一	6 1 八	4 3 六
3 4 五	1 6 三	5 2 七

甲山庚向

5 2 九	1 6 四	3 4 二
4 3 一	6 1 八	8 8 六
9 7 五	2 5 三	7 9 七

巽山乾向・巳山亥向

6 8 九	2 4 四	4 6 二
5 7 一	7 9 八	9 2 六
1 3 五	3 5 三	8 1 七

辰山戌向

8 1 九	3 5 四	1 3 二
9 2 一	7 9 八	5 7 六
4 6 五	2 4 三	6 8 七

八運玄空盤

午山子向・丁山癸向

2 5 九	7 9 四	9 7 二
1 6 一	3 4 八	5 2 六
6 1 五	8 8 三	4 3 七

丙山壬向

4 3 九	8 8 四	6 1 二
5 2 一	3 4 八	1 6 六
9 7 五	7 9 三	2 5 七

坤山艮向・申山寅向

6 3 九	1 7 四	8 5 二
7 4 一	5 2 八	3 9 六
2 8 五	9 6 三	4 1 七

未山丑向

4 1 九	9 6 四	2 8 二
3 9 一	5 2 八	7 4 六
8 5 五	1 7 三	6 3 七

酉山卯向・辛山乙向

9 7 九	5 2 四	7 9 二
8 8 一	1 6 八	3 4 六
4 3 五	6 1 三	2 5 七

庚山甲向

2 5 九	6 1 四	4 3 二
3 4 一	1 6 八	8 8 六
7 9 五	5 2 三	9 7 七

乾山巽向・亥山巳向

8 6 九	4 2 四	6 4 二
7 5 一	9 7 八	2 9 六
3 1 五	5 3 三	1 8 七

戌山辰向

1 8 九	5 3 四	3 1 二
2 9 一	9 7 八	7 5 六
6 4 五	4 2 三	8 6 七

九運玄空盤

子山午向・癸山丁向

4 5 一	9 9 五	2 7 三
3 6 二	5 4 九	7 2 七
8 1 六	1 8 四	6 3 八

壬山丙向

6 3 一	1 8 五	8 1 三
7 2 二	5 4 九	3 6 七
2 7 六	9 9 四	4 5 八

艮山坤向・寅山申向

2 7 一	7 2 五	9 9 三
1 8 二	3 6 九	5 4 七
6 3 六	8 1 四	4 5 八

丑山未向

4 5 一	8 1 五	6 3 三
5 4 二	3 6 九	1 8 七
9 9 六	7 2 四	2 7 八

卯山酉向・乙山辛向

6 3 一	2 7 五	4 5 三
5 4 二	7 2 九	9 9 七
1 8 六	3 6 四	8 1 八

甲山庚向

8 1 一	3 6 五	1 8 三
9 9 二	7 2 九	5 4 七
4 5 六	2 7 四	6 3 八

巽山乾向・巳山亥向

9 9 一	4 5 五	2 7 三
1 8 二	8 1 九	6 3 七
5 4 六	3 6 四	7 2 八

辰山戌向

7 2 一	3 6 五	5 4 三
6 3 二	8 1 九	1 8 七
2 7 六	4 5 四	9 9 八

九運玄空盤

午山子向・丁山癸向

5 4 一	9 9 五	7 2 三
6 3 二	4 5 九	2 7 七
1 8 六	8 1 四	3 6 八

丙山壬向

3 6 一	8 1 五	1 8 三
2 7 二	4 5 九	6 3 七
7 2 六	9 9 四	5 4 八

坤山艮向・申山寅向

7 2 一	2 7 五	9 9 三
8 1 二	6 3 九	4 5 七
3 6 六	1 8 四	5 4 八

未山丑向

5 4 一	1 8 五	3 6 三
4 5 二	6 3 九	8 1 七
9 9 六	2 7 四	7 2 八

酉山卯向・辛山乙向

3 6 一	7 2 五	5 4 三
4 5 二	2 7 九	9 9 七
8 1 六	6 3 四	1 8 八

庚山甲向

1 8 一	6 3 五	8 1 三
9 9 二	2 7 九	4 5 七
5 4 六	7 2 四	3 6 八

乾山巽向・亥山巳向

9 9 一	5 4 五	7 2 三
8 1 二	1 8 九	3 6 七
4 5 六	6 3 四	2 7 八

戌山辰向

2 7 一	6 3 五	4 5 三
3 6 二	1 8 九	8 1 七
7 2 六	5 4 四	9 9 八

7　格局

格局とは玄空盤のタイプを分類したもの。その判断基準は家屋の前後に位置する山と水の状況を分類した環境判断が一つある。もう一つは玄空盤での星の配置を分類したものだ。格局というとこちらの方を限定して見ていることが少なくないだろう。正しくはこの両方を見る必要がある。実際の山と山星の令星、実際の水（川や池）と水星の令星が合致すると合局と言い大吉となる。そのどちらか軽重を考えれば環境を優先するということだ。

格局は基本的なものとして旺山旺向、双星会座、双星会向、上山下水という四大格局に分けられる。さらに四大格局の中で特徴のある星の配置が見られる三般卦などの特殊格局がある。これらの分類については以下、図表によって説明する。

ここで注意したいのは七運に完成した建物は七運の玄空盤であり、八運になっても変わらない。七運で旺山旺向であっても八運になれば失運となってしまうのだ。よってその効力は当運に限られる。

白鶴易人

実在の山水環境ですが、これは判断の基礎になります。外局の山水環境は優美で、玄空盤は旺山旺向になり、両方ＯＫになれば風水は素晴らしい理想的な地方です。山水環境が欠陥であれば、玄空盤の旺山旺向になっても、良い風水にならないです。

もし外局の山水環境が優美で玄空盤は上山下水、あるいは反吟伏吟の場合になると、山水環境によって調整しますが正向か兼向、或は城門、或は坐満朝空、坐空朝満等の方法を決めます。全く環境的状態で決める訳です。

第二番目は玄空風水の各盤の中で一番大事な盤は向盤です。玄空風水は地盤（洛書元旦盤）、運盤、山向盤（飛星盤）等の三重関係があります。地盤と運盤から言えば地盤は主、運盤は客と言います。もし運盤と山向盤で言えば、運盤は主、山向盤は客といいます。山向盤からいえば向の飛星は主，山の飛星は客です。山盤だけ言えば山飛星は主、向盤だけ言えば向の飛星は主になります。なんといっても玄空風水のポイントは向飛星で、向飛星はもし旺星になると全盤皆旺。向飛星はもし衰星になると全盤皆衰になるわけです。向飛星は全盤宅運の禍福を決めます。

⑴四大格局

①旺山旺向

家屋の背後に山があって、前方に池がある形を指す。前方には川が取り巻くように流れていても良い。このような場合は背山面水型で、風水の理に適い、健康運財運共に大吉である。

玄空風水では玄空盤の配列が座山側の山星の位置に当運の令星（八運なら8）があり、座向側の水星の位置に当運の令星があることが旺山旺向の条件である。つまり山星の令星は実際の山にあることを吉としたものだ。水星の令星は実際の水があると良い。これはあるべきところへ令星が位置することを合局として吉作用が確実に現れるものと定義した。従って、九運になると令星が9となるため、先の令星8は力を失うことになる。

八運であれば丑山未向、巽山乾向・巳山亥向、未山丑向、乾山巽向・亥山巳向の6つが旺山旺向になる。

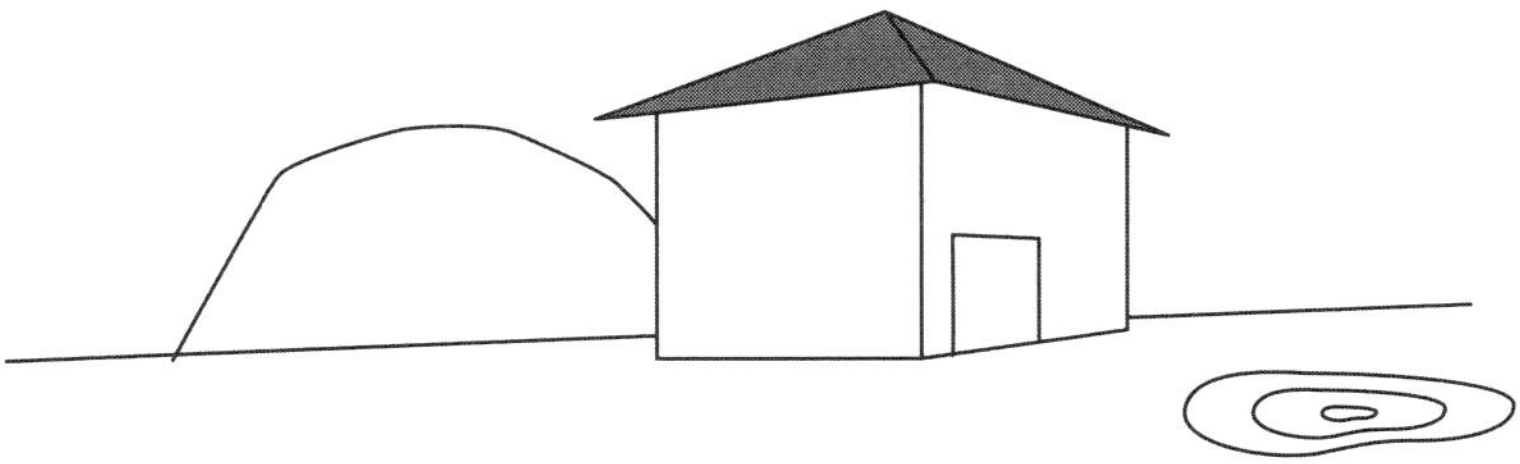

未山丑向

4 1 九	9 6 四	2 8 二
3 9 一	5 2 八	7 4 六
8 5 五	1 7 三	6 3 七

丑山未向

1 4 九	6 9 四	8 2 二
9 3 一	2 5 八	4 7 六
5 8 五	7 1 三	3 6 七

乾山巽向（亥山巳向）

8 6 九	4 2 四	6 4 二
7 5 一	9 7 八	2 9 六
3 1 五	5 3 三	1 8 七

巽山乾向（巳山亥向）

6 8 九	2 4 四	4 6 二
5 7 一	7 9 八	9 2 六
1 3 五	3 5 三	8 1 七

白鶴易人

楊筠松は都天宝照経で「天機妙訣本不同，八卦只有一卦通」と言いました。その一卦は九宮の中宮の運星で、つまり天心一卦で、天心一卦は当運一卦でもあるのです。各宮飛星の水星山星が天心一卦と同じだと水星一卦通と山星一卦通になります。その宮の水星、山星で天心一卦を通じると旺財旺丁になると言われています。旺山旺向はその代表の局です。玄空風水で旺山旺向の局は48ほどあります。

②双星会座

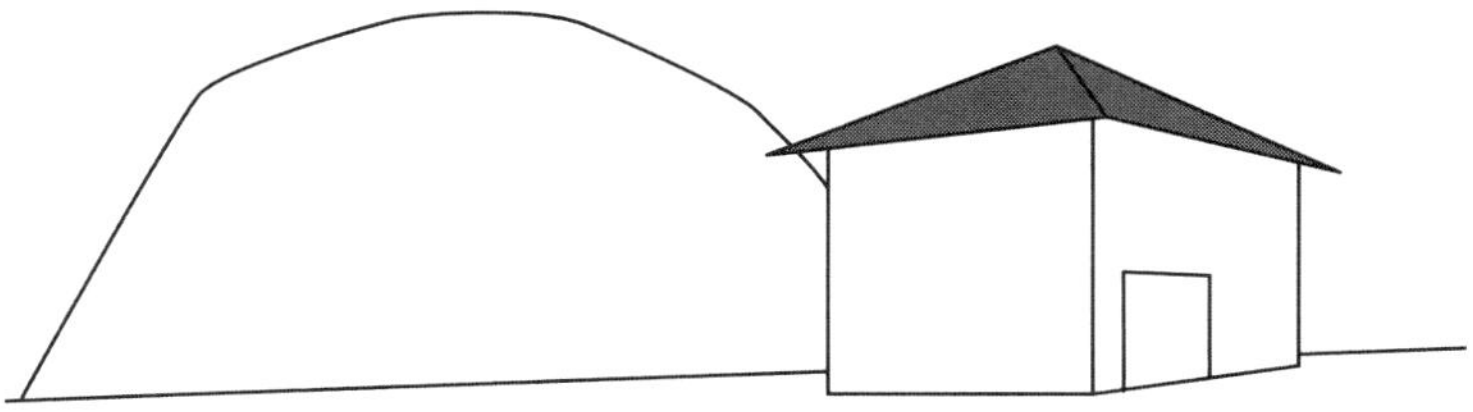

家屋の背後は実際の山や丘があってバックアップしている形だ。しかし座向側に水がない地形となっている。基本的に家族運、健康運に恵まれるが、財運の面で期待できない。

この場合、山は急峻で崩れやすい形ではいけない。低くてもお椀を伏せた形が望ましい。

八運では図のように座山方位の山星側と水星側に令星が８８と同数が並んだ形。八運であれば壬山丙向、甲山庚向、午山子向、丁山癸向、酉山卯向、辛山乙向の６つがこれにあたる。

家屋の背後に池があり、さらに後には山または丘があるような地形を最良のものとした。これは令星の位置と地形とを組み合わせて考えたものである。このような地形であると、健康運は大吉、財運は小吉となる。

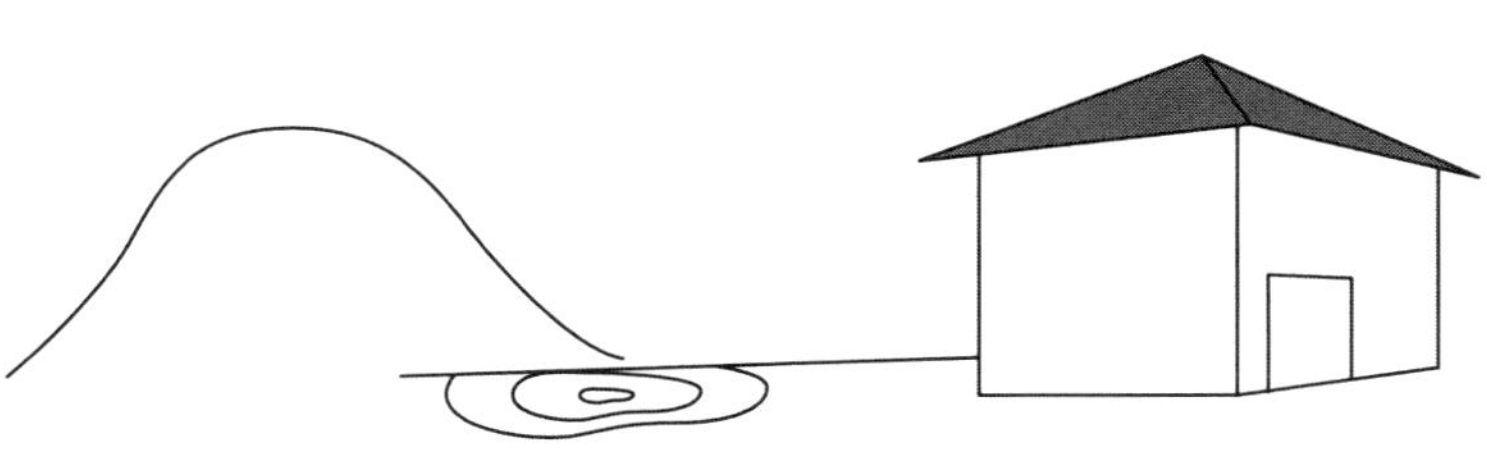

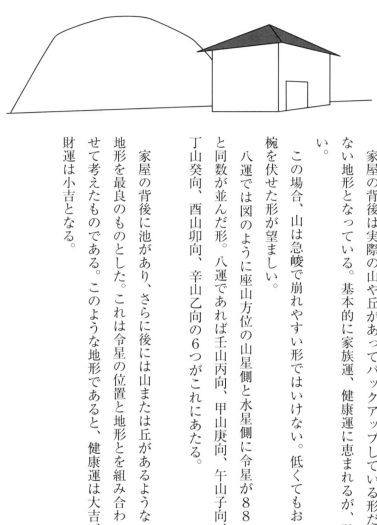

午山子向（丁山癸向）

2 5 九	7 9 四	9 7 二
1 6 一	3 4 八	5 2 六
6 1 五	8 8 三	4 3 七

壬山丙向

3 4 九	8 8 四	1 6 二
2 5 一	4 3 八	6 1 六
7 9 五	9 7 三	5 2 七

酉山卯向（辛山乙向）

9 7 九	5 2 四	7 9 二
8 8 一	1 6 八	3 4 六
4 3 五	6 1 三	2 5 七

甲山庚向

5 2 九	1 6 四	3 4 二
4 3 一	6 1 八	8 8 六
9 7 五	2 5 三	7 9 七

白鶴易人

楊公の弟子、曾文辿《そうぶんてん》は青嚢序に「山上龍神不下水、水里龍神不上山、用此量山与歩水、百里江山一向間」と書いています。この言葉は玄空風水の鍵で、山の龍神が水に入ったら損失丁。その代わりに水の龍神が山に登ったら損失財です。双星会座は丁に期待できるのですが、財に恵まれないのです。玄空風水で双星会座の局は60あります。

※損失丁とは健康を損なうこと。若死、男児に恵まれない。

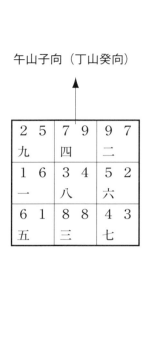

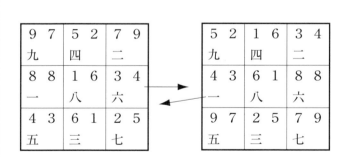

③双星会向

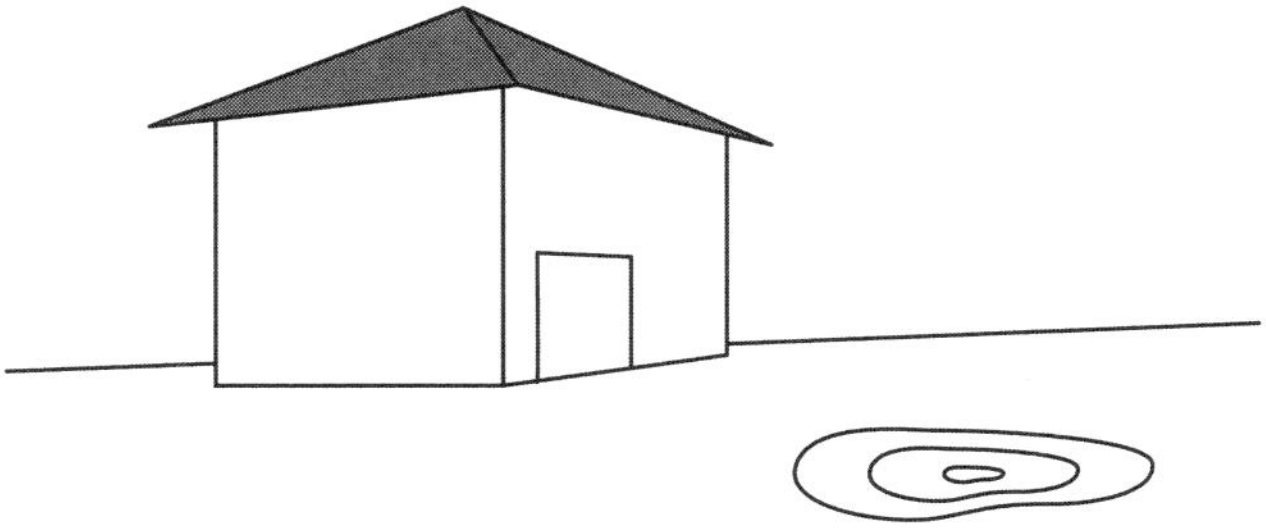

家屋の背後は平たんな地形となっており、バックアップされていない形だ。一方、前面に池があるか、川が家屋を取り巻くように流れていると健康運には恵まれないが、財運には大いに期待できる。店舗では健康運はともかく財運を取り込みたいので、この形は悪くない。

下の図では家屋の前面に池があり、さらにその先に低い山がある地形となっている。このような場合、健康運もカバーすることになり、健康運は小吉となる。ただし、家屋の前方に圧迫感のあるような山やビルがあるとかえって凶となるので注意したい。

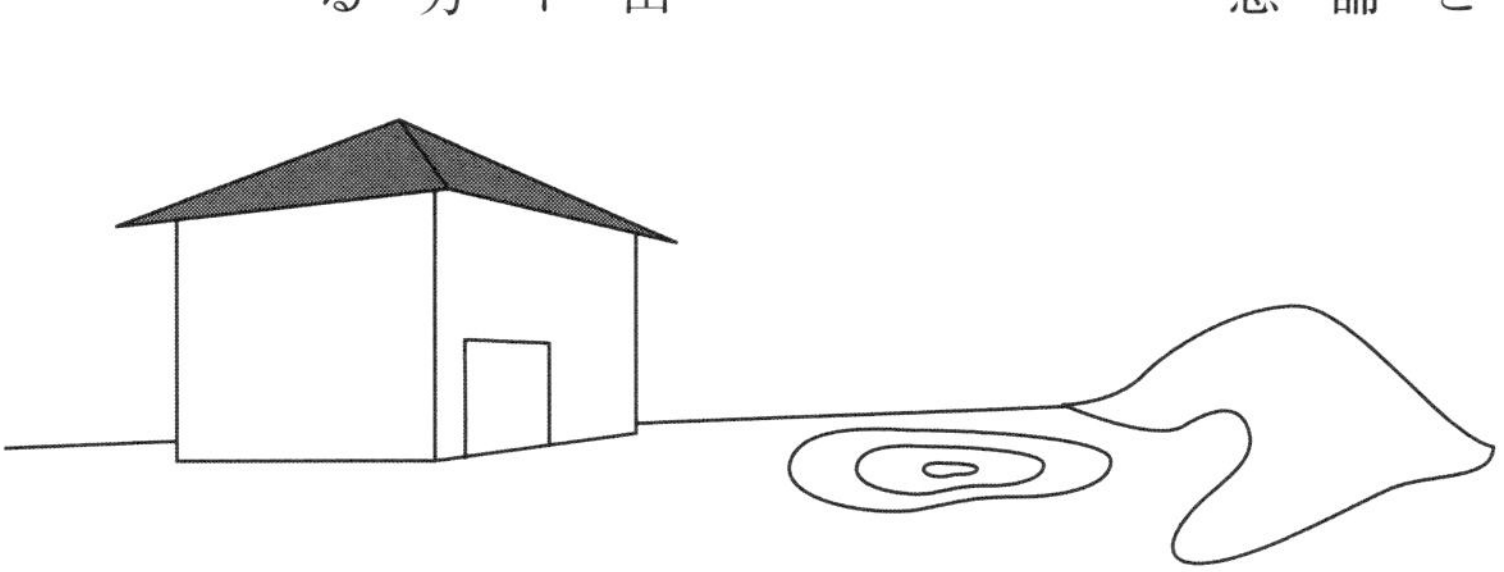

座向側の山星水星が８８と並んだ形。八運であれば子山午向、癸山丁向、卯山酉向、乙山辛向、丙山壬向、庚山甲向の６つがこれにあたる。

子山午向（癸山丁向）

5 2 九	9 7 四	7 9 二
6 1 一	4 3 八	2 5 六
1 6 五	8 8 三	3 4 七

丙山壬向

4 3 九	8 8 四	6 1 二
5 2 一	3 4 八	1 6 六
9 7 五	7 9 三	2 5 七

卯山酉向（乙山辛向）

7 9 九	2 5 四	9 7 二
8 8 一	6 1 八	4 3 六
3 4 五	1 6 三	5 2 七

庚山甲向

2 5 九	6 1 四	4 3 二
3 4 一	1 6 八	8 8 六
7 9 五	5 2 三	9 7 七

白鶴易人
双星会向は中国で有名な風水秘訣として、「山管人丁水管財、富貴要観陰陽宅」があります。山の龍神が水に入ったら損失丁。双星会向は丁に期待できずですが、財からの恵みに宜しいです。双星会向の局も60あります。

④上山下水

家屋の背後に山があって前方に川や池があると旺山旺向となって健康運と財運に恵まれるが、ここでは逆で背後に池があり、前方に山があると上山下水となる。原文には「山上龍神不下水，水裏龍神不上山」とあり、山の龍神が水に落ちない、水の龍神が山に登ってはいけないという意味である。九星の配置では令星があるべきところにおらず、逆の場所にいるため力を発揮しないことになる。よって健康運も財運にも恵まれない凶格とした。

座山方位の水星側に令星が入り、座向方位の山星側にも令星が入った形。山龍が水に落ちて、水龍が山に登ったとしていずれも力を発揮できない状態である。健康運と財運いずれも恵まれない。家屋の背後に川や池があって、前方には山がある地形。

八運であれば艮山坤向、寅山申向、辰山戌向、坤山艮向、申山寅向、戌山辰向の６つ

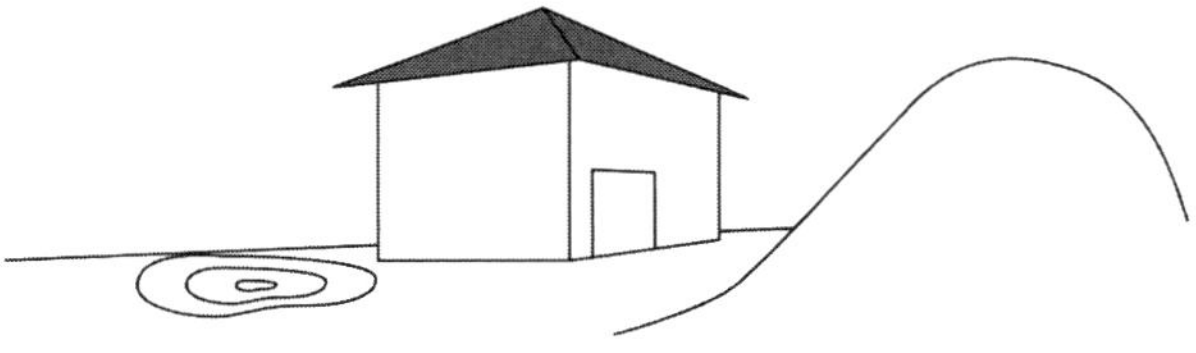

がこれにあたる。

坤山艮向（申山寅向）

6 3 九	1 7 四	8 5 二
7 4 一	5 2 八	3 9 六
2 8 五	9 6 三	4 1 七

艮山坤向（寅山申向）

3 6 九	7 1 四	5 8 二
4 7 一	2 5 八	9 3 六
8 2 五	6 9 三	1 4 七

戌山辰向

1 8 九	5 3 四	3 1 二
2 9 一	9 7 八	7 5 六
6 4 五	4 2 三	8 6 七

辰山戌向

8 1 九	3 5 四	1 3 二
9 2 一	7 9 八	5 7 六
4 6 五	2 4 三	6 8 七

白鶴易人

楊筠松は天玉経で「陰陽二字看零正，座向須知病，若遇正神正位装，抜水入零堂」と言いましたが、玄空風水の考え方では正神は山龍で、零神は水龍です。上山下水の場合、正神の山龍下水、零神の水龍上山となっています。玄空風水の216局で48局が損丁破財です。

⑵特殊格局

①父母三般卦《さんぱんか》

九宮に運星と山星、水星が1・4・7、2・5・8、3・6・9と2つの間隔で並んでいる形を父母三般卦という。三元九運の何運であっても旺星（八運なら8、9、1）が属しているので吉とする。

この格局は上山下水が元になっている。よってこのままでは凶格である。山星8のある座向側に屋外では築山、室内では山状のものを配置し、水星8のある座山側に屋外では池や噴水、室内では水槽などを配置することにより父母三般卦という吉格が成立する。

艮山坤向では艮方に玄関を開き、噴水や水槽を置く。坤方に玄関があると壁面にする。加えて築山か山状のアイテムを置くと大吉となる。坤山艮向では坤方に玄関を作ると財運が大吉となる。八運では艮山坤向、寅山申向と坤山艮向、申山寅向の4つが該当する。

②連珠三般卦

運星と山星、水星がすべての宮で1・2・3、2・3・4、3・4・5、4・5・6、7・8・9、9・1・2のように連続している形をいう。基本的に見れば格局は上山下水で伏吟または反吟でもある。このままでは凶格であるが、父母三般卦のように座向の方位に築山あるいは山状のものを配置し、座山の方位に池や噴水を配置すると連珠三般卦の吉格に変わる。

八運では辰山戌向と戌山辰向が該当する。連珠三般卦が成立すると旺山旺向と同等の効果が期待できる。また座山側に玄関を移動させると良い。辰山戌向では辰方に玄関を配置し、戌山辰向では戌方に玄関を配置すると財運が大吉となる。

艮山坤向

3 6 九	7 1 四	5 8 二
4 7 一	2 5 八	9 3 六
8 2 五	6 9 三	1 4 七

坤山艮向

6 3 九	1 7 四	8 5 二
7 4 一	5 2 八	3 9 六
2 8 五	9 6 三	4 1 七

辰山戌向

8 1 九	3 5 四	1 3 二
9 2 一	7 9 八	5 7 六
4 6 五	2 4 三	6 8 七

戌山辰向

1 8 九	5 3 四	3 1 二
2 9 一	9 7 八	7 5 六
6 4 五	4 2 三	8 6 七

白鶴易人

三般卦は天玉経で「更看父母下三吉，三般卦第一」という言葉がちゃんと載っています。三般卦は3種類あって、一つは父母三般卦で、九宮の三星組み合わせは1・4・7、2・5・8、3・6・9の形で三元の気を貫通して、上山下水、伏吟、反吟の凶状態を解消できるのです。もう一つは連珠三般卦で九宮の三星組み合わせは1・2・3、2・3・4、3・4・5、4・5・6、5・6・7、6・7・8、7・8・9、8・9・1、9・1・2があります。三運の気を貫通して周りの環境を結び付けて、山水の旺気を増加できるのです。上山下水、伏吟、反吟の凶状態を解消できます。三つ目は巧三般卦ですが、各宮で1・4・7、2・5・8、3・6・9の形を表します。

③合十

運星と山星または運星と水星の数を合計して全ての方位で10となるものをいう。山星との合十は健康運、水星との合十は財運が期待できる。山星合十は7運に完成した建物で子山午向・癸山丁向。水星合十は午山子向・丁山癸向がある。

子山午向では七運において四大格局の双星会座である。健康運には恵まれるが、財運には恵まれない。全ての方位で運星と山星の数を合わせると十になる。この形を山星合十という。午山子向では運星と水星を合計すると十になる。これを水星合十という。本来は双星会向であり財運に恵まれるという象意がある。そして合十の関係にあることは各方位においてこの傾向が強まる。

子山午向

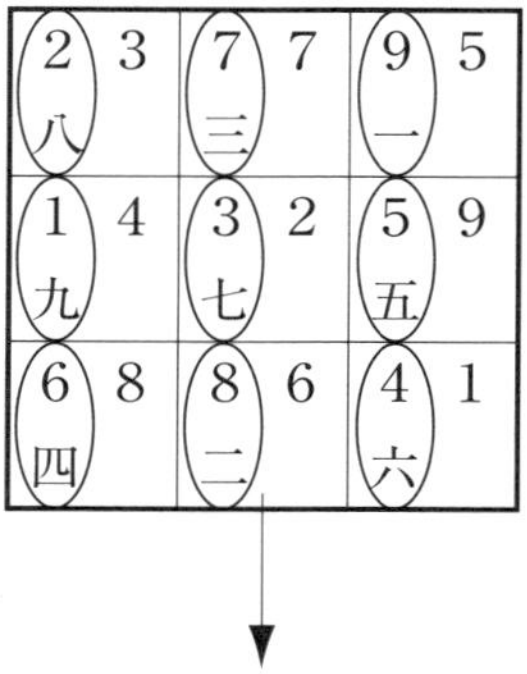

午山子向

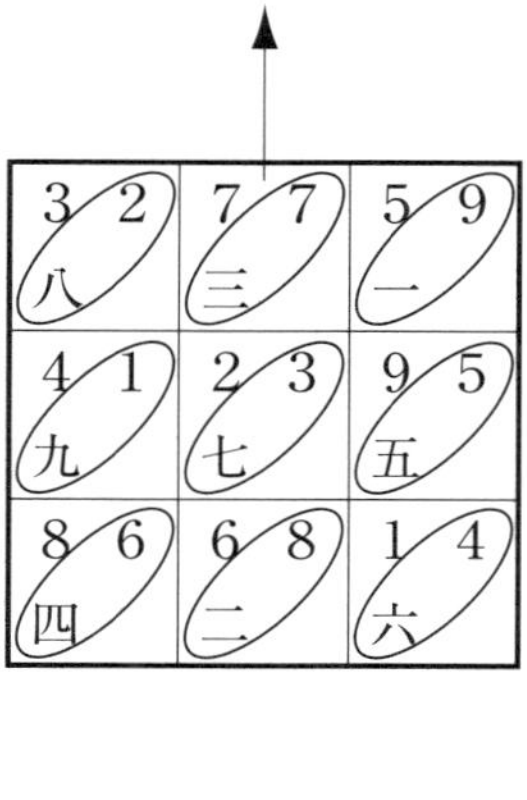

白鶴易人

全局合十は2種類で一つは山星と運星の数字を合計し10となることを通気という。丁に対して有利に働きます。もう一つは水星と運星の数字を合計して通気となれば財に有利です。玄空風水の216局で24局が全局合十です。

④七星打劫

七星打劫の正式な名称は北斗七星打劫法。三般卦の一種である。北斗は、中宮に運ばれる気のことを指す。七星は現在所属する運を7つ逆算した結果をいう。打劫は打って奪うという意味だ。例えば、8を7つ逆算したら2になる、（8、7、6、5、4、3、2の順）2を7つ逆算したら5となる。現在、八運の8は旺気であるが、5は死気、2は煞気であって凶方位だ。そこで打劫の方法で現在の運で未来の気を奪って、災いを福に変えるのである。

七星打劫には2つの条件が必要となる。まず、令星が必ず座向側にあること。次に離、震、乾の三宮、あるいは巽、坎、兑の三宮の飛星の数字は必ず父母三般卦の配置であること、つまり三宮の数字が1、4、7。2、5、8。3、6、9の組み合わせとなる。離、震、乾の三宮数字が父母三般卦の場合は「離宮打劫」という。「離宮打劫」を真打劫と呼び吉格とする。

巽、坎、兌の三宮数字が父母三般卦の場合は「坎宮打劫」と言い偽打劫と呼び吉格としない。中宮の飛星が必ず離宮あるいは坎宮の飛星とで「生成之数」（図では中宮の水星が3と離宮の水星8、同様に4と9）になる。これで九宮が中宮を通してお互いに気を通し、活性化することになるのだ。具体的には打劫の方位に玄関や窓など開口部があるのは良いという判断だ。

七星打劫は八運では子山午向、癸山丁向の2つが該当し、九運では壬山丙向が該当する。

子山午向（癸山丁向）

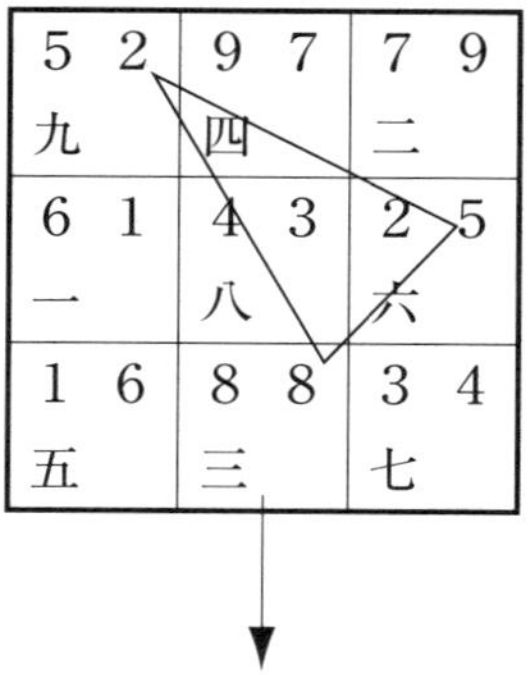

白鶴易人

天玉経に「識得父母三般卦，便是真神路，北斗七星去打劫，離宮要相合」とあります。

玄空風水は体用の両方を大事にするので巒頭の体を重視します。離宮真打劫は離宮、震宮、乾宮を塞ぐことはできません。七星打劫の鍵は通気です。門、寝室、台所などを父母三般卦の宮位に置いた方が良いです。北斗七星真打劫局は21局あります。

⑤伏吟

中宮の星が5で順飛の場合、洛書の定位盤と同じで、これは動きがない状況と見る。それでこの形を伏吟といって物事が長引く、滞る現象が出るものとした。勉強や仕事がはかどらない。就職が決まらない。病気が長引くなどの作用である。元々は上山下水なので凶格であるので良くない。七運の建物では甲山庚向、庚山甲向がこれにあたる。

甲山庚向

6 1 八	1 5 三	8 3 一
7 2 九	5 9 七	3 7 五
2 6 四	9 4 二	4 8 六

庚山甲向

1 6 八	5 1 三	3 8 一
2 7 九	9 5 七	7 3 五
6 2 四	4 9 二	8 4 六

⑥反吟

中宮の星が5で逆飛の場合、洛書の数字とは反対の配置となっている。これを反吟といって物事に反発する作用が生じやすい。七運卯山酉向を見ると七運の時は旺山旺向であった。その時は吉格である。八運になると反吟の凶格となるのである。伏吟と同様に八運であれば水星が8の方位に玄関を移すことを考えたい。

反吟は七運の建物では卯山酉向、乙山辛向、酉山卯向、辛山乙向が該当する。

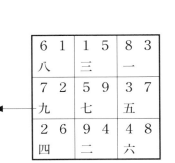

卯山酉向（乙山辛向）

4 8 八	9 4 三	2 6 一
3 7 九	5 9 七	7 2 五
8 3 四	1 5 二	6 1 六

酉山卯向（辛山乙向）

8 4 八	4 9 三	6 2 一
7 3 九	9 5 七	2 7 五
3 8 四	5 1 二	1 6 六

⑦入囚

当運の令星が中宮に入った形である。それで令星の吉作用が発揮できないとする。山星入囚は健康運に恵まれず、水星入囚は財運に恵まれない。このような建物の場合、中央部が閉鎖された形ではなく、オープン的なレイアウトであることが望ましい。当運の令星を解放するのはどうすれば良いか。一つの方法がある。これは令星を意味する洛書の位置に玄関を移すのである。山星入囚となる戌山辰向の例では8は艮宮を表すので東北方位に築山を作るか、山状のものを配置するのである。

水星入囚の例では東北方位に玄関を開くと入囚の作用が無くなる。なぜならば、艮方の水星は五黄で、五黄は中宮に属する。このことから通気できるものとした。

山星入囚は七運に完成した建物で戌山辰向、乾山巽向、亥山巳向。水星入囚は七運に完成した建物で辰山戌向、巽山乾向、巳山亥向が該当する。

山星入囚
戌山辰向

築山

7 5 八	3 1 三	5 3 一
6 4 九	8 6 七	1 8 五
2 9 四	4 2 二	9 7 六

水星入囚
辰山戌向

玄関

5 7 八	1 3 三	3 5 一
4 6 九	6 8 七	8 1 五
9 2 四	2 4 二	7 9 六

乾山巽向（亥山巳向）

築山

9 7 八	4 2 三	2 9 一
1 8 九	8 6 七	6 4 五
5 3 四	3 1 二	7 5 六

巽山乾向（巳山亥向）

玄関

7 9 八	2 4 三	9 2 一
8 1 九	6 8 七	4 6 五
3 5 四	1 3 二	5 7 六

白鶴易人

入囚問題は重視しなければならないです。山星入囚すれば、子供に悪くなるに対して、水星入囚すれば、財運に恵まれません。対策として、五黄のところに山か（山星入囚）水か（水星入囚）入れたら良い風水に調整できるでしょう。

七運辰山戌向は旺山旺向。七運の20年は形巒で坐実朝空すれば丁も財もよろしいです。八運に入ってから令星入囚になりますので、退財になります。艮宮に五黄がありますので門路或いは水があれば入囚となりません。

8 玄空九星の吉凶判断

(1) 玄空九星の象意

九星単独での象意を一覧表にしたものが玄空九星象意表である。基本的に紫白九星と言って、紫は九紫のこと。白は一白、六白、八白はいずれも吉星である。二黒は病符星で病気を表す。三碧は暴力の星。四緑は文昌星と言って文才の星と位置づけられている。五黄は災いの星。六白は権力、七赤は火災の意味がある。そして八白は不動産や財運。九紫は慶び事や名声を意味する。

得運というのは各九星が当運において旺気、生気、進気に当たっている場合、吉作用が現れるとする。八運であれは八白が旺気、九紫が生気、一白は進気となる。失運というのは当運において退気、衰気、死気、煞気となる九星である。この場合は凶作用が現れる。八運の場合、七赤は退気、六白は衰気、五黄は死気、四緑、三碧、二黒は煞気である。

挨星のどちらかが得運に入っていれば得運の象意を見る。

玄空九星象意

	得運	失運
一白 貪狼星	成績優秀、聡明な男子、試験に合格健康と財運	酒色に溺れる、成績不振、腎臓系の病気、腎虚
二黒 巨門星	不動産による財、賢夫人、補佐役、従順、多産、節約家、家業を興す	多病、財貨を損失する、腹部疾患、火災、寡婦、主婦が実権を持つ
三碧 禄存星	事業を興して成功する、名声を得る、長男の活躍	怪我、盗賊による損失、公権力による災い、血液に関する病気
四緑 文曲星	文章で名声を得る、学習で成果、資格を取る、良縁に恵まれる	不倫、アルコール中毒、腹部・腰部の疾患、流産
五黄 廉貞星	権力を得る、政治家、健康と財を得る、事業成功	災難、多事多難、病魔と失財、トラブル、毒物
六白 武曲星	権力を得る、事業家、指導者、富豪、出世、威厳、事業発展	公権力による災い、孤独、頭痛、刃物で怪我
七赤 破軍星	健康と財を得る、家業発展、子供の幸福、芸達者、弁舌家	失言、盗難による失財、火災、呼吸器の疾患、肺病
八白 左輔星	富貴と名声、事業発展、保養と健康、若年で活躍、不動産による財	子どもの災難、手足の疾患、肩こり、腰痛
九紫 右弼星	慶事、福運、研究で成果、守勢で吉、中女が成功する	性格が強烈、公権力による災い、火災、出血、高血圧、難産

⑵運星の意味するもの

①第七運

１９８４年から２００３年に完成した建物である。七赤金星は破軍星ともいう。飲食、パーティ、喜悦、口舌、少女、西方位を意味する。色は白または金色。引っ越しの方位は西が大吉。東北は吉、南は小吉。華やかである一方、享楽に流されやすいので注意しなければいけない。

格局を分類すると旺山旺向、双星会座、双星会向、上山下水の四大格局がある。七運では七赤が旺気、八白は生気、九紫は進気であるが、２００４年以降の八運に入ると七赤は退気、八白は旺気、九紫は生気、一白は進気と変化している。したがって、大吉格である旺山旺向と吉格の双星会座、双星会向は吉作用がなくなるということは八運の令星8が巡る方位を玄関、寝室などに使用することが得策である。一方、七赤の方位は退気となるため、その悪影響を受けないための対策が必要である。七運に建築された建物は古いものでは30年を経過している。ということはリフォームの必要があるだろうが、その場合、八運だけでなく、九運を見据えた間取りの変更を意識されると良い。

②第八運

２００４年から２０２３年までに建築された物件である。八白土星は左輔星。山や石、相続、財産。停止という象位。色は茶色、ベージュなど。引っ越しするなら東北方位が大吉。南は吉、北は小吉。八運であるので八白は旺気、九紫は生気、一白は進気となる。八運も残すところ6年足らずになってしまった。これまで建築された建物は仕方がないとしても、今後は九運も見据えた建築計画が必要であることは間違いなところだ。

格局としては旺山旺向の大吉格、双星会座と双星会向の吉格、上山下水の凶格に分類される。このうち凶格の上山下水であるが、山と水の配置があれば三般卦の吉格へ変わることに注意したい。

③第九運

２０２４年から２０４３年までに完成した建物が該当する。九紫火星は右弼星である。その名の如く火に関係する。火山、火災、文化や研究の発展。中女が活躍。色は赤、朱色、紫、ピンク。引っ越しするなら南方位が大吉。北は吉、西南は小吉。

この九運で驚くべきことは四大格局のうち、双星会座と双星会向の二つしかないことだ。言い換えれば健康運か財運かに偏るのが特徴である。九運になると九紫が旺気、一白が生気、二黒が進気となる。当然のことながら健康運も財運も両方に恵まれる方が良い。このことからすべての物件で風水の対策が必要となる。八運での旺山旺向や双星会座、双星会向は衰退運となるので山と水の配置については検討を要する。状況によっては換天心（リノベーションによって七運、八運の建物を九運に変更する方法）が得策と考えられれば九運を待って実施することを勧めたい。

⑶双星の象意

玄空風水では玄空盤を格局で分類し、当該家屋のおおまかな吉凶を判断する。次に八方位ごとの吉凶を双星（二つの九星の組み合わせ）によって分析する。これを単宮判断という。その際に三元九運の時期を得ているかどうかで象意が大きく変わる。八運であれば８、９、１の数字が組み合わされれば得運とし、それ以外では失運の象意となる。
この数字の組み合わせで象意が作られているが、「玄空紫白訣」「玄空秘旨」などの玄空派原典を参考にしてまとめている。得運の場合は良い意味が列挙されているが、失運の場合では病気の項目が少なくない。これは2つ並んだ九星の五行の臓器に関する疾患が発生するという考え方である。しかしながら必ずしもこのような問題が発生することは言いきれないので、参考までにとどめたい。

双星象意表

	得運	失運
11	聡明な子、試験合格、名声が高まる、事業発展、蓄財、投機で利益	酒色で失敗、悩み事、放浪生活、困難、出血、腎疾患
12	子息が増える、農業で利益、不動産による富、発明発見、公平無私、正直	主婦が実権を握る、母子不和、病弱、少年多病
13	長男が有能、健康、一家安泰、創業、試験合格	失財、長男が不調、官災、強盗、裁判、刑罰、足の疾患、難産、眩暈、腎臓病
14	文才学業、名士、文章で名声、賞賛、出世、生家を離れて成功する	好色、酒色に溺れる、少年の受難、出血、高血圧、精神疾患
15	地位と財運、聡明な男子、子供に恵まれる、発明家	二男が不調、腎臓、血症、不妊症、流産、食中毒
16	文武両道、中年は財を得る、長寿、富貴、万事如意	父と子が不和、盗難、刃物で怪我、出血、頭・骨の疾患、腎疾患

17	文才学業、弁舌の才、男女共に品行方正、生家を離れて吉を得る	酒色で失敗、舌禍、一家離散、刃物で怪我、肺疾患、出血、高血圧
18	文才、研究家、公平無私，才徳兼備、反省心、事業で成功、不動産による富	兄弟不和、離婚、血症、腎疾患、耳・鼻の病気
19	富貴、健康と財運、名声、夫婦円満、目標達成	夫婦不和、兄弟不和、好色、裁判・刑罰、性病、腎臓病、目病
21	不動産による富、家族の健康、指導者、発明、母は長寿	夫婦不和、寡婦、土地の流失、不動産のトラブル、腎疾患
22	不動産による富、農業は好調、蓄財、事業好調、大器晩成、良母、健康	主婦が実権を握る、母が多病、難産、寡婦、婦女多情、婦人病、胃腸病
23	母が実権を持つ、積極的、再生、再起、善悪の分別	長男不調、トラブル、官災、舌禍、婦女への暴力、多病
24	良母、賢婦人、女家族、昇進、管理能力、不動産による富	失財、男性短命、母娘不和、暗い家庭、不動産のトラブル、産厄
25	子息が増える、不動産による富、農業は好調、政治家、軍人、統率力	多病多災、怪我、産厄、孤独、夫婦不和、不動産トラブル
26	不動産による富、農業は好調、投資で利益、一家安泰、幸福な母	夫婦不和、官災、主人が多病、精神不安、神経質、内臓疾患
27	投機で大利、不動産で財を得る、財運旺盛、多産、女の子が生まれる	火災、舌禍、男女問題で損失、好色、不慮の災難、不動産トラブル
28	財運旺盛、不動産による富、農業は好調、和睦と協調、謙譲心	事業不振、不動産トラブル、子供が病弱、胃腸病、皮膚病

29	福徳、文章で名声、子孫繁栄、不動産による富、農業は好調	好色、破財、不動産のトラブル、火災、出血、官災、胃炎、皮膚炎、産厄
31	家庭円満、試験合格、発財、健康と財、長男が活躍	破財、官災、刑罰、解散、分離、長男が家を出る
32	財運、不動産による富、名声、長男の活躍、商業繁栄	争いで怪我、家庭不和、官災、破財、舌禍、不動産トラブル
33	名声と財運、創業、長男の活躍、試験合格	官災、争い、振動、好色、盗難、長男が不調、手足の怪我
34	家庭円満、夫婦円満、健康、長寿、子供に恵まれる、安定、事業発展	夫婦不和、長男不調、酒色で失敗、足の怪我
35	好調運、創業、長男が成功、不動産による財、農業好調、出世運	ギャンブルで失財、不測の禍、交通事故、足の怪我、中毒、肝臓病
36	事業好調、長男の活躍、中年で成功、目上からの引き立て、品行方正	刃物で怪我、主人の怪我、父と長男不和、交通事故、盗難、刑罰
37	名声と財運、事業好調、文武両道、女性上位	官災、盗難、舌禍、酒色に溺れる、不倫、血症、肝臓病
38	文才学業、聡明な子、子供が多い、農業好調、不動産収入で利益	少年多災、兄弟不和、男児に不利、財産争い、破財、脾臓、胃の疾患
39	富貴、有能、文才、子女聡明、不動産による富、農業は好調	火災、失財、吝嗇、刑罰、健康を損なう、出血、高血圧、熱病、産厄
41	文才学業、試験合格、文士、子女聡明、美女、生家を離れて成功する	好色、婦女淫蕩、放浪、多難、進退に窮する、衝突、貧血、腎臓病

42	富貴、名声、農業は好調、旅行業、母が権力を持つ、多産	失財、失言、嫁姑不和、暗い家庭、事業不振、胃病
43	文章で利益、家庭円満、温和な子、富貴、昇進と名声、投資成功	夫婦不和、好色、夫人が権力を持つ、文書の不備
44	文才学業、試験合格、名士、玉の輿、生家を離れて成功する	酒色で破財、寡婦、喘息、放蕩、乳病、産厄
45	文才学業、女性経営者、名工、名誉、事業順調	好色、投機で失財、暗い家庭、絶家、主婦が病気、難産、乳病、中毒
46	文才、名士、昇進と厚遇、名声、試験合格、家庭円満、女性は玉の輿	家庭不和、長女が怪我、苦労、官災、盗難、肺病
47	聡明な美女、誠心、無私、優秀な人、財運、恋愛運	夫婦不和、好色、酒色で失敗、出血、高血圧、舌禍、口論、交通事故
48	不動産運、賢夫人、静かな人、篤志家、親孝行	兄弟不和、子どもの怪我、子女多病、成績不振
49	財と名声、聡明な子女、文才、女性が家を盛り立てる、一家円満	男女問題、婦人不和、火災、出血、高血圧、眼病
51	活力旺盛、健康と財、実行力、水関係の事業者	強盗、水害、次男が不調、多病、病気と失財
52	子息が増える、不動産による富、不動産運、母が実権を握る、政治家	不動産トラブル、多病多災、怪我、中毒、産厄
53	出世、名声、健康と財、成績優秀、農林業が好調、政治家	出血、盗難、刑罰、交通事故、長男が病気

54	文才、節操、名士、名工、法律家、工芸家	不動産の荒廃、大酒飲み、刑罰、ギャンブルで失財、中毒、産厄
55	事業発展、不動産による富、子供が多い、権力者、創業者、古物商、富豪	災難、多病、出血、高血圧、裁判、刑罰、事故、後援が無い、妊婦に不利
56	統率力、篤志家、善人、神仏を崇敬する人	衰運、多事多難、事故、不道徳、主人が病気
57	事業が発展、財運、評論家、講演家、外交家、名家の娘	舌禍、官災、酒色で破財、不動産の争い、少女多病、食中毒、癌、肺病
58	英才児、幸福と長寿、善因善果、指導者、権力者	小年多病、筋骨の痛み、骨折、神経痛、精神病
59	財運好調、教育者、美人、貴婦人、聡明な女子、奇才の人、財産家	破財、主人多病、好色、愚鈍の子、出血、頭痛、胃病、流産
61	財運旺盛、文才、試験合格、出世、法律家、清廉潔白、紳士	訴訟、官災、相続問題、陰険、中年が散財、好色な高齢者、肺疾患
62	子息が増える、子供が多い、不動産による財、財運旺盛、事業好調	夫婦不和、離婚、吝嗇、頭痛、胃腸病、婦人病
63	権威、財運旺盛、得意外で成功、高齢者の活躍、公務員になる	父と長男が不和、交通事故、転倒、刃物で怪我、出血
64	商取引による財、名利、文武両道、良縁、家族の協力	妻への暴力、多情と失財、刃物で怪我、辛い仕事
65	巨富を得る、子息が増える、有能な指導者	官災、訴訟、傷害、多災多病、失職、中毒、癌

66	巨富を得る、健康と財、大家族、上司に抜擢される	官災、絶家、刃物で怪我、骨折、失業、孤独、逃避
67	財運好調、権力を得る、地位と財、武官、法務職、会計職	不和、財産争い、乱倫、傷害、盗難、刑罰、出血、高血圧、相続問題
68	文武両道、不動産による富、地位と名声、子供が活躍	名誉失墜、養育しない父、傷害、骨折、頭・骨の病気、神経痛
69	文才、名家の出身、地位と名声、出世、協力者がいる	父と娘の不和、長男が不調、火災、不倫、肺病、出血、高血圧、熱病、産厄
71	温順、弁才、法律家、医師、財産家、恋愛運、パーティ	失財、官災、舌禍、酒色、乱倫、刃物による怪我、肺病
72	発展、財運、不動産による富、明るい家庭、婦人が賞賛される、女性経営者	好色、火災、女性不和、暗い家庭、肺病、口の病気
73	健康と財運、文武両道、策士、内助の功、賢夫人	舌禍、官災、破財、家庭不和、長男と妹の反目、出血、高血圧、交通事故
74	優秀で温和、誠実な人、姉妹円満、文武両道、賢婦人	破財、姉妹不和、刃物で怪我、出血、好色、肺病、吐血
75	子息が増える、財運、女性経営者、才女、商業は発展、不動産による富	舌禍、男女問題、官災、交通事故、肺病、中毒
76	一家円満、文武両道、弁才、法律家、財産家	争い、官災、刃物で怪我、出血、交通事故、盗難、肺病、腎疾患
77	財運、子供が福運に恵まれる、才女、引き立て運、喜び事	予想外の出費、舌禍、多情、交通事故、強盗、出血、肺病

78	財運、昇進、良縁に恵まれる、婚姻、夫婦円満、事業発展、財産家	夫婦不和、失財、子供が多病、少年少女の非行、肺病
79	財運、美人、改革、明るい家庭、法律家、研究者	酒色、女子の災難、舌禍、火災、爆発、中毒、血症、産厄
81	文才学業、事務職は昇進、不動産による富、事業で成功	兄弟不和、子供が水難、背任、婦女子は発達不良、貧血、耳病
82	事業好調、従業員が増える、不動産による富、慈母	事業不振、故郷を離れる、出家、子供が怪我、地滑り、内臓疾患、精神疾患
83	不動産による富、権力が高まる、自立心、聡明な男子、共同事業好調	妨害、破財、失権、兄弟不和、子供受難、後継者がいない
84	文書運、家業発展、不動産による財、主婦が主導権を持つ	夫婦不和、子供が受難、失職、権力を失う、乗り物による事故
85	運気旺盛、聡明な少年、不動産による財、宗教者	家運衰退、破財、少年病弱、骨折、神経痛、食中毒
86	福徳、事務職は出世、不動産による財、蓄財、慈父と親孝行の息子	父と子が不和、子供が散財、後継者がいない、骨の痛み
87	有秀な子が生まれる、裕福、夫婦円満、子女幸運、不動産による財	破財、夫婦不和、子供が受難、病弱な子供、肺病
88	文才学業、不動産による財、有秀な子供が生まれる、長寿	夫婦不和、停滞、絶家、頑固、非行少年、事業不振、血症、筋骨の病
89	慶事が多い、良縁、優秀な子が生まれる、不動産による財、知名度が高まる	火災、夫婦不和、離婚、火災、鼻・目病、高血圧

91	慶び事が続く、家族が多い、富貴、夫婦円満、優秀な子が生まれる	夫婦不和、女性上位、次男が不調、酒色、火災、目病、性病
92	文才、優秀な子が生まれる、家族が多い、名声、昇進、財運、事業発展	健康を害する、貧困、酒色、出血、高血圧、産厄、内臓疾患、目病
93	発展、高い地位、聡明な子女、優秀な子が生まれる、二女が活躍、出世	健康を損なう、散財、好色、火災、入獄、目病、出血、高血圧、足の疾患
94	文才、高学歴、優良児が生まれる、家庭円満、慶事	失財、家庭不和、事業不振、産厄、目病、出血、高血圧
95	地位と名誉、不動産による財、優秀な子が生まれる、家族が多い	各種の障害、愚鈍な子、血症、産厄、目病、皮膚病
96	事務職は昇進、主人が健康で長寿、趣味と実益、博識	子供が不調、火災、熱病、出血、高血圧、頭部の病気
97	不労所得、聡明な人、健康な美人、法律家	酒色、散財、放蕩、火災、刑罰、兄弟不和
98	後継者と財を得る、農業と商業は好調、事務職は昇進、喜び事	子供の災難、火災、出血、高血圧、火傷、目病
99	家業旺盛、事業好調、文章で名声、後継者と財を得る	火災、破財、子供が受難、官災、出血、高血圧、眼病

9　替卦

玄空風水では地盤二十四山はそれぞれ15度の範囲に分けられているが、建物が方位と方位の境界線にあたると通常でない方法で盤を作ることが定められている。これは替卦《たいか》と呼ばれているが玄空風水の秘伝とされてきた。

そもそも替卦とは卦を替えるという意味である。具体的に説明すると、三合羅盤と総合羅盤には百二十分金という層があり、六十干支が刻まれている。二十四山を五分割すると一つの目盛が3度に細分化される。五つある中ほどの三つを正向とし、両端の二つを兼向と呼ぶ。玄空風水ではこの層を家屋の座山座向を測定して八方位の境界に3度以内であるかどうか確認のために使う。中ほどの9度に入れば問題はない。万一、二十四山の境界に3度以内となる場合にははっきりとした方位でないと問題とされる。この場合、当初の玄空盤の山星と水星を替卦と言って別に定められた九星に置き換えるのである。

子山を例に説明する。子山は352・5～7.5度の範囲である。このうち実際に使用できるのは355・5度～4.5度の範囲（9度）である。これを正向と呼んでいる。壬に近い3度、または癸に近い3度以内を兼向と呼んで区分している。壬と隣接する352・5度～355・5度の範囲（3度）は子兼壬と言う。座山座向は子山午向兼壬丙となる。一方、癸と隣接する4.5度～7.5度の範囲（3度）は子兼癸と言う。座山座向は子山午向兼癸丁となる。

替卦を使用する原則として、地元龍と天元龍の境界線3度の範囲と人元龍と地元龍の境界線3度の範囲では替卦を使うことと定められている。そのポイントとしては、二十四山の陰陽が異なるためである。壬であれば陽だが子では陰となる。一方、子と癸はいずれも陰なのでその境界線は問題にしない。

正向兼向図

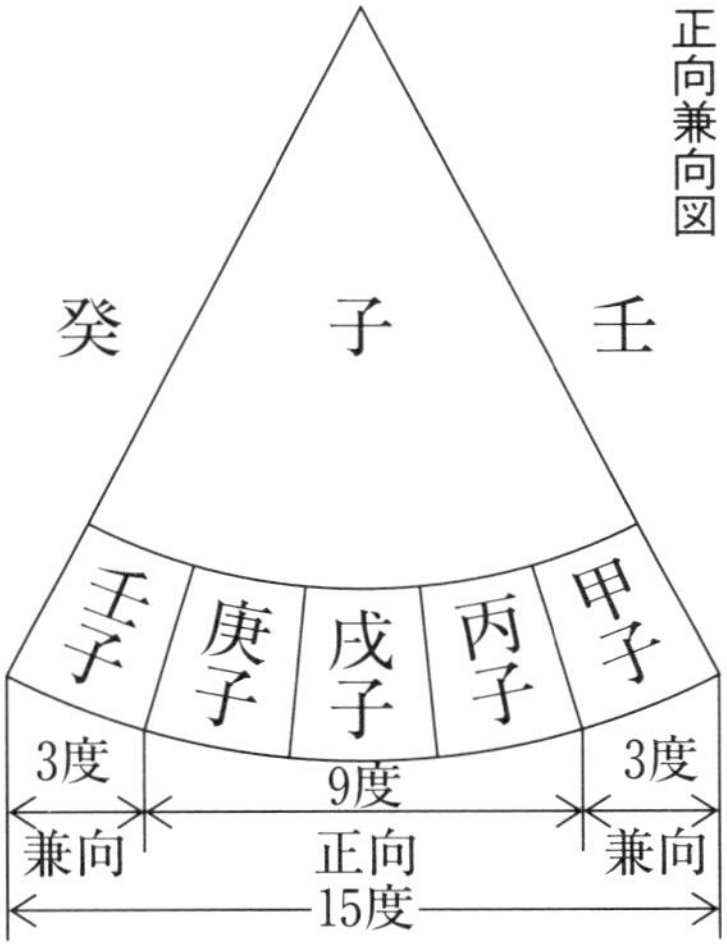

子兼癸図

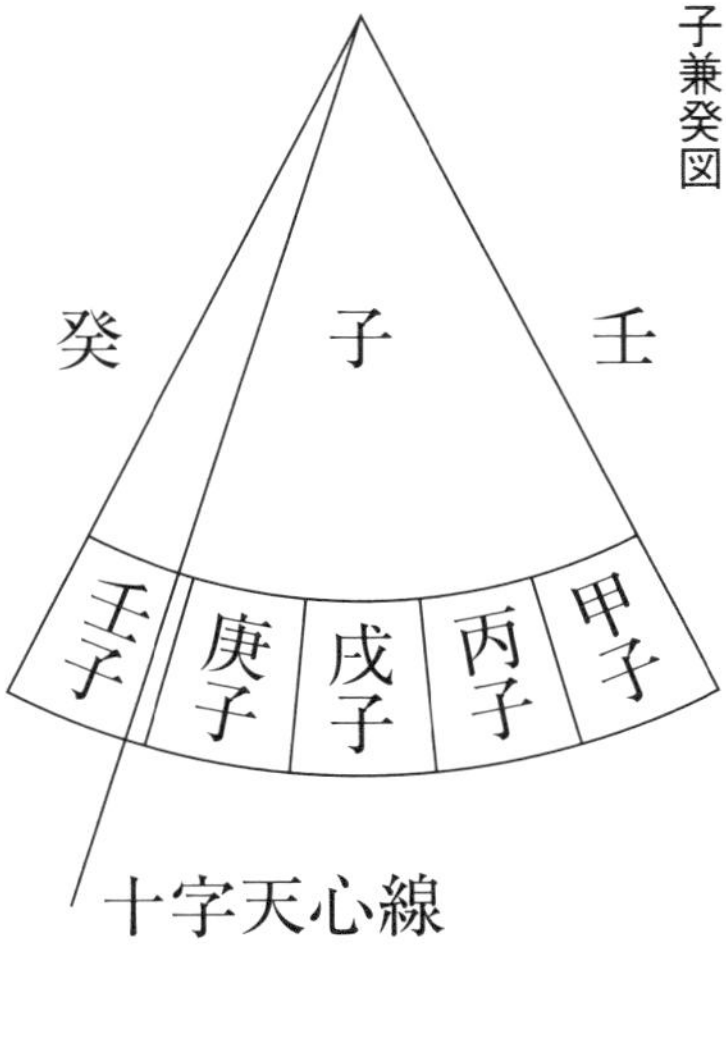

子兼壬図

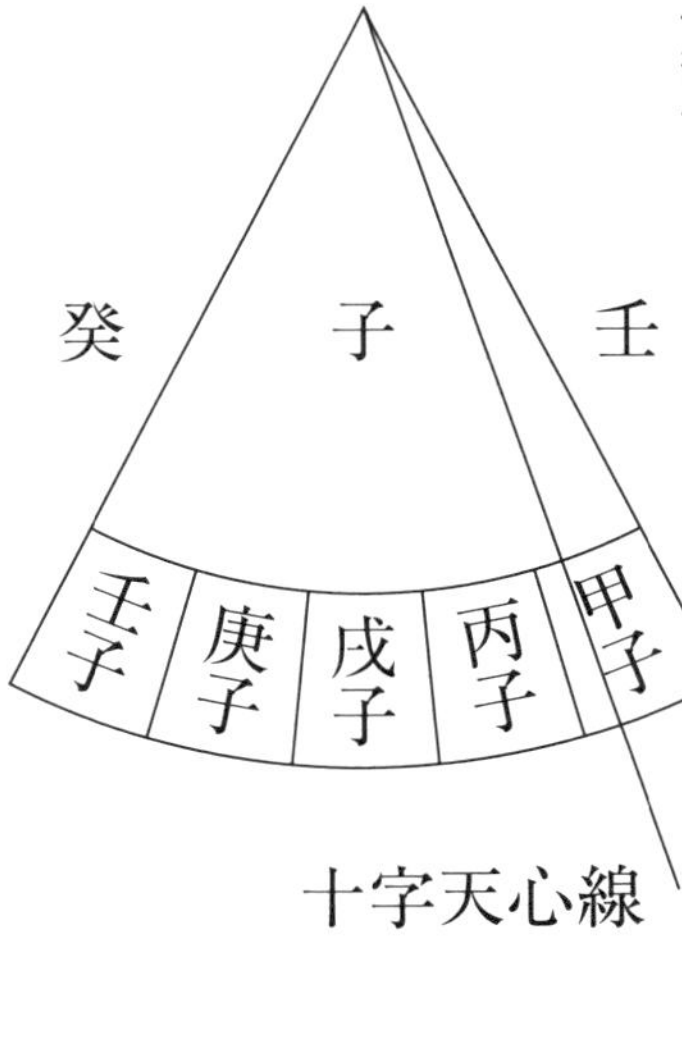

楊筠松の青嚢奥語に替星口訣がある。
子癸並甲申，貪狼一路行。壬卯乙未坤，五位為巨門。乾亥辰巽巳，連戌武曲名。
酉辛丑艮丙，天星説破軍。寅午庚丁上，右弼四星臨。

解釈文

子、癸、甲、申の四山は一白貪狼を替星とする。1を中宮に入れ飛ばす。
壬、卯、乙、未、坤の五山は二黒巨門を替星とする。2を中宮に入れ飛ばす。
乾、亥、辰、巽、巳、戌の六山は六白武曲を替星とする。6を中宮に入れ飛ばす。
酉、辛、丑、艮、丙の五山は七赤破軍を替星とする。7を中宮に入れ飛ばす。
寅、午、庚、丁の四山は九紫右弼を替星とする。9を中宮に入れ飛ばす。

替卦一覧表

二十四山	替卦	二十四山	替卦
壬	2	丙	7
子	1	午	9
癸	1	丁	9
丑	7	未	2
艮	7	坤	2
寅	9	申	1
甲	1	庚	9
卯	2	酉	7
乙	2	辛	7
辰	6	戌	6
巽	6	乾	6
巳	6	亥	6

例として八運子山午向で説明する。
子山であるが、壬山に隣接する3度の範囲となった場合、まず子山午向の盤を作成する。

子

5 2 九	9 7 四	7 9 二
6 1 一	4 3 八	2 5 六
1 6 五	8 8 三	3 4 七

子山は天元龍、中宮に入った山星は四緑。その天元龍は巽で陽であるから順飛となる。次に中宮に入った水星は三碧でその天元龍は卯で陰であるから逆飛となる。

この方法で玄空盤ができたら、これを原盤とする。次に替卦の玄空盤を作成する。

まず、山星の巽は替卦一覧表にある6に置き換える。そして原盤の山星が順飛であるため、同様に順飛させせる。次に水星は三碧であり、天元龍は卯。替卦一覧表を見ると2であることが分かる。原盤の水星は逆飛のため、今回も同様に逆飛させる。

八運子山午向兼壬丙

子

7 1 九	2 6 四	9 8 二
8 9 一	6 2 八	4 4 六
3 5 五	1 7 三	5 3 七

完成した盤を確認してみる。普通の子山午向であれば格局は双星会向となる。ところが替卦を使った玄空盤では座山側に26が入り、座向側に17が入っている。これは普通格局でないことが分かる。替卦を使っても吉格にならないことに注目されたい。

また、替卦を使うのか使わないのか玄空の流派でも意見が分かれている。その理由としては三元九運には関係なく、替卦には時間の要素が入っていないという問題があるからだ。

替卦を使用するような方位の境界線上に座山座向が隣接している場合は正確に何度であるか測定しなければならない。もし、万が一、八方位の線上に十字天心線が重なると出卦という。地元龍と天元龍の線上に重なれば陰陽差錯と言い大凶となる。玄空盤は作成することができない。

替卦図

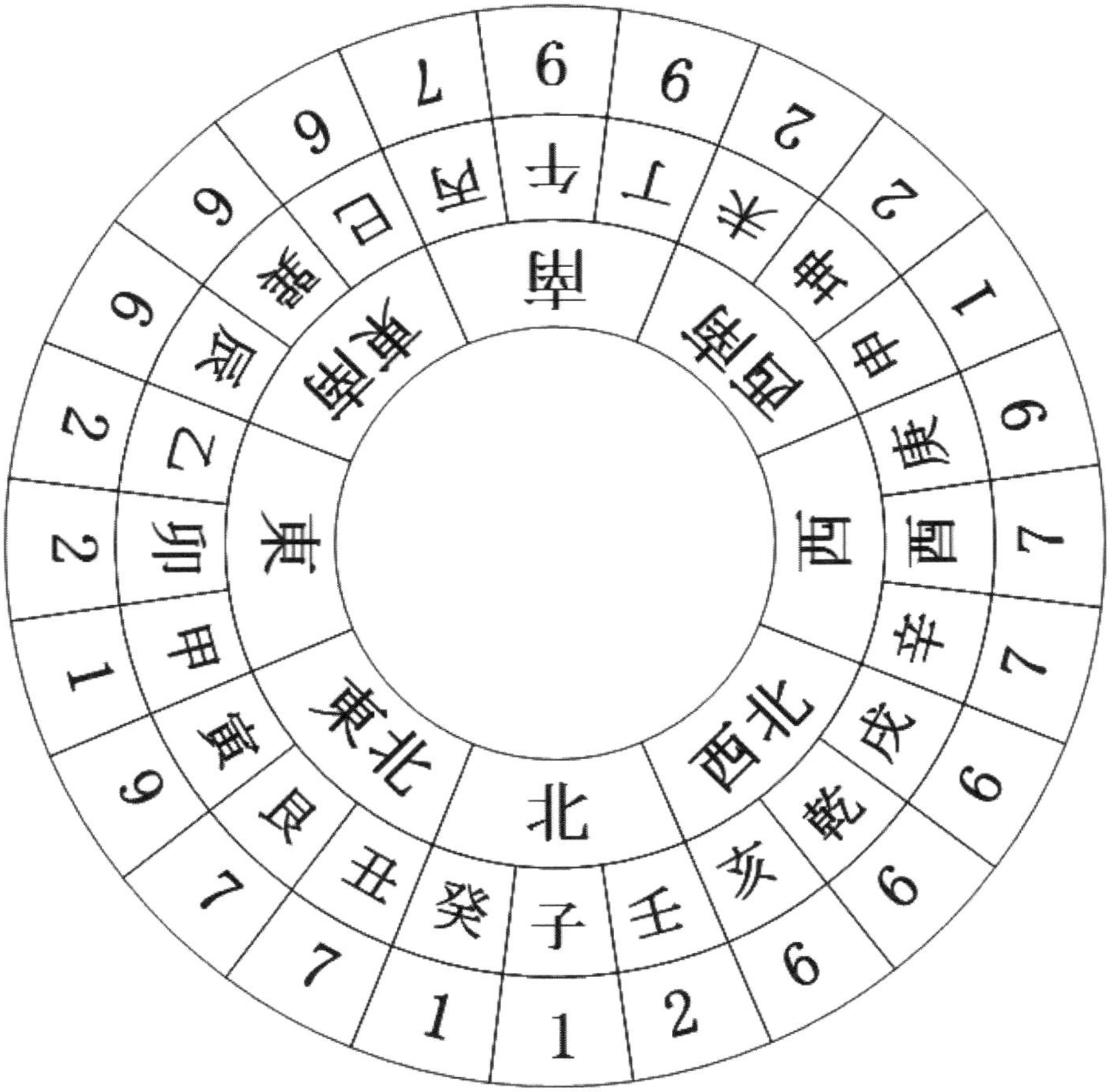

10 応期

応期とは年飛星が飛泊することによって、玄空盤の九星に影響を与え、吉作用が強まったり、凶作用が強まったりする時期をいう。特に気を付けたいのは五黄の動きである。25の宮にさらに5が加わることによって凶作用が強まると考えられている。

例えば２０１８年であれば九紫の年であって、五黄は北に飛泊する。

年飛星

1	5	3
2	9	7
6	4	8

八運の盤で問題となるのは、卯山酉向・乙山辛向と酉山卯向・辛山乙向だ。そもそも25、52という組み合わせに5が加わって悪い作用が更に強まると考えられる。よって、この年こそ金属製の化解アイテムを置いて土の煞を土生金として弱めるという方法をとる。

辰山戌向

8 1 九 1	3 5 四 5	1 3 二 3
9 2 一 2	7 9 八 9	5 7 六 7
4 6 五 6	2 4 三 4	6 8 七 8

卯山酉向（乙山辛向）

7 9 九 1	2 5 四 5	9 7 二 3
8 8 一 2	6 1 八 9	4 3 六 7
3 4 五 6	1 6 三 4	5 2 七 8

辰山戌向と戌山辰向についても五黄が重なるので注意を要する。

戌山辰向

1 8 九 1	5 3 四 5	3 1 二 3
2 9 一 2	9 7 八 9	7 5 六 7
6 4 五 6	4 2 三 4	8 6 七 8

酉山卯向（辛山乙向）

9 7 九 1	5 2 四 5	7 9 二 3
8 8 一 2	1 6 八 9	3 4 六 7
4 3 五 6	6 1 三 4	2 5 七 8

五黄飛泊方位（八運時）

年	中宮の飛星	五黄飛泊	25と52に重なる飛星盤	55となる飛星盤
2018年	九紫	坎宮 北	卯山酉向 乙山辛向 酉山卯向 辛山乙向	辰山戌向 戌山辰向
2019年	八白	坤宮 西南		丑山未向 未山丑向
2020年	七赤	震宮 東	子山午向 癸山丁向 午山子向 丁山癸向	辰山戌向 戌山辰向
2021年	六白	巽宮 東南	壬山丙向 卯山酉向 乙山辛向 丙山壬向 酉山卯向 辛山乙向	
2022年	五黄	中宮 中央		
2023年	四緑	乾宮 西北	子山午向 癸山丁向 甲山庚向 午山子向 丁山癸向 庚山甲向	

11 化解法

化解《かかい》というのは日本語に訳すと「解消する」という意味である。玄関や寝室など居住空間が凶方位であった場合に凶作用が発生しないよう五行の特性を使って調整するものである。これが伝統的な方法である。そのほかに科学的な作用を使う方法も取り入れた。

(1) 伝統的方法

五行の要素を使って悪質な五行の要素を解消する場合、五行を構成する木、火、土、金、水の五元素を弱めるための方法としては五行の物質や色によって洩らす方法と剋す方法がある。基本的には洩らして弱める方法を採用する。

五行	九星	洩らす五行	風水アイテム
木	三碧、四緑	火	岩塩ランプ
火	九紫	土	炭、水晶、石
土	二黒、五黄	金	金属の瓢箪、数霊盤
金	六白、七赤	水	静水、大黒天
水	一白	木	木の瓢箪、万年竹

数霊額（盤）は6×6の36枡に1から36の数字が配置されており、縦横斜め、どの列を合計しても111となる魔法陣となっている。111は川の字にも見え、物事が川のようにすらすらと流れることを意味している。この原型の銅盤は古代中国で鎮宅のために邸宅下の土中に埋められたものという。

瓢箪の霊力であるが、昔、西遊記で孫悟空が持った瓢箪（紅葫盧《べにひさご》）に銀角大王を吸い込ませたと記述がある。風水での使い方としては金属製の瓢箪は五黄煞の化解に使用する。木製の瓢箪は白鶴老師に教えてもらったのだが、漢方薬を入れて二黒の方位に置くと良いということであった。二黒が病符星であることから来ているものと考えられる。

これとは別に68や14など吉方位にトイレがある場合の化解法として使うことがある。これはトイレの水を悪水とし、瓢箪を木とすれば水生木となり、化解できることになるからだ。

金属の凹型八卦鏡については五黄煞を土生金と消し去るという作用があると考えられている。また、九宮八卦鏡は中心部の鏡は凹型だが八方位に凹凸いずれかの鏡があり、煞を強力に消し去るものだ。

水晶のクラスターは土に配当される。よって火の煞を弱めるために使われる。

三角形の岩塩ランプは火形をしており、点灯するとランプの熱で岩塩が蒸発し、室内を浄化させる。例えば34の場合、火を入れて木生火として3と4を弱める。23の場合も木剋土から火を入れて、木生火、火生土として生の関係にする。

大黒天の置物は表面に炭素塗料を塗り込んでいてマイナスイオン効果がある。黒という色から五行では水に配当できる。よって金生水と弱める場合に使うと良い。

次に2つの数字が五行で剋の関係となっている場合、中間に位置する五行を入れて生じる関係として凶作用が発生しないようにする。剋す関係に新たな五行を加えることによって生じる関係に改善する方法がある。剋でなくなることにより凶作用が発生しないよう調整するものである。

剋を解く五行

五行の組み合わせ	加える五行
木と土	火
火と金	土
土と水	金
金と木	水
水と火	木

ところで、先の方法によって衰退の五行を弱めたり、剋の関係を解消しても凶でなくなるだけで、吉になるわけではない。心理的な効果は期待できるかも知れない。しかし、これも目に見える実証された効果を保証するものではない。そこで伝統的な化解の方法とは別に科学的に効果のあるものを取りいれてみることにした。

本書では衰期の組み合わせの場合、室内に風水の炭「旺気」を配置して気を高める方法とした。これは寝室に置くと湿気や臭いの減少作用があるほか、電磁波の減衰効果も期待できる。炭は五行の面から言えば土になる。木生火の関係を土で洩らす。火剋金の関係を間に土を入れることにより、火生土、土生金と調整するものである。

(2)令星を強めるアイテム

これは当運の令星を強化するために使う風水アイテムである。山星をサポートするためには山形をしたクラスター水晶やアメジストのドームを設置する。これを置くことにより、健康運を増進すると言われている。水晶は石英が六角柱状に結晶したもので五行では土に配当される。ある程度の大きさが必要で、15cm以上のクラスター水晶（小さな水晶が林立したもの）の上に手のひらをかざすと上昇する気を感じる。アメジストのドームは山形で木の台に置かれている。正に山の代用となるものだ。八運の場合、山星8の方位に設置し、九運になると山星9の方位に配置換えするのである。

水槽は当運令星の水星をサポートするために設置すると財運が高まると言われている。ただ問題は熱帯魚か金魚など魚を飼育する煩わしさがあるかも知れない。これが気になるなら水流によってパワーストーンを回転させる噴水も水槽の代わりとなる。このほか、山水龍とかファウンテンという名称で様々なアイテムが市販されている。いずれにしても先と同様に八運の時は水星8の方位に配置し、九運に変わると水星9の方位に配置換えする必用がある。

屋外に築山や池を作ったりすることは良いことではあるが、運星が変わることでそれを移転させることは大変である。このことから室内で風水アイテムを使った方法がやりやすいと考える。

(3) 山星と水星を強めるアイテム

化解法一覧表

九星の組合せ	五行の関係	化解の方法	化解の原理
15 51	土剋水	金属の瓢箪、金属の凹型八卦鏡、数霊額	土気を金で洩らす
23 32	木剋土	赤色のカーテン、赤色のマット、灯具、岩塩ランプ	火によって剋の関係を解消する
24 42	木剋土	赤色のカーテン、赤色のマット、灯具、岩塩ランプ	火によって剋の関係を解消する
25 52	土比和	金属の瓢箪、金属の凹型八卦鏡、数霊額	土気を金で洩らす
26 62	土生金	室内用置き炭「旺気」	室内の気を高める
27 72	土生金	クラスター水晶 室内用置き炭「旺気」	室内の気を高める 先天五行の火を洩らす
34 43	木比和	赤色のカーテン、赤色のマット、灯具、岩塩ランプ	木気を火で洩らす
35 53	木剋土	金属の瓢箪、金属の凹型八卦鏡、数霊額	土気を金で洩らす
36 63	金剋木	黒の大黒天、炭塗料	室内の気を高める 金生水、水生木とする

37 73	金剋木	黒の大黒天、炭塗料	室内の気を高める 金生水、水生木とする
46 64	金剋木	黒の大黒天、炭塗料	室内の気を高める 金生水、水生木とする
47 74	金剋木	黒の大黒天、炭塗料	室内の気を高める 金生水、水生木とする
57 75	土生金	金属の瓢箪、金属の凹型八卦鏡、 数霊額	土気を金で洩らす
59 95	火生土	金属の瓢箪、金属の凹型八卦鏡、 数霊額	土気を金で洩らす
77	金比和	水盤、大黒天の置物 黒または紺色のマット	室内の気を高める 金生水とする
79 97	火剋金	室内用置き炭「旺気」 スラスター水晶	室内の気を高める 火生土、土生金とする

(2) 化解アイテム

木製の瓢箪

数霊額

凹型八卦鏡

数霊盤

九宮八卦鏡

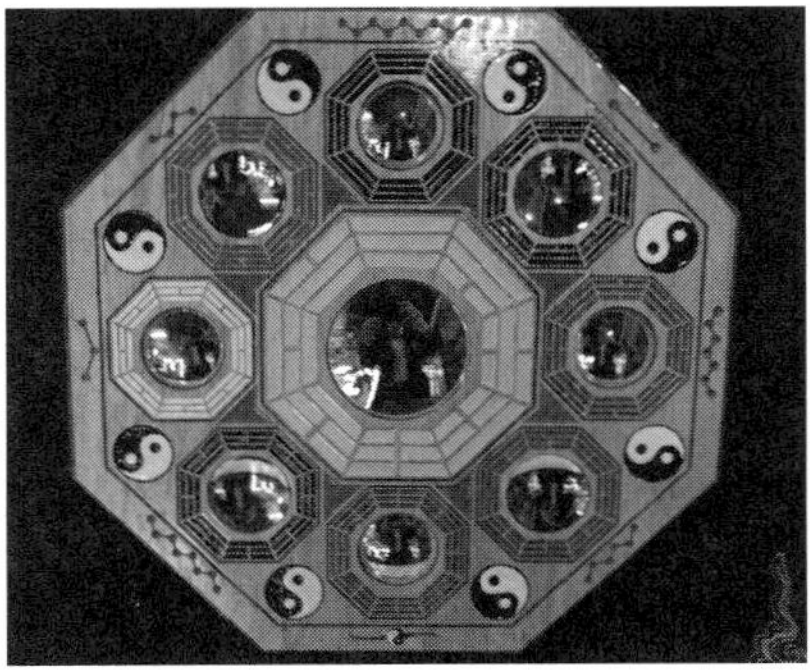

銅製の瓢箪

岩塩ランプ

風水の墨

アメジストのドーム

クラスター水晶

室内用噴水

大黒天の置物

写真協力　㈱廣友

12 玄関

玄関の字義は「玄妙の道に入る門」である。玄関の位置は大変重要であることは間違いない。なぜならば気の入口であって、玄空盤で水星が生旺である場合を吉とし、退、衰、死、煞であれば凶と判断する。

基本的には座山側は高く、閉じられていることから、座向側に玄関があることが多いだろうが、実際はそうとばかりはいえない。玄関が一つだけの場合もあるし、二つある場合も見られる。どちらかが主でもう一方を副として使う。このような場合も生旺の位置に玄関を配置することが重要である。建物の方位が地元龍であれば玄関も地元龍に、天元龍であれは天元龍、人元龍なら人元龍に合わせることが鉄則である。

八運であれば八白が旺気、九紫が生気、一白が進気である。よって、玄関にはこれらの水星があることが望ましい。ただし、一白の場合は進気ということで、吉効果を得るためには時間がかかるので注意が必要だ。

四大格局を元に玄関の位置を解説する。まず、旺山旺向となる丑山未向の場合は座向の水星が八白なのでここが玄関であると財運が大吉となる。ただしこれは２０２３年の八運までに限られる。２０２４年からは令星は九紫に代わり、八白は退気となるからだ。となると北には水星の九紫があり、将来にわたって有利であると考えられる。南の水星一白は財運小吉であるが、東南の六白は煞気であるので、玄関には不適だ。

玄関

１　４ 九	６　９ 四	８　２ 二
９　３ 一	２　５ 八	４　７ 六
５　８ 五	７　１ 三	３　６ 七

未　玄関

次に双星会向となる壬山丙向で説明する。格局は座山側に（８８）が並び双星会座である。玄関として最適なのは西南（７９）である。水星の九紫は生気であるからだ。ただし七赤は先天八卦で火、九紫は後天八卦で火なので火の勢いが強い。ここに火を表す赤いマットなどを使うことは火事を誘発することになり良くない。土を表す茶色やベージュを使い剋の関係を生にする。また、玄関先に三角形の建物や鉄塔など構造物が直面することも良くないので注意が必要。それでは南（９７）はどうであろうか。山星は九紫で生気。健康運には良い。一方、水星は七赤で退気の星である。水星は財運に関係するということで南の玄関は避けたい。また（９７）の組み合わせは後天火と先天火なので先と同様に気を付ける必要がある。座山側の北（８８）はどうか。ここに玄関があっても吉である。双星会座ということで、山星8と水星8が揃っている。ということはここが健康運と財運の両方に良いとみることができる。マンションではベランダが南にあって、これを座向とする。北には玄関（８８）があることが多いがこれを座山とすれば健康運も財運も期待できるのである。ただし、財運を高めるために北に水槽か噴水を配置するのが良い。

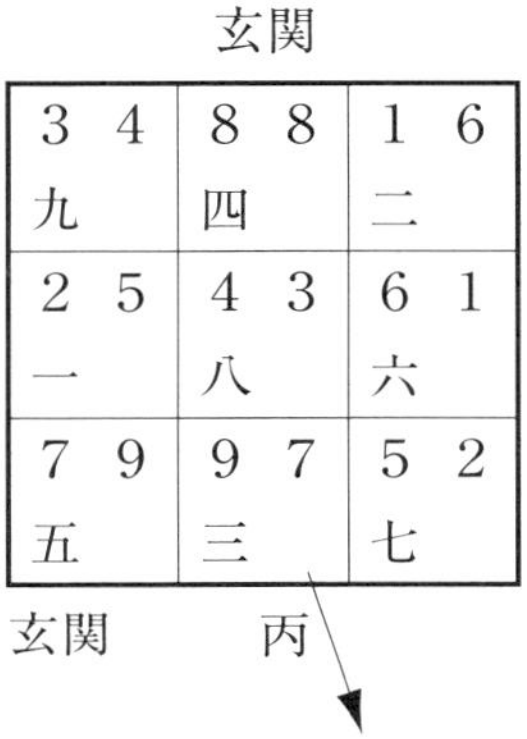

双星会向の卯山酉向で説明する。玄関で最も良いのは西（８８）である。ここへ水槽か噴水があると財運が高まる。次に良いのが西北（７９）である。九運になると八白は退気であるので、設置した水槽または噴水は水星が九紫の西北に移動させる必要がある。

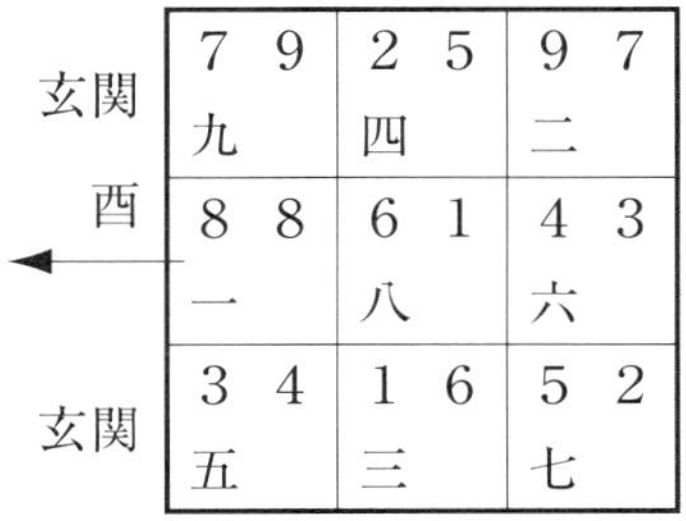

上山下水である艮山坤向の場合、このままで使う場合は南（69）に玄関を設置すると良い。西南（82）に山状の風水アイテムを配置し、東北に水槽か噴水を配置して父母三般卦にすると健康運と財運に恵まれる。玄関を東北に開くことが出来なければ窓があると良い。

玄関

3 6 九	7 1 四	5 8 二
4 7 一	2 5 八	9 3 六
8 2 五	6 9 三	1 4 七

坤

玄関

13　城門訣

城門訣は玄空風水の一手法である。具体的には玄関と門の位置に関係して使われる。

古代中国の都市は城塞都市であって四方を石の壁で囲み、周囲には堀を設置していた。城内に入る門は防衛のためだけでなく吉方になるような位置に門を開いているという。

また、中国では陰宅（墳墓）を作る時、水口の方位を決めるのに城門訣の法が使われている。

陽宅（住宅）の場合、巒頭上では曲がると吉、直線は凶という原則がある。よって、左図では上が吉となる。

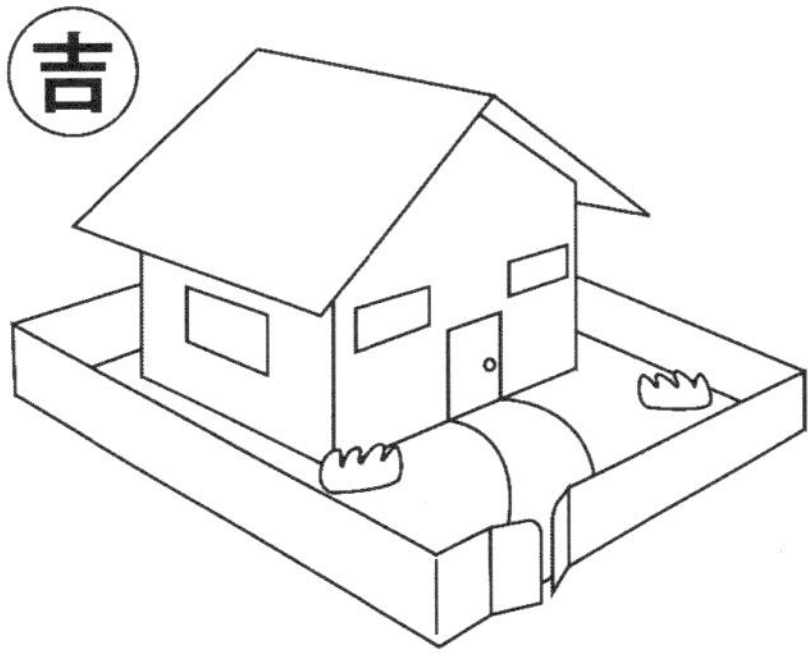

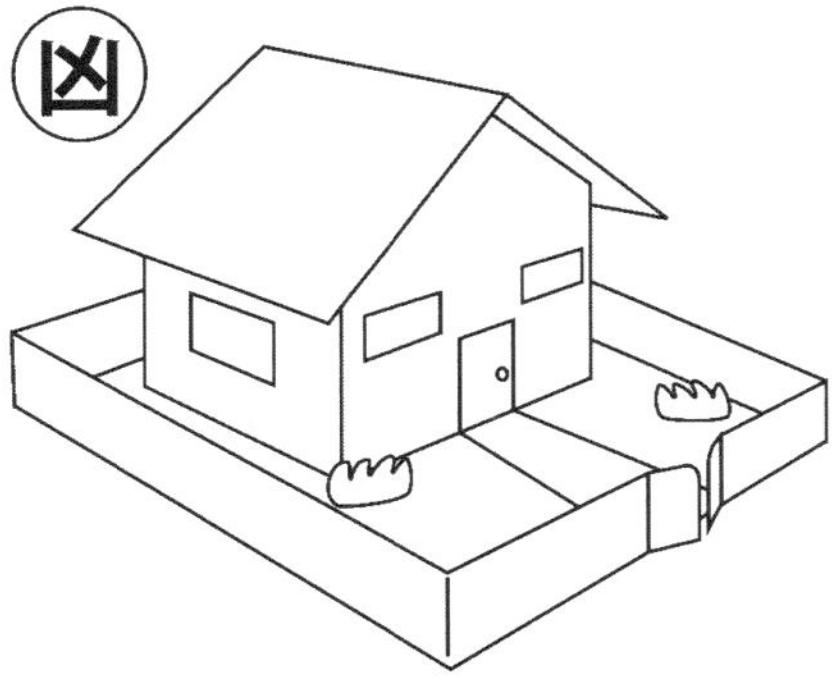

一方、理気の面では別の見方がある。それは門の位置を吉になる方位に定めるというものだ。特に格局が旺山旺向や双星会向でない場合、それを補うために使われる。つまり城外の旺気を取り込み、健康運と財運を上げるという考え方だ。

財運を上げる方法として屋外に池や噴水を配置するやり方があるが、城門訣を応用してこの位置を決めると良い。

城門訣では門には正城門と副城門があるという。正城門から城外の旺気が入るので、正城門を調べて門を設置するのが良い。城門訣には2つの方法がある。

⑴河図による法

河図の法では一六共宗、二七同道、三八為朋、四九為友という関係性を元に、四方に門を開くという考えかたである。つまり玄関が北向（一）であれば西北（六）と東北（八）が考えられるが、一六共宗なので、西北が良いことになる。これが正城門となる。一方の東北に門を開けば副城門である。玄関が西向（七）であれば西南（二）と西北（六）に門を開くことが考えられる。二七同道ということで、二の西南が正城門となり、西北は副城門となる。玄関が東向き（三）では東北（八）の門が良くて正城門となり、東南（四）は副城門だ。玄関が南向き（九）であれば東南（四）に門を開くのが良く正城門で、西南（二）は副城門となる。正城門の方位に門を開くと屋外の旺気を取りいれることができるが、副城門では劣る。

河図の法による城門図

坤向

七兌 正城門		
二坤	九離 副城門	

離向

二坤 副城門	九離	四巽 正城門

乾向

六乾	一坎 正城門	八
七兌 副城門	五	三
二	九	四

兌向

六乾 副城門	一	八
七兌	五	三
二坤 正城門	九	四

艮向

六 一	一坎 副城門	八艮
七	五	三震 正城門
二	九	四

坎向

六乾 正城門	一坎	八艮 副城門
七	五	三
二	九	四

巽向

六	一	八
七	五	三震 副城門
二	九離 正城門	四巽

震向

六	一	八艮 正城門
七	五	三震
二	九	四巽 副城門

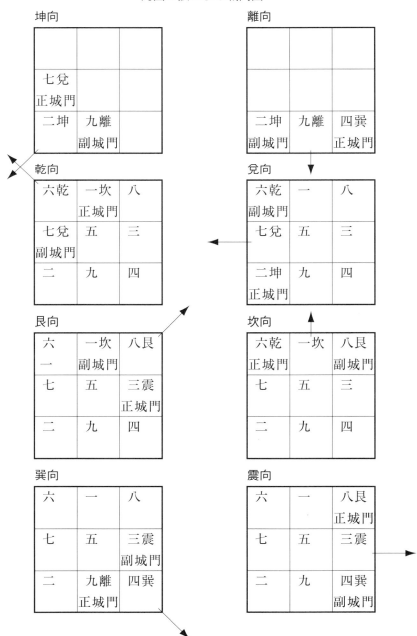

河図の法で門を決めるのは基本であるが、八方位で決定することは先に述べたとおりである。玄空風水では実際に城門を定める時、二十四山の座山座向があるので、その原則に従う。例えば、天元龍の座向とすれば、城門は天元龍を取らないといけない。地元龍の座向では、必ず地元龍とする。元龍を合わせることによって、純粋な気を確保することができる。よって門は二十四山の影響を考えて設置する必要がある。

山向	正城門	副城門	山向	正城門	副城門
壬山丙向	辰	未	丙山壬向	戌	丑
子山午向	巽	坤	午山子向	乾	艮
癸山丁向	巳	申	丁山癸向	亥	寅
丑山未向	庚	丙	未山丑向	甲	壬
艮山坤向	酉	午	坤山艮向	卯	子
寅山申向	辛	丁	申山寅向	乙	癸
甲山庚向	未	戌	庚山甲向	丑	辰
卯山酉向	坤	乾	酉山卯向	艮	巽
乙山辛向	申	亥	辛山乙向	寅	巳
辰山戌向	壬	庚	戌山辰向	丙	甲
巽山乾向	子	酉	乾山巽向	午	卯
巳山亥向	癸	辛	亥山巳向	丁	乙

⑵ 玄空城門訣

玄空城門訣の考え方として、三元九運の法則があることを忘れてはならない。つまり三元九運という20年間の単位によって気が進、生、旺、退、衰、死、煞と変化していく。これを考慮して門の位置を決定するという考え方が重要視されている。

例として八運甲山庚向で説明する。格局は双星会座である。健康運には恵まれるが財運は期待できないとされている。向方に旺気の星が無いからだ。庚方（西）に玄関があると（４３）なので財運は良くない。それをカバーするために玄関の城門を開き吉の気を呼び込むのだ。未方（西南）か戌方（西北）にするかを三元九運の観点から検討する。

5 2 九	1 6 四	3 4 二
4 3 一	6 1 八	8 8 六
9 7 五	2 5 三	7 9 七

庚 ←

まず、坤宮の運星五を中宮に入れる。二十四山で座山座向は地元龍である。五は中宮を表すので代わりに坤宮の地元龍未を見ると陰である。よって逆飛させる。坤宮には旺気である八が飛泊する。

次に乾宮の運星九を中宮に入れる。九は離宮を表す。その地元龍は丙なので陽。中宮に運星九を入れ順飛させると乾宮には一が飛泊する。八運において一は進気であるためここに門を開いても即効力のある吉を得ることはできない。よって城門は未方となる。

四	九	二
三	五	七
正城門 八	一	六

一	五	三
二	九	七
六	四	八

もう一つの例を説明する。八運酉山卯向の建物である。今度は座方には（８８）が並び、格局は双星会座となる。健康運には恵まれるが、財運には恵まれない。そこで財運を呼びこむ方位を考慮した門を設置する。

八運　酉山卯向

9 7 九	5 2 四	7 9 二
8 8 一	1 6 八	3 4 六
4 3 五	6 1 三	2 5 七

卯 →

まず、玄空盤で艮方の運星二を中宮に振り込む。二十四山で座山座向は天元龍、二は坤宮を表し、その天元龍は坤であり陽なので順飛させる。艮宮を見ると五が飛泊する。五は死気であるためここに門を開くと凶となる。次に巽宮の七を中宮に振り込む。先と同様に七（兌宮）の天元龍は酉であるので陰。よって逆飛させると巽宮には八が飛泊する。旺気の星であって大吉だ。ここに門を開くことが良い。

三	七	五
四	二	九
八	六	一

六	二	四
五	七	九
一	三	正城門 八

城門が二つ取れる場合がある。八運艮山坤向の場合、午方か酉方が城門の候補として考えられる。

3　6 九	7　1 四	5　8 二
4　7 一	2　5 八	9　3 六
8　2 五	6　9 三	1　4 七

坤

先と同様に離宮の三を中宮に入れ、三の天元龍は卯であるので陰で逆飛させると離宮には八が飛泊する。一方、兌宮の一を中宮に入れる。一は坎宮を表し、その天元龍は子なので陰で逆飛させると兌宮では八が飛泊する。よっていずれの方位も正城門として門を開くことができる。

二	七	九
一	三	五
六	正城門 八	四

九	五	七
正城門 八	一	三
四	六	二

原則としてこの方法で門の方位を決めるが一部に例外がある。

玄空城門方位一覧表

八山	二十四山	七運	八運	九運
坎（北）	壬山丙方	辰、未	未	辰、未
	子山午方	なし	巽	なし
	癸山丁向	なし	巳	なし
艮（東北）	丑山未向	丙	なし	丙、庚
	艮山坤向	酉	午、酉	なし
	寅山申向	辛	丁、辛	なし
震（東）	甲山庚向	未、戌	未	未
	卯山酉向	なし	乾	乾
	乙山辛向	なし	亥	亥
巽（東南）	辰山戌向	なし	壬	庚
	巽山乾向	子、酉	酉	子
	巳山亥向	癸、辛	辛	癸
離（南）	丙山壬向	戌	丑	なし
	午山子向	艮	乾	艮、乾
	丁山癸向	寅	亥	寅、亥
坤（西南）	未山丑向	なし	壬、甲	なし
	坤山艮向	子、卯	なし	子、卯
	申山寅向	癸、乙	なし	癸、乙
兌（西）	庚山甲向	辰	丑	辰
	酉山卯向	艮	巽	艮
	辛山乙向	寅	巳	寅
乾（西北）	戌山辰向	丙	甲	丙
	乾山巽向	卯	午	卯
	亥山巳向	乙	丁	乙

白鶴易人

三元派の祖師、楊筠松は都天宝照経で「城門一訣最為良，識得五星城門訣，立宅安墓大吉昌」と言いました。城門訣は町や工場、事務室等の風水配置の時、城門の所に池、門、窓、赤い金魚や吉祥物を配置すれば宅運を強くすると言われます。

14　換天心

換天心とは家屋の改築により、天の気と地の気を新しいものと交換して元々の運星を新しい運星に変えるというものである。天心とは家屋が建つ中心点という意味である。

七運に完成した建物は八運になっても七運の盤のままで変わることはない。七運では旺山旺向であったものは八運では退気へと変化するということは旺盛な気から衰退の気へと衰えるということである。これが九運に入ると衰気へと変わり、ますます衰えるということになる。

特に七運（1984年から2003年）に完成した建物は最長では30年以上が経過している。30年もすれば外壁は色あせ、場合によってはひび割れが発生。室内もトイレや浴室、キッチンは老朽化で不都合な事態が発生することがある。リノベーション（大規模改修）を計画しているなら

7　5 八	3　1 三	5　3 一
6　4 九	8　6 七	1　8 五
2　9 四	4　2 二	9　7 六

辰

は八運（2004年～2023年）に行って八運の家としても、九運までに残りは6年しかない。よって九運に入ってリノベーションを行うと一定の条件を満たせば建物の運星が変わり、格局が良好なものになることが期待できる。

七運戌山辰向で説明する。

七運時に旺山旺向であって健康運と財運に恵まれた。八運に入ると令星は7から8に変化した。これまでの7は退気の数字となった。よって格局は旺山旺向で変わらないが、別の判断を行う。まず、座方の山星7は八運にあって退気の星で健康運が弱まる。一方、座向の水星7も退気であって財運が弱まる。おまけに97は火災や刑罰といった意味があって良くない。さらに中宮には八運を表す令星8が山星側に入宮。これを身動きがとれない状態で入囚という。その作用としては山星が関係する健康運に問題があるとする。このように七運においては旺山旺向の力を発揮して吉であったものが、旺山旺向の格局は変わらないものの凶宅へと変化するのである。

念のため、リノベーションして八運に変更することができたらどうなるか分析してみることにする。

座山の水星側に令星の8が入り、座向の山星側に8が入る格局は上山下水である。健康運と財運両方共に恵まれない。となれば八運の家に変更してもメリットが無いことが分かる。

1 8 九	5 3 四	3 1 二
2 9 一	9 7 八	7 5 六
6 4 五	4 2 三	8 6 七

ましてや九運に入ると令星9の山星は中宮に入囚しているではないか。益々健康運に問題が出てくることが予想される。

それでは九運に入ってリノベーションしたらどうなるか？

玄空盤を作ると双星会向になることが分かった。令星９が山星水星共に座向側に並んでいる。これだと財運は恵まれる。

2　7 一	6　3 五	4　5 三
3　6 二	1　8 九	8　1 七
7　2 六	5　4 四	9　9 八

第九運に入ってリノベーションするのはメリットがあることが分かった。ところで、単にリフォームしただけでは運星が変わるわけではない。換天心の条件は４つある。

①屋根を葺き替える　②室内の壁を塗り替える　③玄関を新しいものと取り替える　④炭素埋設する。

中国の玄空本では①は屋根を取り外して天の気を取り入れるというものである。これは少なくても３日を要するとある。これだと雨が降ったときどうなるか明白だろう。よって屋根を葺き替えることでそれに代える。

②の壁を塗り替えるということは自然素材の塗料によって室内の気を良くするというものだ。③玄関を交換することについては新品であることが必要である。これは外気の出入りする玄関を新しくすることで良い気

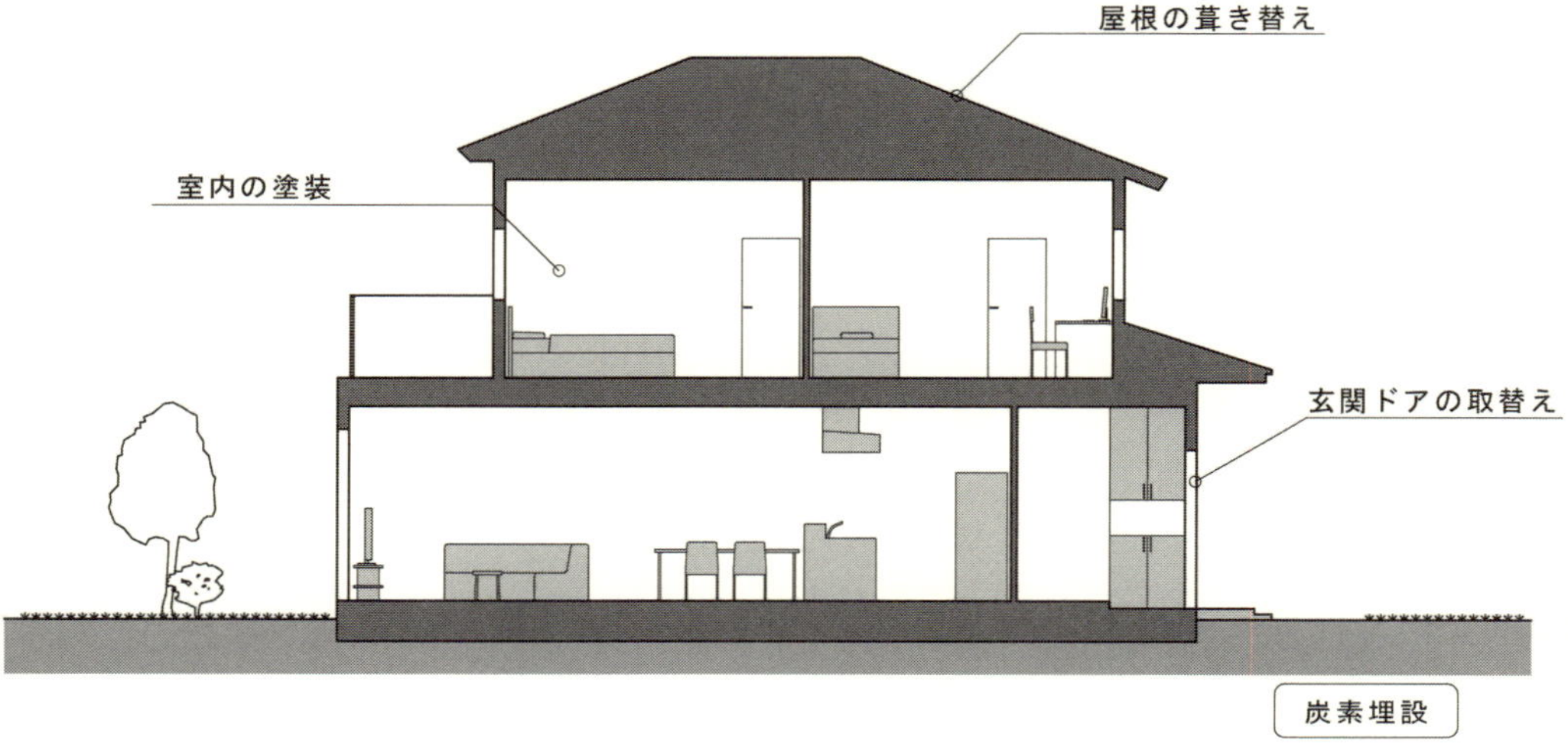

を取り入れるという意味がある。④の炭素埋設だが、本来は中心部床下の土を入れ替えるものだ。地の気を入れ替えるという意味がある。しかしながら、現代のプレハブ住宅の工法ではベタ基礎を打つ。とすれば床のコンクリートを斫る必要がある。それから中心部の土を入れ替えて、コンクリートで再度覆う。このようなことは現実的でないことが分かるだろう。それで、土を入れ替える代わりに炭素埋設するものだ。炭素埋設の位置に関しては玄関の近くが望ましい。それが難しいのであれば凶方位となる場所を選び埋設する。なお120kgの炭素埋設による効果は半径15mに及ぶと実証されている。

リノベーションを実施するにあたっては、吉方位に居住空間を凶方位に水周りが配置できれば好都合だ。なお着工については吉日を選ぶことはいうまでもない。せっかくのことだから吉を呼び込むリノベーションでありたい。

ところでマンションの場合は換天心が可能であるかどうかだ。マンションでは大規模修繕というのがあって、屋上の防水工事や外壁塗装がある。場合によっては共有玄関を取り替える工事も見られるのだが、残念ながら替天心とはならないのである。すべて住民が退去して建物を耐震補強するなど外壁をすべて改築する場合、換天心の条件に見合うかも知れない。しかしながら地の気という点では工夫が必要だろう。このような場合は別として、区分所有する一戸一戸が換天心するという条件を満たすのは不可能なのである。

実際に換天心をした家がある。それは増築の予定があるため、家屋の壁面を数日間、開放したのである。これで天の気を取り替えたことになる。地の気については玄関前、すぐ右手に120kgの炭素埋設を行った。玄関のドアは新しいものに取り換えた。屋根についてもすべて葺き替えを行った。そのことによって第七運から第八運の家に変更することができたのである。もちろん、着工日は吉日を選んだことはいう間でもない。大規模なリフォームを行うのであれば換天心の条件を満たして開運につながるようにされるのが良い。

15　五子運

現代の都市においてはビルが高層化し、住居もタワーマンションが増えつつある。風水では地の気が得られないことから良い環境では無いのだが、眺望の良さで居住される方もあるだろう。私見だがなるだけ10階以下を選定されることが良いと思う。

ビルやマンションの階数を選ぶとき、この吉凶を判断する方法がある。風水では五子運といって、河図の数字に基づきビルの階数に五行を当てはめ、六十干支と同じ合計60年間を12年ごとに分類して時間の五行と階数の五行を比較して吉凶を判断するものだ。

五子運	年の干支
水運	甲子、乙丑、丙寅、丁卯、戊辰、己巳、庚午、辛未、壬申、癸酉、甲戌、乙亥（１９８４年～１９９５年）
火運	丙子、丁丑、戊寅、己卯、庚辰、辛巳、壬午、癸未、甲申、乙酉、丙戌、丁亥（１９９６年～２００７年）
木運	戊子、己丑、庚寅、辛卯、壬辰、癸巳、甲午、乙未、丙申、丁酉、戊戌、己亥（２００８年～２０１９年）
金運	庚子、辛丑、壬寅、癸卯、甲辰、乙巳、丙午、丁未、戊申、己酉、庚戌、辛亥（２０２０年～２０３１年）
土運	壬子、癸丑、甲寅、乙卯、丙辰、丁巳、戊午、己未、庚申、辛酉、壬戌、癸亥（２０３２年～２０４３年）

階数は河図に基づく五行数である。
一六水、二七火、三八木、四九金、五十土
21階以上も1桁の数字によって宅運が同様に決まる。

階数	五行	宅運
1階、6階、11階、16階	水	水運
2階、7階、12階、17階	火	火運
3階、8階、13階、18階	木	木運
4階、9階、14階、19階	金	金運
5階、10階、15階、20階	土	土運

例えば2018年は戊戌で木運。木運において良い階数は五行で比和となる木と相生となる水の階である。そうすると3階と8階は木の階数となり、吉作用が期待できる。また、水は1階と6階または11階、16階である。これを選んでも良い。2020年からは金運となる。となれば金と土の階が良いことになる。金は4階、9階、14階、19階であり、土は5階、10階、15階、20階が相当する。階数を選定する場合に参考にしてもらいたい。

階数	五行	吉運の年		凶運の年	
		比和	相生	相剋	洩気
1階 6階	水	水運 甲子の12年	金運 庚子の12年	土運 壬子の12年	木運 戊子の12年
2階 7階	火	火運 丙子の12年	木運 戊子の12年	水運 甲子の12年	土運 壬子の12年
3階 8階	木	木運 戊子の12年	水運 甲子の12年	金運 庚子の12年	火運 丙子の12年
4階 9階	金	金運 庚子の12年	土運 壬子の12年	火運 丙子の12年	水運 甲子の12年
5階 10階	土	土運 壬子の12年	火運 丙子の12年	木運 戊子の12年	金運 庚子の12年

第3章　玄空風水の実際

1　商業施設に見る風水

風水を取り入れたと思える大型建築物を3カ所紹介する。

(1)シンガポール高島屋

シンガポールは風水都市として有名で、海岸にある観光スポットのマーライオンは海外から財を呼び込むシンボルと言われている。ここシンガポール高島屋はシンガポール一番の繁華街、オーチャード通りにある。地上7階、地下3階建で店舗面積11万㎡、シンガポール最大の商業施設である。1993年10月にオープン、核店舗の高島屋ほか約130の専門店が入っている。

私はシンガポールに旅行した際に、この施設がとても印象的であったことを覚えている。一番、強く感じたのは正面玄関の両側に配置された大きな石獅子像。中国の銀行や古い建物に良く見られるものだ。デパートで獅子と言えば三越のライオン像だろう。こちらは「百獣の王」としてのシンボルで、三越がデパート業界で君臨するという意味らしい。ところが、中華圏の石獅子は邪気の進入を防ぐというものだ。

財運を呼びこむ噴水

正面左手

邪気を防ぐ右手の獅子像

正面の様子

座山座向　七運　未山丑向　格局　双星会座

3 2 八	8 6 三	1 4 一
2 3 九	4 1 七	6 8 五
7 7 四	9 5 二	5 9 六

北方　　86	得運（健康運大吉）	南方　　95	得運（健康運吉財運大凶）
東北方　14	得運（文昌方位）	西南方　77	失運（健康運財運凶）
東方　　68	得運（財運大吉）	西方　　23	失運（健康運財運凶）
東南方　59	得運(健康運大凶財運吉)	西北方　32	失運（健康運財運凶）

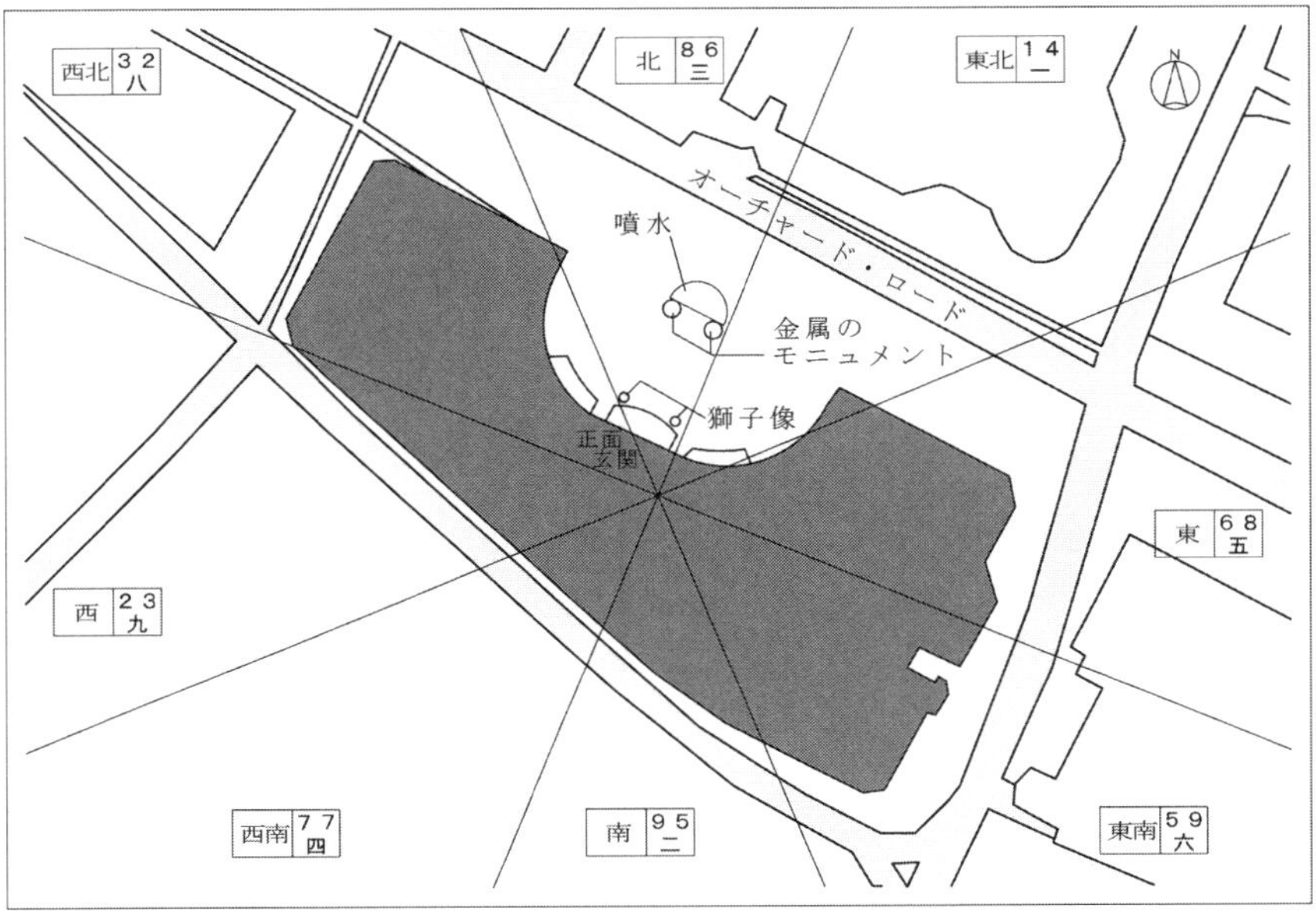

帰国してから関係者に確認して重要な証言を得た。ここは1950年代まで墓地があったそうで、都市化に伴いビルが建設された。その後、大規模な商業施設「義安城」として再開発することになり、核店舗として高島屋が決まったとのこと。タワーの部分はオフィスである。

墓地という陰の気を払拭するためにシンガポールの某風水師が指導したと聞いた。私はここを一目見て、風水の姿形を確認できたので、やはりそうだったのかと納得したものだ。

さて、この施設を風水で分析してみることにする。建物は道路の方向にコの字に建てられており、両翼がタワーの形状となっている。道路側には噴水が設置され、財を集める構造となっている。そして金属のモニュメントが近くにある。初めに述べたように正面玄関には邪気を防ぐ大きな獅子像が置かれて睨みをきかせている。

台湾の元僧侶で風水研究者の方に聞いてみると「ツインタワーはお墓の形をしていて、煙突の役目を果たしている」と言われる。つまり、地中の陰気を煙突によって逃が

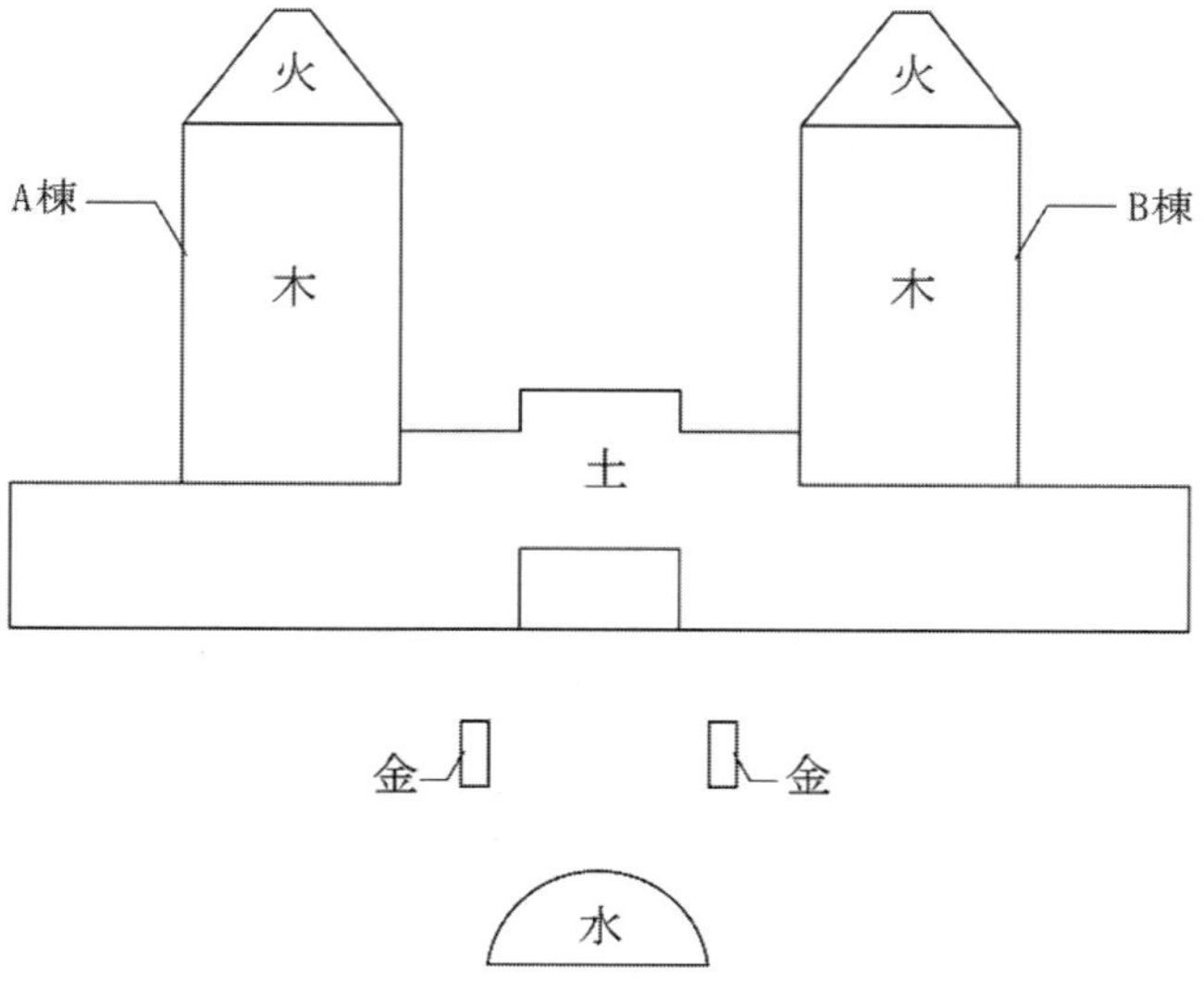

しているというわけだ。

五行で分析すると、木がツインタワー。火がタワー最上部の三角形とあずき色の壁面。土がビルの下部で商業施設にあたるところ。金は金属のモニュメント。水は噴水となる。

玄空風水で分析すると、1993年のオープンというと第七運の半ばである。未山丑向の建物ということで、玄空盤を作ると図のようになる。格局は双星会座で良さそうだが、玄関は北で（86）が飛泊している。山星は令星8があって大吉だが、水星は6で衰気の星となっていて財運は期待できない。といっても挨星判断では（86）は福徳、事務職は出世、不動産による富、蓄財、慈父と親孝行の息子という意味があって悪くはない。実際に当初の10年間は苦戦をしたそうだ。しかし、商品の見直しや様々な販促活動を行って繁盛店となって今に至っている。つまり七運は悪かったが八運になって盛り返したものと思われる。

思うにここは玄関がポイントとなっている。そうでなければあんなに大きい石獅子を配置することはないだろう。巒頭の対策を特別、力を入れたと考えられる。ツインタワーのうち、東側が（68）で財運大吉の方位である。このエリアが好調であると予測するのである。なお、東南（59）と南（95）についてであるが八運から九運に近づいた現在、良い作用が働くものと考える。九紫は生旺の時、発福迅速となると原書に書かれている。一方、西北側は（32）と凶方位だ。象意は争いで怪我、家庭不和、官災、破財、舌禍、不動産トラブルと良くない。3は木、2は土であり、木剋土の関係となる。よって、木生火、火生土とし、剋の関係をなくすことが必要だ。全体的に赤に近い色を使っているのもこの一つかも知れない。

風水よもやま話し　その1　「サンシャインシティ」

有数の繁華街池袋のランドマークである「サンシャインシティ」は商業施設とオフィス、プリンスホテル、水族館、展示場などからなる大規模複合施設である。当地は戦前、巣鴨拘置所として使われ、戦後は進駐軍によって戦犯収容所「スガモプリズン」として使用され、戦犯の処刑などがあった場所である。その後、再開発によって1978年に「サンシャインシティ」がオープンしてイメージを一新させた。大勢の人々が集まることにより、陰気な場所に陽気をもたらすという発想だろう。

池袋駅東口から出て、サンシャイン通りを進むとまさに喧騒状態である。交差点を渡って「サンシャインシティ」へ向かう。個人的には池袋は好きな場所ではないので、プリンスホテルには泊まらないようにしていた。しかしながら東京への出張が急に決まり、ホテルを予約しようとしたら空きがなく、たまたまプリンスホテルが空いていたので、泊まることにした。それも30階以上の高層階であったので、安眠できるのかと心配したが、それは私の一人合点で良く眠れたのだ。これで気に入って2度3度と泊まったがいずれも問題は無かった。ある意味で、陰気な土地であっても年数が経過していること。大勢の人の気で陰気が薄められていること。高層階ということで、地の気がはるかに及ばないところにあるからと考えられる。ところで、「サンシャインシティ」の隣にある「東池袋中央公園」が心霊スポットだと言う。以前はここに処刑場があったそうだ。近くを通った際に公園の存在に気付いたものの、足が向くものではなかった。何はともあれ、君子危うきに近づかずが良いと思う。

(2)イオンレイクタウン

埼玉県越谷市にある日本一の規模を誇るショッピングセンターである。ここがすばらしいのは風水を意識して建設されていることである。まず施設概要から紹介する。

２００８年10月にオープン
住所　埼玉県越谷市レイクタウン
農地に区画整理事業として開発されたもの。大規模調整池があって、これを中心に商業施設が計画されたため、「レイクタウン」と名付けられた。
敷地面積は約33万７千㎡で東京ドームの７個分。
この中に大規模商業施設として「mori」17万８千㎡、「kaze」８万３千㎡、アウトレット棟７万６千㎡がある。店舗数約７００店舗。買物、飲食、シネマ、イベントなどで滞在型商業施設として人気がある。
ＪＲ武蔵野線の越谷レイクタウン駅とペディストリアンデッキにより直結されており、交通の便は良い。

風水的考察をしてみると、施設がすべて調整池を向いていることが分かる。つまり形としては玄空の格局の一つ「双星会向」。その効力としては財運に恵まれる建物といえる。

mori

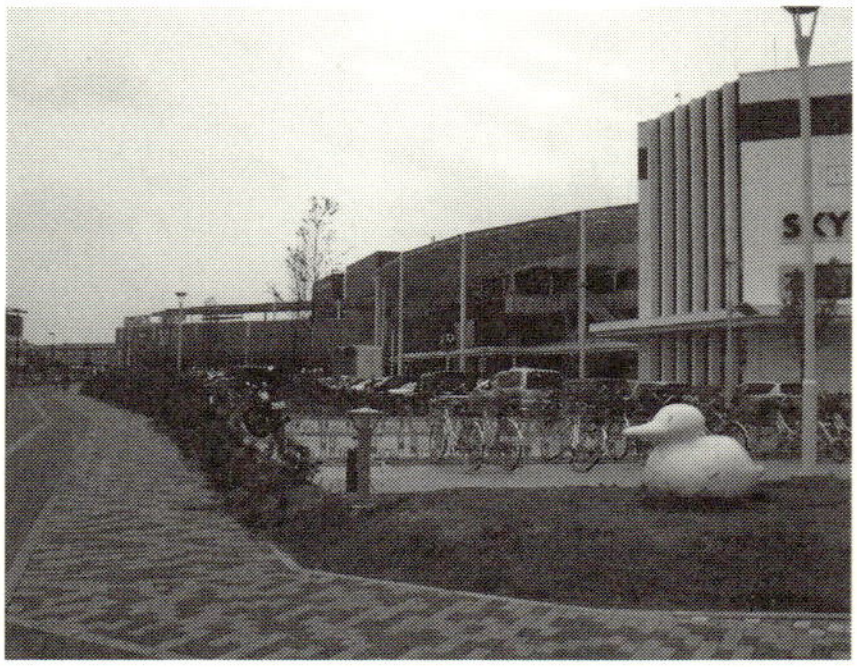

越谷レイクタウン駅

kaze

調整池

施設平面図に飛星を入れてみると3つの施設すべて星の配置が良いことが分かる。つまり、最大の施設である「mori」は卯山酉向で格局は双星会向。財運に恵まれる建物だ。「kaze」と「アウトレット」は巽山乾向となっているので格局は旺山旺向である。健康運も財運も恵まれる建物だ。

越谷レイクタウン風水図

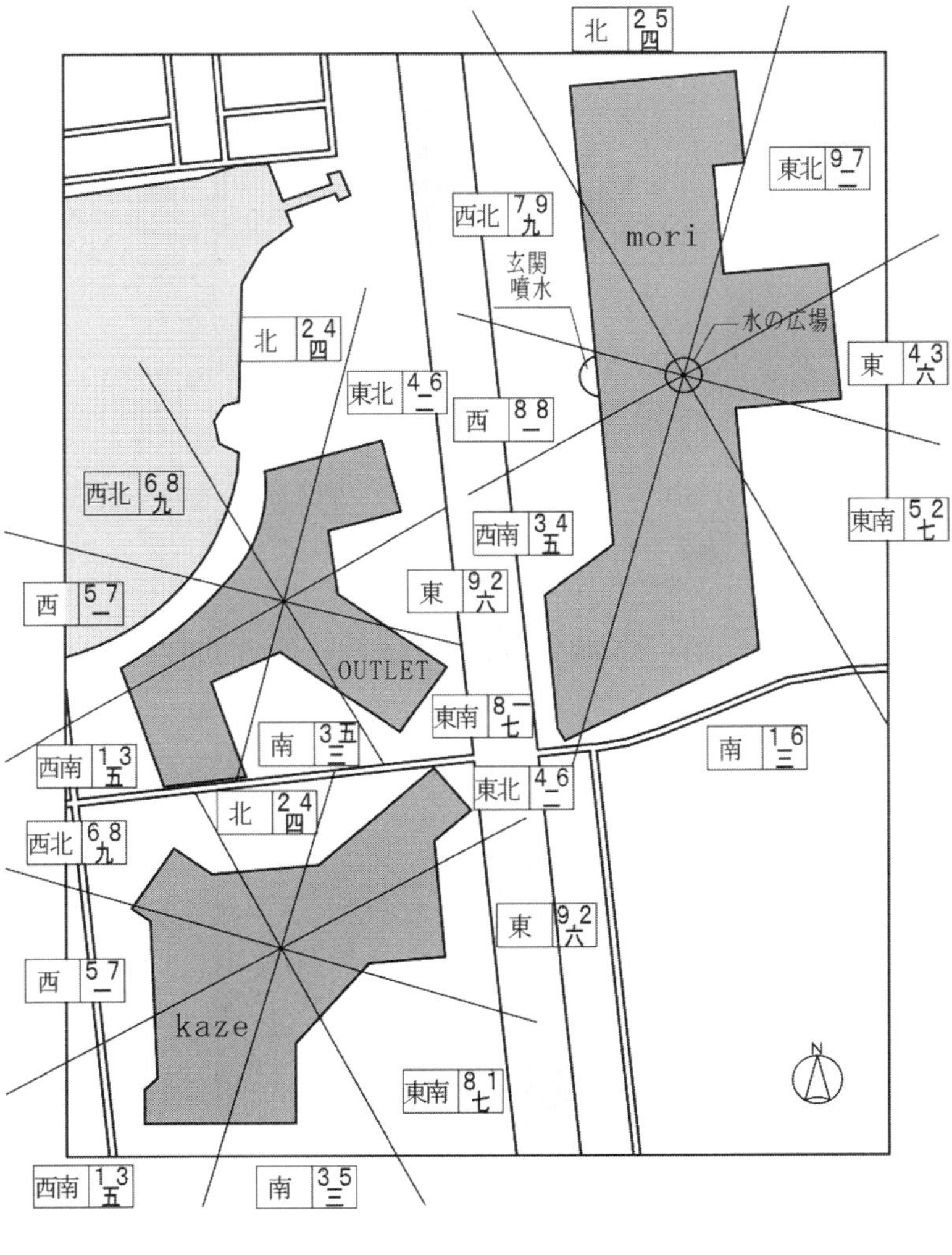

mori　座山座向　八運　卯山酉向　格局　双星会向

7　9 九	2　5 四	9　7 二
8　8 一	6　1 八	4　3 六
3　4 五	1　6 三	5　2 七

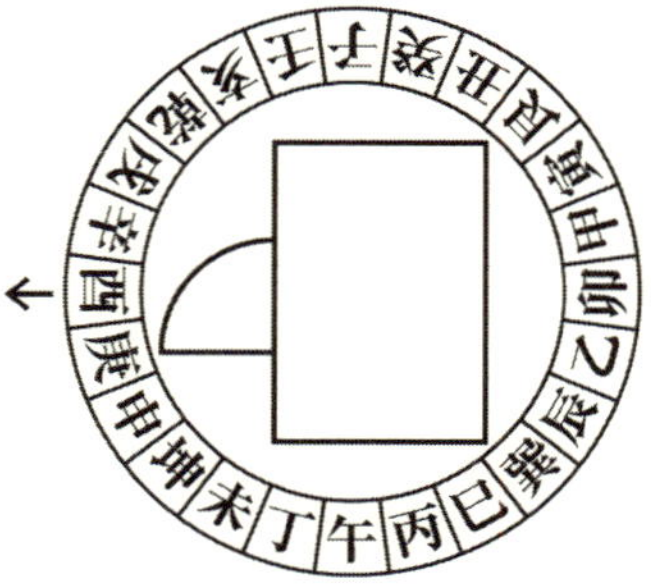

北方　25	失運（健康運財運大凶）	南方　16	得運（文昌方位）
東北方　97	得運（健康運吉財運凶）	西南方　34	失運（健康運財運凶）
東方　43	失運（健康運財運凶）	西方　88	得運（財運大吉）
東南方　52	失運（健康運財運大凶）	西北方　79	得運（健康運凶財運吉）

ｋａｚｅ及び OUTLUT　座山座向　八運　巽山乾向　格局　旺山旺向

6　8 九	2　4 四	4　6 二
5　7 一	7　9 八	9　2 六
1　3 五	3　5 三	8　1 七

北方　24	失運（健康運財運凶）	南方　35	失運（健康運凶財運大凶）
東北方　46	失運（健康運財運凶）	西南方　13	得運（健康運小吉財運凶）
東方　92	得運（健康運吉財運凶）	西方　57	失運（健康運大凶財運凶）
東南方　81	得運(健康運大吉財運小凶)	西北方　68	得運（財運大吉）

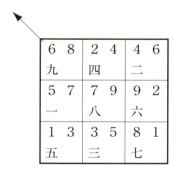

最大の施設「mori」について解説する。正面玄関は西にあって、88という財運大吉の場所と合致している。実は正面玄関に噴水があるので財運効果を考えてのことではないかと推察している。また、西南から西北へ向けて水路を作っているのだが、正に面水となっている。

正面玄関を入ってエスカレータがある中央部分に変わった設備を見ることができる。水が2階くらいの高さから、階段状となったお皿に落下していくもので、最後は池となっていて、鯉が泳いでいる。説明文には「フローフォーム」とあって次のように書かれている。

> フローフォームが形作る特殊なハート型の容器は、水を連続的に8の字に回転移動させ渦を作ることで特殊なリズムとエネルギーを生み出し、自然空間を再現します。一見単純に見えるその流れの中にあらゆる生命（いのち）を育む水の叡智と神秘そして「意思」が込められています。

その下部の表示板には「風水効果」とまで書かれているのである。風水を意識的に取り入れている良い例ではないか。

フローフォームの下部

正面玄関前にある噴水

風水の文字が入った説明文

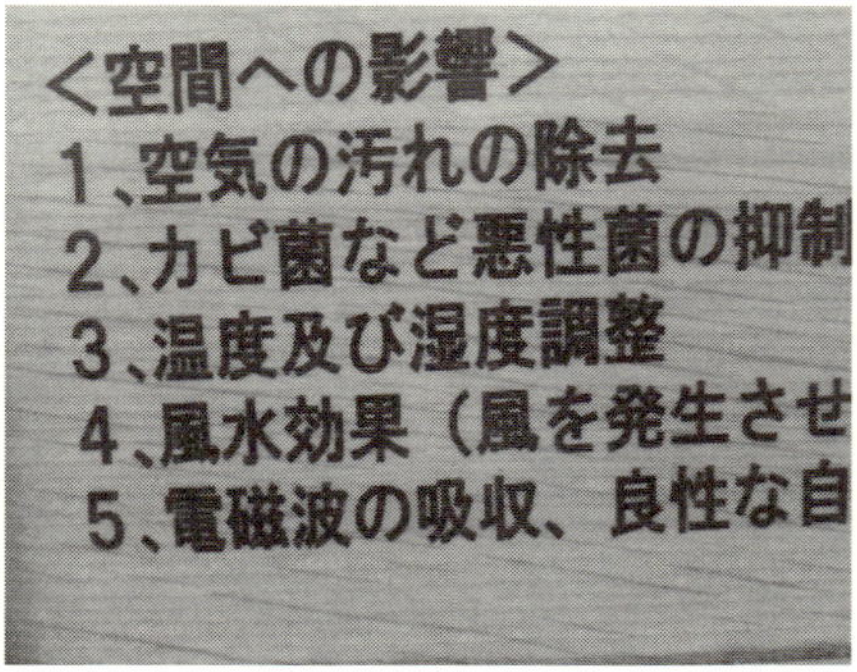

フローフォーム

フロアレイアウトを見ていくと面白いことが分かる。

南（１６）はファッション&グッズとライフグッズのテナントで構成されている。華やかで、楽しく集客が期待できる場所だ。（１６）は文昌方位と言い、その象意は文武両道、中年は財を得る、長寿、富貴、万事如意などである。ずばり財運が期待できると見て良い。

西南（３４）は凶方位だかレストラン街となっている。ここは屋外に西南から西に向かって小さな水路を作っている。これも財運に関係していると考える。その効果か、特に土日は顧客が多い情況が続いている。

東北（９７）と東（４３）はＪＡ

SCOの食品売場だ。（97）は良いとしても（43）は凶方位だ。これではおもしろくない。そこで、財運を呼びこむために、正面玄関前に噴水を設置し、さらに中心部に「フローフォーム」を設置することにより、発財効果を狙ったのではないかと推測している。この財気を食品売場へと引き込むということである。

次に問題の場所は北（25）への対策だ。この場所はレイクタウン駅から最も離れた北側に位置する。よほどマグネット的な商品を置かなければ顧客は足を運ばないであろう。また二黒と五黄の組み合わせといっても、金属の瓢箪を置く的な対策で効果が期待できるわけでもないだろう。実際にここに大型テナントとして営業しているのは「トヨタモール」と家電店の「ノジマ」がある。集客力のあるテナントを配置して、このゾーンに顧客を引き寄せている。同時に自動車と家電製品は五行で言うところの金と配当できる。したがって二黒と五黄の土煞を金で洩らすことが考えられるのだ。

社会常識から言うと、風水を迷信としてとらえる方も少なくはないと思われるが、実際にこうして大手流通業でも風水を良好な自然環境を創造するものとして認めていることは注目すべきことである。風水は心地よい環境づくりに活用されるだけでなく、財運対策としても活用されているとしたらとても面白いことである。

(3) 六本木ヒルズ

六本木ヒルズは風水が良いのか悪いのか諸説あるようで、私なりに分析してみた。

ここはヒルズ族と呼ばれたＩＴ長者が入居し、一世を風靡した記憶がある。しかしながらＩＴバブルがはじけたこと、近くにできた東京ミッドタウンが影響して撤退が目立ったと聞く。

施設は森ビルが２００３年４月に開業させたので第七運の建物ということになる。主な施設として、六本木ヒルズ森タワー（54階建）、テレビ朝日本社ビル、グランドハイアット東京、ケヤキ坂コンプレックス、六本木ヒルズゲートタワーレジデンスなど。

さて、この施設を風水で分析してみることにする。

まず、主要な建物に五行が配当できないか考えた。五行の形としては高層ビルを木形とする。火形

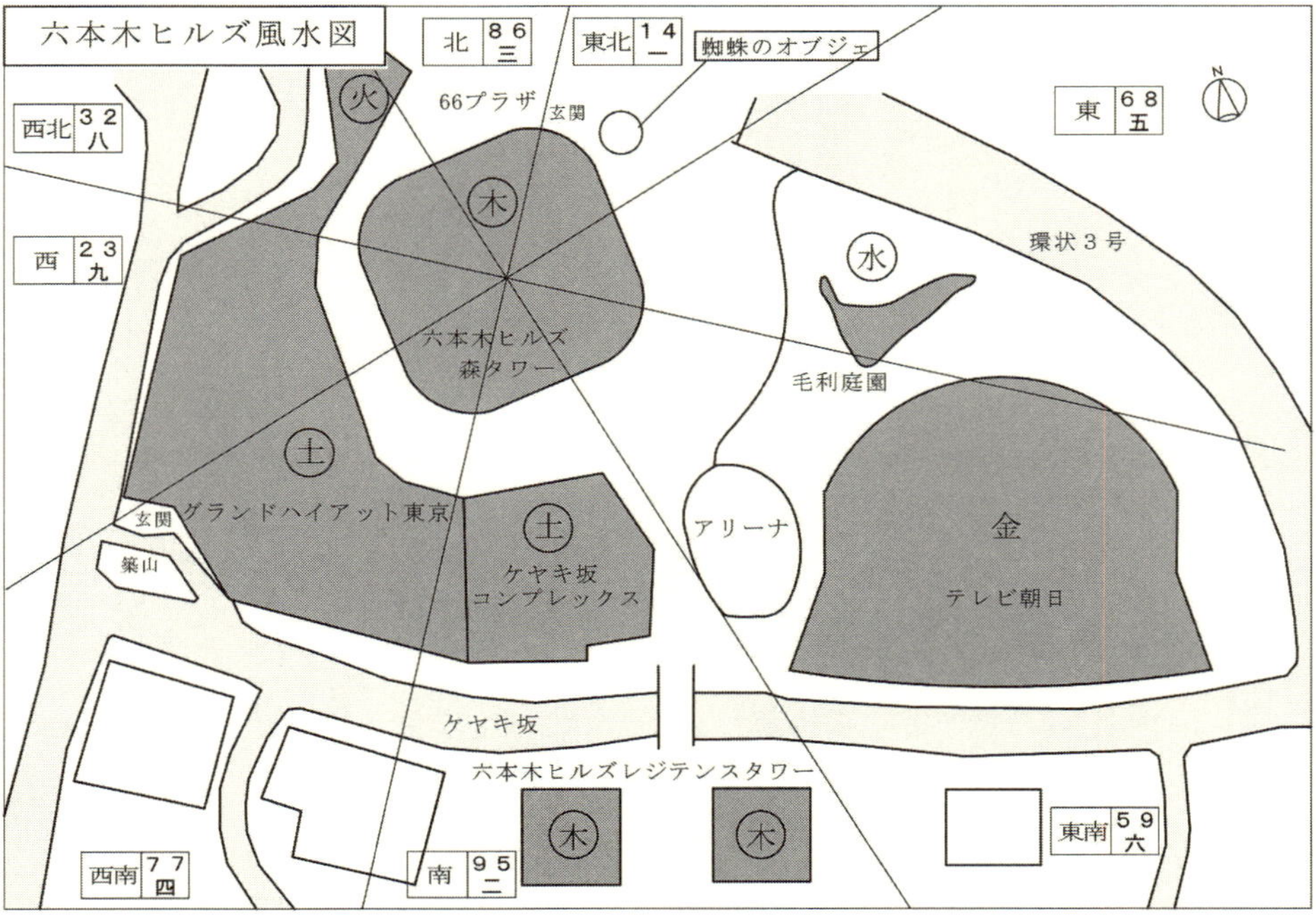

は三角形の建物。土形は低層ビル。金形は円形の建物。水形は波打った形、あるいは池や川などをいう敷地の配置図を見てそれぞれの建物に当てはめてみた。

中心施設の「六本木ヒルズ森タワー」はどう見ても木形である。ケヤキ坂の反対側に位置する六本木ヒルズゲートタワーレジデンスも同様だ。次に西北側に位置する商業ビルは三角形なので火形。「グランドハイアット東京」は土形となる。「ケヤキ坂コンプレックス」も土形である。テレビ「朝日本社ビル」は釣鐘の形に似ていることから金形となる。水形の建物は無いが、毛利池が水に配当できる。ということで、時計の左回りに五行が位置していることから良い配置であると考えられる。

風水を分析するにあたって、「六本木ヒルズ森タワー」と「グランドハイアット東京」がポイントとなることから、2つの施設を重点的に解説する。

座山座向　七運　未山丑向　格局　双星会座

3 2 八	8 6 三	1 4 一
2 3 九	4 1 七	6 8 五
7 7 四	9 5 二	5 9 六

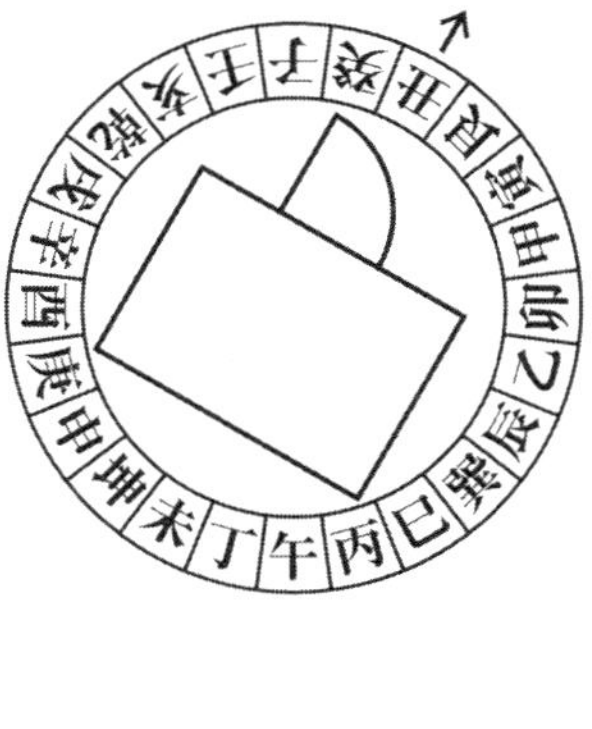

北方　86	得運（健康運大吉）	南方　95	得運（健康運大吉、財運大凶）
東北方　14	得運（文昌方位）	西南方　77	失運（健康運財運凶）
東方　68	得運（財運大吉）	西方　23	失運（健康運財運凶）
東南方　59	得運（健康運大凶財運吉）	西北方　32	失運（健康運財運凶）

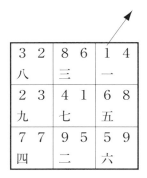

まず、六本木森タワーは木形であるが、超高層ゆえ露風煞といって他人との協調が取れない、人を見下す、浪費がちとなると言われている。私も関係先である入居者を訪問したことがある。その時の印象だが、施設の構造とセキュリティの関係で緊張感が少なくなかった。確かに室内からの眺めは良いのだが、なぜかしら落ち着かない。結局、その関係先もどういう理由か分からないが撤退している。

その原因を改めて探るべく、正面玄関に立ってじっくりと眺めた。重々しい印象だ。玄関は顔というが、いかにも勇ましい武将の兜をイメージさせ緊張感が漂っている。

玄空風水で分析してみると、座山に77とあるので双星会座で七運においては健康運に恵まれる。しかし八運になってはそれが衰えたと考える。一方、玄関側は（14）となっており、文昌方位だ。象意は文才学業、名士、文章で名声、賞賛、出世、生家を離れて成功する。正に知的職業の方に相応しいと言える。

ところが、実際はテナントの出入りが少なくないと聞く。この原因は何であるうかと現地で風水の分析を行った。

入口左手前にある蜘蛛のオブジェは休憩や待ち合わせ場所となっているのだが、どのような意味があるのだろうか？　ＨＰによると蜘蛛のオブジェは「ママン」と言い、母のイメージだそうだ。作者のブルジョアは蜘蛛を強い生き物と捉えている。また大理石で出来た卵を抱えており、母の持つ力や、子孫繁栄など、暗い過去の反面、愛情も表現しているとのこと。しかし女性の感性では蜘蛛が近くにいると気味が悪いという。従って出入りする人にとって良いイメージであるとは思えないのだ。風水的に見るとこの蜘蛛の位置は正面玄関の左手にあって白虎に位置している。これに関係するのが回転ドア事故。２００4年3月26日の午前11時ごろに母親と同行していた6歳の児童が、当時あった自動式の大型回転ドアに挟まれるという事故が発生して死亡した。これを機に全国の回転ドアが次々に取り換えられたのだ。白鶴易人老師に確認すると白虎の位置に蜘蛛は良くないと言われる。これが無くなるとすっきりするだけでなく、風水上の障害も減ると思うのだが、いかがだろうか?

次にグランドハイアット東京だが、ここは森ビルが運営する高級ホテルだ。意外に風水的な見どころがある。まず特徴的なことは、六本木ヒルズ森タワーを座山としていること。そして玄関の前方に小山を築き、上部から流れる滝を作っている。これは風水でいう背山面水形になる。健康運にも財運にも恵まれる形だ。

その作者は中国出身でニューヨーク在住の現代美術家、蔡国強の名が刻まれている。裏面には「蔡山　高山流水　遇　知　音」

「高い山と、そこに流れる水、清らかな天地自然」とあり、鳥や鹿、猿、蛇、樹木などが描かれている。正に風水の世界だ。

正面玄関と左手にある巨大な蜘蛛像

座山座向　七運　卯山酉向　格局　旺山旺向

4　8 八	9　4 三	2　6 一
3　7 九	5　9 七	7　2 五
8　3 四	1　5 二	6　1 六

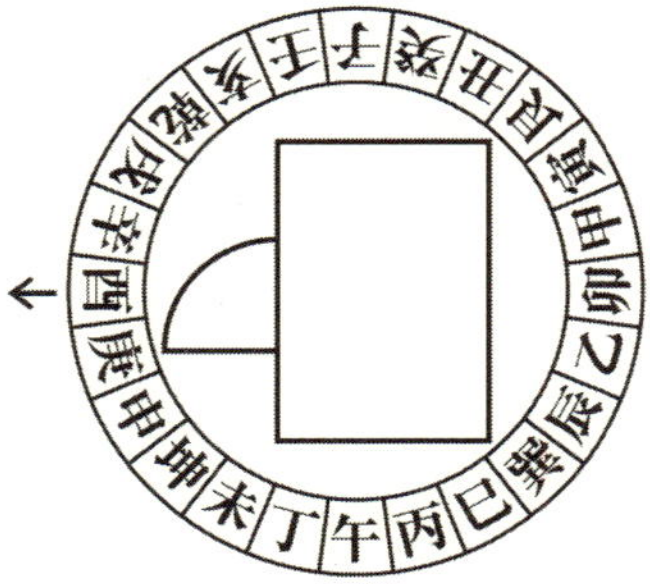

北方	94	得運（健康運吉財運凶）	南方	15	得運（健康運小吉、財運大凶）
東北方	26	失運（健康運財運凶）	西南方	83	得運（健康運大吉）
東方	72	失運（健康運財運凶）	西方	37	失運（健康運財運凶）
東南方	61	得運（文昌方位）	西北方	48	得運（財運大吉）

建物そのものの方位は第七運卯山酉向となる。七運にあっては旺山旺向だが、開業した1年後には八運に変わっている。理気の面では動水を配置するのは良くないが、巒頭の面を重視したかと思われる。というのは小山が気の流れを前方で止める案山の役目を果たしていると考えられるのだ。このほか、施設内の環境も玄関ロビーに池を配置しているし、顔型のモニュメントをさりげなく置いている。これらは風水の意味を持たせたものではないかと推測する。

中宮の山星に5が入宮しており、洛書とは逆の配置で、反吟となる。象意は何事も反発することが多い。内部の関係者同士か、顧客とのトラブルが気になるところである。ホテルを運営する会社は大手企業であるので、そうならないよう対策されることを思いたい。

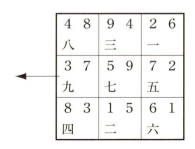

六本木森タワーが座山となる

蔡山から水を流す

2　風水鑑定のポイント

①人の和が重要

「天時不如地利、地利不如人和」孟子

「天の時は地の利に如かず、地の利は人の和に如かず」という孟子の有名な言葉である。

「天の時」はいつやるかというタイミングだ。これよりも「地の利」すなわち立地が重要だと述べている。しかしそれよりも「人の和」が最も重要だと結論づけている。風水は「地の利」にほかならない。風水だけ良くても最終的に良い結果をもたらすかどうかは「人の和」にかかっていると言える。

風水鑑定を行う場合、このことを念頭に置いて依頼先に対応する必要がある。というのも、風水鑑定を求められる動機は、財運や仕事運、結婚運、試験運などを上げたいというものが多い。風水は本来、健康運が大きな目的かと思うが、人間の欲望はそれだけにとどまらない。しかしその欲望を充足させるためには本人の努力が欠かせないことはいうまでもない。風水はその努力の上に運気を呼び込むものだという共通認識が必要なのだ。

「人の和」というと、家庭にあっては家族が円満な関係であること。企業であれば組織の結束が強いことである。これらを発展の原動力とした上で、風水を加速力として用いることを心構えとして置かれると良い。

②改善策の選択

風水鑑定を行う場合、依頼者に何を求めているのか聞くが、現在の状況はどうなのか、それをどうしたいのか確認する。この手法はカウンセリングに似ている。その時に現状の問題は何が原因なのかを探り出すことが重要かと思う。風水鑑定は人間で言えば健康診断である。病気であれば何が原因でそうなったのかを調べるのが重要なポイント。それを改善するために風水のこの技術を使うという選択がある。この本でも色々な手法を網羅しているが、どれが適切な方法なのかを選ぶ判断力が必要である。その時に何か高額の物品を売りつける手段として風水があってはならないと考える。風水商法と批判されるようでは良くないのだ。

③時代の変化に合わせた対応

玄空風水は中国で17世紀頃に確立されたものである。当然のことながら現代の生活環境とは大きく異なる。建築様式、生活環境、エネルギー、移動手段、情報伝達などがかなり進化を遂げているのだ。このことから風水の対処法についても古典的な方法に止まらず、現代的、科学的な方法を取り入れることが重要かと考える。一方、古典的な方法についてもまったく迷信だと切り捨てることでもない。現代社会でも「縁起が良い」ということはほとんどの人が受け入れているものだ。風水の吉祥物については「縁起の良いもの」として近くに置くことでモチベーションが高まるということと理解したら誤解がないかと思う。

風水鑑定を受けられて、何か行動されたことによって良い結果が出たということを聞くことは風水師にとっても大きな喜びであることは間違いないのだ。

(1)風水鑑定の手順

①事前調査

まず、鑑定する物件の事前調査としてグーグルマップで所在地の環境を調べること。住宅地か商業地かなど立地を把握する。道路や河川、線路の状況も座山、座向を確認する上で参考になる。グーグルマップの機能としてストリートビューがある。これを使えば道路面から当該物件を立体的に眺めることができるので便利だ。グーグルマップの表示は真北となっているので磁北に修正が必要だ。しかしながら図は小さく表示されているので誤差を注意したい。必要な部分を印刷しておき、鑑定現場へ持参して周辺の状況を確認するのに使う。

②外部環境の確認

鑑定先に到着すると現場周辺を確認する。これにより近くに形煞となるものがあるかないかが分かる。形煞があることが分かれば、何らかの対策を検討する。しかしながらこの対策というのが簡単ではないことは誰の目でも明らかである。この巒頭の問題点を依頼者に正しく伝えておく方が良いと思う。なぜならば状況によっては引っ越しするという選択があるかも知れないからだ。巒頭の問題点として代表的なものを表にしておく。

巒頭のチェックポイント

河川	河川が背後にあり、急流となっている
鉄道	すぐ背後に鉄道が走り、騒音や振動がある
高架道路	カーブの先が家屋に向かっている状態
谷の出口	谷の出口で雨が降ると土砂が流出しそうな場所
窪地	周囲よりも低く水はけが悪い土地
道路よりも低い敷地	道路よりも一段低く、暗いイメージの場所
交差点	大きな交差点に面し、T字の突き当りになっている
交通事故多発地点	しばしば交通事故が発生して死傷者が出る場所
大事件の現場	かって大事件で死者が出ている場所
高圧鉄塔	高圧鉄塔の直下か近くにある
廃墟	人が寄り付かない悪い噂のある陰気な場所が近い
ガソリンスタンド	ガソリンスタンドに隣接している
墓地・寺院	墓地が隣接しているか、寺院の真正面に玄関がある
大病院	救急病院なので救急車が頻繁に出入りする
三角形の建物	三角形の建物の角が当方へ向かっている
どん詰まりの土地	前方を塞がれれば避難するのが困難な土地

③座山座向の判断

家屋の向となる面を探すことである。これは簡単な場合もあるが良く見ないと判断が困難な場合があるので注意が必要。家屋の四周を見ることができれば間違いが起こらないだろう。座向の面が分かれば羅盤により方位を測定する。

④玄空盤の作成

建物が完成した時期を依頼者に確認して三元九運のいつかが分かれば、それを元に玄空盤を作成する。このときに順飛か逆飛が間違わないよう確認を要する。

⑤格局判断

飛星の配列により格局が決まるが、基本的には旺山旺向、双星会座、双星会向、上山下水の四大格局に分類される。その後、特殊格局でないか確認する。

⑥鑑定図の作成

依頼者に用意して頂いた図面上に中心点を定め、八方位を線引きする。この八方位区分に方位と飛星を記入していく。

⑦吉凶判断

玄関、寝室、子供部屋、リビングなど居住空間が吉方位に入っていれば吉とし、そうでなければ凶とする。トイレ、浴室、キッチンが凶方位に入っていれば吉とし、そうでなければ凶とする。注意すべきは居住空間に25または52が入っていた場合だ。応期のことも考慮して的確な対策を検討されたい。

このときにベッドやデスクの位置も併せて確認しておく。巒頭面でのチェックと八宅風水での吉凶も見ておくことが良い。

⑦改善策の検討

基本的には凶である部分を吉とするよう対策を行うが様々な方法が考えられる。改装の時期であれば、工務店と協力して提案を行うこともありうる。ベッドや家具などの配置であれば改善図として位置を示すことが必要だ。

置物で対応する場合もあるだろうが、印鑑や高額の壺など風水とは関係ない販売商品を勧めることは霊感商法ともとられかねないので避ける必要がある。

依頼者は壁面や屋根、室内の色についても質問してくることが少なくない。そこで色彩の一般的な知識についても知っておくことがいざというときに役立つ。

(2) 一戸建て住宅の鑑定

玄空風水の鑑定手法により、住宅を例にその手順と分析方法を説明する。

鑑定依頼を受けたのは、八運に完成した2階建て物件である。風水鑑定の希望は家族（4人）の健康運とご主人の仕事運向上、子供さんの成績向上を希望されている。

①座山座向判断

現状図を見ると玄関側に道路があり、その面が開けていること。2階は西と西北面にベランダがあるが隣家と近いことなどから玄関の面を座向とした。1階も2階も座向は同一。

②格局判断

八運で玄空盤を作ると座山に当たる東北の山星が8、座向に当たる西南の水星が8ということで

座山座向　八運　丑山未向　格局　旺山旺向

1 4 九	6 9 四	8 2 二
9 3 一	2 5 八	4 7 六
5 8 五	7 1 三	3 6 七

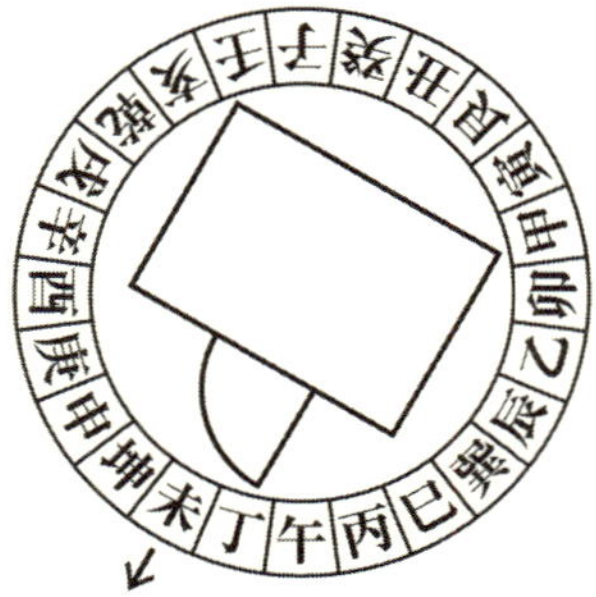

北方	69	得運（健康運凶財運吉）	南方	71	得運（健康運凶財運小吉）
東北方	82	得運（健康運大吉）	西南方	58	得運（財運大吉）
東方	47	失運（健康運財運凶）	西方	93	得運（健康運吉財運凶）
東南方	36	失運（健康運財運凶）	西北方	14	得運（文昌方位）

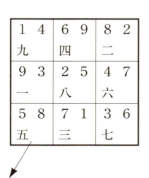

格局は旺山旺向である。よって健康運と財運の両方に恵まれる。全盤が山星合十にもなっており、健康運は特に有利な物件である。

ただし、中宮の水星は5である。逆飛となっており、これを反吟という。八運の時期を過ぎ九運に入ると反吟の作用が現れる。どのようになるかというと、反発する問題が出てくる恐れがあるという。これは子供の親への反発や家族間の対立などである。その時期には土生金となるように中央部に五行の対策が求められる。

③総合判断

1階

まず見るべきポイントは玄関でその位置や構造、方位の吉凶を確認する。

1階の図を見ると玄関は南（71）にあっ

鑑定図

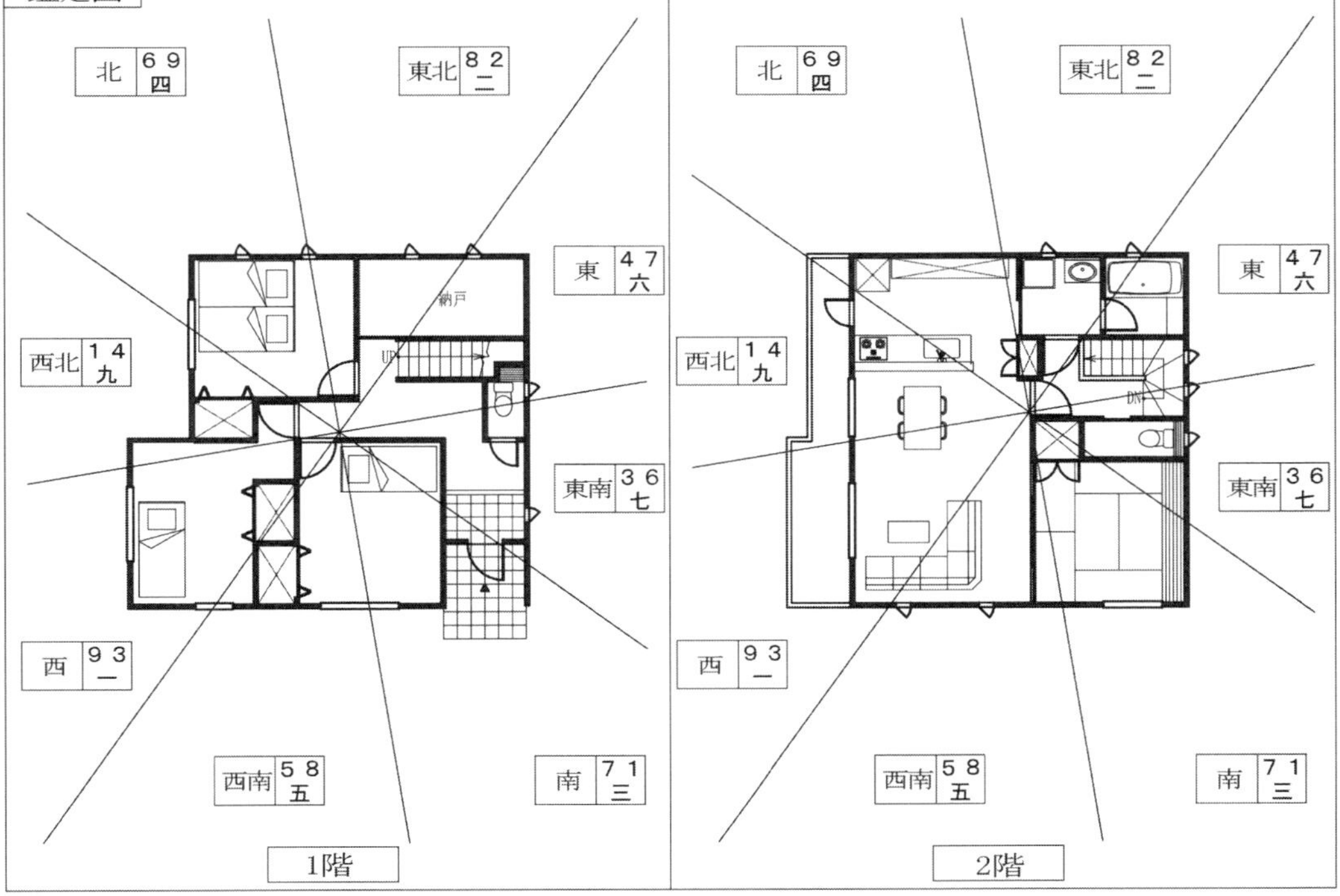

て財運小吉。しかし良く見ると、玄関の正面にトイレのドアが並んでいる。これは玄関から入ってくる清浄な気がトイレの濁気と混ざって良くない。また、プライバシーの面からも好ましくない。トイレ自体の方位は東（47）と東南（36）にあっていずれも凶方位である。この位置は問題がないと思われるが、再度確認すると階段の下に当たっている。しかしながら位置を変更するのは大工事となるので、今回は見送り、ドアを西北向きに変更することで改善を行った。

次に重用なのは寝室である。夫婦の寝室は北（69）で財運吉。象意は文才、名家の出身、地位と名声などとなっている。長男の部屋は西（93）であって健康運吉。象意は聡明な子女、出世などとなっている。長女は東南（36）と南（71）西南（58）にまたがる部屋に居住。（58）は表では得運（財運大吉）としている。（71）は財運小吉、温順、弁才、恋愛運。しかしベッドは頭部分が南でドアに近いほか、下半身が東南（36）に入っており良くない。（36）の象意は衰期なので怪我、交通事故、盗難など。全ての部屋に言えることだが、ベッドの向きがいずれもドアに近いという問題が見逃せない。これは不意に外部から侵入した人物から危害を受けやすい位置にあると言える。就寝するにも落ち着かず、安眠できないだろう。そこで部屋のドアと対角線に頭が位置するようベッドを移動させる。その際に頭部は壁面に近づけるのが望ましい。

特に東南のベッドは凶方位であり、南側に移動させる。（ベッドは得運の数字である8、9、1のあるところを選ぶ）その際に頭上に梁が位置しないことに気をつけないといけない。ベッドの位置を変更することにより学習デスクの位置は東南（36）へ移動させる。ここは吉方位ではないが、やむを得ない場所と考える。

2階

リビング、キッチン、浴室があるほか、和室の客間がある。東北に位置する洗面所が（８２）なので健康運大吉のところだ。象意は事業好調、不動産による富など。ここに洗面所があるとそれらの効果は期待できない。排水は五行の水なので、水生木として木の瓢箪を置いて弱める。

キッチンがある西北は（１４）で文昌方位。象意は文才学業、名士、賞賛、出世。これは居住空間に適す。ＩＨ調理器でもあるし健康な環境とは言い難い。そこで室内用置き炭「旺気」を置いて環境を改善する。北（６９）だが、６金９火で火剋金となっている。「旺気」は五行で土の要素だから、火生土、土生金となり、剋の関係を解くのだ。

財運を上げたいという要望に対しては２階、西南の角に水槽を置くことを勧めた。八

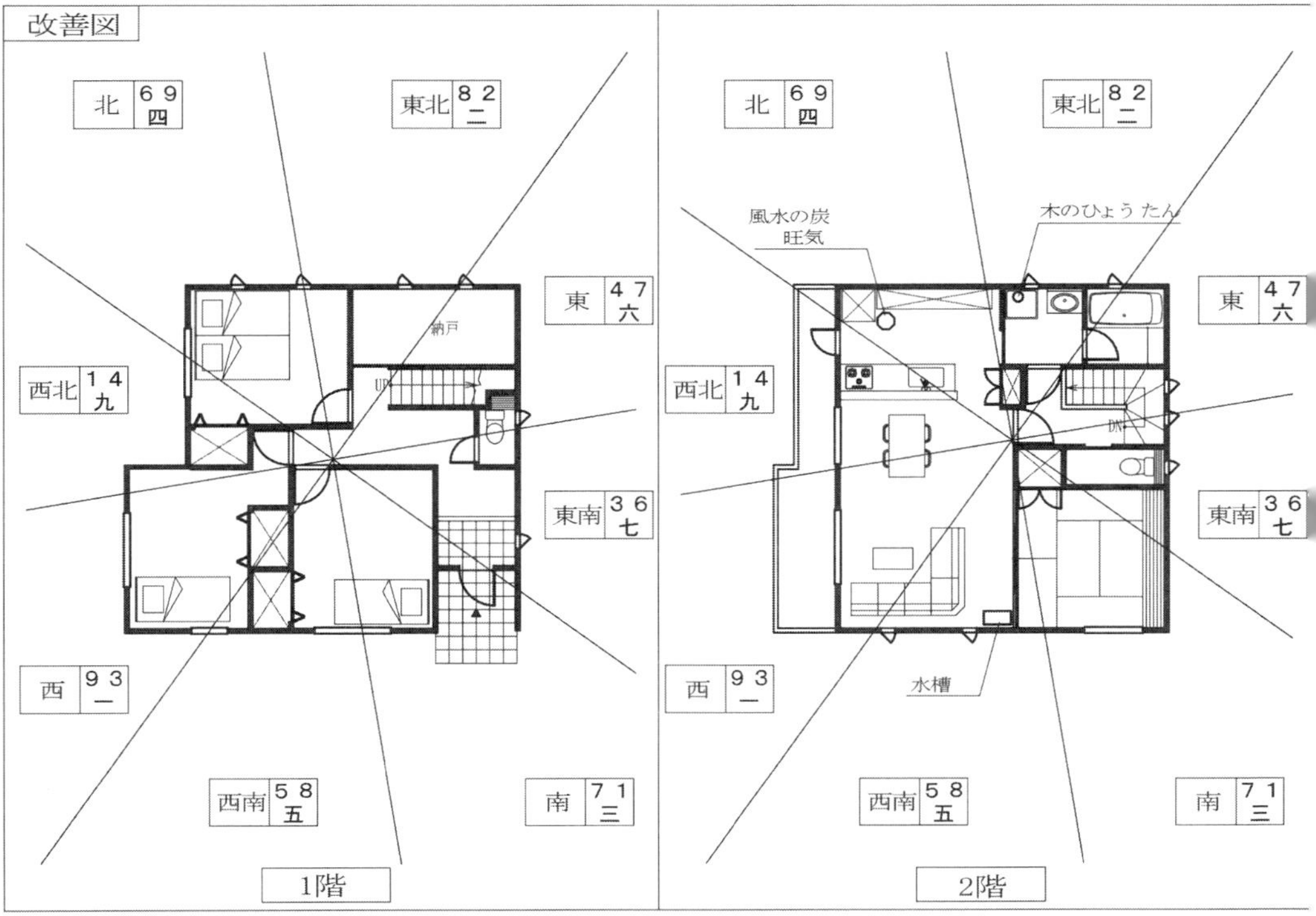

運において（58）は財位である。これも山星5があるものの、水星は令星8のため5の悪い作用は発生しないとみる。ところで（58）は1階にもあるが、寝室に水槽を置くことは不可である。

④八宅派による分析

寝室のベッドを配置する場所を検討する場合、生まれ年による本命卦に基づく方位の吉凶を考慮することも併せて考えたい。例えば子供部屋を選定する場合、2つの部屋がある。玄空風水では南は（71）であり、西は（93）であっていずれも吉方位である。どちらを使っても良いのだが、念のため生まれ年による吉凶方位を判断する八宅派を使うと万全だ。

例えば長男の本命卦が乾命であれは、西は生気（最大吉）であるが、南だと絶命（最大凶）となる。一方、長女の本命卦が巽命であれば南は天医（大吉）となり、西だと六煞（中凶）である。したがって長男は西の部屋、長女は南の部屋が最適である。なお、夫婦の寝室は北側に位置する。夫婦共に本命卦が東四命であれば問題はない。どちらかが西四命であるとどうするか？　基本的に玄空の吉方位を優先する。玄空の吉方位作用が八宅方位によって更に強まるか、弱まるかということである。いずれにしてもこれでずいぶん良くなったはずだ。

本命卦盤

長男　乾命（西四命）

伏位	六煞	天医
生気		五鬼
延年	絶命	禍害

長女　巽命（東四命）

禍害	生気	絶命
六煞		延年
五鬼	天医	伏位

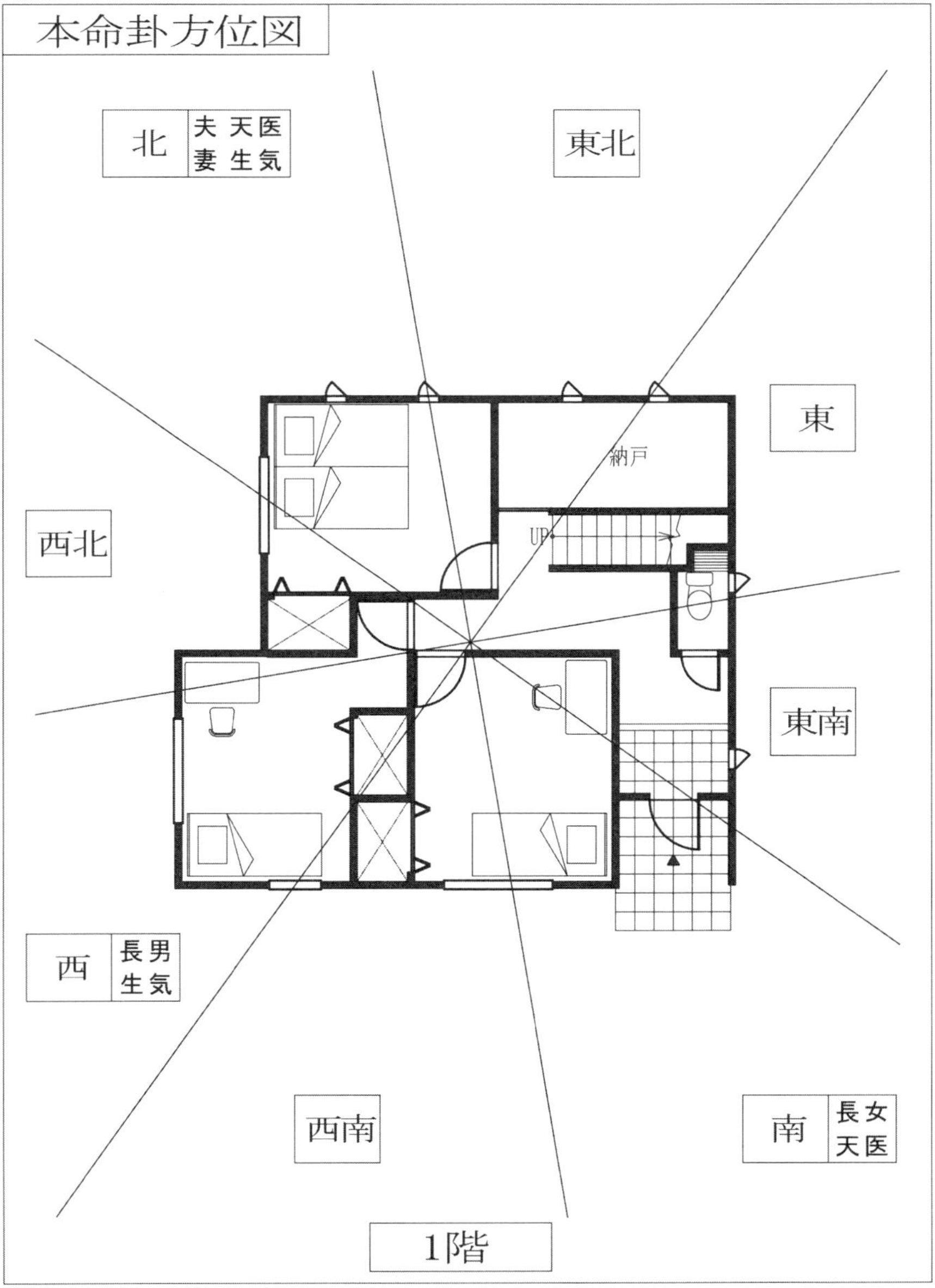
本命卦方位図
北
夫 天医
妻 生気
東北
東
納戸
UP
西北
東南
西
長男
生気
西南
南
長女
天医
1階

(3) 1ルームマンション

20代の夫婦で賃貸マンションに居住されている。これから風水を取り入れて、仕事運を高め、子供運にも恵まれるよう希望されている。

①座山座向判断

西側と東側には建物が隣接している。南側にはベランダ側があるが、それに面して4車線の道路があることを判断基準として、その面を座向とした。

第七運、子山午向の物件である。

座山座向　七運　子山午向　格局　双星会座

2 3 八	7 7 三	9 5 一
1 4 九	3 2 七	5 9 五
6 8 四	8 6 二	4 1 六

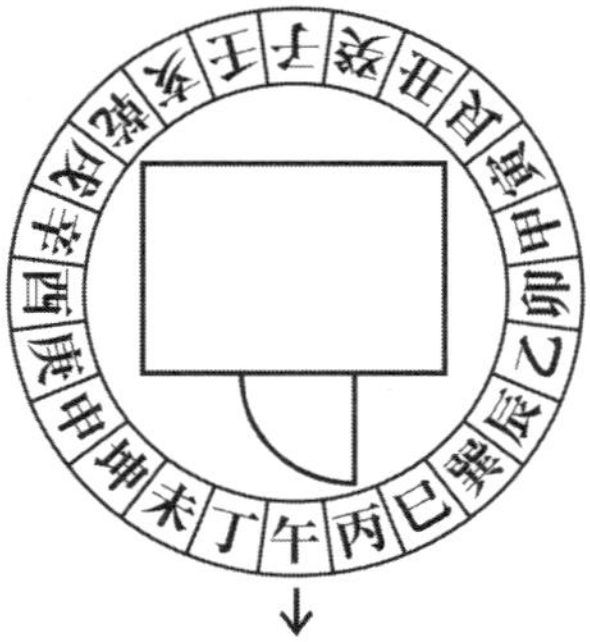

北方　77	失運（健康運財運凶）	南方　86	得運（健康運大吉）
東北方　95	得運（健康運吉財運大凶）	西南方　68	得運（財運大吉）
東方　59	得運（健康運大凶財運吉）	西方　14	得運（文昌方位）
東南方　41	得運（文昌方位）	西北方　23	失運（健康運財運凶）

②格局判断

格局は七運時に双星会座であって、健康運に恵まれたが、八運の現在は健康運が弱まってきた。とはいえ山星は全盤合十である。八運に入っても健康運の効果は七運ほどではないが残っていると考える。しかし財運はほどほどであろう。

座山側の77をカバーし、吉方位となっている東南、南、西南をうまく活用すれば、風水的に有利な物件といえる。

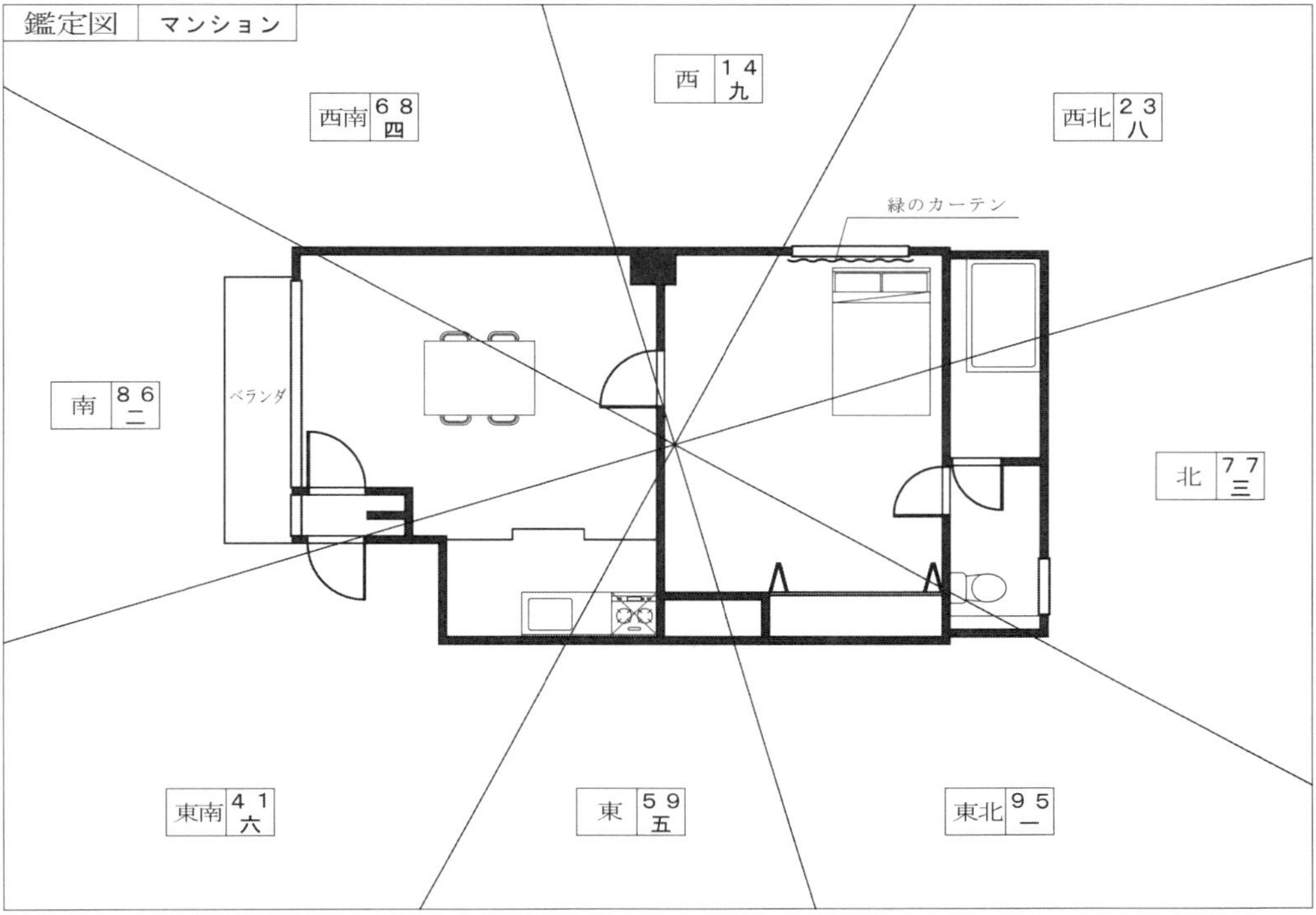

③総合判断

西北（２３）と座山側の北（７７）が凶方位となっている。特にベッドの位置は健康に関係してくる。良く見ると窓側に向かってベッドの頭部分があるので不安定感がある。寝室はこの部屋しかないので、ベッドの向きを北向きにすることにした。こうすれば壁に頭部分が接することになって良い。また、カーテンは緑色だが、五行では木となる。2は土、3は木であり、緑色は木を強めることとなって良くない。ここは木剋土となっているので赤を入れることにより、木生火、火生土として剋の関係を解くのが良い。これで凶意が少なくなるが吉となるわけではない。そこで、次の方法によって環境の改善をはかりたい。

寝室の隣が浴室とトイレとなっている。浴室は（２３）で凶方位に入っている。トイレも（７７）で凶方位だ。理気の面から良い傾向だ。

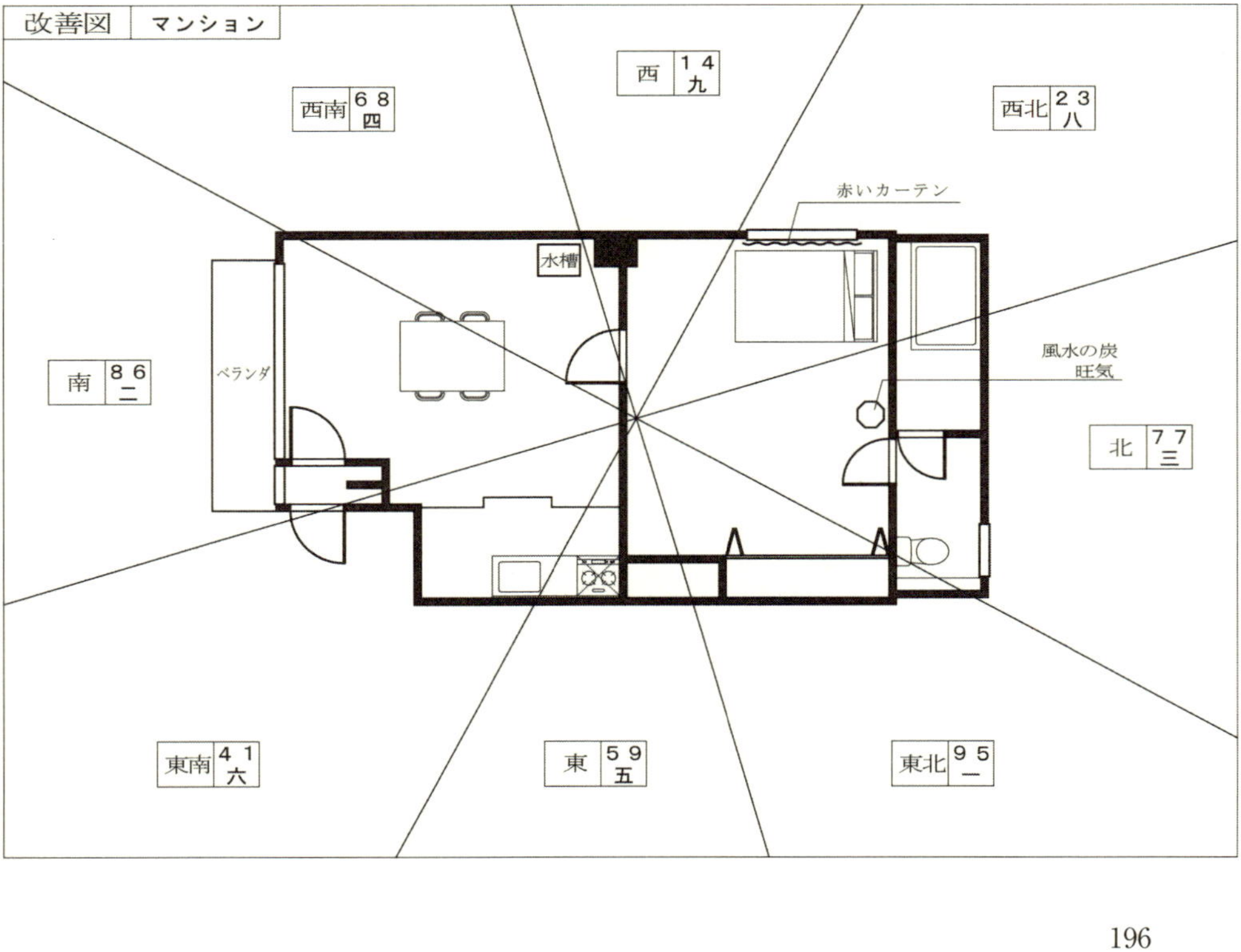

しかし水周りが近いということは湿気が気になるし、場合によってはトイレの臭いが気になるところだ。そもそも西北（23）、北（77）と両方共に失運の星だ。これでは良質の気とは言えない。この空間を改善するために風水の炭「旺気」を置くこととした。この対策により室内の気が改善し、安眠できることだろう。

財運への対応だが、水槽を置くことを提案した。位置は西南の西寄りで、ここは（68）となっており、位置からして財位であり、発財効果が期待できる。

④八宅派による分析

八宅派によるベッドの適否を検討してみる。夫は1986年生まれで坤命。妻は1991年生まれで乾命である。いずれも西四命であることは個人方位の吉が合せやすい。坤命は西北のベッドであれば延年（中吉）である。一方、妻は西北であれば伏位（小吉）となる。これで玄空風水では（23）と凶方位であるのだが、八宅派風水では吉方位となっているので問題が少なくなったと見る。加えて風水の炭「旺気」を配置することにより、良好な環境を得ることと思う。

本命卦盤

夫　坤命（西四命）

延年	絶命	生気
天医		禍害
伏位	六煞	五鬼

妻　乾命（西四命）

伏位	六煞	天医
生気		五鬼
延年	絶命	禍害

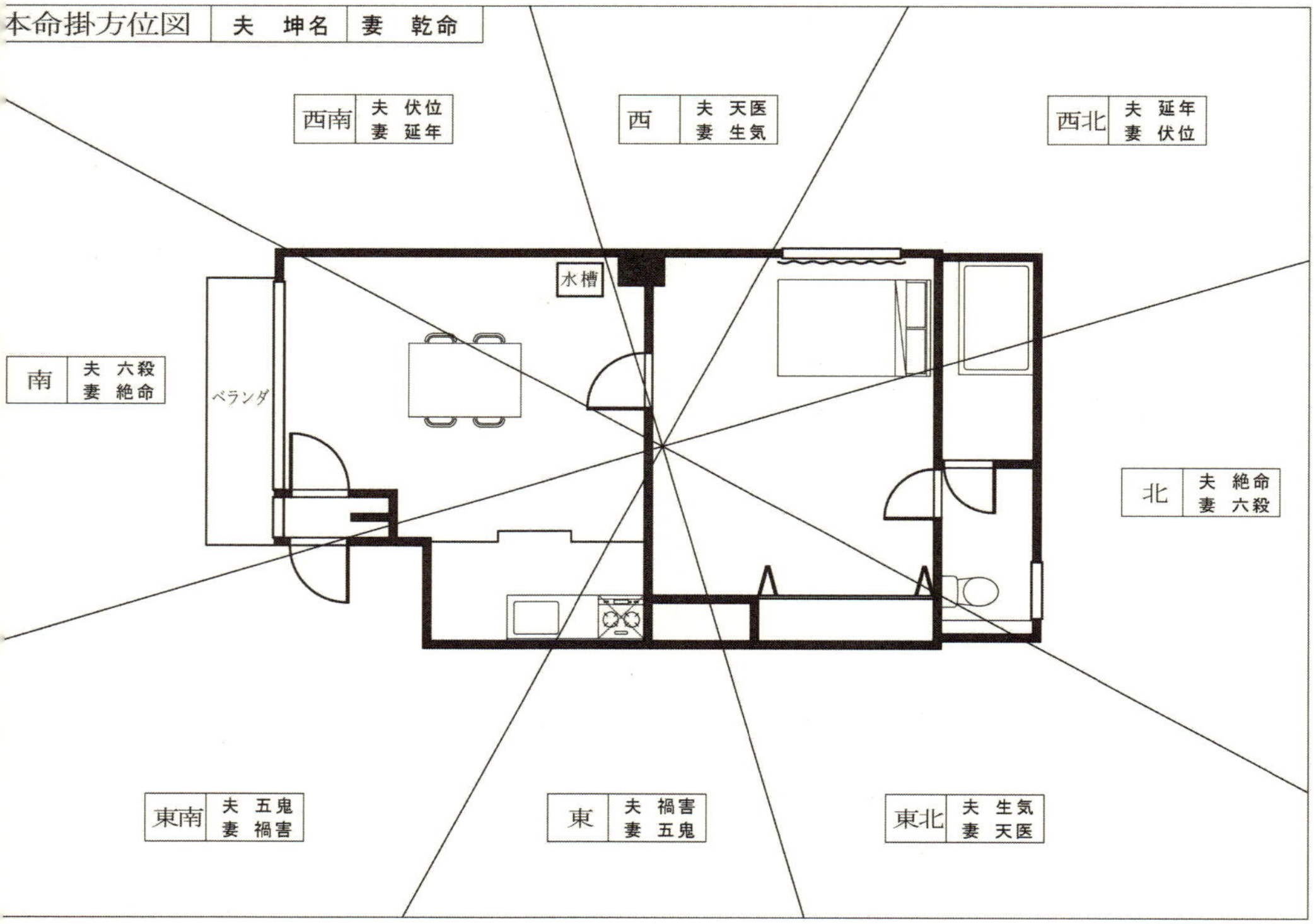
本命掛方位図
夫 坤名
妻 乾命
西南 夫 伏位 妻 延年
西 夫 天医 妻 生気
西北 夫 延年 妻 伏位
南 夫 六殺 妻 絶命
北 夫 絶命 妻 六殺
東南 夫 五鬼 妻 禍害
東 夫 禍害 妻 五鬼
東北 夫 生気 妻 天医
水槽
ベランダ

3　鑑定事例

(1) 伊藤邸（広島県）広島市

母屋の奥に位置する土地を購入したので、ここへ風水を取り入れた家を建てたいという相談であった。伊藤氏はご自身で何パターンも配置図を書かれておられ、工務店に任せきりにしないという意思が感じられた。建物の屋根と敷地の南側にソーラパネルを設置することは決めておられたので、そのことを考慮して配置計画を検討することにした。

一番、気をつかったのが座山と座向の決め方である。それは敷地が奥まったところにあり、直接道路に面していないこと。南側が高く、北側が低いという敷地の条件で座山座向を正しく判断することが重要であるからだ。当初の計画では南側に玄関が設置されたものであった。真南に向いているので子山

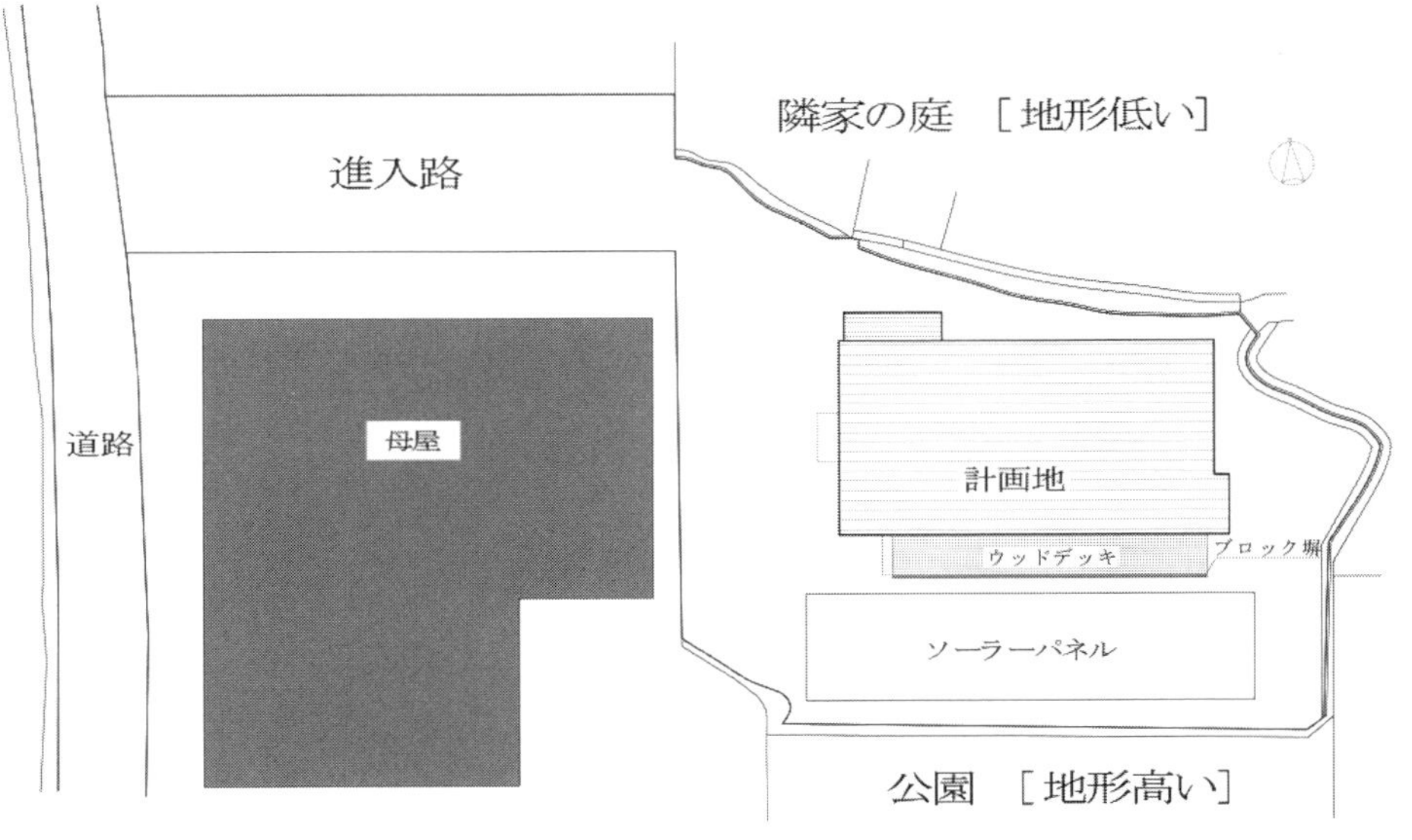

午向となる。格局は双星会向である。つまり財運に恵まれる。玄関は南に位置しているので、特に良い配置となっている。

　玄空盤だけを分析するとこのようになる。ところが、南側、玄関に並行してソーラパネルを設置する計画となっていた。風水では玄関の前が開けているのを吉とする考えかたがある。この案ではそれに反しているのだ。

　また、座山である北が低いのである。巒頭から判断すると上山下水的である。どうもすっきりしない。それで、玄関を西に設置したら良いのではないかと閃いた。

　格局は先と同様に双星会向である。ただし、座山である東は（43）で凶方位だ。そこは気になるところだが、それよりも大きな視点が必要だ。道路から奥まったところに建物があって、南に玄関があると顔となる部分がそっぽを向いた形となってしまう。これでは住人が自宅へ帰ったときに目にす

座山座向　八運　卯山酉向　格局　双星会向

7 9 九	2 5 四	9 7 二
8 8 一	6 1 八	4 3 六
3 4 五	1 6 三	5 2 七

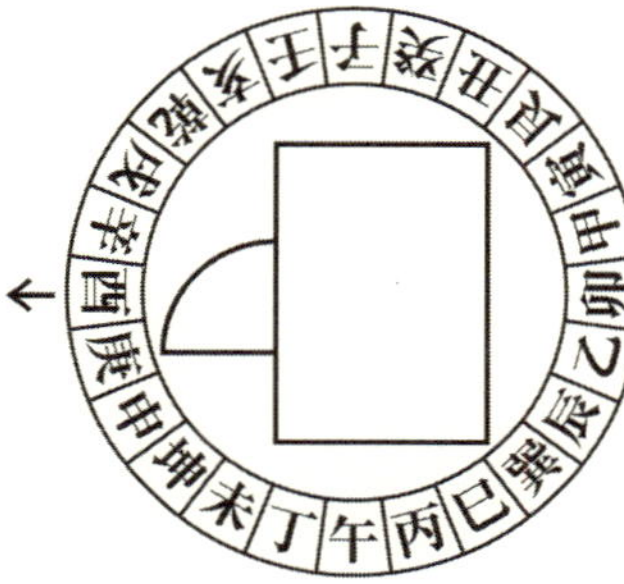

北方	25	失運（健康運財運大凶）	南方	16	得運（文昌方位）
東北方	97	得運（健康運吉財運凶）	西南方	34	失運（健康運財運凶）
東方	43	失運（健康運財運凶）	西方	88	得運（財運大吉）
東南方	52	失運（健康運財運大凶）	西北方	79	得運（健康運凶財運吉）

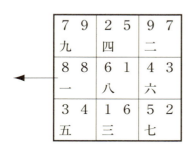

る安堵感に欠けると考えた。そこで工務店に図面を作ってもらうと納まりが良い。

寝室は頭部が西（８８）、下半身が西北（７９）で財運が大吉となる。北（２５）の子供部屋は健康運と財運共に良くない。対策として風水の化解用品（金属の球体）を置くと良い。東は（４３）子供部屋なので、赤いカーテンなど取り入れて、木生火として木を弱めたい。トイレの位置は凶方位（４３）に位置し最適である。東南は（５２）で浴室・キッチンには適す。南（１６）のダイニングは吉方位。西南のリビングは（３４）なので、木生火となるよう赤を取り入れると良い。

完成した建物を見るとため現地に行って車を降りて進入路の方から向かうと玄関が目に入り、存在感を発揮している。もしこの面が壁であったら、どうだっただろうか。動線が悪い上に家がそっぽを向いた形となっていた。前面には芝生を植えてエコロジーな感覚を与えている。

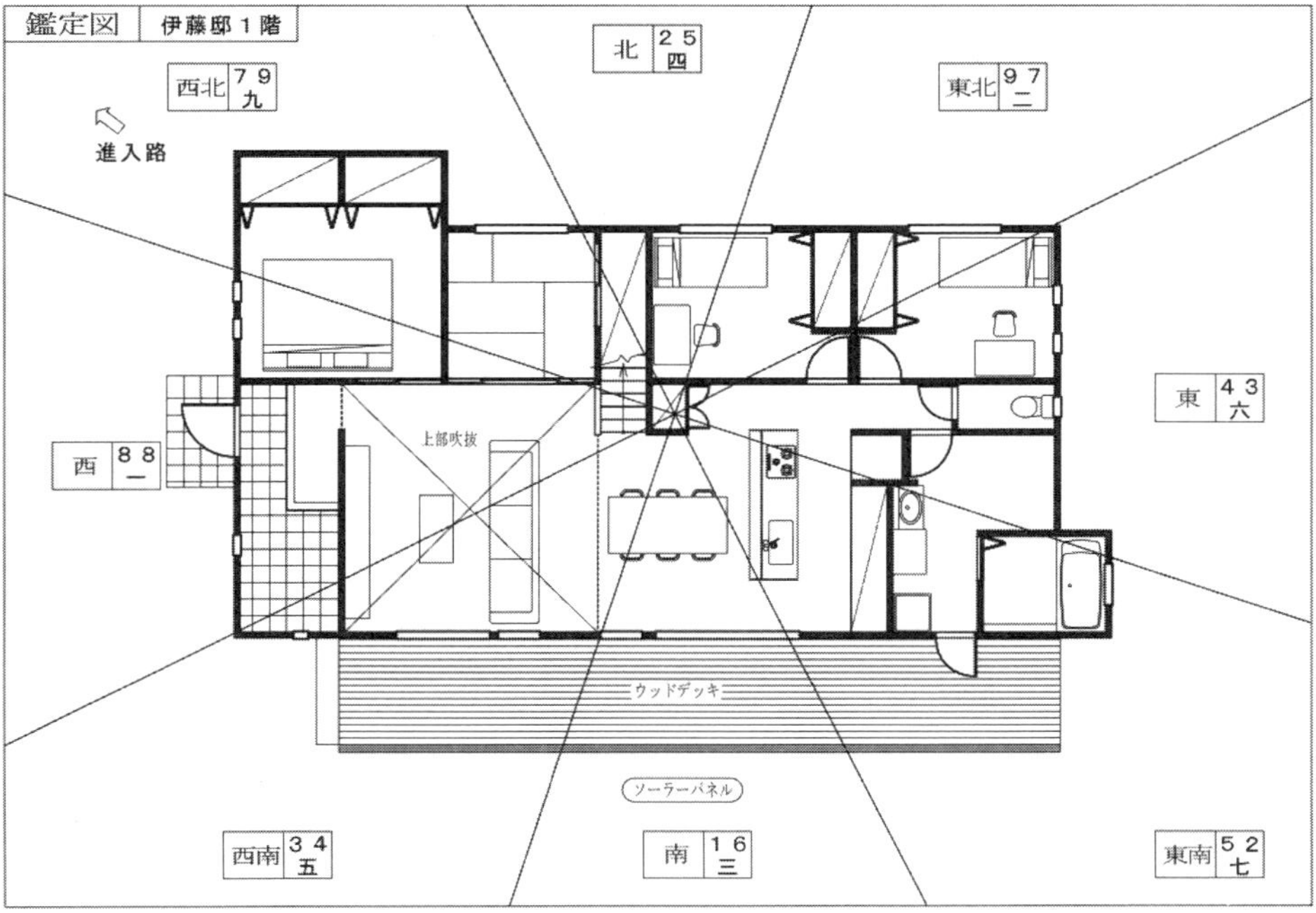

ソーラパネル

北側が低い敷地

明るいリビンク

完成した家屋

ソーラパネルは目立たないようにウッドデッキの前にブロック塀を立てて目隠しとしている。こうしたことで、室内からの視線が届かず、うっとうしさがない。

室内に入るとリビングとキッチンが一体となった広々とした空間だ。何ともゆったりとしてくつろげる。すばらしい風水の環境が実感できた。

室内の壁は白。フローリングの床で清潔感を与えている。キッチンとリビングが一体となって広々とした空間を作っている。キッチン&リビングが中心部にあるということは、家族のまとまりが良くなる。そして来客を歓迎しているような気がする。この案件は施主の伊藤さんが積極的に風水の家づくりにかかわった良い例だと評価したい。

お客様の声　ケーズコンディショニングルーム

代表　伊藤　和之

実は私も妻も鍼灸師で東洋医学を取り入れた治療を業としているため子供の名前も陰陽五行説から家族のバランスがとれるように命名したりと生活の中に「気」の流れの概念が密接に浸透していました。したがって風水を住宅建築に取り入れることは抵抗がないというより必然的な事でした。建築条件としては固定買取制度を利用した太陽光発電システムを屋根や庭に取り入れてエネルギー効率を生かし自然環境やファイナンスの効率化をベースに家づくりを進めてきました。

私自身、熱しやすく冷めやすい性格上、短期集中的に間取りを50枚は書き上げたと思います。さすがにそこまで書くとどれにしようか決めかねているところ何気なく立ち寄った風水ショップで吉村先生を紹介されました。

実はそれまでも他の風水師を訪ねたりもしていましたがどこか折り合いが合わずじまいでした。

あとから考えたら吉村先生に電話をしたところ話の内容に入る前に電話の向こうから伝わる声と雰囲気だけで「この先生にしよう」と決めていたのかもしれません。

そうとなれば話はトントンと進み鑑定結果沢山の図面の中から2枚がピックアップされてそのうちの一枚に決定しました。

通常は東南にリビングやダイニングを置くところ家の場合はお風呂と水場になっています。他にも家族4人の寝室の位置、玄関、リビングどれをよっても妥協のない間取りになっています。完成後はいうまでもなく快適に生活させて頂いていますが先生の鑑定がなければ今の生活はなかったと思います。この先どんなワクワクが待っているか楽しみでしょうがありません。

風水よもやま話し　その2「暮らすように泊る宿」

世界遺産の宮島に風水環境がすばらしい民宿「かまだ」がある。そのコンセプトが「暮らすように泊る宿」だ。前面が入江に面し、背後は道路を挟んでゆるやかな山へと続いている。つまり旺山旺向の立地なのだ。

ここは5回以上宿泊されたリピート客が3割あるそうで、根強いファンに支えられている。宿泊客の何人もから「良く眠れた」「ぐっすりと眠れた」と言われるそうである。

私も何度か宿泊させて頂いたが、目の前の入江、そしてその先の静かな海がとても印象的である。室内は何となく温かく感じる。これは空調の効果というよりも「土地の気」が良いと思うのである。そして経営者である蒲田さんご夫妻のお人柄という「人の気」が素晴らしいことがそこに加わっている。旅館業というのは「おもてなし」の仕組みと心が大切であることはいうまでもない。実はたまたま私が二階の部屋で見つけた山水画に風水の光景を発見し、この本の表紙として使わせて頂くこととなった。蒲田さんとのご縁を有難く思うのである。そしてご健康と更なる繁栄をお祈りする。

(2)小野邸（埼玉県）

現代風水研究会の会員Kさんからの紹介で風水住宅を作ることになったもの。その土地を決められたのには理由があって、当初の計画地をKさんに見てもらったら危険な土地ということが分かり、その土地を契約することをやめて別の良い物件を取得したそうである。私に相談があった時には建築業者は決まっており、基本計画の上にどう風水を加えるかというものであった。

図面を見るとL字形の建物となっている。一般的にL字形は風水上、好ましくないといわれる。本件はそれに該当するが、中心点がとれるため、それでも問題はないと判断した。

第八運未山丑向で、格局は旺山旺向。水星合十も兼ねている。健康運と財運に恵まれる幸運の家だ。ご主人は財運よりも仕事と円満な家庭、健康を優先させたいと言われる。非常に人間性が豊か

座山座向　八運　未山丑向　格局　旺山旺向（水星合十）

4 1 九	9 6 四	2 8 二
3 9 一	5 2 八	7 4 六
8 5 五	1 7 三	6 3 七

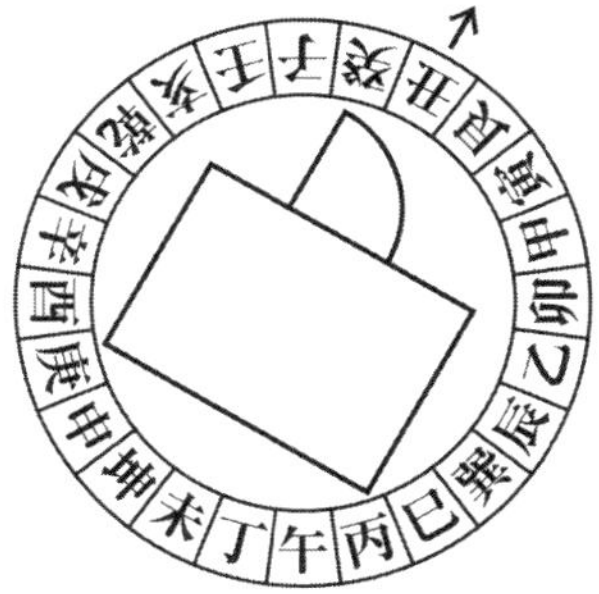

北方	96	得運（健康運吉財運凶）	南方	17	得運（健康運小吉財運凶）
東北方	28	得運（財運大吉）	西南方	85	得運（健康運大吉）
東方	74	失運（健康運財運凶）	西方	39	得運（健康運凶財運吉）
東南方	63	失運（健康運財運凶）	西北方	41	得運（文昌方位）

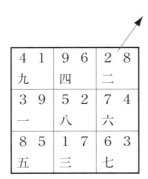

な方だ。これが叶うように風水が調整できれば良いと考えた。

まず建物の色であるが、座山座向から未と丑の土と関係したベージュ系が良いと思った。

この色が肌の色に近いので落ち着くのである。近隣家屋の色との調和も考えると自然とそのようになる。

鑑定図を作って各方位を調べてみると。まず、1階玄関は東北（28）にあって財運大吉となっている。そこに財運を高めるシンボルとして、鎮宅開運数霊額を掲げることを提案。もう一つは水槽を配置する場所を決めなければいけない。洋室6帖（書斎）の東北部分も28の組み合わせで財運は大吉だ。このことを説明して設置場所を決定した。ところで、東（74）は衰気にあって象意は家庭不和とか肺病などである。九星の組み合わせで7金剋4木となっていて良くないのだ。これを化解するには金生水、水生木とし剋の関係を生の関係にすれば良いのだ。さてどうするか考えたが、小野さんは小学校の教師なので、文章運を高めるものとして、水盤に万年竹4本を入れて飾ることを勧めた。こうすると、剋の関係が無くなると共に、文昌星（4）を強める意味を持たせている。もう一つ水槽を置くとのことで、西（39）の窓際を勧めた。（39）は九運に入れば、財運大吉。象意は文才、富貴、子女聡明となっている。ここを強めることでお子さんの学習成果を期待する。気になるのは、座山にあたる西南（85）だ。健康運大吉の方位だが、キッチンが位置する。これでは健康運が不利だ。そこで清潔に保ってほしいとアドバイスした。

2階の間取りについては、北（96）と東北（28）、西南（85）はいずれも吉方位である。一方、東（74）と東南（63）はいずれも凶方位となっている。その対策として、東側の隅に水盤を置いた。これは7金生水、水生4木として剋の関係を解き、破財とか怪我という悪い象意を除いたものだ。そのほかは特別の対策はしていない。それよりもベッドの頭にあたる位置をドアと一直線にならず、壁面に近づけるように気をつけた。西（３９）は九運に入ると財運大吉の方位である。残念なことにここはトイレとして使用されている。その対策としては清潔に保つことだが、もう一つの対策として、木のひょうたんを置くことを勧めた。これはトイレが汚れた水の場所として、木のひょうたんを置くことで、水生木として、悪水の気を封じるためだ。

次に着工前に地気を高めるための120kgの炭素埋設を行った。これで良好なマイナスイオンが発生することで健康な風水環境となる。

埋設したのは平成19年3月16日。13時30分頃。活盤奇門遁甲を使って調べると良い時間である。この時に初めて訪問し環境調査を行った。付近は静観な住宅地で問題となるような構造物は見当たらなかった。続いて土地の中心部とおぼしき位置で電位差測定を行った。これは地表面と地中の電位差を測定するもので、200mvから400mvあるのが目安である。それより低いと地表面の電子量が少なく土地のパワーが不足していると言える。計測の結果、108mvしかなく低いレベルであることが分かった。重機で１m四方の穴が掘られたところに小野氏が降りられ６袋の炭素を自ら受け取り整然と並べた後に土を埋め戻した。この効果はどうであったのか？３カ月後の上棟式の折に改めて訪問し、計測したら200mvまで上昇しているのを確認。途中経過ではあるが、炭素埋設の効果が確認できた。

昨年、改めて訪問したが、炭素埋設をした家とあって、心地よいものを感じる。小野さんは、こちらに移られて近所との関係がとても良いと言われる。そして文筆活動に成果が上がり、何作か受賞された作品があると聞く。室内にお邪魔し、ベッドやデスクの位置を確認して不都合なところを調整した。家族間がうまくいっている家は何だか室内の気が温かいように感じられたのだ。今後も風水の家で文筆活動が進むと共に、ご一家の繁栄をお祈りする。

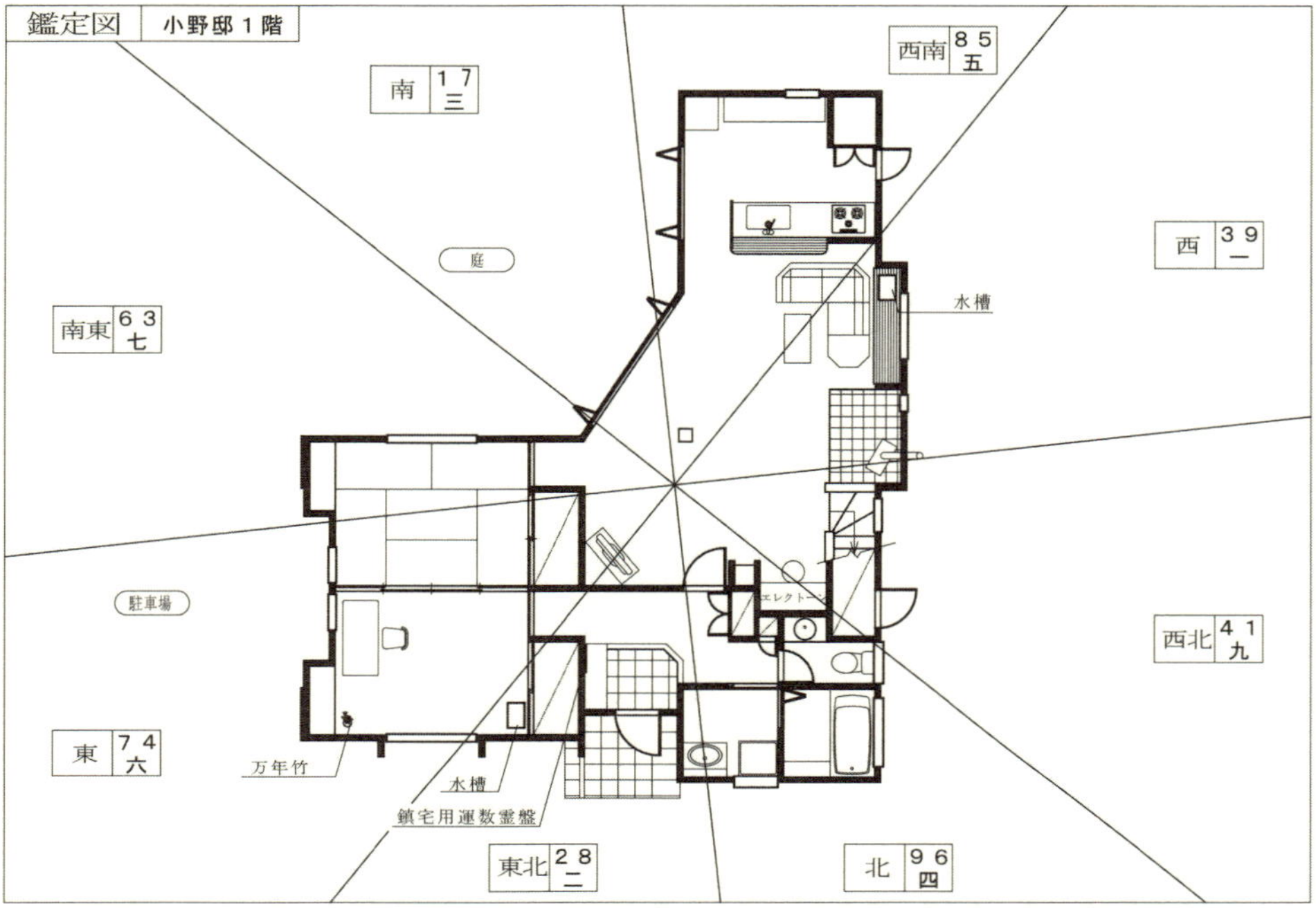
鑑定図
小野邸１階
南 1 7 三
西南 8 5 五
西 3 9 一
南東 6 3 七
西北 4 1 九
東 7 4 六
東北 2 8 二
北 9 6 四
庭
水槽
駐車場
エレクトーン
万年竹
水槽
鎮宅用運数霊盤

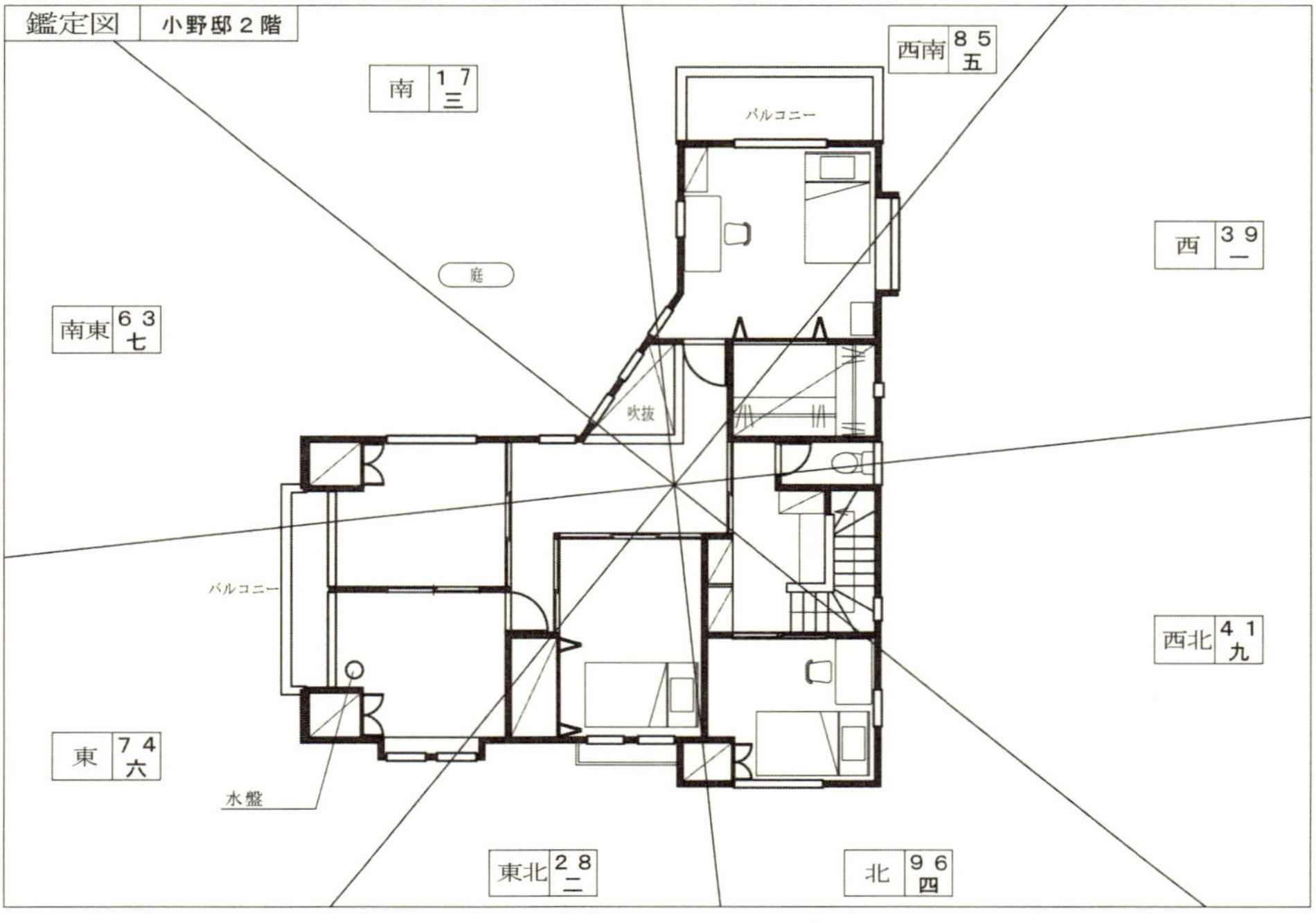
鑑定図
小野邸２階
南 1 7 三
西南 8 5 五
西 3 9 一
南東 6 3 七
西北 4 1 九
東 7 4 六
東北 2 8 二
北 9 6 四
バルコニー
庭
吹抜
バルコニー
水盤

炭素埋設の様子

家屋の全景

小野先生

L字部分

財位に置かれた水槽

電位差測定

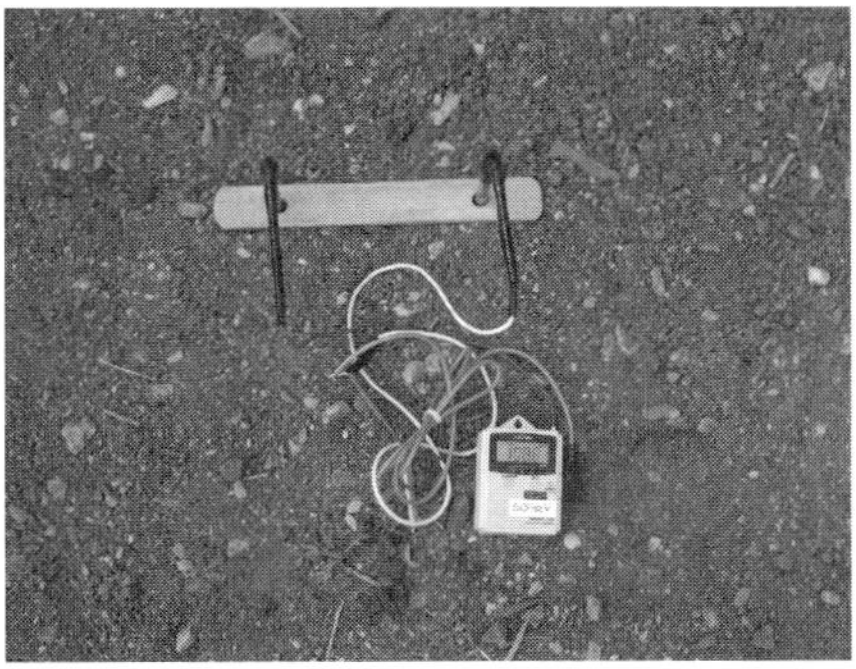

お客様の感想

「良かった！」を実感した炭素埋設

小野　宏

安藤先生の勧めで風水住宅を地下から支える120kgの炭素埋設をして頂きました。

あれから9年、私達家族6人は健康で幸せな生活が続いています。長男33歳、長女29歳、次男25歳、三男25歳の4人は大学卒業後、それぞれの希望の会社に勤めることができました。娘はこの春、結婚しましたが、仕事を続けています。この家で暮らすようになって、大病することもなく、毎日笑顔と笑い声が絶えることがない生活ができています。知人や近所の方が来訪すると「ちょっとだけ」と言いながら「あれもうこんな時間…」と笑ってしまうほどゆっくりされていかれます。きっと、ほっとして、居心地がいいのでしょうね。

私個人としては、この家で生活するようになって趣味の詩作が進み、全国コンクールで2度も最優秀賞を受賞することができました。「風水住宅」とか「炭を埋める」と聞いたとき、その良さが実感できませんでした。信頼できる知人Kさんや安藤先生と出会い、実際にこの家に住んでみて、なるほど実行して良かったと実感している今日この頃です。これからも、この家の良さを伝え、幸せな人生が続くことを願っています。有難うございました。

風水よもやま話し　その３「土地建物とのご縁」

もう20年以上前のことだ。私がマンションを購入しようと思って大手の不動産会社を訪問した。そこで勧められたのは以前の会社近くにあった中古マンションであった。公園が近いこと。夜遅くまで仕事をしているので職住近接が良いと考えて契約をすることにした。実家にいる両親を訪問してマンションを購入することを相談したら、翌日そこを見にいきたいという。それで不動産会社の担当者へ電話して朝10時に物件の前で待ち合わせをすることにしたのである。当日の同時刻になり、妻と両親を伴い現地へ到着した。車を降りると担当者二人が立っている。顔を見ると元気がない様子がありありと出ている。開口一番、「申し訳ないのですが、この物件は昨晩、契約が決まったのです」と私達に切り出した。私は一瞬驚いたが、結局は縁が無かったと心を切り替えたのである。

このことは今となっては神仏がこの物件ではないとストップをかけて、その代わりに別の方を誘導されたように思うのである。その後、風水的に良い物件が見つかり、契約をして現在に至っている。会社は2～3年で中心部に移転して、車での通勤からバス通勤に変わった。もしあのときの物件を購入していたら買い換えていたように思えてならないのである。土地や建物は何か縁があるからそこに住みつくに違いない。それで幸せになるか不幸になるか分からないものである。先に紹介した小野先生の場合でも始めの計画地を断念したことはひょっとすると神仏が人の口を借りて言わせたことかも知れないと推測しているのである。

(3)岩田邸（埼玉県）

近所の友人が風水住宅を作って、何度も訪問する中で、その快適さを実感していた。一戸建住宅を建てることになり、その友人が私のことを風水の先生だと紹介してくれたもの。

初回、訪問して環境の良さにうらやましく思った。というのは名門のゴルフ場に隣接していて緑が多い環境であったからだ。その上で、風水を取り入れた住宅を作りたいと希望されていた。そこで勧めたのは敷地の中心に120kgの炭素埋設を行うこと。これは埋設によって、半径15mの範囲で地の気（電子量）が高まることが実証されていると伝え、受け入れてもらった。

建築に関しては風水を考慮した住宅企画を何カ所か実績を持っておられたB社が担当され、希望に合わせ曲線を取り入れたデザインとなっている。

座山座向　八運　亥山巳向　格局　旺山旺向

8 6 九	4 2 四	6 4 二
7 5 一	9 7 八	2 9 六
3 1 五	5 3 三	1 8 七

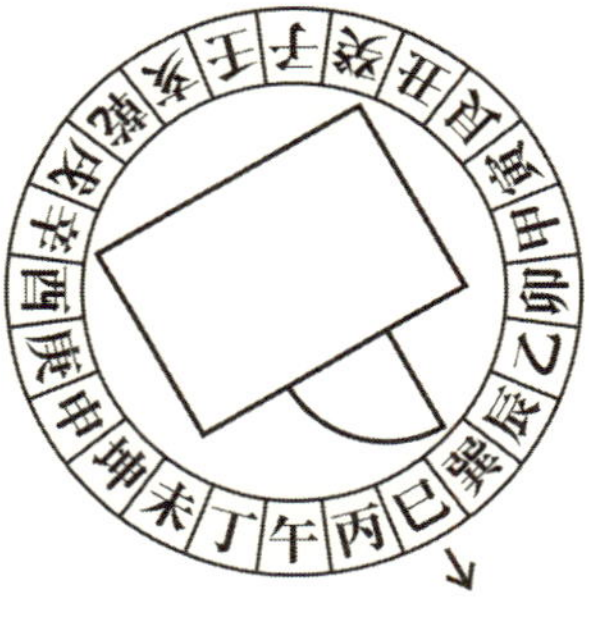

北方	42	失運（健康運財運凶）	南方	53	失運（健康運大凶財運凶）
東北方	64	失運（健康運財運凶）	西南方	31	得運（健康運凶財運小吉）
東方	29	得運（健康運凶財運吉）	西方	75	失運（健康運凶財運大凶）
東南方	18	得運（健康運小吉財運大吉）	西北方	86	得運（健康運大吉）

計画図を見て座山座向を決めるのに少し悩んだ。というのは玄関の面よりも、その反対側がバルコニーであってゴルフ場に面して開けている。となればマンションと同じようにバルコニー側を座向とするのが自然だと考えたのだ。

方位を確認すると亥山巳向であった。つまり西北に座して東南に向いている建物だ。格局は旺山旺向で健康運と財運に恵まれる家。

気になるのは玄関の真正面に位置する隣家の玄関。これを門冲煞という。人間関係に問題が出てくるので対策が必要だ。それで、玄関の前に曲線の門塀を設置することにした。これによって門冲煞は解消できると考えた。

さてその玄関だが、北（42）にある。木剋土で良くない。これには火の要素となる赤の玄関マットを提案した。こうすると木生火、火生土となって剋の関係が解消される。と言っても凶がなくなるだけで吉に変わるわけではない。そこで、鎮宅開運数霊額という財運を呼びこむ風水アイテムを掛けることにした。

1階南（53）は健康運大凶、財運も凶である。そこで五黄煞を弱めるために金属の置物を置いた。西北（86）は健康運が大吉の方位だ。ところが、ここにトイレが位置している。設計変更ができないので、まずは清潔に保つことを伝えた。併せてトイレの棚にクラスター水晶を置いて、浄化することにした。これは2階のトイレも同様である。

1階の南（53）は健康運財運共に良くないので五黄煞を弱める金属の置物を置いた。

さて肝心の2階の寝室だが、北（42）と東北（64）の部屋が問題と考えた。このように二つの方位にまたがっているのは頭を悩ませる。4木2土は木剋土で火を入れる。6金4木で金剋木であるので水を入れるという化解の法を取りいれるかどうかだ。ここは東北側の部屋ということで、風水の炭「旺気」を置いて室内の気を高めることにした。東側（29）は財運吉。西南（31）も財運小吉なので問題はない。西（75）をどうするか考えた。7金5土なので土生金となっている。本来は金属の化解用品を置いてさらに土生金としたいところだがこのまま様子をみることにした。

建物が完成してから再度訪問して風水の調整を行った。

玄関（42）に財運アップのため、クリスタルファウンテンが置いてあったが、ここでは効果がないと指摘した。4木剋2土の作用が水流によって促進されるのでかえって良くない。そこで東南（18）のリビングへ移動させた。風水アイテムもどこに置いても良いのではない。特に財運向上のための水槽やファウンテンは水星が8の方位に置くことが必要である。余談であるが、この家では猫を飼っておられる。ファウンテンの球体が回転するとおもしろいのか寄ってきて手を出したり、水を飲んだりするしぐさがとても可愛い。きっと猫にとっても快適で心地良い環境であるように思えるのである。

1階の和室東北（64）に子供用のデスクが置かれていた。文昌方位ではあるが、窓に向かっていたので、壁に向かうのが良いと指摘し東（29）に半分かかる程度移動した。これは窓に向かうと子供の意識が散漫となり、壁に向かうと集中するためだ。

これからもご夫婦が協力して繁栄の道を歩まれることを希望する。

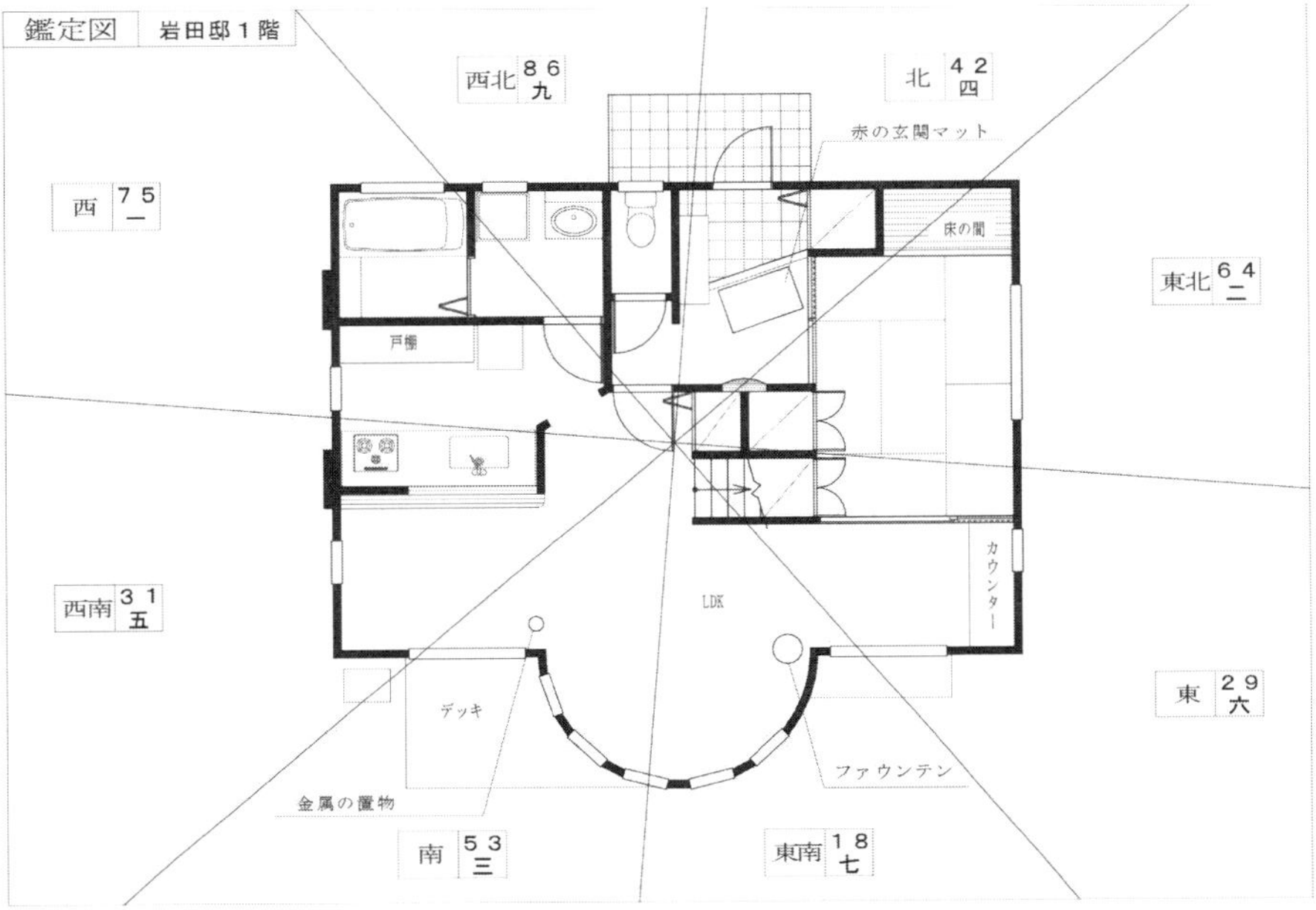
鑑定図
岩田邸１階
西北 8 6 九
北 4 2 四
赤の玄関マット
床の間
西 7 5 一
東北 6 4 二
戸棚
カウンター
LDK
西南 3 1 五
東 2 9 六
デッキ
ファウンテン
金属の置物
南 5 3 三
東南 1 8 七

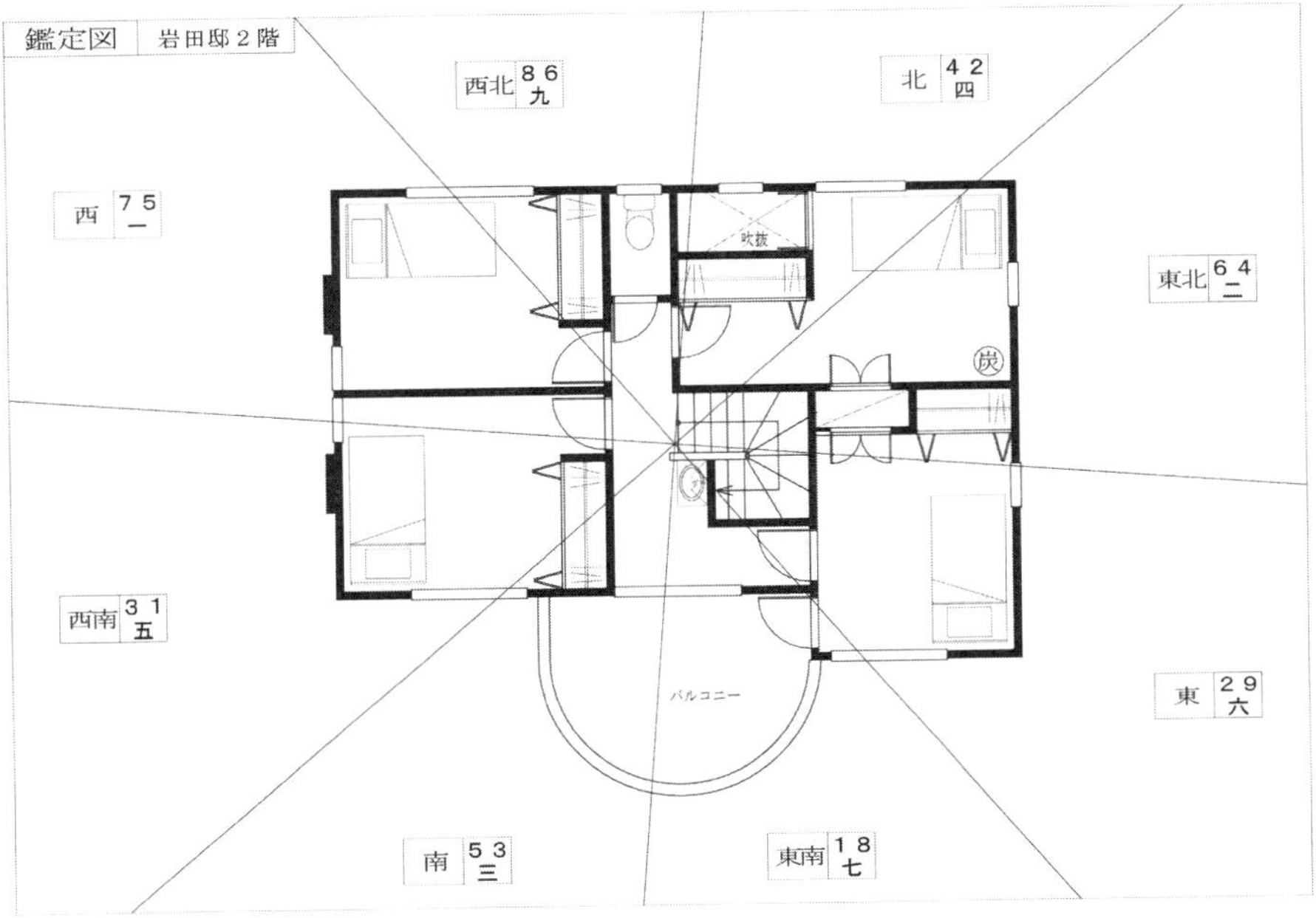
鑑定図
岩田邸２階
西北 8 6 九
北 4 2 四
西 7 5 一
吹抜
東北 6 4 二
炭
西南 3 1 五
バルコニー
東 2 9 六
南 5 3 三
東南 1 8 七

明るいリビング

家屋の前面

ファウンテン

門冲煞対策の門塀

寝室に置いた旺気

鎮宅開運数霊額

お客様の声

先日、吉村先生がお越し下さり、風水住宅の我が家を鑑定して下さいました。

既に、風水の炭を入れている我が家は、日々癒され快適な毎日を過ごさせていただいておりますが、先日の吉村先生のご指導のお陰で、更にパワーアップさせていただきました。

そのご指導とは、家族、それぞれの部屋のベッドの配置、財運を強化すると言われている場所に、玄関に置いてあった噴水の置物を移動。そして、今年受験生の娘の勉強机の配置もご指導いただきました。又、玄関には、我が家のラッキーカラーである赤の玄関マットを敷くようにとご指導いただきました。

数日後、すぐに効果は現れました。ベッドの位置を少し変えただけなのに、ぐっすり眠れるようになりました。そして、何より娘の勉強机を移動したところ、気分一新出来たのか、集中力がアップして、机に向かっている時間が長く続くようになりました。娘も「勉強捗るわー」と喜んでおります。玄関にラッキーカラーの赤いマットを敷く事で、玄関を開けた瞬間に良いエネルギーを吸収してくれるような気がします。ポイントを抑えた配置や、場所場所にあったものを置くことで、更に運気アップ出来る事を痛感致しました。

毎日の、普通の日々に幸せを感じられる事、そして、明るく前向きな気持ちで過ごせる事は、やっぱりこの暖かい風水住宅のお陰だと心から感謝しております。

風水よもやま話し　その4「人体ダウジング」

新たに住宅地を購入したいので土地を見てほしいという依頼が税理士のAさんからあった。顧問先の方から土地の購入に関して相談があり、風水的な見地から意見を求められたものだ。それで朝の8時頃、丘陵地にある物件へ向かった。第一印象は陽当りの良さそうな土地であった。車から降りて全体を眺めた後、北から東北、東、東南、南、西南、西へと右回りにゆっくりと歩き、西北で一回転するが今度はやや内回りで一回転、さらに二回転、三回転、四回転と内側に向かって進み、五回転で中心点に到達した。そして地面にハンカチを敷き、腰を落として目をつむり精神を統一する。

それは土地の波動を体感するためである。初めは雑念が湧いてくるがそのうちに心が静まってくるのだ。他人が見たらどう思われるかなど気にすることはない。5分くらいじっと座っていたが、心のざわつきは感じられなかった。良くない土地というのは何かしら落ち着かない感じがするのである。これは大丈夫だと確信し、Aさんの事務所を訪問してこのことを報告した。Aさんは資金調達や税務上のことから問題はないと判断されていたので安心された。不動産は手に入れて幸せになる人もいるし、不幸になる人もいると言われる。それで風水という全く違った観点で意見を聞きたかったそうだ。

この時計回り調査法はダウジングの動きに似ている。どうも反対の左回りで行うと収束感が無いのである。風水の巒頭判断は地形や地勢を見るものであるが、土地そのものの吉凶を判断するのにこのような方法もあるのだ。

(4) 富岡邸（埼玉県）

埼玉県の西北部にある郊外の住宅地。平坦な農地が広がり静かな環境だ。富岡さんは60代のご夫妻で農業を営んでおられる。建物の状況は屋外の北側に井戸があって、西北には池がある。その外側には水路が並行して流れ、あとは見渡す限り農地だ。

家屋の北側には以前、井戸があったがふさいだ上増築し居室とした。家相で良くないので事前にお祀りをして埋めたそうである。このように水気が多い環境となっている。家屋の前面は庭園にされ、樹木や草花が多い。

今回、風水鑑定にあたっては健康を意識したリフォームを望まれたものである。当初の予定は門を東南に設置すること。西・西北にあるリビングの改装が決まっていた。

玄空盤を作ると、第六運、子山午向となる。格局は六運時において双星会向である。

座山座向　六運　子山午向　格局　双星会向

3 9 七	7 5 二	5 7 九
4 8 八	2 1 六	9 3 四
8 4 三	6 6 一	1 2 五

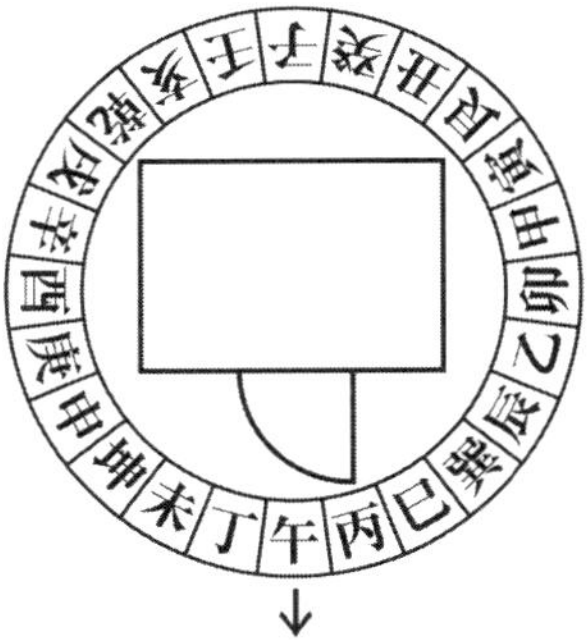

北方	75	失運（健康運凶財運大凶）	南方	66	失運（健康運財運凶）
東北方	57	失運（健康運大凶財運凶）	西南方	84	得運（健康運大吉）
東方	93	得運（健康運吉財運凶）	西方	48	得運（財運大吉）
東南方	12	得運（健康運小吉財運凶）	西北方	39	得運（健康運凶財運吉）

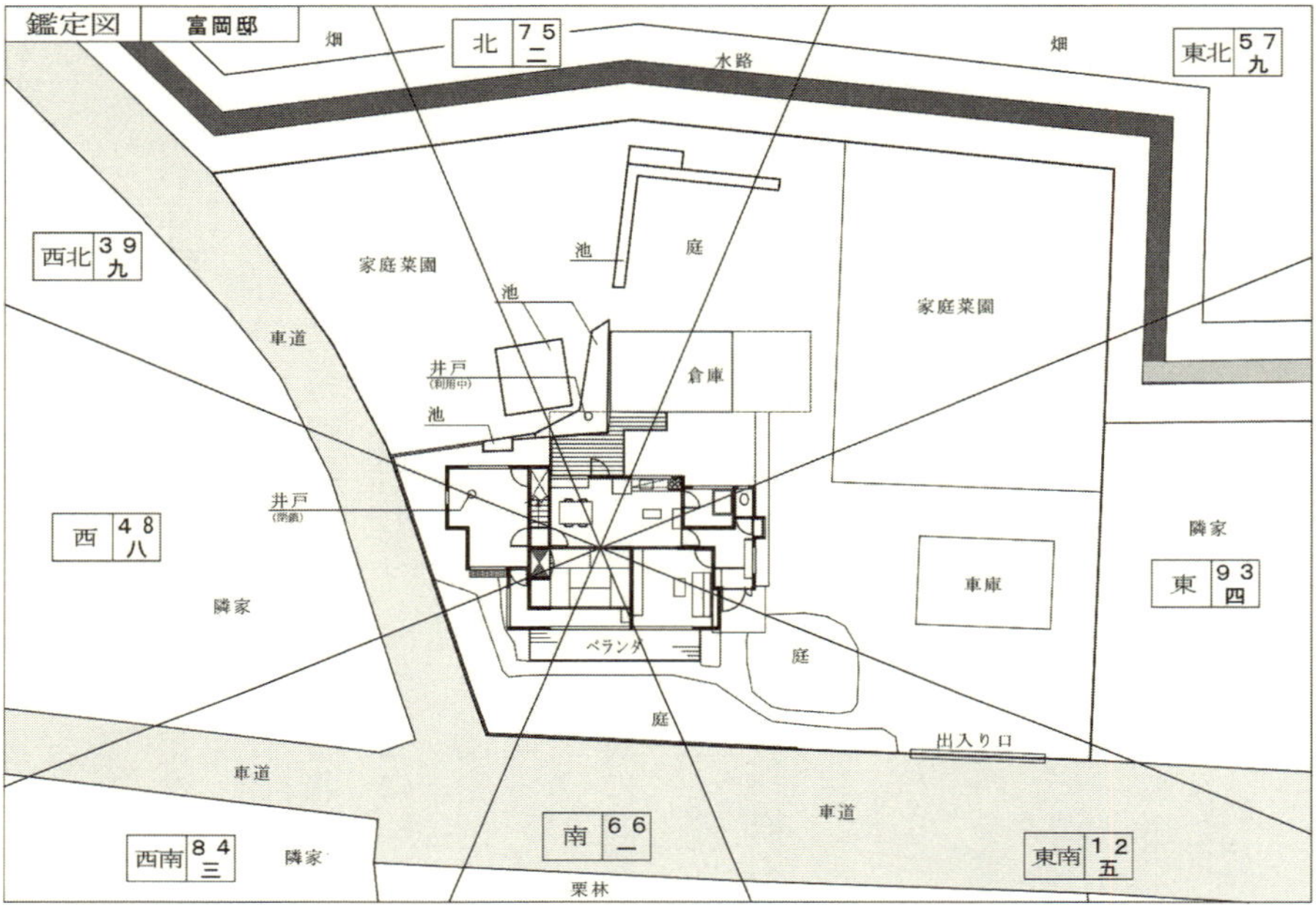

聞くと六運の時期である1970年から1980年にかけては仕事が好調で忙しかったと言われる。双星会向ということは家屋の前方に流水があると良いのだがその代わりに道路がある。南側庭園の一角には大きな庭石が存在感を示していた。玄空風水では山の位置は山星8の位置が良いのだが、動かそうにもびくともしない状況なので現状のままにしておいた。ちなみに水流は西北に源を発し、西に流れるのが良い。実際の水源は北と西北に井戸があって農業用水として使われているほか、池を作られ金魚を飼っておられる。

いずれにしても巒頭面から考えると上山下水的な要素が強いのだ。背後には山、前方には山といっても地形上はやりようがない。

重要なポイントは水が多い場所をどう考えるかだ。このたびはリビングの改装が中心となるので、室内の湿気を減らすことを考えた。湿気が多いと冬期に壁が結露するほか、カビの発生があって良くない。そこで、

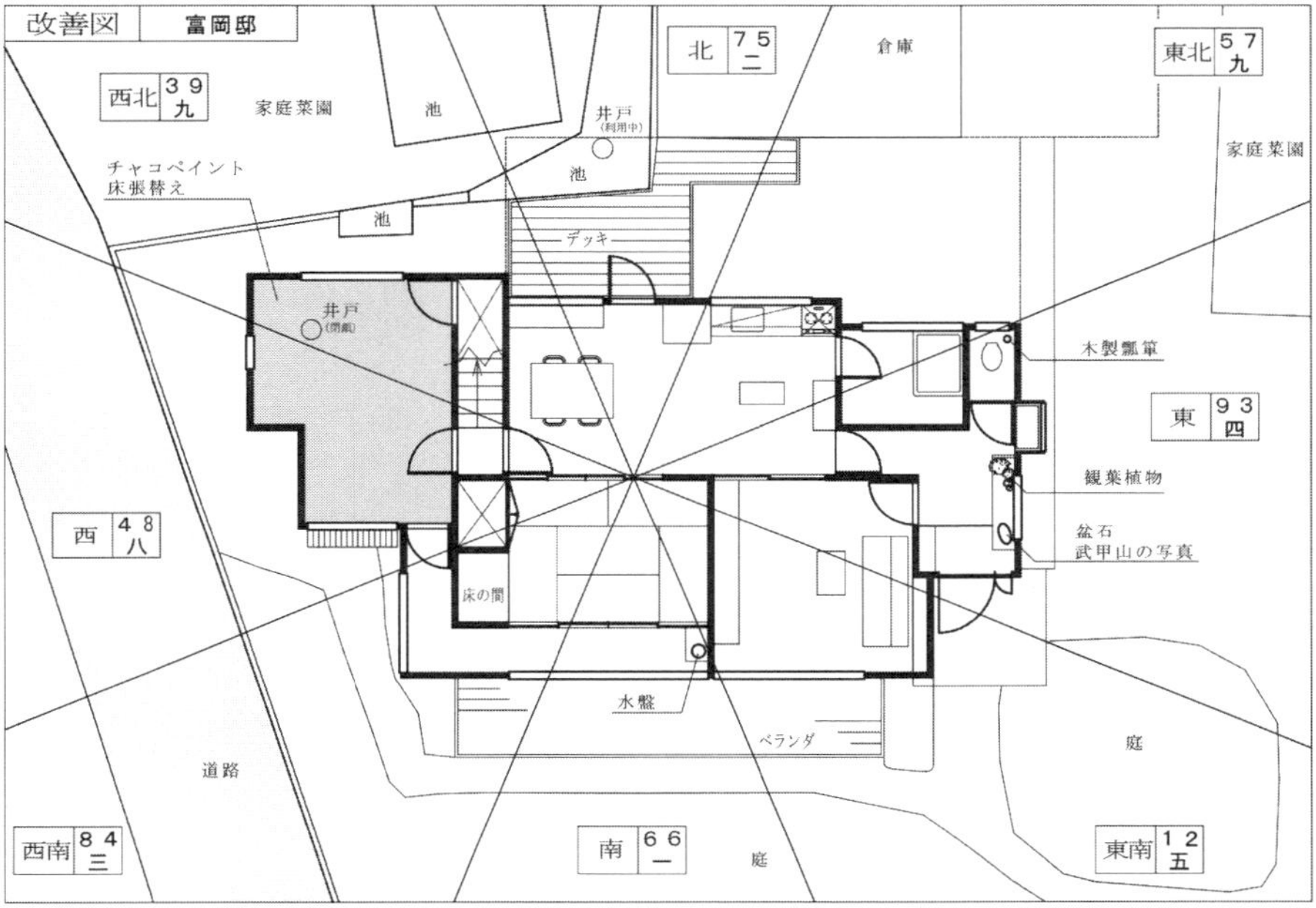

炭塗料を塗ることにした。炭塗料は調湿効果があるほか、空気中の有害物質を除去し、さらには電磁波も減衰してくれる。ただし、黒そのものでは室内が暗くなってしまうので、仕上げ塗料（粘土質塗料）を塗布して明るくすることにした。後日、送った塗料はローラーを使って塗布されたがとても良い仕上がりとなった。床は檜材を使って張り替えてきれいになった。

鑑定していると気になるところが見つかった。というのはトイレのドアと玄関が一直線になっていること。この場合、屋外から入ってくる良質な気とトイレの濁気とがいきなり接するので良くないこと。また、プライバシーの面からも良くないので、できればトイレの位置を変えたいところだが大幅な改造は難しい。そこで出した結論は玄関からトイレを見えにくくすること。その方法としては、観葉植物をシューズボックスの上に置いて目隠しのようにした。

東（93）は健康運吉の方位である。ここにトイレがあると良くないのでトイレ内に木製の瓢箪を置き、化

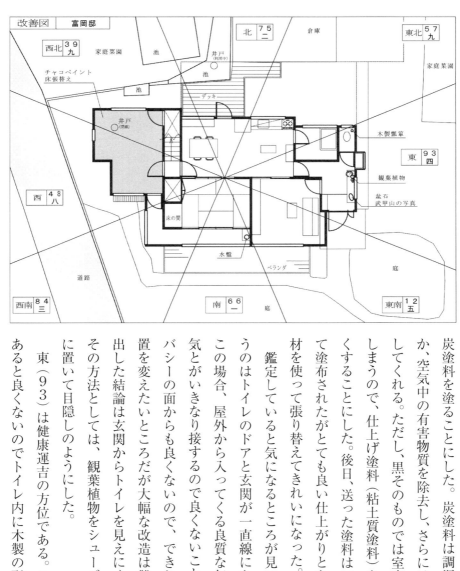

解することにした。鑑定で訪問した時にたまたま玄関近くの庭先で山の形をした石を見つけた。これは形を整えると山として使えると閃いたのだ。すぐに家族と一緒に近くのホームセンターへ行き楕円形の鉢を購入。石の汚れを取り、土を入れ庭園に自生している苔を貼り付けて盆石の形とした。これを置く場所は玄関入って右側のシューズボックスの上だ。ちょうど山星9があって九運になると旺気がもたらされるのが良い。

室内に秩父の名山である「武甲山」の絵を見つけた。これは盆石の背後が適当かと思い、そこへ移動した。ところで山の位置は八運にあって西南（８４）が良いのだが、確認すると配置するのに適した場所が無いことも考慮した。同様に西（４８）は財運が大吉の方位だが流水を考える必要はない。西北（３９）がその代わりを果たすことであろう。

和室の南側（６６）は財運が流出する方位ということで何か対策を考えてあげたい。６は五行で金を意味し、金の煞を弱めるには水を用いる。そこで青色が美しい沖縄ガラスの水盤を配置した。

もう一つの改装項目は新たに門を設置すること。六運の建物なので、玄空城門訣は使わないことにした。前提条件として東南に門を設置し、車を入れることにしていると聞いた。

河図の法で玄関が南向きであれば東南に門を開くの原則に適っているので良いと判断した。これは九運になっても吉効果は変わりないのだ。

風水を取り入れた改装で、一家の安泰と健康長寿につながることを期待したい。

仕上げ塗料を塗布

家屋の全景

盆石を作る

裏手は農地と水路

沖縄ガラス水盤

チャコペイント塗布

お客様の声

自宅の改築を思案していましたが、知人の紹介で吉村先生に風水鑑定をして頂くことになりました。テレビや雑誌などで風水に関することは見聞きして、自己流で取り入れたりはしてましたが、風水師の方に鑑定していただくのは初めてのことで、当日は緊張しながら吉村先生と対面しました。やわらかい物腰の先生の鑑定にほっとしたのを覚えています。

鑑定が始まり、良い点や改善点を教えていただき、私たちが考えていた改築案などを相談し、いろいろな提案をいただきました。

日頃から、自宅の修繕など出来ることを自分達でやっていたこともあり、年金生活で時間はあるので、西側の部屋の壁塗りに挑戦することにしました。西側の部屋は湿気が多く、なんとなく冷たい感じがすると伝えたところ、調湿効果のある炭が配合されたチャコペイントとクレイペイントを紹介してもらいました。思っていたより、下地の処理に手間取り、大変なこともありましたが、塗料を塗るころには次第にきれいになっていく部屋を感じ、今まで以上の愛着が生まれたように思います。完成した部屋は居心地がよく、大変気に入っています。

西側の部屋が完成後、再び吉村先生に鑑定していただきました。庭に置いてあった石を見つけられ、盆石を作ることを進められました。再びのＤＩＹです。鉢に設置し、苔を張ったら、不思議と素晴らしいものに見えてきました。今では、玄関の出入りの際に自然と目が行くようになり、手入れをするのが日課となっています。

風水というと難しいことのように考えていましたが、吉村先生の説明によって身近な事として取り入れることが出来ました。ありがとうございます。

風水よもやま話し　その5　「あぶない土地」

診療所を開業する方（医師）から依頼されて土地の風水判断することになった。勤務医ゆえ適当な土地を探すといっても不動産業者へ依頼するしかない。良い物件が見つかったというのでご夫妻と同行した。現地に行ってみると傾斜地で一段下がった土地だった。しかも背後に小さな川が流れている。大雨で増水があった場合、大変危険な土地と思った。それで現地ではっきりとこの物件はこのような理由で良くないと伝えた。そうすると不動産業者へは手付金を払っていると言われた。何とひどい話で、この物件を断ると手付流しとなってお金は返ってこないそうだ。少々の損失でも危険には代えられないので別の物件を探すことになった。適当な物件があったと連絡を受けるとその都度、同行して現地を確認していった。三角形の土地や崖下の物件などどうしてこんな物件を紹介するのだろかと疑問に感じたものだ。やがて7〜8件目だったろうか、ようやくまともな物件が見つかってそこで開業されることになった。診療所を開業される方は比較的、裕福な方が多いように思う。それで人を信じやすいのだろうか？　それなりの土地であれば何千万円もするので、風水でお金を払うことは軽いものかと思う。最近ではクリニックビルが増えてきたので、このような依頼は少なくなってきた。

(5) 吉川邸（京都府）

マンションを鑑定しても構造上、間取りの変更がしにくい。仕方が無いので縁起物を置くくらいでお茶を濁すことが多いのではないだろうか。とすれば鑑定の結果を反映したものになりにくい。少ない鑑定事例の中でもこれは良い見本だという現場をご紹介する。

さてマンションの場合、座山は通路側で座向はベランダ側となるのが原則だ。一般的な話しだが、依頼された物件の玄関を開けると、廊下が一直線に伸び、その先はリビングがあってベランダまで見通せるという構造が多いようであるが、これを漏財宅という。財の出入りが激しく、なかなかお金が貯まらないという。今回の物件は幸いなことにそうではない。4人家族で健康で円満な生活と聞く。そして安定したお仕事で問題はないのだが、仕事運をもっと高め、家族全員がこれからも良好な

座山座向　七運　子山午向　格局　双星会座

2 3 八	7 7 三	9 5 一
1 4 九	3 2 七	5 9 五
6 8 四	8 6 二	4 1 六

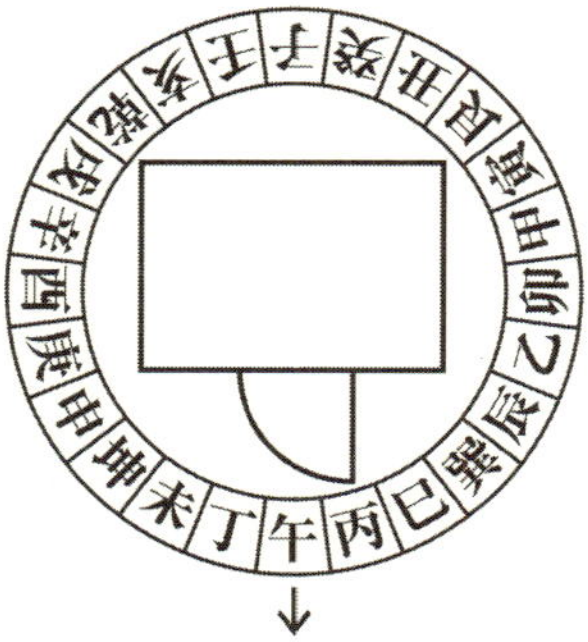

北方	77	失運（健康運財運凶）	南方	86	得運（健康運大吉）
東北方	95	得運（健康運吉財運大凶）	西南方	68	得運（財運大吉）
東方	59	得運（健康運大凶財運吉）	西方	14	得運（文昌方位）
東南方	41	得運（文昌方位）	西北方	23	失運（健康運財運凶）

人間関係に恵まれることを希望されて鑑定を依頼された。

物件はすこぶる生活環境としては良好だ。周りに凶作用を及ぼす構造物は見当たらない。早速、羅盤を取り出して方位を確認した。ぴったり子山午向となっている。

座山側の北に（７７）があるので八運にあって健康運に支障があるかといえば、そのような現象は発生していない。良く見ると山星合十にもなっているので、健康運は七運ほどではないが、ある程度はカバーされていると考えられる。


鑑定図を作成したがベッドやデスクの配置について問題は無かった。既に訪問時には風水の対策がとられていた部分がある。その一つは玄関マットを紺色にされていたこと。これは玄関が位置する北に（７７）と退気の星が並んでいることで健康運が弱まるという象意がある。これを黒または紺色のマットを敷くことで金生水となって災いを減じるという考えだ。

西北２３には煞気となっているため、気を高めることと、冬期に部屋の湿気を取ることを目的として風水の炭「旺気」を設置した。

ご夫妻の寝室は西（１４）に位置している。その象意は文才学業、名士、賞賛、出世、生家を離れて成功する。事務職として最適な場所ではないかと思う。また、子供部屋は西南（６８）にあたり財運大吉の方位である。きっと勉強のしやすい環境であろう。

この家で一番良いところは南側のリビングで８６となっている。ここは高くして使うのが良い。確認するとコーナーに棚があるのだ。これは良いことで、ここに持参した花崗岩と苔で作られた五行石を配置した。小さな山としてのシンボル効果が期待できる。

もう一つ気になったことがある。北に位置するデスクの右手に置かれている布袋様のことだ。これはもらわれたものではないかと聞くと、そうだと応えられた。魂が入っているように感じられたのだ。それで家族全員が見える玄関のシューズボックスの上に移動させた。座山の場所が相応しいであろう。家族が出入りする際に守ってもらえるものと考えた。

図面鑑定をしていても現場での臨場感が無いのが問題である。したがってありきたりの鑑定で終わってしまう。現場では気を感じることが重要なのだ。生気、退気、煞気というけど体で感じるようになったら本物だ。羅盤で方位を確認して飛星図を作成し、図面上に書き込む。それで体感したものと付け合せて考えるのだ。家族関係がぎすぎすしていたら何となく冷たく感じられるものだ。その点、当家での鑑定では室内の暖かさが感じられた。そして、布袋様の像が何かを発信していたように感じたものだ。そこから最終の調整を行ったことで私自身が納得する鑑定ができたと自負している。

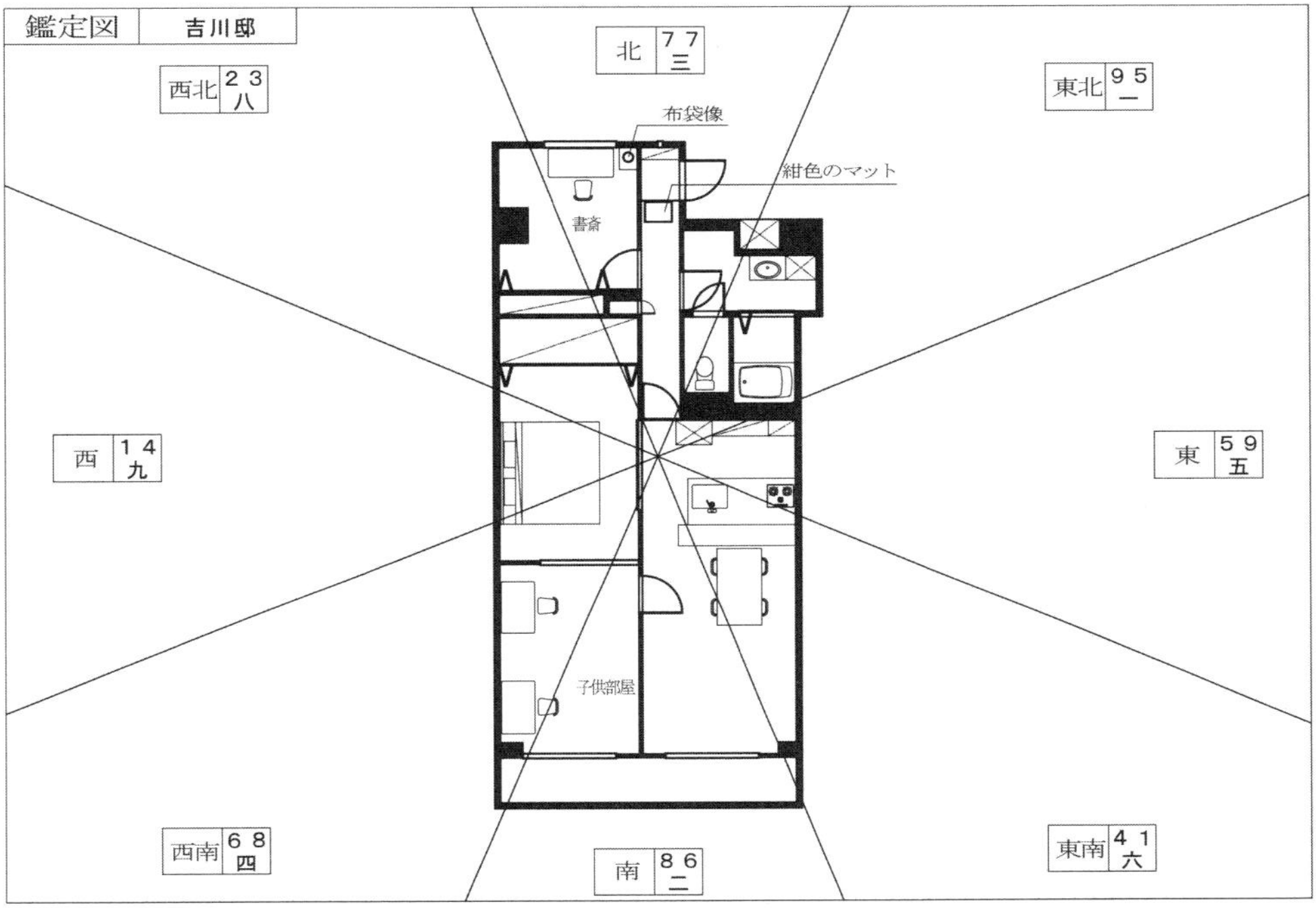
鑑定図
吉川邸
北 7 7 三
西北 2 3 八
東北 9 5 一
布袋像
紺色のマット
書斎
西 1 4 九
東 5 9 五
子供部屋
西南 6 8 四
南 8 6 二
東南 4 1 六

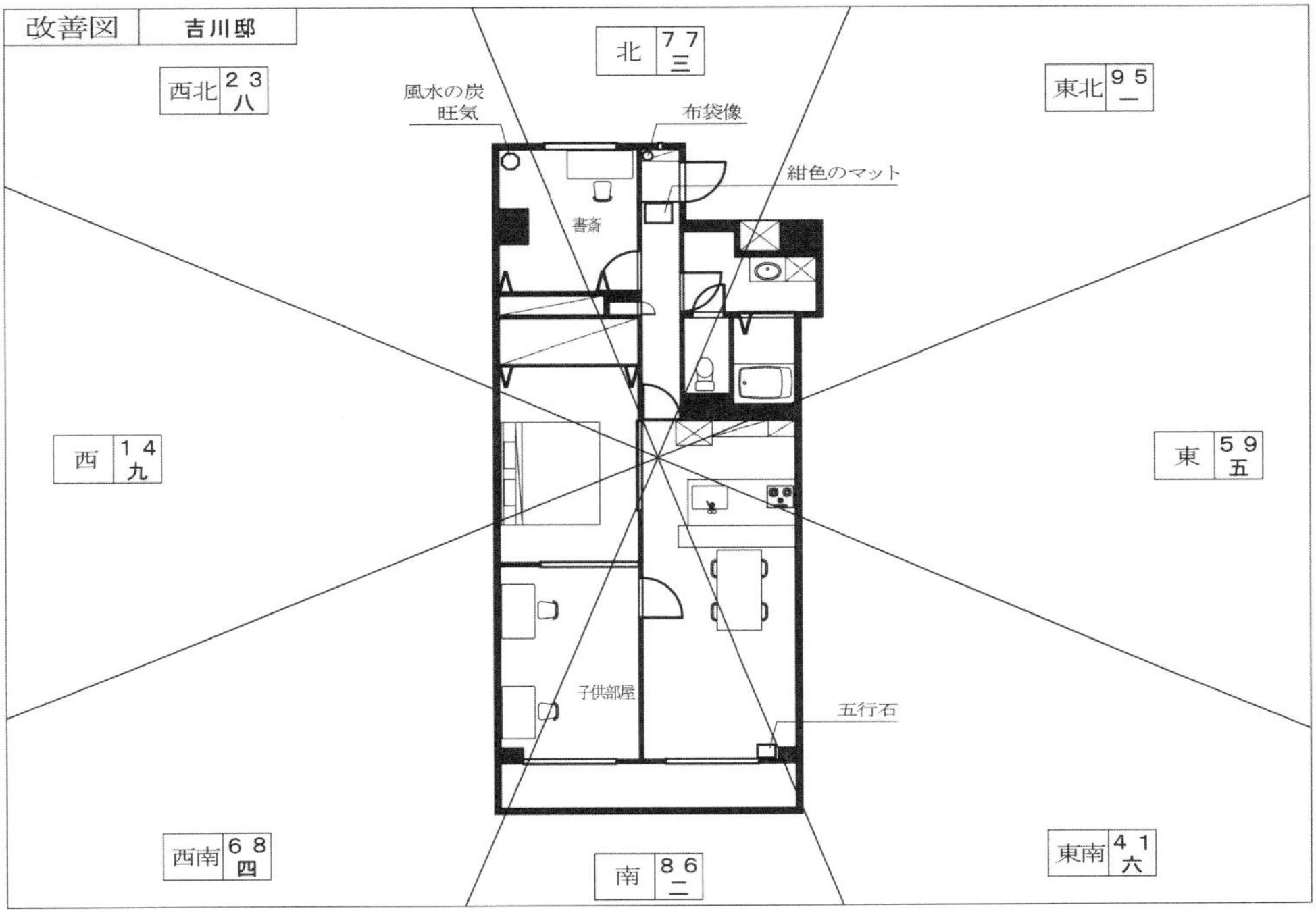
改善図
吉川邸
北 7 7 三
西北 2 3 八
東北 9 5 一
風水の炭
旺気
布袋像
紺色のマット
書斎
西 1 4 九
東 5 9 五
子供部屋
五行石
西南 6 8 四
南 8 6 二
東南 4 1 六

五行石

紺色の玄関マット

明るい玄関

西北(23)に風水の炭を置く

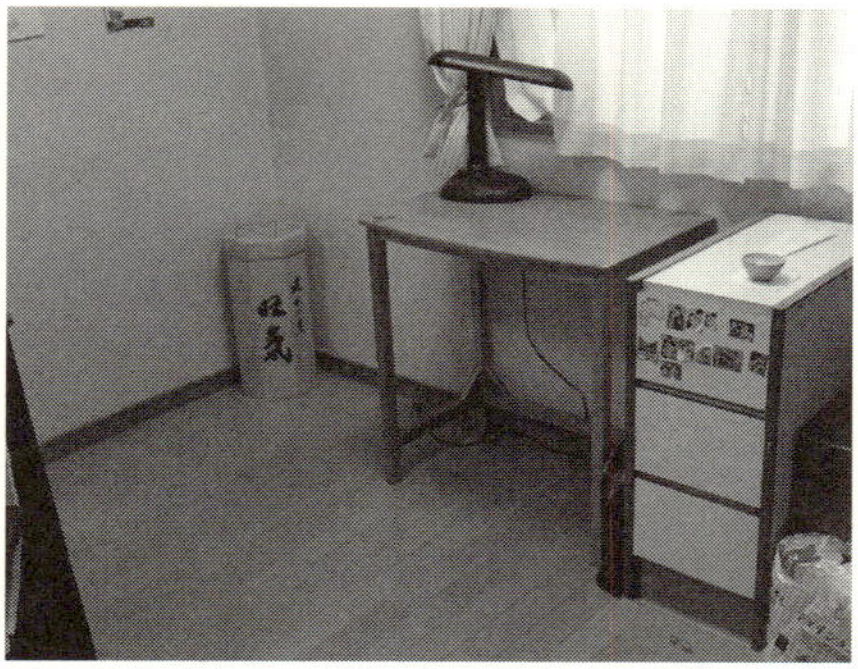

布袋様を配置した

南(86)に五行石を置く

お客様の声

現代風水研究会の安藤会長に自宅を鑑定して頂きましたので、その際の感想を寄稿させて頂きます。

家の気というものは、家を建築した年・立地条件・座や向の向き・部屋や家具の配置そして住人の生年月日など、様々な要因が絡み合って構成されるとお話して頂きました。そのような複雑なものだからこそ、ラッキーアイテムと呼ばれているものを置いただけで、家全体の気がうまく流れるわけではないという事に納得が出来ました。

先生の鑑定作業を見させてもらってそれを例えるとするならば、家の気を構成する多くの歯車の中で、欠けて回らなくなっている歯車を取り替えたり、あるいは動きが悪くなっている歯車に油を差して回ったりして、全ての歯車がうまく回るように調整し、全体としての動きを調和させるようなものだと印象を受けました。

まだ日に見えて何か大きな変化があったというわけではありません。しかし、炭の科学的な効能は疑うものがない事実です。そして住んでいる私たちの気持ちが、こういう対策をしてもらっているから大丈夫、調和してもらって前より落ち着く気がする等、何となく前向きに思えるようになっただけでも、既に十分に効果が合ったのではないかと感じています。有難うございました。

風水よもやま話し　その6　「陰気な家」

空き家に入ると、何となく寒々しい。その反対に居住している家だが、誰もいないところに入る場合、何だか温かく感じるのである。これは暖房がかかっていたということではなく、人が居住しているために気が残っていることが理由ではないだろうか。

少し変わった話しをしてみることにする。知人宅を冬に訪問したときのことである。立派な玄関から入って客間に通された。そこでは暖房がされているのだが、なぜか寒気を感じるのだ。おかしいなと思って部屋をくまなく見せてもらうことにした。するとある部屋で何か人の気配を感じるのだ。この物件は以前、一人暮らしの高齢女性が住んでいたと聞かされた。その方が亡くなられたので空き家となっていたものを購入され、リフォームしたという。その後に入居した人は誰かの気配がするというのである。

これでは生活していても落ち着かない日々であったろう。後日、その家の夢を見た。昔のことかどうかは分からないが、裏山が崩れて家が土砂で埋まっている。その土地の下に人骨が埋まった状態なのだ。これはえらいことだ、何とかして掘り出す必要があると覚悟して、そのことを相談に行こうと思ったのだが。話す間もなく、その家から引っ越されたと聞いたのである。やはりあの状態は耐えられなかったに違いない。しかしこちらも助かった。床下を掘り返してあるかないか分からない人骨を掘り出すことをしなくて済んだ。埋蔵金を発掘するのなら夢はあるのだが、人骨を発掘してそれをどうするのだ。出れば警察が来て調べられるに違いない。若気の至りか今ではおせっかいもほどほどにするようになった。

⑹㈱モリシタ　広島市西区商工センター

ペットフードの卸売業として、創立50年の歴史ある企業であり、発展を続けている。

創業者の森下社長から依頼され、２００９年に風水鑑定を行った。

まず、屋外に立って羅盤で方位を確認すると壬山丙向と確認できた。建物は3階建てで、1階は倉庫、2階がオフィスとなっている。今回は特に2階部分だけを鑑定した。

室内へ入り社長ご夫妻と応接室で面談。そこから見ると、南側に瀬戸内海と宮島が目に入る。風通しが良く、とても良い環境と感じた。

1階部分へ張り出した倉庫の屋根部分は屋上緑化が施されていている。座向側の南と東南の方位にあたる。これは目に優しいだけでなく、倉庫の温度を下げる効果もあるそうだ。

南に（77）が並ぶ形は七運において双星会向と

座山座向　七運　壬山丙向　格局　七運時　双星会向

4 1 八	8 6 三	6 8 一
5 9 九	3 2 七	1 4 五
9 5 四	7 7 二	2 3 六

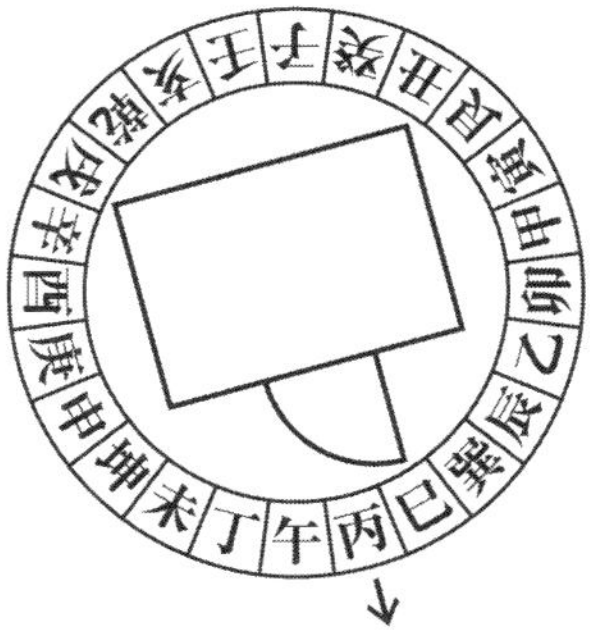

北方	86	得運（健康運大吉）	南方	77	失運（健康運財運凶）
東北方	68	得運（財運大吉）	西南方	95	得運（健康運吉、財運大凶）
東方	14	得運（文昌方位）	西方	59	得運（健康運大凶、財運吉）
東南方	23	失運（健康運財運凶）	西北方	41	得運（文昌方位）

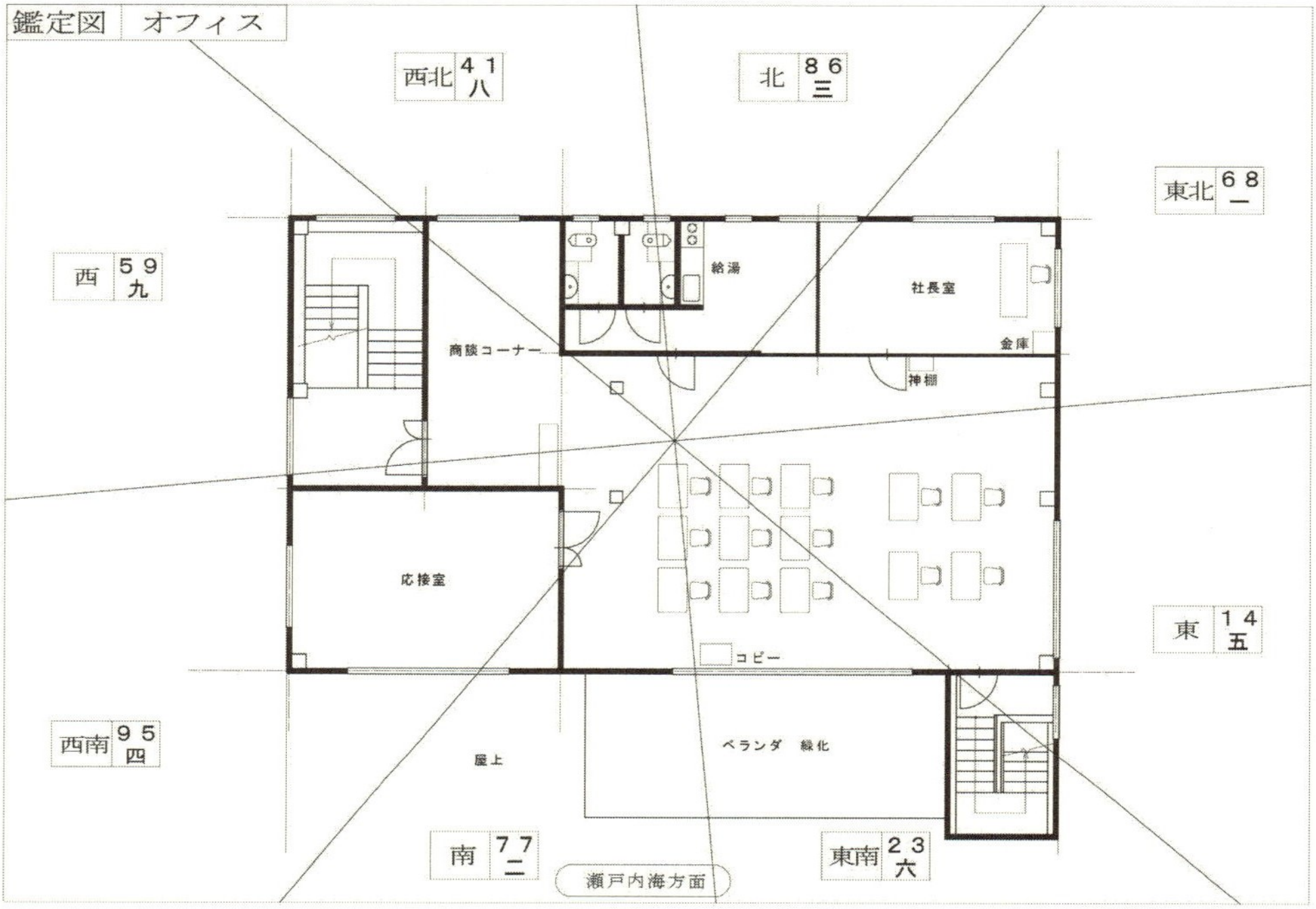
鑑定図　オフィス
西北 4 1 八
北 8 6 三
東北 6 8 一
西 5 9 九
東 1 4 五
西南 9 5 四
南 7 7 二
東南 2 3 六
瀬戸内海方面
給湯
社長室
金庫
神棚
商談コーナー
応接室
コピー
屋上
ベランダ　緑化

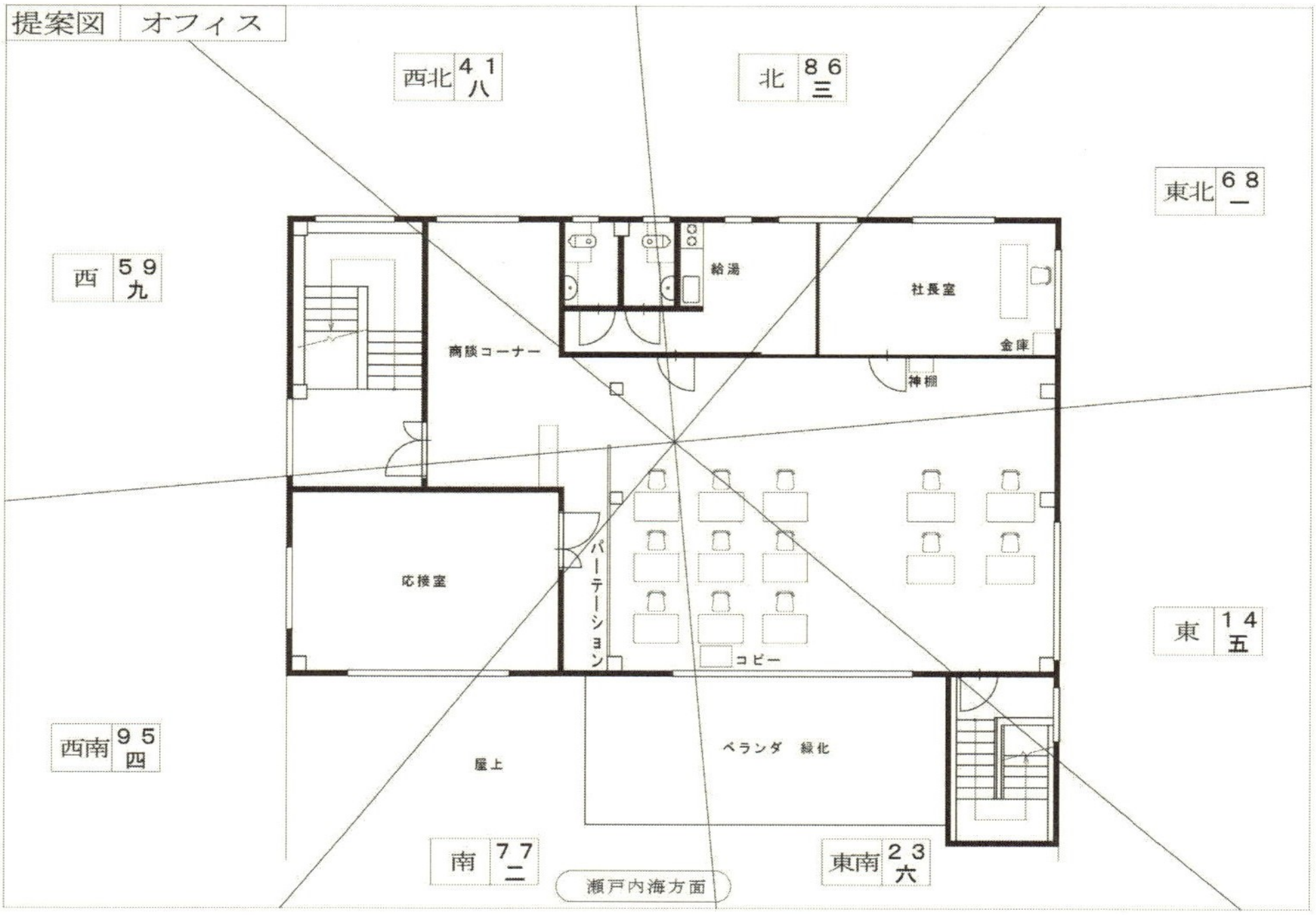
提案図　オフィス
西北 4 1 八
北 8 6 三
東北 6 8 一
西 5 9 九
東 1 4 五
西南 9 5 四
南 7 7 二
東南 2 3 六
瀬戸内海方面
給湯
社長室
金庫
神棚
商談コーナー
応接室
パーテーション
コピー
屋上
ベランダ　緑化

いう格局で財運に恵まれる。ただし、２００４年からの八運においては座向の（７７）は財運の力を弱める。その代わりに、座山の（８６）は健康運と人間関係に恵まれまるという特徴がある。

各方位を確認していく。玄関側は（９５）で健康運が吉と判断した。東北には（６８）という財運大吉の星を見ることができる。これは良い配置だ。一方、座向の側では、南（７７）と東南（２３）は弱点となっていることが分かった。

ここの良さは屋外からの眺望と外気を取り込むことができること。これをどのように活かすかにかかっている。

気がついたのが、デスクが揃って西に向いている。これを座山と座向ラインに合わせることを提案した。こうすると視線が明るい方に向く。きっとパソコン作業が多い事務職員の方にとって目を休めるときに遠くの景色を見ることで眼精疲労の防止になると考えたものだ。

次にドアが西（５９）にある。ここから来客はオフィス全体を見通すことができる。そして西南にある応接室へと向かう。これでは会社のプライバシーが公開状況といえよう。それで、パーテーションを設置して空間を仕切ることとした。つまり理気よりも巒頭の良し悪しを考慮したものだ。

社長室は東北（６８）に位置している。八運において財運大吉という大変良い場所にある。ここに金庫が置かれているのはすばらしい。ただし、金庫の上に色々な雑品が置かれていたので、片づけてもらうことにした。問題は北（８６）と西北（４１）にトイレが位置すること。吉方位にトイレがあると、かえって凶となる。かといって他の場所に移動する余地はない。それで社長には清潔に保つようアドバイスした。

そのほか、東南（２３）と南（７７）が弱点である。この対策をどうしようかと考えた。屋上には蛇口があって芝生に水を散水することができる。それで適当な場所南（７７）に水を入れる器があると良いのでは。そして東南（２３）には赤を使い、木生火、火生土と剋の関係を解消するのはどうかと考えたのだ。しかし出てきた答えはこのままにしておくことにした。

風水の対策としては、①改造　②配置の変更　③色の変更　④炭素材による気の調整　⑤置物による心理的効果　などの選択や組み合わせが考えられる。すべてが取りいれられるわけではないのだ。何が効果的であって、全体のバランスが取れているかどうかを考慮する必要がある。それで今回の風水対策としては、窓側に向かって座ること。オフィスのプライバシーを守ることの二つが重要であるとして、そのほかを切り捨てたのだ。

結局、どうなったかというと提案はすぐに受け入れられた。当社が環境経営に意識が向いていたことが実施を早めたものであろう。それは屋上緑化の実施に連動しているのである。

後日、当社を訪問して状況を確認した。以前とは異なり室内の明るさが違うように感じられるのだ。それは全てデスクを南側に向けた結果、明るく感じられるのかも知れない。風水はエコ（エコロジーとエコノミー）に通じる古代の環境技術と言える。企業というのは合理性やコストというものを避けてとおる訳にはいかない。その点でベストの対策だったかと考えるのである。

その後、事業は着実に発展されて事業拡大に伴い、社長職をご子息に譲られ自らは会長に就任された。うまく事業承継ができたのである。そして昨年にはさらに大きいスペースのオフィスに移転された。このように当社は順調に発展されている様子がうれしい。今後、経営の努力に風水が後押しの効果を発揮して更なるご発展をお祈りしたい。

西側に向いたデスク

南側に変更したデスク

お客様の声

経営は運を呼び込む必要がある。例えば「漁夫の利」という言葉があるが、自然と良い人物や情報を引き寄せていることを感じる。風水というのは運を呼び込むものとして必要なものだ。以前の事務所については風水の提案を受け入れて、すぐにレイアウトを変更した。良かったと思う。この事務所は東北の延長線上には鳥取県の大山、西南には宮島を結ぶライン。西北には津和野の太鼓谷稲荷。東南には金刀比羅宮をつなぐラインとが交差して強力なエネルギーを持つ場所だと思っている。これからも運を味方につけて発展成長を続けて行きたい。

風水よもやま話し　その7「広島の土砂災害」

2014年8月19日深夜から20日の明け方にかけて広島市で集中豪雨が発生し、激しい雨音と落雷で寝るどころではなかった。その頃、安佐北区と安佐南区の山際にある住宅地では大規模な土石流が民家を襲い、77人もの犠牲者が出たのである。この災害復旧活動で、全国からボランティアの方々が現場で懸命な活動をされ、たくさんの義捐金が送られてきて毎日、新聞紙上に掲載されたことを思い出す。

私は1日だけ土砂を取り除くボランティア活動に参加した。現地へ行ってみると恐怖感が沸き起こった。何カ所か谷状となったところへ土砂が川のように流出したのだが、その中に巨石が転がっているのが目に入った。これらが民家やアパートを押しつぶし、逃げる間もなく土砂によって生き埋めになってしまったのだ。正に風水では「谷の出口は凶」というが、そのとおりの状況を目の前にしているのである。

風水は健康運や財運、はたまた恋愛運が期待できるというが、そんな生やさしい話ではない。命がかかっているほどのものだとその時に痛感したのだ。風水に一字加えれば風水害になる。このことを念頭に安全な土地を選定すること。そして防災と健康を考慮した住宅であることを優先しなければならないのである。

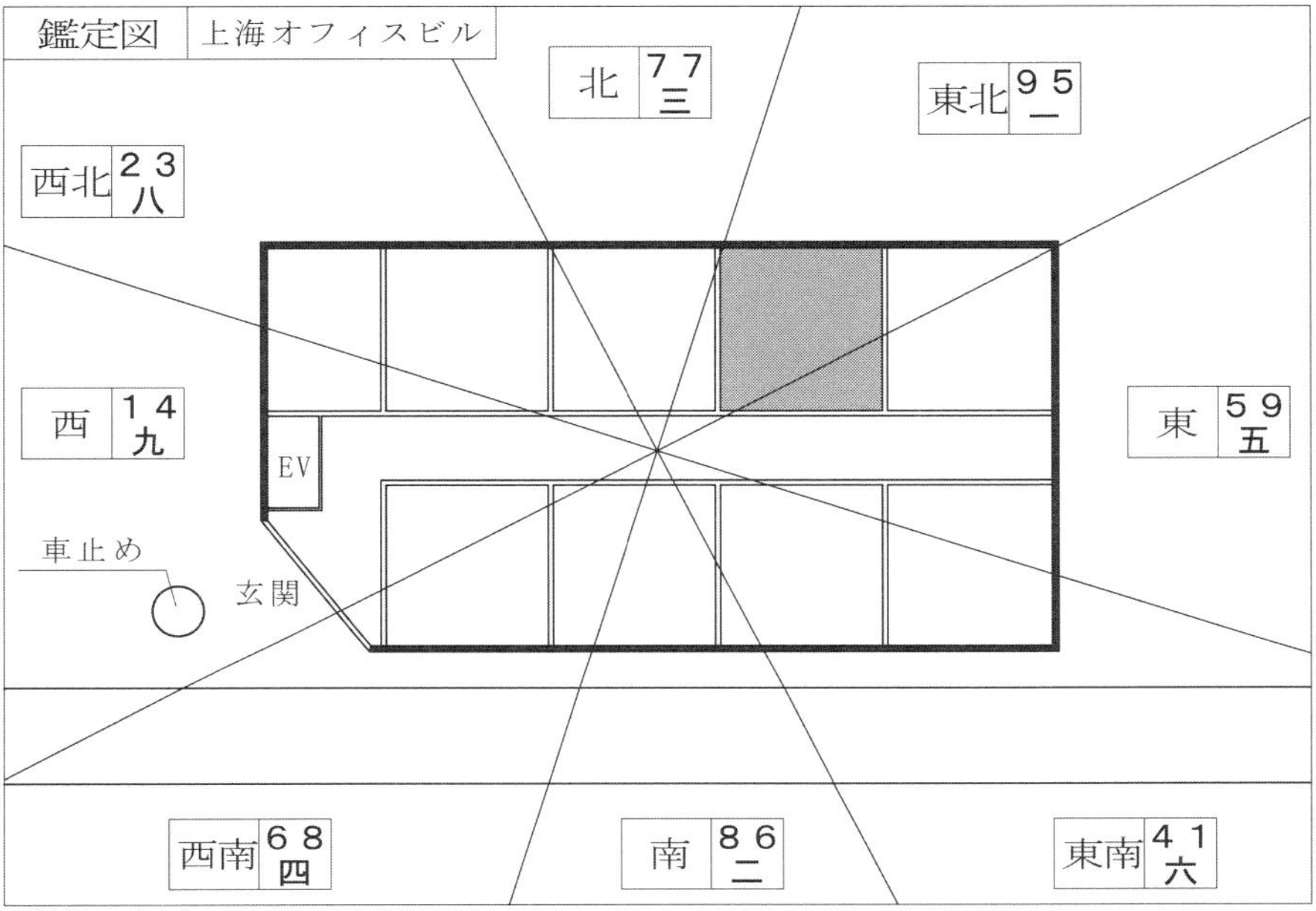

(7)上海のオフィス鑑定

上海市普陀区にある新設の貿易会社の劉社長より、風水鑑定の依頼を受けた。劉さんは以前、広島へ住んでいたことがあり、私とは旧知の間柄だ。上海で会社を立ち上げる際には、社名の命名まで頼まれ中国語での良い文字や画数も吉となるよう考えて決定した。信頼関係ができていて、地元、上海の風水師よりも頼りにされたらしい。２０１１年10月に私が風水の勉強のため上海へ行く機会があると連絡したら、そのときにぜひ鑑定をしてほしいと要望され、現地を訪問した。

地理にうとい私は風水の師匠である白鶴易人老師に同行してもらうことにした。車中、老師は「私は口を出さずに見ておくよ」と言われる。それで私流のやり方で頭の中で玄空盤を想定して手帳にメモした。子山午向で社長は凶方位へ座っていると。ビルに到着したので下車した。けっこう立派なビルだ。老師は「このビルは風水を取り入れて建てているよ」と玄関を指さして言われる。その方向を見ると道路と玄関の間に半球体のモニュメントが頭を出している。周囲には象の姿が浮き彫りになっているのだ。「これは道路からの殺気が直進するのを避けるためだ。象は強い動物だからこのような使い方をする」と説明された。訪問先のビルにも風水が取りいれられていたかと感心したものだ。

玄空飛星派風水で鑑定するので、最初にビルの座向を調べる。つまりビルがどちらを向いているのかを確定する必要がある。ビルは長方形で玄関の向きは西南向だが、大きな道路に面し、窓が多いのでこちらの面が座向だと決め羅盤で方位を測定した。位置を変えて2度ほど確認したが、間違いなく子山午向だった。偶然にも私の予想が当った。そこで喜び勇んで老師にメモを見せたのだ。そうこうしていると劉さんが迎えにきてくれた。エレベーターに乗って事務所を目指す。降りると廊下が真ん中にあって、事務所スペースは南側と北側に分かれている。それで入ったのは北側の事務所。図ではビルの中心点から東北に位置している。こうなると事務所単独では

座山座向　七運　午山子向　格局　双星会向

3 2 八	7 7 三	5 9 一
4 1 九	2 3 七	9 5 五
8 6 四	6 8 二	1 4 六

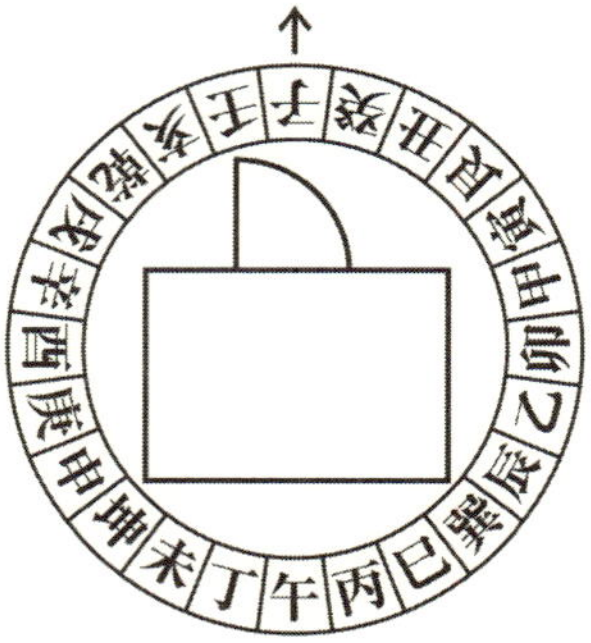

北方	77	失運（健康運財運凶）	南方	68	得運（財運大吉）
東北方	59	得運（健康運大凶財運吉）	西南方	86	得運（健康運大吉）
東方	95	得運（健康運吉財運大凶）	西方	41	得運（文昌方位）
東南方	14	得運（文昌方位）	西北方	32	失運（健康運財運凶）

私が予想した子山午向ではなく、午山子向となる。ビルの座向とオフィスの座向は異なる場合があるので注意が必要だ。ビル全体で見ると格局は七運時の双星会座であり、健康運に恵まれる。しかし、現在は八運になり、それは衰退傾向にある。それに代わって令星8が活発となり、南（86）、西南（68）に加え、東南（41）はいずれも吉方位。よって道路に面した側が好調運に乗っている。玄関は西（14）にあり、これまた文昌方位である。一方、座山側は北（77）で凶方位。東北（95）と東（59）は条件付きで吉方位である。

オフィス内を見渡すと、右側が社員の執務スペース。ほとんどが営業職とのこと。左側に社長室があって、奥に社長のデスク、手前に応接セットが置かれている。経営の状況を聞くと、営業成果は上がるのだけど、途中でキャンセルや返品があってなかなか予想通りに行かないと言われる。オフィスの図面のことを尋ねると手元にないことが分かった。それでレイアウトを目で確認して書き取った。続いて玄空盤を作った。建物は第7運（1984年～2003年）に完成している。座向である北の方位に九星が77と並んでいるので格局は双星会向だ。財運が大吉となるのだが、好調なのは七運まで。現在は八運なので財運は衰退している。なるほど、これでは財の流失が風水にも原因があったと一人納得した。

現在は八運なので、8は大吉、9は吉、1は小吉となる。それ以外は凶。その中でも特に問題なのは52。5は災難、2は病気の星だ。ついでに3は傷害。社長のデスクはというと、西北に位置して、32の組み合わせだ。その象意は争いで怪我、家庭不和、官災、破財、舌禍、不動産トラブルと良くない。おまけに窓を背にして座っている。風水ではこれを安定感がないとして問題視する。

それでは良い場所を探すのには8のある方位に着目する。南（68）はドアがあって大吉ではあるが使えない。西南（86）はトイレがあって、かえって凶となる。ここは清潔に保つようにとアドバイスした。9のある東北と東は社員の執務スペースで、ここはそのままが良いように思った。そして、残ったのは1。デスクを置いて良さそうなのは西だ。（41）の組み合わせは文才学業ということで、事務の仕事には吉。西は壁面なので東に向かって座ってもらうとぴったりと納まる。現在、西北に置いてあるデスクを西へ移動させ応接セットと入れ替えるとすっきりする。鑑定図を完成させて劉さんに説明したら納得され、すぐに移動させると言われた。白鶴先生は私に「玄空風水での鑑定は正しい。加えて、社長の生まれ年による八宅風水も加えて見れば完璧」とアドバイス頂いた。そこで生まれ年を聞くと坤命であることが分かった。八宅での方位図を作ると西北延年（中吉方位）から西の天医（大吉方位）に移動することになり安心した。師匠から合格点をもらって良かったと思う。その後、どうなったかというと、レイアウトを変更して仕事が増えたと報告があり、喜んでいる。風水だけで商売繁盛を保障できるものではない。兵法の極意に「天の時、地の利、人の和」がある。「天の時」は時代を読む目。「地の利」は良い風水環境。そして「人の和」は経営者の統率力とチームワークだ。この点を意識して発展の道を進んで頂きたい。

白鶴易人

ここは安藤さんとご一緒したので状況を良く覚えています。劉社長が庚申年生まれの西四命（坤命）で、事務室は七運の午山子向で鑑定して西にデスクを置いて、西側は14で水木相生の組み合わせです。八宅風水を併せて使った結果、良い発展を見せました。

この事例は玄空風水と八宅風水の活用です。両方使うことにより、デスクの配置が万全となったものです。玄空風水の鑑定だけで終わるのではなく、八宅風水も加えるのが私のやり方です。

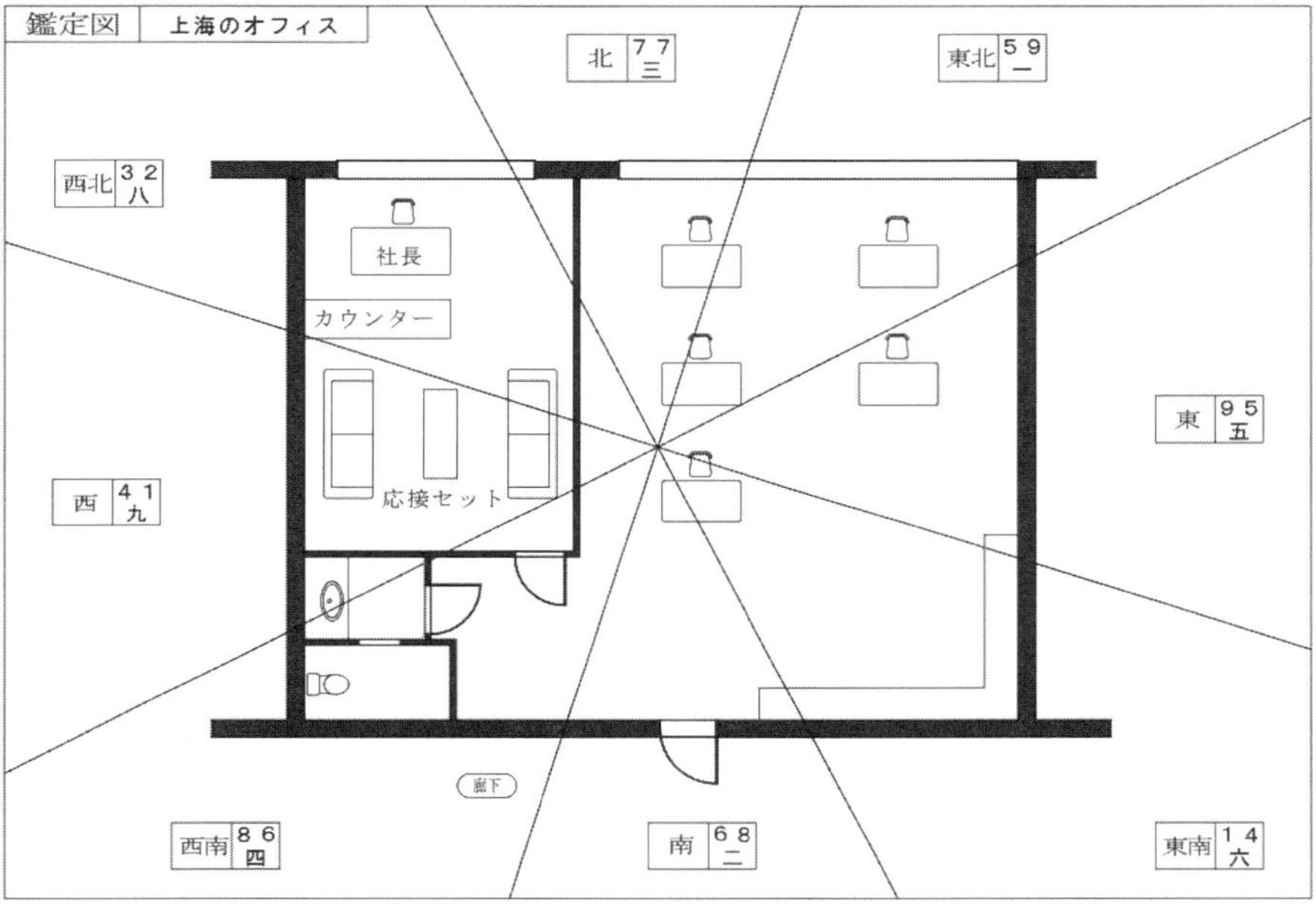
鑑定図
上海のオフィス
北 7 7 三
東北 5 9 一
西北 3 2 八
社長
カウンター
応接セット
東 9 5 五
西 4 1 九
廊下
西南 8 6 四
南 6 8 二
東南 1 4 六

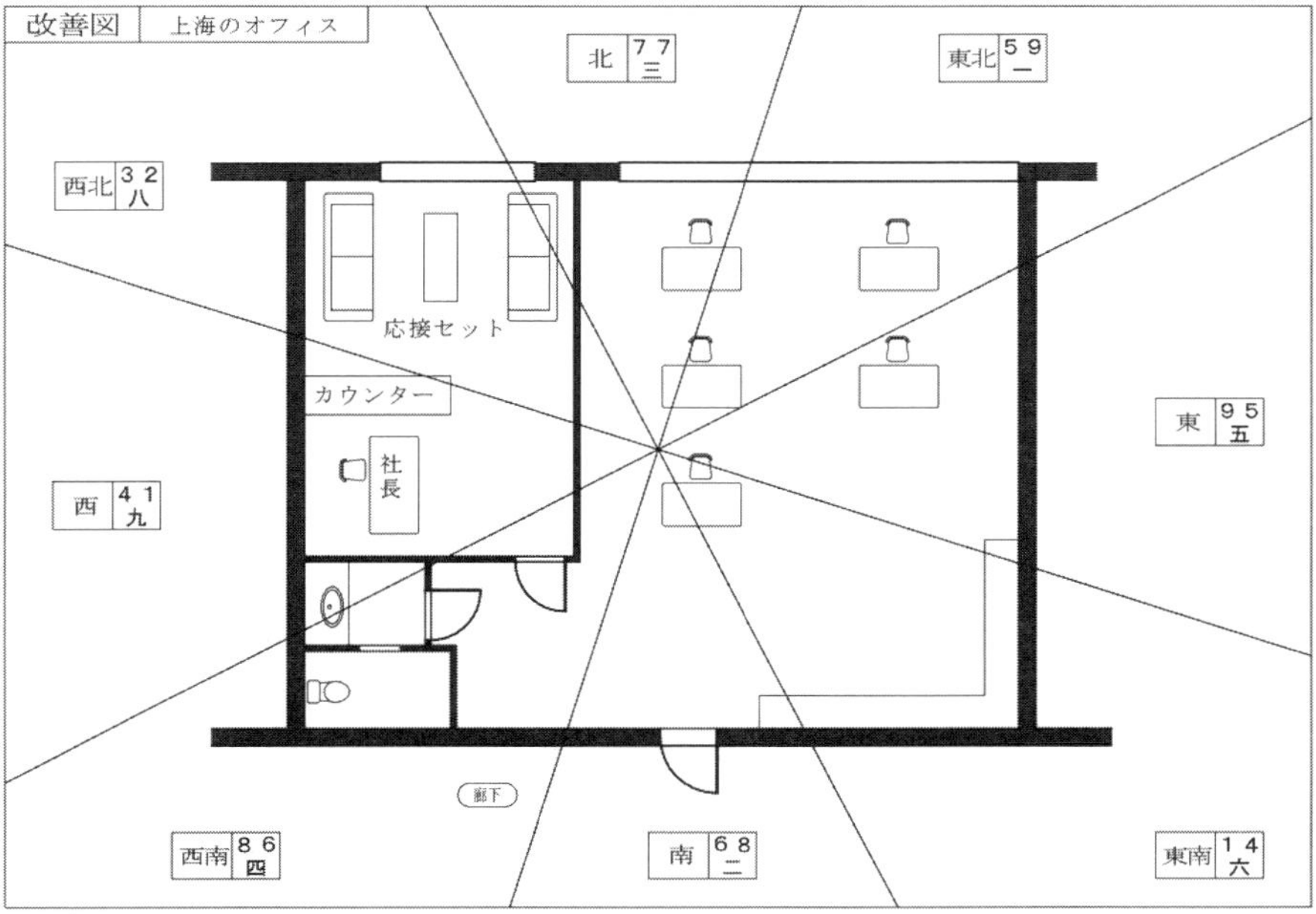
改善図
上海のオフィス
北 7 7 三
東北 5 9 一
西北 3 2 八
応接セット
カウンター
社長
東 9 5 五
西 4 1 九
廊下
西南 8 6 四
南 6 8 二
東南 1 4 六

社名を指さす筆者

ビルの玄関

筆者を囲んで劉社長と白鶴老師

象模様の車止め

(8)カフェ　マルティッド（広島市）

マルティッドとはスウェーデン語で「ご飯よ」という意味。ヨーロッパ各国の家庭料理、おいしい手作りケーキを気軽に楽しめるカフェ。ヨーロッパの珍しいビールやワインも揃えている。２０１１年に新規創業されたが、その際に風水のアドバイスを求められたもの。オープン以降、６年が経過するが、固定客をつかみ経営は順調だ。

まず初めのアドバイスではビルの３階に位置するということで、通行客の目につきにくいという難点があると指摘した。水は高いところから低いところへ流れる。その逆を狙うなら、強い引き寄せのパワーが必要というものだ。風水が良いからと言って、飲食店が必ず繁盛するものではない。繁盛する要素には味やサービスが不可欠だ。それを分かってもらって、風水をどう取り入れるか自分なりに考えた。結果的に立地面では不利であるが、隠

座山座向　七運　癸山丁向　格局　双星会座

2　3 八	7　7 三	9　5 一
1　4 九	3　2 七	5　9 五
6　8 四	8　6 二	4　1 六

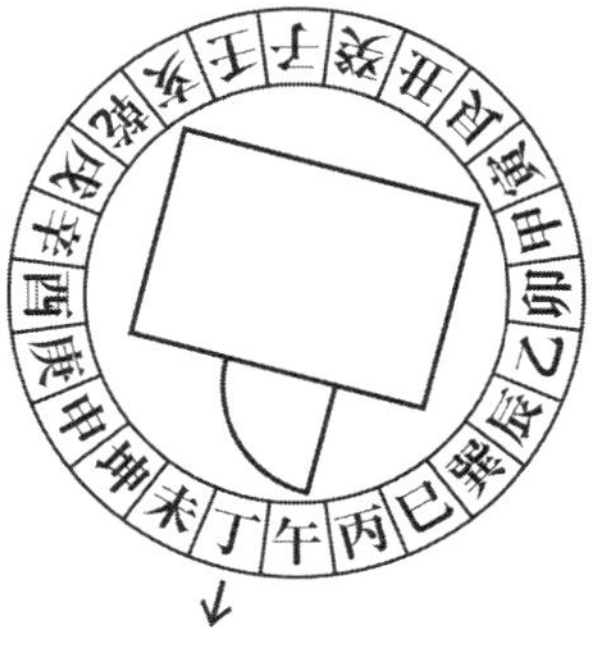

北方	77	失運（健康運財運凶）	南方	86	得運（健康運大吉）
東北方	95	得運（健康運吉財運大凶）	西南方	68	得運（財運大吉）
東方	59	得運（健康運大凶財運吉）	西方	14	得運（文昌方位）
東南方	41	得運（文昌方位）	西北方	23	失運（健康運財運凶）

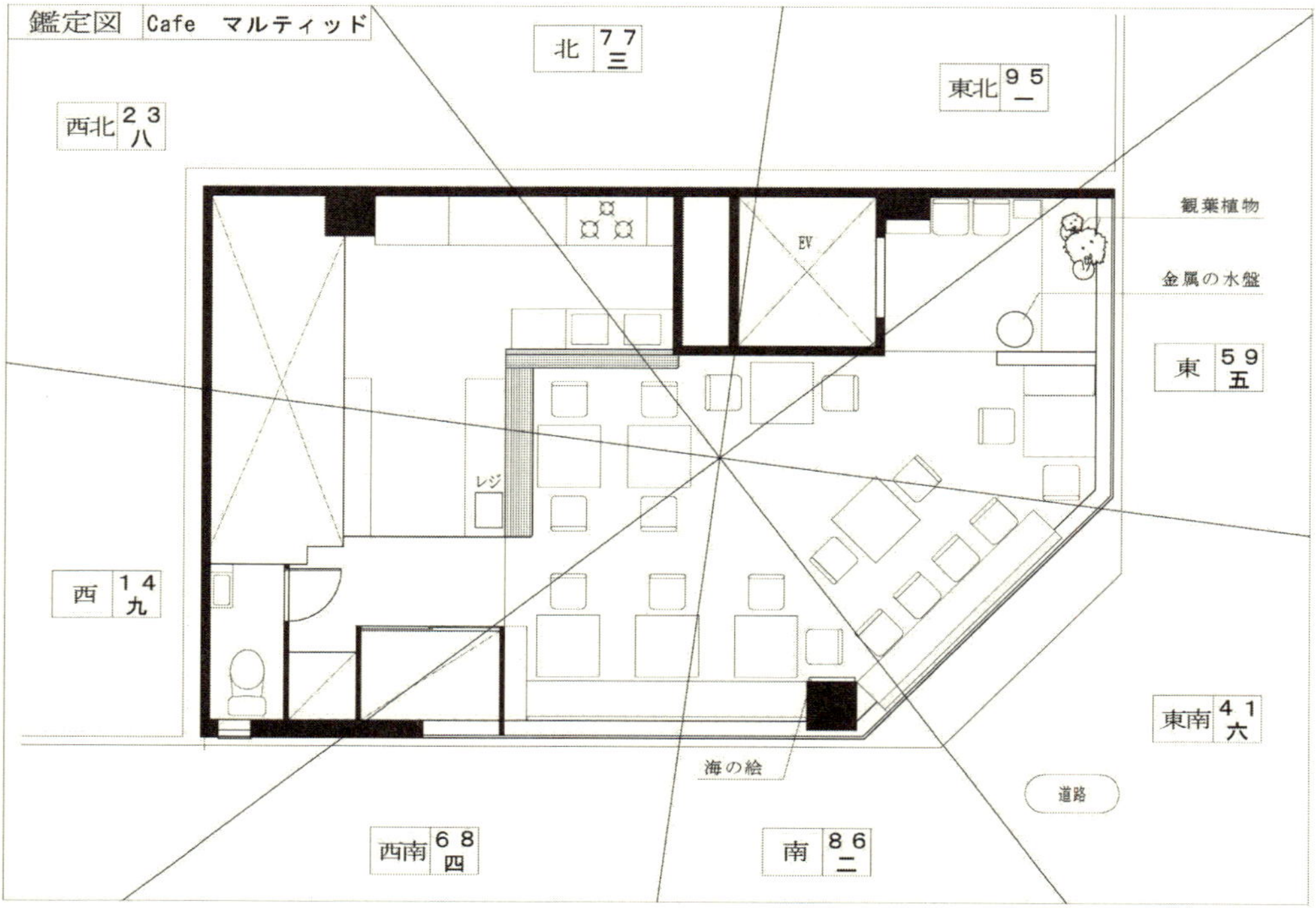

れ家的な評判となっているのがおもしろい。

屋外から方位を測定すると、癸山丁向である。格局は第七運の双星会座である。健康運と人間関係に恵まれるという期待ができる。

座向が丁方位であることからこれを店内カラーのアクセントとして提案した。店内のカラーは黒を基調としているがこれは水気だ。ここに朱色を取り入れることで火気を加えることでバランスを取るということだ。

次に気づいたのは、エレベーターを降りて店内に入ったところで全体が見渡せないこと。これは構造上、仕方のないことだ。しかしながら劇場に入ったときのような高揚感が欲しい。それで体を右に回ったその先に何かアイキャッチとなるようなものがあると良いと思った。そこで思いついたのは地中海をイメージするような絵を柱に掲げてもらうこと。これは導線を考慮したものだ。普通、風水には導線という概念はない。気というものは八分割した空間に分布するのが原則だが、当然のことながら気の流れというものがある。これを店舗計画で使う導線と重ね合わせて考えた。

当初の計画ではエレベーターで3階まで上がってドアが開くと、店内（東北95）である。ここにもテーブルを置く計画であったが顧客が落ち着かないと伝え、風水の対策を考えた。九運では問題ないが、八運であれば（95）は火生土となり、五黄が強まる。それで大きな金属製の水盤を置くことにした。そうすれば火生土、土生金、金生水とし、さらに観葉植物を配置すれば水生木となる。これで五行が循環することになって問題はないどころか、心地良い空間となると考えた。

方位の吉凶を判断すると、南（86）と西南（68）は共に大吉方位である。このゾーンの客席は窓側に近いこともあって利用率が高いとみた。注意すべきは西（14）にはトイレが位置すること。これでは財運に悪影響となってしまう。それで、清潔に保つよう指示した。西南（68）にレジを置くスペースが無ければ、西に設置するのが適当である。厨房部分は西北（23）と北（77）にあたり、適正な位置となっている。

飲食店の場合、風水が良いだけで来店するだろうか？　それはあり得ないことだ。飲食店が繁盛するためには特徴のあるメニューとサービスが必要であって、そのための色々な工夫が欠かせない。私の会社から近いため時々訪問するが、その点からして努力をし続けておられるように思う。これからもその行動を継続してお店の更なる繁栄を期待したい。

店内の様子

ビル外観

エレベーター前の水盤

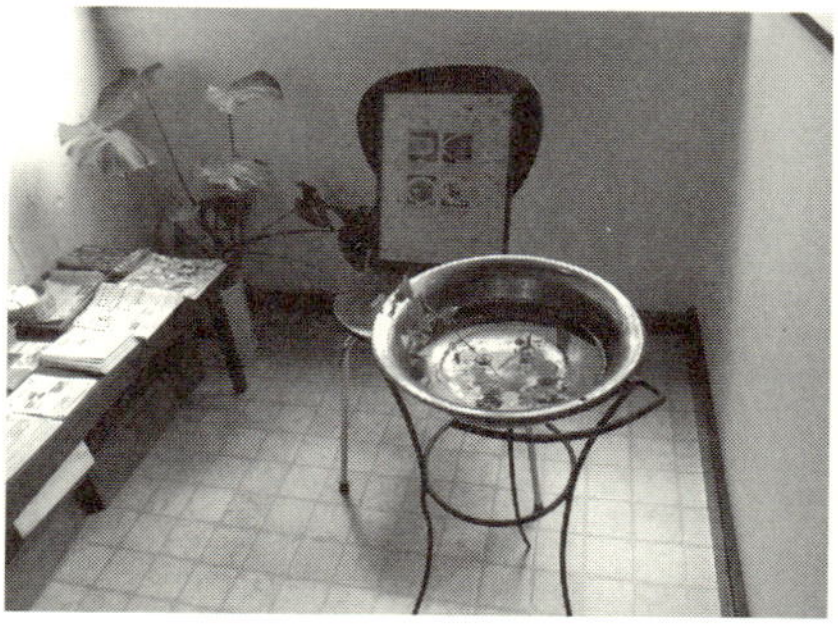

入口前の看板

海の絵

オーナーの清原さん姉妹

お客様の声　Café　maltid　清原真由美

初めて先生にお会いしたのは２０１１年9月の事です。まだ店舗物件を決めきれずにいた私は以前より少し興味があり、特に商売を始める際には取り入れたいと思っていた風水をみて頂ける先生を探しました。広島にはそういった方はいらっしゃらなかったのだろうと半分諦めかけていたある日、「いらっしゃいました！」と経営支援機関から連絡がありお会いすることが出来ました。

依頼をしておきながら、広島に（しかも物凄く近くに）本格的に風水をされている先生がいらしたことに正直驚きました。

まず、最初にお会いした時は物件を決定する前で、建物自体を見て頂きました。先生からは、物件（建物）自体は方位的にエレベーターの入口の向き玄関の向きが逆になる点、３階に位置する点等、決して良い物件ではないという事を、正直に教えて頂きました。しかし、他に良い物件に出会えなかった事から、こちらでお店を開く事を決断しました。

その後、諸事情をお話しし、先生に再度テナント内部をみて頂きたいと依頼しました。

忠告もあったにも関わらず、物件を決定し、さらに再度内部もみて欲しいという、わがままな私の依頼に対しても先生は快く引き受けて下さいました。

内部ですが、ポイントとなる点は３つ。１つ目は玄関の方位が風水的に凶である点。対策として正面の壁にアクセントカラーとして使用したオレンジの壁紙（こちらの色も風水的に自分自身にとってプラスとなる色との事で選びました）と同じオレンジ色のマットを足元に置きました。

2つ目は次の目線に当たる柱の部分にインパクトのあるもの、とくに風水で商売繁盛、繁栄を意味する水の絵を飾ると良いというもの。この絵を飾ることで、お客様が客席ゾーンにスムーズに導かれるというもの。（幸いに客席ゾーンは吉方位でした）こちらは海の写真を飾りました。

3つ目はトイレの場所（方位）が悪いので、清掃を徹底する事。こちらもお客様に気持ち良く使って頂けるよう、日々清潔を保てるよう心掛けています。

お店は味、メニューの充実、サービス、雰囲気などの重要点があります。多種多様な店が多々ある中で選んでもらえる店になる様、より良い店にしていきたいと思っています。

東京をはじめ、さまざまな地域で風水コンサルティングをされている先生に出会い、自分では気づかない店の雰囲気や居心地の良さを与えるいい気の流れを作って頂け、本当に感謝の気持ちでいっぱいです。

これから商売を始める方や、現時点でされている方も是非一度、機会があれば風水鑑定を受けられてみられてはいかがですか?気づかない点に気づかされたり、何かが見えてくるかもしれません。

私はお店を始めて7年になりますが、先生に風水をみて頂き良かったなあと思っています。これからも初心を忘れず日々努力精進していこうと思っております。

⑼コインランドリーの開業（広島県）

コインランドリーに風水の要素を取りいれたところは全国にあるだろうか？　この物件は私が経営者としてオープンさせたもので、良い実験になった。

まず、私自身この立地が気に入った理由がある。というのは、500mくらい北には大頭《おおがしら》神社があること。ここは私の師匠である故　近江一成先生が若いころ、その師とされた北原白龍子先生と一緒に修行された妹背の滝がある場所だ。当地は参道になっていて、すぐ近くに朱塗りの鳥居が立っている。その奥にスーパーマーケットがある。計画地はその駐車場の一角で入り口付近。店舗は鳥居の方向へ少しずれて向かって建っている。

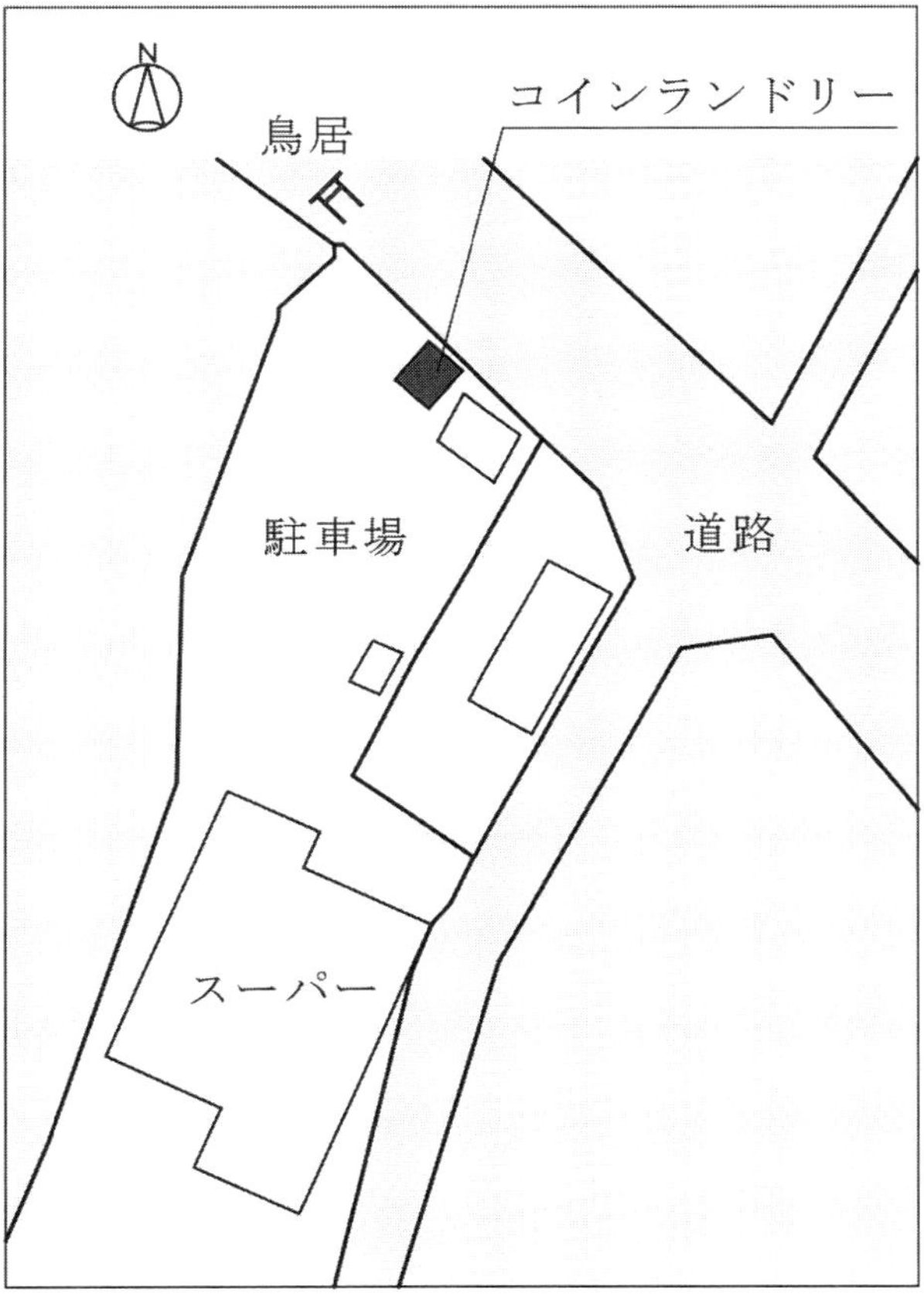

実際にスーパーは来店客が多く、人の流れが期待できる。道路に面しているため店舗は良く目立つことだろう。もちろん基本的な立地調査や事業収支計画も行って問題はないことは確認した。このようなことで、躊躇することなく出店を決断した。

座山座向　八運　巽山乾向　格局　旺山旺向

6 8 九	2 4 四	4 6 二
5 7 一	7 9 八	9 2 六
1 3 五	3 5 三	8 1 七

北方　24	失運（健康運財運凶）	南方　35	失運（健康運凶財運大凶）
東北方　46	失運（健康運財運凶）	西南方　13	得運（健康運小吉財運凶）
東方　92	得運（健康運吉財運凶）	西方　57	失運（健康運大凶財運凶）
東南方　81	得運（健康運大吉財運小吉）	西北方　68	得運（財運大吉）

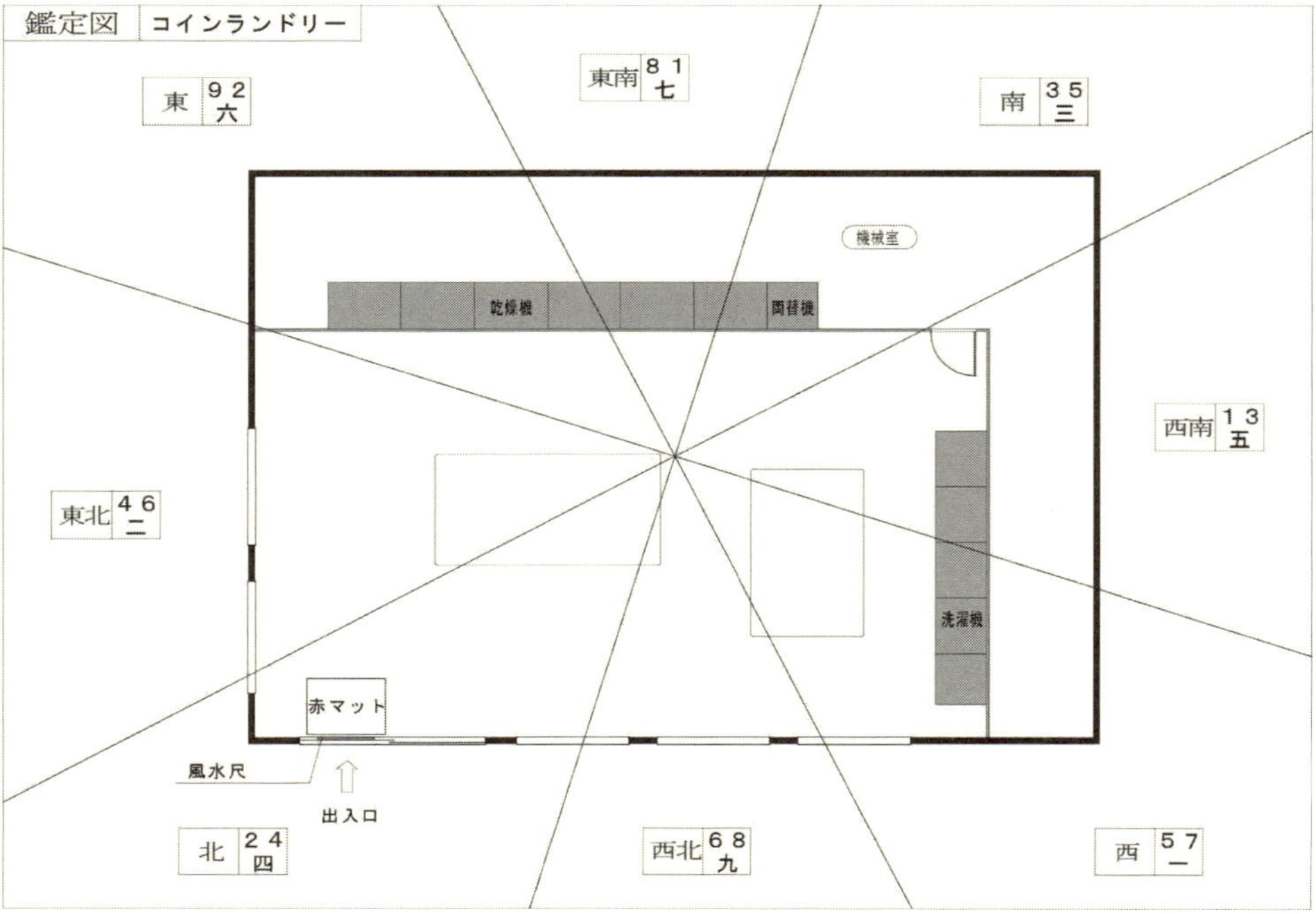

玄空盤について解説する。玄空での鑑定結果は第八運巽山乾向で格局は旺山旺向。座山は東南で８１の組み合わせ。象意は文才、学業、土地が生む富。座向は西北で６８。名声、家業発展、財運とすこぶる良い。土地の有効利用と考えれば「土地が生む富」はぴったりである。しかしながら、各部分を見ていくと問題はある。鑑定図を見ると玄関部分が北（２４）である。２も４も八運において煞気で良くない。２は土、４は木であって、木剋土となっている。象意は失財、暗い家庭、不動産トラブルなど。

店舗の前面

茶色の玄関マット

赤の玄関マット

風水尺を取り付ける

風水尺の表示

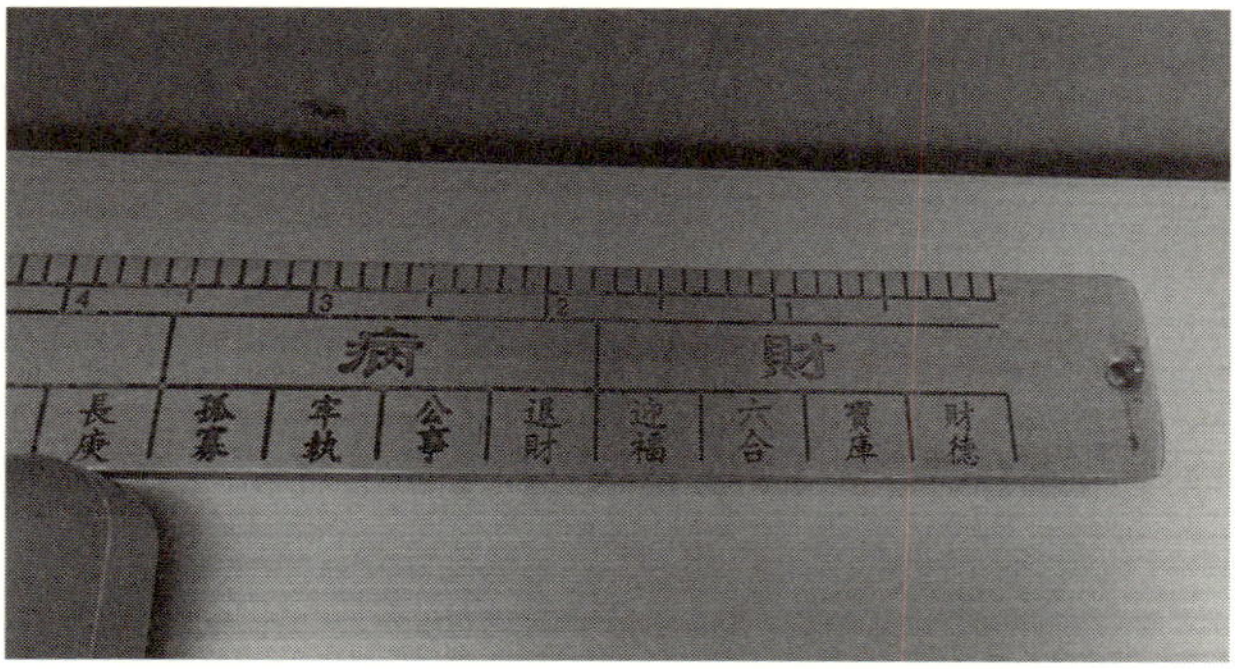

財運を呼び込むべくここは何らかの対策を考えたいところ。間に火を入れれば木生火、火生土となり、凶意は無くなると考えた。ということで、とった策はファサード看板の色を赤とすること。これは遠くから目立つというメリットもある。これには続きがある。開店前日になって店舗へ行って見ると茶色の玄関マットが敷かれていた。これでは土が強まるではないか。私はすぐに業者へ頼んで赤のものに取り換えてもらった。

さて、それで財運が高まるかと言えばそうではない。凶意が収まっただけだ。そこで玄関の鴨居に金属製の風水尺を取り付けて財運を呼びこむこととした。風水尺は魯班尺とも言うが、本来は玄関の開口寸法を吉寸にするために使う。しかしながら、現在では工場生産されるサッシの寸法は定められている。それでこの風水尺を玄関上部に取り付けて、吉寸にしているというシンボルとして使う。

玄空盤で気になるのは2024年から中宮に水星9が入宮するので格局が水星入囚となるが、その期間には投下資本を回収しており気にすることはない。

吉方位の東92と東南81には乾燥機が配置されている。けっこう稼いでくれるものと期待している。西北68には待ち時間用の椅子を置いて利便性を良くしている。

ところで、この物件は自分自身の風水実験でもあるので色々と取り組んでみた。まず択日法である。着工日は奇門遁甲挨星暦を見て2015年10月29日　戊寅　一白、三合日とした。開店日は12月18日　戊辰　五黄三合日である。三合というのは四柱推命でいう三合会局のことで、人と人との和合に良いとされる吉日である。基礎工事の始まるころに、大頭神社へ幹部社員と参拝し、事業の成功を祈った。本殿の背後に妹背の滝がある。ここへ足を運んでじっと滝を見ていると成功するという気分が湧きあがった。というのは滝からの水が落下して泡立つのと、洗濯機の水が渦巻くもの関係しているとこじつけたのだ。帰りに社務所で「方位清め」を入手した。四神相応のデザインで、四神ごとに色のついた砂が入れられている。これを敷地の四方に撒くように書かれてあった。神社に地鎮祭をお願いしてないので、自分流でやってみたものだ。

来店客はほとんどが車を利用している。前面道路の東南側から西北側へと車の流れが多いようである。そうすると東南からが来水、西北へ向けて去水ということになる。朱色の鳥居が店舗の目印となって良い感じだ。さて、これだけのことを行って早や2年が経過するが果たして結果はどうだったのか?

結論から言えばお陰様で順調に推移している。社員が開店当初、スーパーの店頭においてチラシの手渡しをしたり、近隣にチラシのポスティングを何度が行った。その甲斐があって顧客は着実に増加していき、売上は計画以上に推移している。風水の効果が具体的にどの程度か分からないが、良い結果が出ていることに私自身は満足している。

4　風水庭園

筆者は風水庭園に興味を持っていたが、縁あって風水に関係する造園業者と接点ができ、風水鑑定を行った機会に風水庭園を提案し、作庭する機会に恵まれた。

風水鑑定を行っても新築した直後であって室内の改造が難しい場合や、玄空風水で庭園側の方位が衰気である場合に風水庭園を作ることによって吉運を呼び込むこととしたのである。

その形としては、陰陽太極図、三合形、五行形、八卦図などがある。いずれにしても古代思想に基づいての吉祥図であるが、それぞれ鑑定を行った後に最適なデザインを考案して作庭したものである。もう一つの考え方としてポイントとなる場所を選んで炭素埋設を行い、土地をパワースポット化し、その上に石組みを行った。我が家の庭にパワースポットがあったらどんなに素晴らしいことであろうか。わざわざ遠方のパワースポットと言われるところへ行くまでもない。毎日が良い気を得られることになるからだ。

風水庭園も基礎知識がないとまともなものはできない。関西方面の古刹や名城、名園と呼ばれるところを手当たり次第訪問して自分なりに感じ取っていった。その中でも作庭家、重森三玲氏（１８９６年～１９７５年）が作庭した東福寺の蓬莱庭園、松尾大社の曲水の庭、岸和田城の八陣の庭は感動した。何にしても百聞は一見に如かずだ。それとは別に巨石を見に行くことも趣味の一つである。これは磐座といって巨石に神が宿るものと考え崇拝の対象物となったもの。古代より特定の石には力を持つものがあると考えられている。

松尾大社「曲水の庭」

岸和田城「八陣の庭」

松尾大社の曲水の庭は曲がりくねった小川のある庭園である。小川の旁に座り、杯を浮かべ、流れ来るまでに詩歌を作るという貴族の遊びに使われた。風水でいう面水となっていてとても趣がある風景である。岸和田城の八陣の庭は三国志に諸葛孔明が河原に石を利用して奇門遁甲の陣を作ったと記されている。これを現代に甦らせたものだ。作庭者の思いを想像しつつ風水の観点で眺めれば興味が尽きないのである。

そもそも風水と庭園の関係は平安時代末期に書かれたという作庭記に見ることができる。この中に風水で使われる四神具足の地という文字があるが、中国（唐）から渡来した風水思想が造園に取り入れられていることが明らかだ。

作庭記の中から風水思想に関係する部分を紹介する。

樹事（じゅのこと）

人の居所の四方に木を植えて、四神具足の地となすべき事。経云（経にいう）、家より東に流水あるを青竜とす。流水もしなければ柳九本を植えて青竜の代とす。西に大道あるを白虎とす。もしその大道なければ、楸《ひさぎ》七本を植えて白虎の代とす。南側に池あるを朱雀とす。もしその池なければ桂七本植えて朱雀の代とす。北後に岳《おか》あるを玄武とす。もしその岳なければ檜三本植えて玄武の代とす。

遺水事（やりみずのこと）

先水の水上《みなかみ》の方角を定むべし。経云、東より南へむかえて西へ流すを順流とす。しかれば、東より西に流す、常事也。又東方よりいだして、舎屋の下を通して未申方へ出す。最吉也。

青竜の水をもちて、もろもろの悪気を白虎の道にあらいだすゆえなり。その家のあるじ厄気悪瘡の病いなくして身心安楽寿命長遠なるべしといへり。

樹事について、基本的な解説をする。四神具足の地とは四神相応のことである。北に玄武として丘が位置し、東に青龍となる川が流れる。南に朱雀となる池を配置。西には白虎として街道があるのを吉とした。その四神が無い場合、特定の樹木によって代用する訳である。

また、遺水事とは、庭園の外から小川として水を取り入れるなら、東（青龍）から西（白虎）の方へ向けて流すのが風水の原則にかなっているということを述べている。

大名庭園では石を陽石と陰石一対として近くに配置する。後継の男子に恵まれなければお家が断絶するので子孫繁栄を願ったものだ。

参考までに調べてみると、縁起の良い樹木は松で不老長寿の意味を持つ。梅は幸運を呼ぶ樹木とされている。桃は魔除けと不老長寿のシンボル。南天は災厄除けで使われる。槐《えんじゅ》は出世と長寿。柘榴は子孫繁栄を意味する。一方、縁起が良くないとされるのは柳と枇杷、椿である。

室内に観葉植物を置く場合の注意点として、風水上好ましい観葉植物は丸い葉のもので、代表的なものとしてゴムの木が上げられる。逆に良くないのは尖った葉のもので、ユッカ（青年の木）は槍のようにも見えるので置くことは避けたい。同様に棘のあるサボテン類も置かない方が良い。室内に観葉植物を置くのが良いと言っても寝室に置きすぎるのもかえって良くないので注意が必要だ。室内の気が悪いと観葉植物は育ちが悪い。どこに問題があるのかを調べる必要がある。

事　例1　西条庭園内のモデル庭園

東広島市八本松にある西条庭園で風水のモデル庭園を作ることになり企画と施工に協力した。元々、馬蹄形の石組みがあったため、これを座山とすることにした。この前方に円形の部分があるのでこれを掘り下げて竹炭を60kg埋設した。その上で白石と黒石を組み合わせて太極図としたものである。

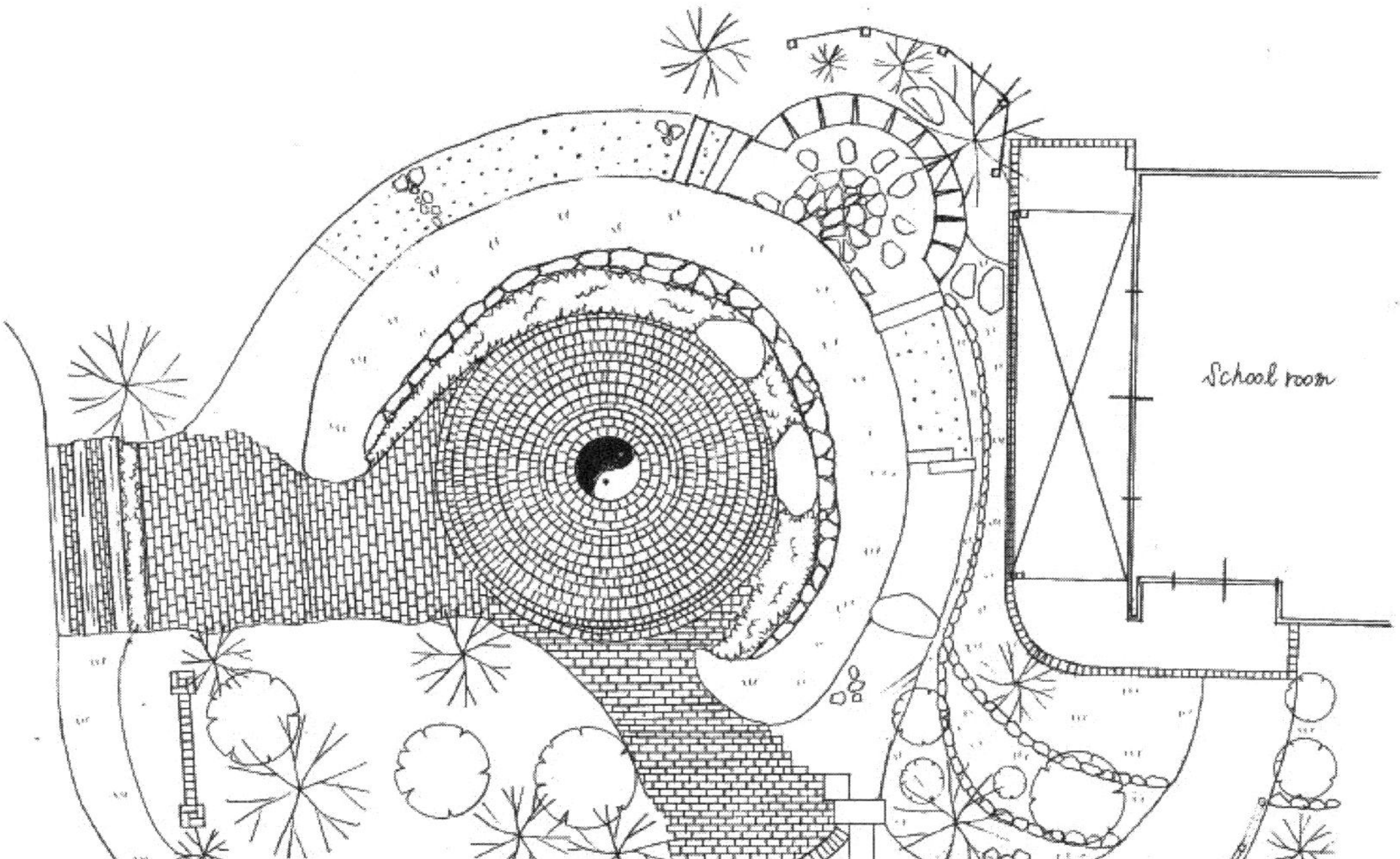

事例2　八卦図

ここは広島市内の某住宅である。玄関は北側にあり、南側は開口部が多く、広い庭園があり、その先は1車線の道路で交通量はきわめて少ない静かな環境である。このような状況から壬山丙向とした。

格局は双星会座であり、健康運に恵まれる住宅となっている。鑑定したときは新築後1年であり、室内を改善することは考えずに座向側を良くすることを考えた。

それは庭園が約100坪あるので、その南側と東南側にあたる部分に風水図を作ることとした。

その考え方は八卦の世界を石で表現することである。中心部に小さな八卦を配置して、さらに外側に大八卦を配置する。小八卦については洛書に基づき九宮にそれぞれ丸い石を配置することにした。外周部には乾方と

座山形の部分

太極図

坤方だけを要の石として置くことにした。

まず最初に庭園の乾方（西北）に120kgの炭素を埋設し、その上に青石を配置した。その反対側である巽方（東南）にも同様に炭素埋設した上に赤石を配置した。それを直線で結んだ中間部に八卦図を配置したものである。これらの石は造園業者と共に石材置場に選定に出向いた。偶然にハート型の石を発見してこれを中心部に据えることとした。あとはその周りに八個の丸石を探して置くのだ。現場では中心部を10cm程度掘り下げ、水晶のさざれ石を10kgほど敷いた。その上にハート型の石を置いて、続いてその上に羅盤を置き、八方位に合わせて八個の石を配置した。石の周りには竜の髭（芝の一種）を植えて見栄え良くした。

第八運　壬山丙向

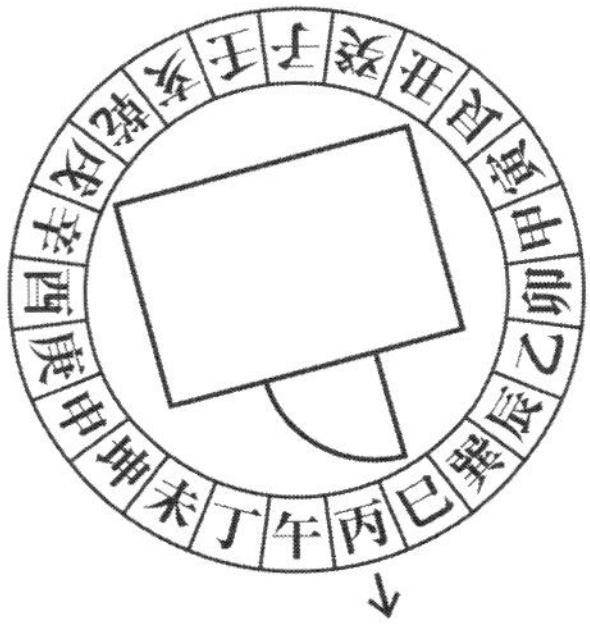

3　4 九	8　8 四	1　6 二
2　5 一	4　3 八	6　1 六
7　9 五	9　7 三	5　2 七

庭園

風水庭園概念図

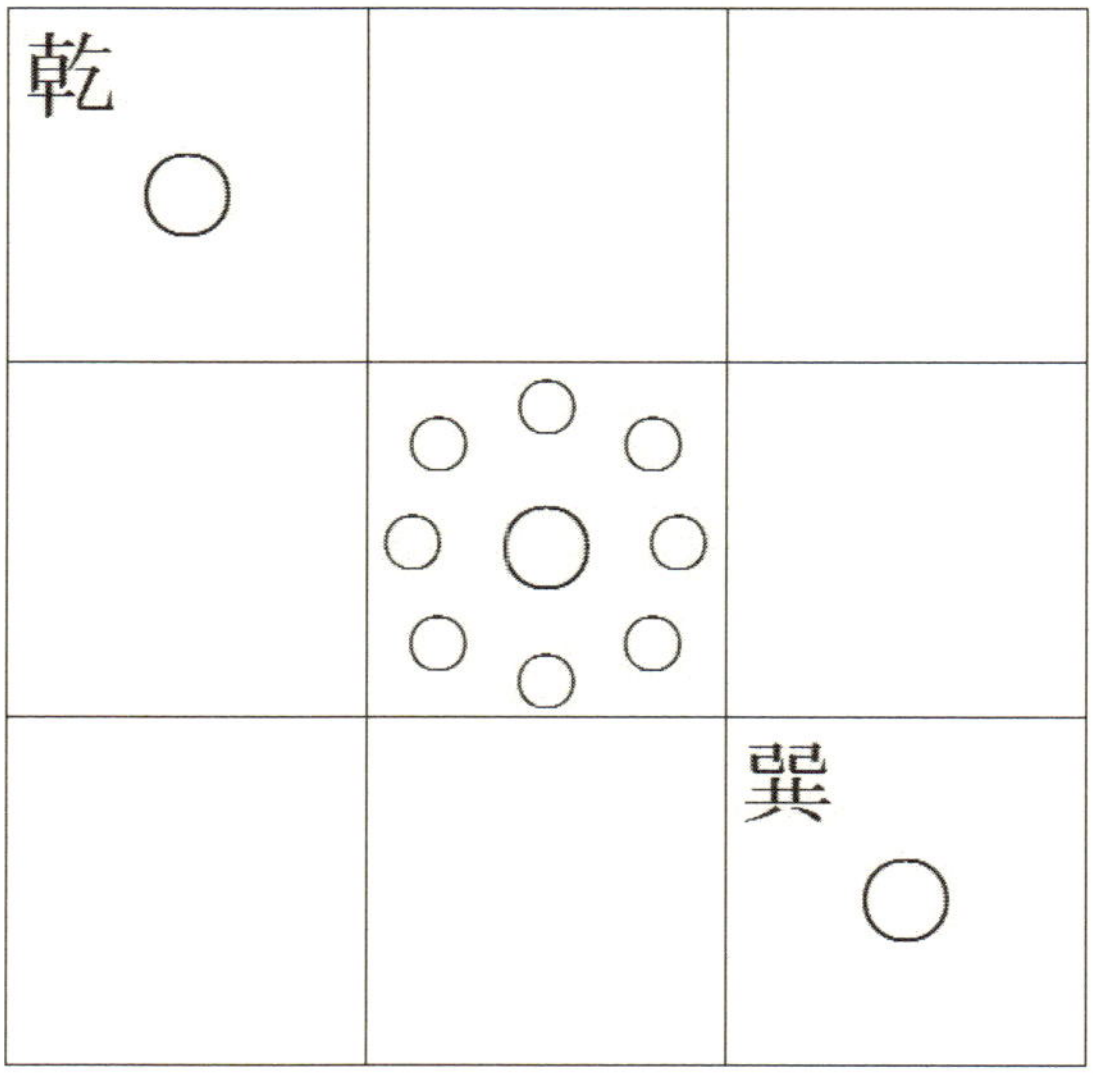

八卦石の完成

八卦石の石組み

風水庭園は限られた空間に小さな風水世界を創造していくものである。その目的としては運気を高めるというものであるが、この庭園では健康運を高めるというものであった。つまり、双星会座の家屋に更なる健康運をもたらすものである。その方法としては炭素埋設による良質な地の気（電子）を家屋の側に取り込むことを狙ったものだ。

庭園というものは、室内南側のリビングから見てその景観を楽しむものだが、風水庭園はそれだけに止まらない。庭園にパワースポットを作るという考え方なので、石に近づいて、その気を体感してもらいたいのだ。健康で一家が円満であるようにとの願いをこのような形で実現したものである。それを受け入れて頂いたのは風水師としての喜びである。

協力　まつもと造園

事例３　五行石

これは広島市北部造園協同組合が開発したものである。栗尾理事長が造園の古文書を解説した石組《いしぐみ》園生《そのう》八重垣《やえがき》伝《でん》解説（上原敬二編）を入手して独自に研究され、その中に五行石というものがあるのに興味を持たれ、現代に甦らせようと同組合で開発に取り組まれた。私はそのマーケティング戦略に係ったものである。

五行石の原点は五星図を元にしている。五星図とは古代中国

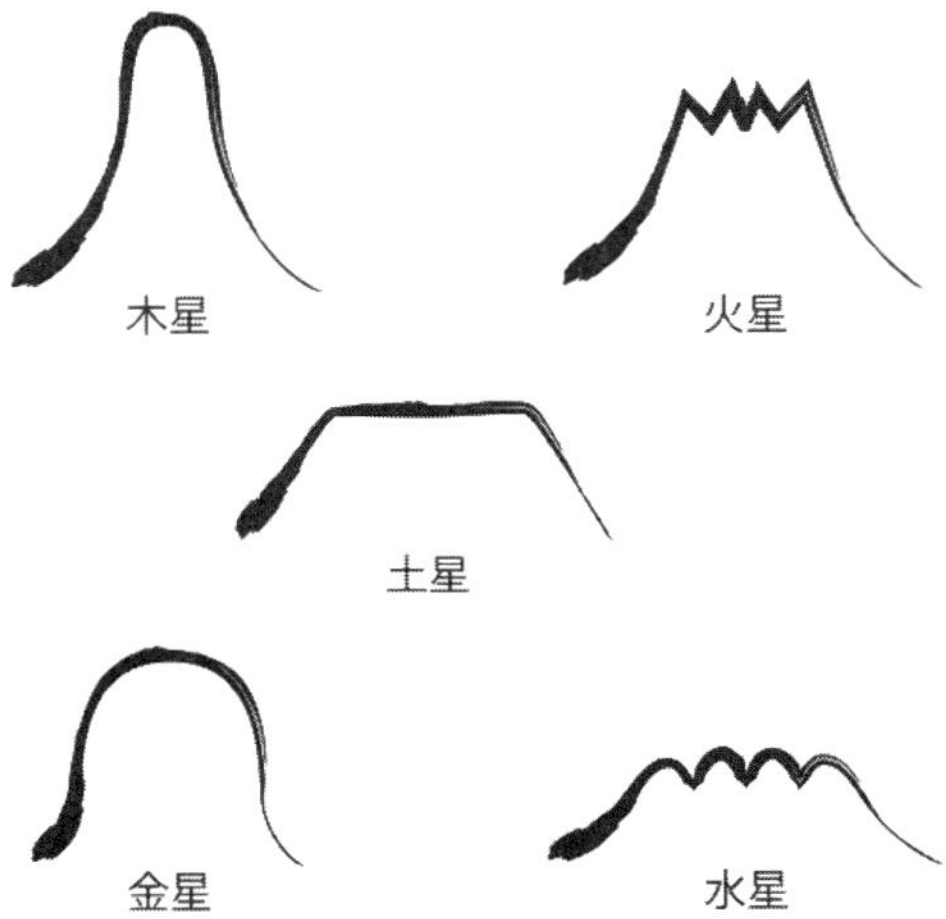

で山の形を木火土金水に分類したものである。すなわち木は高い山とし、火は三角形の山、土は台形の山、金はドーム形の山、水は波形の山としている。

石組園生八重垣伝解説では五行石を説明する中で火形を霊象石とし、庭の守護石に用いるものとし、始めに置く石としている。陰陽両義を分ける石となる。霊象石を仁義礼智信というごとくその五行をよく司る大極石也としている。木形は万形の中心に置く。万物を良く養うものとして大素体胴石という。土形は心体石と名付けているほか、大初石、両儀石とも呼び、他の四つを養う石としている。水形を枝形石として、礼石また大易石、左右上下の枝石なりと書かれている。金形を寄脚石として五行石の軸の石としている。下に置き、上万物を助け一定一決（一つに定まり一つに決まること）としている。

実際の石を五行に配当するのだが、体胴石は最も高いので木形。霊象石は三角形となっているので火形。寄脚石は地雄石ともいうので土形に間違いはない。心体石は低く円形であるゆえに金形だ。枝形石は流れ形に見えるので水形とした。

五行石と形状

体胴石	霊象石	寄脚石	心体石	枝形石
中心石	太極石	地雄石	体初石	大易石
大素石	守護石	信石	両義石	礼石
木形	火形	土形	金形	水形

風水思想が我国に入り、江戸時代になってこのように展開されているのは驚きであった。本書を読み解く

と疑問点が出てきた。つまり、五行石の解説では最初に火形を置くが、本来の五行思想では初めが木形となるのが基本形だ。五行の分類の五常（五徳）についてはは儒教の徳目である、仁・義・礼・智・信を指している。すなわち木が人徳、火が礼徳、土が信徳、金は義徳、水は智徳と位置づけている。

　私はこの形を五星に基づくものと考えたが、その意味については現代的かつ風水的に解釈し、新たに五運という項目を加えたのである。すなわちこの石組みを行うことで、五運が備わることを期待するものだ。造園に現代的な風水の観点を加えて家運の向上をはかりたいと考えている。また、石で囲まれた中心部には炭素を埋設して、パワースポット化すれば理想的である。

国際ガーデンEXPOに出展した五行石

五行と五運

木	火	土	金	水
長方形	三角形	方形	円形	曲形
健康運	愛情運	財運	仕事運	引立運

5　炭素材の活用

(1)炭素埋設による地気の改善

風水は古代中国において、良い気が集まる土地を探し、そこに邸宅や墓地を作ることが行われてきた。我が国でも歴史のある神社や仏閣は風水の良き地に建立されたと言われている。これらの中でも調査してみると、基礎部分には大量の炭を埋設し、柱などを長持ちさせたという。このように炭を使った風水の技術が古代より行われていた。このことを現代に活用させる炭素埋設法が行われている。これは炭素埋設を行って普通の土地を気場（気が集まる場所）にする方法である。

元々この方法は古代中国で陰宅風水の手法として使われていた。それは1972年に湖南省長紗で発見された馬王堆《まおうたい》古墳である。出土品の調査により約2千年前の古墳と判明し、棺の中からは婦人の遺体が見つかった。何とその姿は死後4日くらいの状態で、皮膚には弾力があったと記録されている。棺の周りに5トンもの木炭で囲まれていたことからそれが原因であったのだと結論づけた。

この木炭には酸化還元反応という化学反応がある。酸化というのは物質から電子が取られてしまうこと。還元とは物質が電子を受け取ることだ。金属が錆びるのは酸素がくっつくからで、この酸素を酸化剤と言う。また酸化する時には電子が奪われる。高温で炭素と反応させると金属から酸素が奪われて錆が取れた状態になる。この炭素を還元剤と呼ぶ。還元する時には金属に電子を提供するものだ。食物でも空気中に長時間放置すると腐ってしまうが、これは酸化された状態である。しかし炭素がたくさんあると還元作用が働き、腐りにくい状態になるのだ。馬王堆古墳では土地そのものが風水的に良い状況であったものと想定するが、その上に炭素埋設による効果で遺体が長期間変質しなかったと考えられる。

炭素には電子を発生させる機能は無いのだが、大量の炭素を一カ所に埋設することにより、地中の微弱な電子を集める作用がある。普通の土地を電位測定するとマイナスからプラス150mv（ミリボルト）の範囲である。これを120kgの炭素埋設を行うことにより、半年後には300～400mvもの数値を示すようになる。また、高圧鉄塔近くの家屋では土地の電位差がマイナスとなることが多い。これを炭素埋設によりプラスとなることが実証されている。ところで酸化とは物質から電子が取られた状態を指し、これに対して還元とは物質が電子を受け取ること。鉄などにできる錆は金属が電子を放し酸素と結合して発生する酸化現象だ。大量の炭素埋設を行って地表面に電位を高め、人体などの物質が電子を受け取ることが健康への一つの要素となりうるのである。炭素埋設の効果としてこのほかに庭木の樹勢も良くなるのである。

このことを裏付ける文書として、「謎のカタカムナ文明」阿基米得 著（徳間書店）がある。この中に植物波農法として、大地に木炭を5～6俵埋めて電位を高めることで半径15mがイヤシロチ化されると述べている。ただし、木炭の炭素含有率は70％程度であることから現在、炭素埋設される炭素は炭素含有率98％以上になるような製造方法をとっている。

炭素埋設作用図

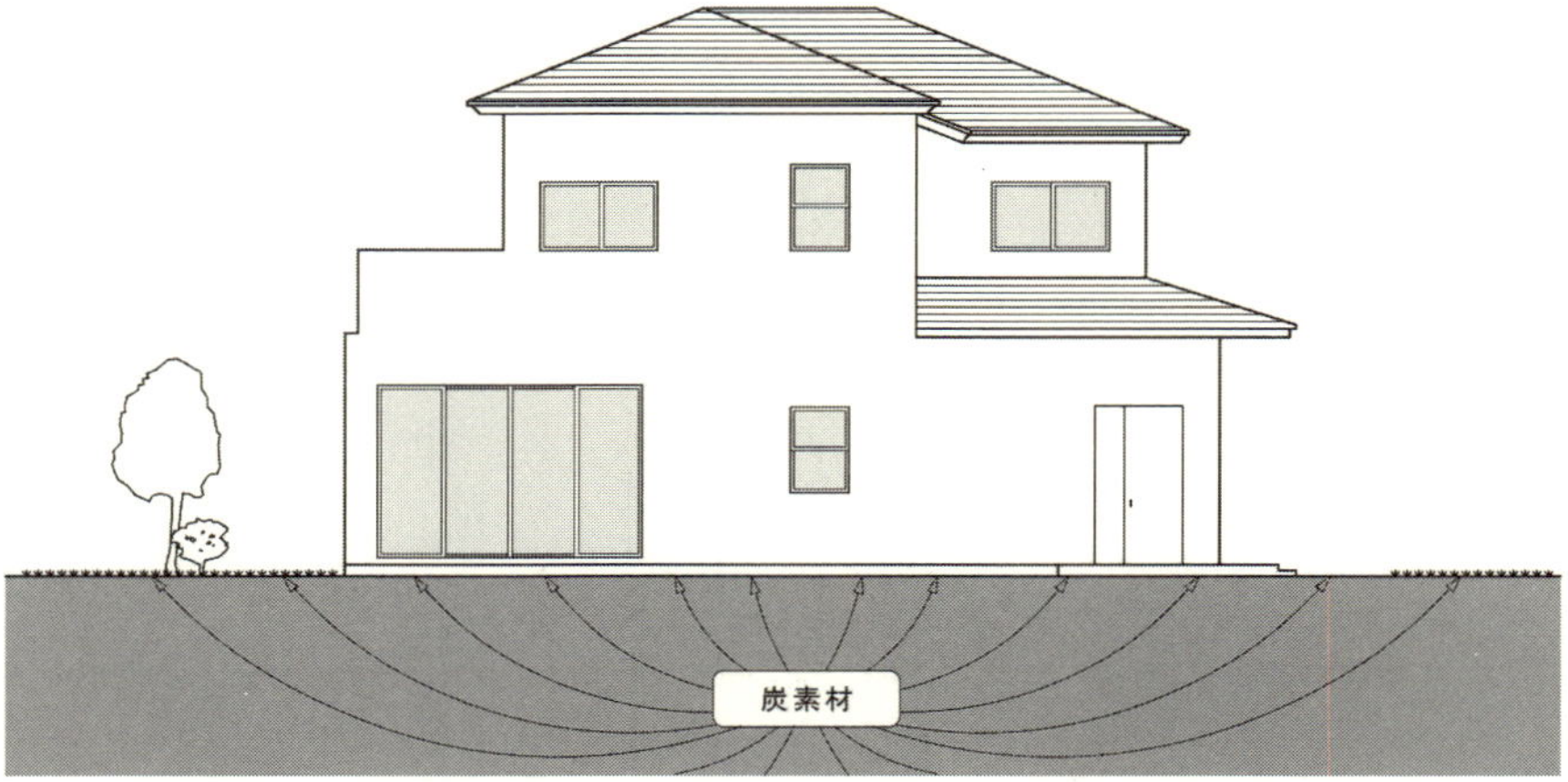

新築住宅に炭素埋設する場合は家屋の中心部に１ｍ角の穴を掘って20kg入りの袋（不織布）を６袋、合計120kgを埋める。

最近の土地は風水的に良好なものは少ないと言われている。元は埋立地であったとか、農地、あるいは傾斜地を埋めた造成地であることが少なくない。このほか、高圧鉄塔が近くにある場合も土地に電子量が少ない。すなわちケカレチ（気が涸れた土地）と言えるのである。このような土地であっても炭素埋設することで、電子量が増えてイヤシロチへと変わるのである。住宅にお金をかけるなら健康づくりに役立つ土地へも費用を投入すべきと考える。

(2)風水の炭「旺気」

炭素埋設ができない住宅物件、例えばマンションには置き炭「旺気」を勧めている。特に高層マンションの場合、地の気は全く期待できないことはいうまでもない。そこで「旺気」を気になる場所に設置して室内を調整するのである。

炭の化学的な効能としては、①調湿効果 ②脱臭効果 ③マイナスイオン効果 ④電磁波減衰効果 ⑤酸

炭素埋設の様子

風水の炭「旺気」

化還元電位効果があると言われている。

炭は多孔質でいくつもの空洞があることから調湿効果や消臭効果が有効であると昔から伝えられてきた。このほか③から⑤の効果についてはメーカーによる調査結果がある。

高層マンションの27階の室内で波動を周波数として測定したもので、ドイツ製のデジタルレヨメータを使った計測では、設置前に10.3ヘルツあったものが、5kgの炭素材を寝室に設置すると0.0ヘルツと軽減した。これは、室内の波動が低くなったことを物語っている。つまり波動が高いことは落ち着かない環境であるが、炭素材を設置したことにより、波動が低下したことで良好な環境が得られたことになる。

最近では、IH（電磁調理器）が増加しているが、調理時における電磁波の影響が無いとは言えない。そのことからガス調理器の方が望ましいのだが、IHを使用せざるを得ない場合は近くに風水の炭「旺気」を設置することを勧めている。電磁波の発生は炭塗料を塗布した箱で覆わないと消失することは無いが、減衰することにはつながるのである。

素材としては備長炭も良いのだが、炭素材との違いは表面積の差である。つまり表面積が大きいと効果が高いということにほかならず、紛体であれば5kgで済むものが、備長炭であれば相当数が必要と考えられる。

炭を五行で分類すると土になる。木生火、火生土の関係であることから理解されよう。玄空風水で失運の数字が重なった場合、五行で調整するといっても吉になる訳ではない。例えば23や24の場合である。3木2土で木剋土となる。4木2土も同じ。このような場合、火を入れて木生火、火生土とし剋の関係を解いたとしても凶でなくなるが、吉になる訳ではないというものである。ということから居住空間であれば室内の気を高めるために炭を活用するのを勧めたい。

第七運、八運、九運玄空盤象意一覧表

第七運玄空盤一覧表

飛星盤	座山の角度	座向の角度	格局
壬山丙向	337.5～352.5	157.5～172.5	双星会向
子山午向	352.5～7.5	172.5～187.5	双星会座(山星合十)
癸山丁向	7.5～22.5	187.5～202.5	双星会座(山星合十)
丑山未向	22.5～37.5	202.5～217.5	双星会向
艮山坤向	37.5～52.5	217.5～232.5	双星会座
寅山申向	52.5～67.5	232.5～247.5	双星会座
甲山庚向	67.5～82.5	247.5～262.5	上山下水
卯山酉向	82.5～97.5	262.5～277.5	旺山旺向 （反吟）
乙山辛向	97.5～112.5	277.5～292.5	旺山旺向 （反吟）
辰山戌向	112.5～127.5	292.5～307.5	旺山旺向(水星入囚)
巽山乾向	127.5～142.5	307.5～322.5	上山下水(水星入囚)
巳山亥向	142.5～157.5	322.5～337.5	上山下水(水星入囚)
丙山壬向	157.5～172.5	337.5～352.5	双星会座
午山子向	172.5～187.5	352.5～7.5	双星会向(水星合十)
丁山癸向	187.5～202.5	7.5～22.5	双星会向(水星合十)
未山丑向	202.5～217.5	22.5～37.5	双星会座
坤山艮向	217.5～232.5	37.5～52.5	双星会向
申山寅向	232.5～247.5	52.5～67.5	双星会向
庚山甲向	247.5～262.5	67.5～82.5	上山下水
酉山卯向	262.5～277.5	82.5～97.5	旺山旺向(反吟)
辛山乙向	277.5～292.5	97.5～112.5	旺山旺向(反吟)
戌山辰向	292.5～307.5	112.5～127.5	旺山旺向(山星入囚)
乾山巽向	307.5～322.5	127.5～142.5	上山下水(山星入囚)
亥山巳向	322.5～337.5	142.5～157.5	上山下水(山星入囚)

第七運　　壬山丙向　　格局　双星会向

乾宮 41 / 八	坎宮 86 / 三	艮宮 68 / 一
4木1水　得運 文昌方位 文才学業、試験合格、子女聡明。美女、生家を離れて成功する。 書斎、子供部屋に最適。寝室にも良い。ここがトイレ、浴室、キッチンだと清潔に保つ。	8土6金　得運 健康運大吉 福徳、事務職は出世、不動産による富、蓄財、慈父と親孝行の息子。 寝室、子供部屋に最適。盆石かクラスター水晶を置くと健康運が増進する。	6金8土　得運 財運大吉 文武両道、不動産による富、地位と名声、子供が活躍。 玄関、リビングに最適。水槽または噴水を置いて財運を向上させる。
兌宮 59 / 九	**中宮 32 / 七**	**震宮 14 / 五**
5土9火　得運 健康運大凶、財運吉 財運好調、教育者、聡明な女性。奇才の人、財産家。 玄関、リビングに適す。9が五黄を強めるので金属の瓢箪を使って化解する。玄関なら金属の風水尺も良い。	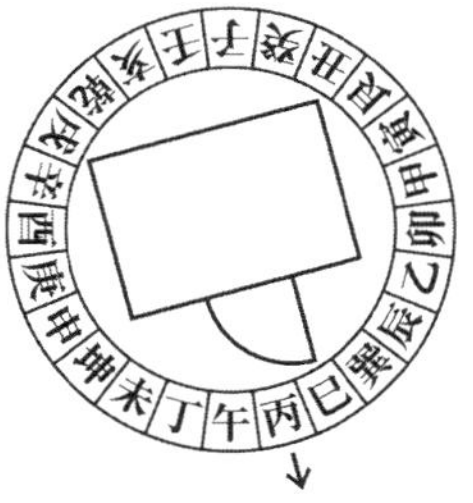	1水4木　得運 文昌方位 文才学業、名士、文章で名声、賞賛、出世、生家を離れて成功する。 書斎、子供部屋が最適。寝室にも良い。トイレ、浴室、キッチンがあると良くない。清潔に保つ。
坤宮 95 / 四	**離宮 77 / 二**	**巽宮 23 / 六**
9火5土　得運 健康運吉、財運大凶 地位と名誉、不動産による富、優秀な子が生まれる。家族が多い。 寝室、子供部屋に適す。火生土と五黄が強まる。金属の瓢箪を使って化解する。	7金7金　失運 健康運、財運共に凶 予想外の出費、舌禍、多情、交通事故、強盗。 玄関は凶。財運が流出する。五行で7は金だから、静水となる水盤を置く。玄関であれば黒か紺色の玄関マットを敷く。	2土3木　失運 健康運、財運共に凶 長男不調、トラブル、官災、舌禍、婦女へ暴力、多病。 トイレ、浴室、キッチンが適す。寝室、リビング、子供部屋であるなら「風水の炭」を置いて気を高める。

<table>
<tr><td colspan="6">第七運　子山午向・癸山丁向　格局　双星会座（山星合十）</td></tr>
<tr><td rowspan="2">乾宮</td><td>23</td><td rowspan="2">坎宮</td><td>77</td><td rowspan="2">艮宮</td><td>95</td></tr>
<tr><td>八</td><td>三</td><td>一</td></tr>
<tr><td colspan="2">2土3木　失運
健康運、財運共に凶
長男不調、トラブル、官災、舌禍、婦女への暴力、多病。トイレ、浴室、キッチンが適す。居住空間なら「風水の炭」を置く。</td><td colspan="2">7金7金　失運
健康運、財運共に凶
予想外の出費、舌禍、多情、交通事故、強盗、出血。怪我。五行で7は金なので、金を弱めるには静水となる水盤を置く。玄関だと黒か紺色のマットを敷くのも良い。</td><td colspan="2">9火5土　得運
健康運吉、財運大凶
地位と名誉、不動産運、優秀な子が生れる。大家族。居住空間は可。9火生5土と五黄が強まる。そこで八運の間は金属の瓢箪を使って化解する。</td></tr>
<tr><td rowspan="2">兌宮</td><td>14</td><td rowspan="2">中宮</td><td>32</td><td rowspan="2">震宮</td><td>59</td></tr>
<tr><td>九</td><td>七</td><td>五</td></tr>
<tr><td colspan="2">1水4木　得運
文昌方位
文才学業、名士、文章で名声、賞賛、出世。
書斎、子供部屋に適す。寝室にも良い。吉方位。一方、ここがトイレや浴室、キッチンがあると酒色で失敗の恐れあり。木の瓢箪を置く。</td><td colspan="2">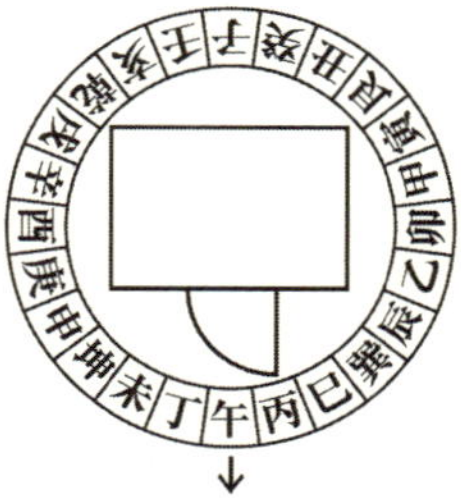
</td><td colspan="2">5土9火　得運
健康運大凶、財運吉
教育者、美人、貴婦人、聡明な女子、奇才の人。
9火生5土となって五黄が強まり良くない。金属の瓢箪を使って化解する。</td></tr>
<tr><td rowspan="2">坤宮</td><td>68</td><td rowspan="2">離宮</td><td>86</td><td rowspan="2">巽宮</td><td>41</td></tr>
<tr><td>四</td><td>二</td><td>六</td></tr>
<tr><td colspan="2">6金8土　得運
財運大吉
文武両道、不動産での富、地位と名声、子供が活躍。玄関、リビングに最適。水槽または噴水を置いて発財。トイレ、浴室、キッチンだと吉運が無くなる。その場合は木の瓢箪を置く。</td><td colspan="2">8土6金　得運
健康運大吉
福徳、事務職は出世、不動産による富、蓄財、慈父と親孝行の息子。
寝室に最適。リビングでも良い。盆石かクラスター水晶を置いて健康運を高める。</td><td colspan="2">4木1水　得運
文昌方位
文才学業、試験合格、子女聡明、生家を離れて成功。
書斎、子供部屋に適す。寝室にも良い。</td></tr>
</table>

第七運　丑山未向　格局　双星会向

乾宮 23 / 八	坎宮 68 / 三	艮宮 41 / 一
2土3木　失運 健康運、財運共に凶 長男不調、トラブル、官災、舌禍、婦女への暴力、多病。トイレ、浴室、キッチンに適す。居住空間だと「風水の炭」を置いて気を高める。	6金8土 得運 財運大吉 文武両道、不動産による富、地位と名声、子供が活躍。玄関、リビングに最適。水槽または噴水を置いて財運を向上させる。	4木1水　得運 文昌方位 文才学業、試験合格、子女聡明。美女、生家を離れて成功する。 書斎、子供部屋に最適。寝室や玄関にも良い。トイレ、浴室、キッチンだと木の瓢箪を置く。
兌宮 32 / 九	中宮 14 / 七	震宮 86 / 五
3木2土　失運 健康運、財運共に凶 争いで怪我、家庭不和、官災、破財、舌禍、不動産トラブル。 トイレ、浴室、キッチンに適す。居住空間であれば「風水の炭」を置いて気を高める。	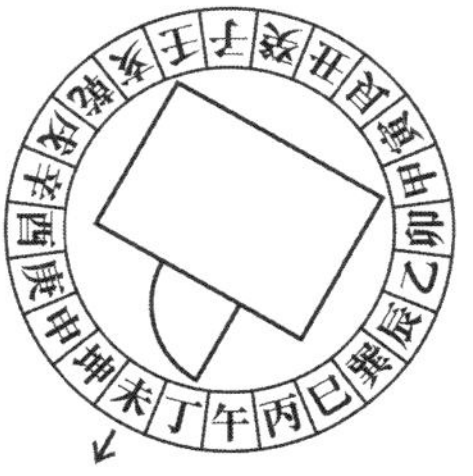	8土6金　得運 健康運大吉 福徳、事務職は出世、不動産による富、蓄財、慈父と親孝行の息子。 寝室、子供部屋に最適。盆石またはクラスター水晶を置くと健康運が増進する。
坤宮 77 / 四	離宮 59 / 二	巽宮 95 / 六
7金7金　失運 健康運、財運共に凶 予想外の出費、舌禍、多情、交通事故、強盗。 水周りに適す。玄関は凶。玄関や居住空間として使用するなら、五行で7は金なので、水盤を置いて洩らす。あるいは黒か紺色を使う。	5土9火　得運 健康運大凶、財運吉 教育者、美人、聡明な女性。奇才の人、財産家。 玄関、リビングに適す。9が五黄を強めるので、金属の瓢箪を使って化解する。	9火5土　得運 健康運吉、財運大凶 地位と名誉、不動産による富、優秀な子が生まれる、家族が多い。 寝室、子供部屋に適す。火生土と五黄が強まるので金属の瓢箪を使って化解する。

第七運　艮山坤向・寅山申向　格局 双星会座

乾宮 95 / 八	坎宮 59 / 三	艮宮 77 / 一
9火5土　得運 健康運吉、財運大凶 地位と名誉、不動産による富、優秀な子が生まれる。家族が多い。 寝室、子供部屋に適す。火生土と五黄が強まるので金属の瓢箪を使って化解する。	5土9火　得運 健康運大凶、財運吉 教育者、美人、聡明な女性。奇才の人、財産家。 玄関、リビングに適す。9が五黄を強めるので、金属の瓢箪を使って化解する。	7金7金　失運 健康運、財運共に凶 予想外の出費、舌禍、多情、交通事故、強盗。 水周りに適す。居住空間として使用するなら、五行で7は金なので、水盤を置いて洩らす。
兌宮 86 / 九	中宮 14 / 七	震宮 32 / 五
8土6金　得運 健康運大吉 福徳、事務職は出世、不動産による富、蓄財、慈父と親孝行の息子。 寝室、子供部屋に最適。盆石かクラスター水晶を置くと健康運が増進する。		3木2土　失運 健康運、財運共に凶 争いで怪我、家庭不和、官災、破財、舌禍、不動産トラブル。 トイレ、浴室、キッチンに適す。居住空間であれば「風水の炭」を置いて気を高める。
坤宮 41 / 四	離宮 68 / 二	巽宮 23 / 六
4木1水　得運 文昌方位 文才学業、試験合格、子女聡明。美女、生家を離れて成功する。 書斎、子供部屋に最適。寝室や玄関にも良い。水槽か噴水を置くと財運が高まる。	6金8土　得運 財運大吉 文武両道、不動産による富、地位と名声、子供が活躍。 玄関、リビングに最適。水槽または噴水を置いて財運を向上させる。	2土3木　失運 健康運、財運共に凶 長男不調、トラブル、官災、舌禍、婦女への暴力、多病。 トイレ、浴室、キッチンが適す。居住空間だと「風水の炭」を置いて気を高める。

<table>
<tr><th colspan="6">第七運　甲山庚向　格局　上山下水</th></tr>
<tr><td rowspan="2">乾宮</td><td>61</td><td rowspan="2">坎宮</td><td>15</td><td rowspan="2">艮宮</td><td>83</td></tr>
<tr><td>八</td><td>三</td><td>一</td></tr>
<tr><td colspan="2">6金1水　得運
文昌方位
文才、試験合格、出世、法律家、清廉潔白、紳士。
書斎、子供部屋に最適。寝室にも良い。トイレや、浴室、キッチンの場合は木の瓢箪を置いて化解する。</td><td colspan="2">1水5土　得運
健康運小吉、財運大凶
聡明な男子、子供に恵まれる、発明家。
五黄が一白を剋している。金属の瓢箪を置いて化解すれば居住空間として使える。</td><td colspan="2">8土3木　得運
健康運大吉
不動産による富、権力が高まる、自立心、聡明な男子。
盆石またはクラスター水晶を置くと健康運が高まる。寝室には最適。書斎や子供部屋にも良い。</td></tr>
<tr><td rowspan="2">兌宮</td><td>72</td><td rowspan="2">中宮</td><td>59</td><td rowspan="2">震宮</td><td>37</td></tr>
<tr><td>九</td><td>七</td><td>五</td></tr>
<tr><td colspan="2">7金2土　失運
健康運、財運共に凶
好色、火災、女性不和、暗い家庭、肺病、口の病気。トイレ、浴室、キッチンに適す。玄関なら凶。移動を検討する。居住空間なら「風水の炭」を置いて気を高める。</td><td colspan="2">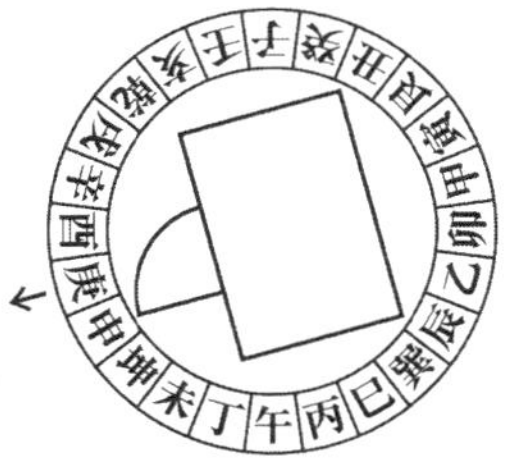</td><td colspan="2">3木7金　失運
健康運、財運共に凶
官災、盗難、舌禍、酒色に溺れる、不倫、血症。
トイレ、浴室、キッチンがあると良い。居住空間として使用するなら「風水の炭」を置いて気を高める。</td></tr>
<tr><td rowspan="2">坤宮</td><td>26</td><td rowspan="2">離宮</td><td>94</td><td rowspan="2">巽宮</td><td>48</td></tr>
<tr><td>四</td><td>二</td><td>六</td></tr>
<tr><td colspan="2">2土6金　失運
健康運、財運共に凶
夫婦不和、官災、主人が多病、精神不安、神経質。
トイレ、浴室、キッチンに適す。居住空間として使用するなら、気を高めるため「風水の炭」を置く。</td><td colspan="2">9火4木　得運
健康運吉、財運凶
文才、高学歴、長男が貴子を得る、家庭円満、慶事。
寝室や書斎、子供部屋に向く。トイレ、浴室、キッチンには不適。木の瓢箪を置いて化解する。</td><td colspan="2">4木8土　得運
財運大吉
不動産運、賢夫人、静かな人、篤志家、親孝行。
玄関、リビングに最適。水槽か噴水を置いて財運を高める。</td></tr>
</table>

第七運　卯山酉向・乙山辛向　格局　旺山旺向（反吟）

乾宮　48　八

4木8土　得運
健康運凶、財運大吉
不動産運、賢夫人、静かな人、篤志家、親孝行。
玄関、リビングに最適。
水槽または噴水を置いて財運を高める。

坎宮　94　三

9火4木　得運
健康運吉、財運凶
文才、高学歴、長男が優秀な子を授かる、家庭円満、慶事。
寝室や書斎、子供部屋に向く。

艮宮　26　一

2土6金　失運
健康運、財運共に凶
夫婦不和、官災、主人が多病、精神不安、神経質。
トイレ、浴室、キッチンに適す。居住空間として使用するなら、気を高めるため「風水の炭」を置く

兌宮　37　九

3木7金　失運
健康運、財運共に凶
官災、盗難、舌禍、酒色に溺れる、不倫、血症。トイレ、浴室、キッチンがあると良い。
玄関には不利。財運が流出する。水盤か黒い玄関マットを敷く。

中宮　59　七

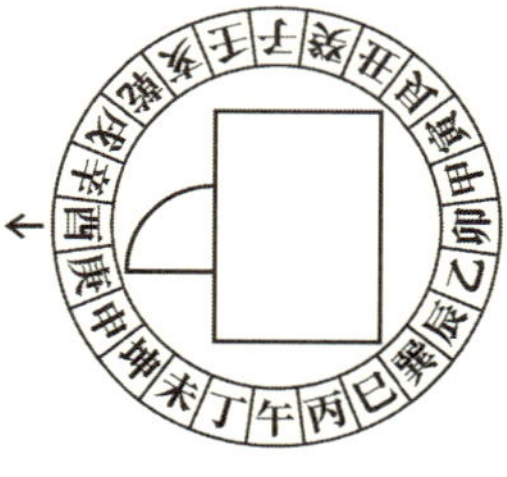

震宮　72　五

7金2土　失運
健康運、財運共に凶
好色、火災、女性不和、暗い家庭、肺病、口の病気。トイレ、浴室、キッチンがあると良い。居住空間として使用するなら「風水の炭」を置く。

坤宮　83　四

8土3木　得運
健康運大吉
不動産による富、権力が高まる、自立心、聡明な男子。
寝室には最適。書斎や子供部屋にも良い。盆石またはクラスター水晶を置くと健康運が高まる。

離宮　15　二

1水5土　得運
健康運小吉、財運大凶
聡明な男子、子供に恵まれる、発明家。
五黄が一白を剋しているので金属の瓢箪を使って化解すれば居住空間として使える。

巽宮　61　六

6金1水　得運
文昌方位
文才、試験合格、出世、法律家、清廉潔白、紳士。書斎、子供部屋に最適。玄関にも良い。トイレや、浴室、キッチンだと木の瓢箪を置いて化解する。

第七運　辰山戌向　格局　旺山旺向(水星入囚)		
乾宮　57　八	坎宮　13　三	艮宮　35　一
5土7金　失運 健康運大凶、財運凶 舌禍、官災、酒色で破財、不動産の争い、少女多病。納戸、トイレ、浴室、キッチンに適す。玄関なら財運の流出。水盤を置いて金生水と化解する。	1水3木　得運 健康運小吉、財運凶 長男が有能。一家安泰、創業、試験合格。 居住空間に適す。トイレや浴室、キッチンには不適。清潔に保つ。	3木5土　失運 健康運凶、財運大凶 ギャンブルで失財、不測の禍。交通事故、中毒。 八運の期間は水星入囚となるので、中宮の水星8をサポートするため東北に水槽または噴水を設置する。
兌宮　46　九	中宮　68　七	震宮　81　五
4木6金　失運 健康運、財運共に凶 家庭不和、長女が怪我、苦労、官災、盗難。 トイレ、浴室、キッチンに適す。居住空間であると「風水の炭」を置いて気を高める。	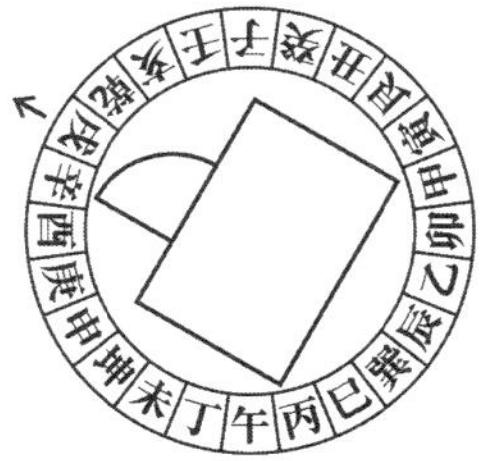	8土1水　得運 健康運大吉、財運小吉 文才学業、事務職は昇進、事業で成功、不動産運吉。寝室、子供部屋に適す。盆石かクラスター水晶を置くと健康運が高まる。水周りは不適。木の瓢箪を置いて化解する。
坤宮　92　四	離宮　24　二	巽宮　79　六
9火2土　得運 健康運吉、財運凶 文才、聡明な子、家族が多い、名声、昇進、事業発展。寝室、子供部屋に適す。クラスター水晶または盆石を置くと健康運が高まる。	2土4木　失運 健康運、財運共に凶 失財、母と娘の不和、暗い家庭、不動産のトラブル。トイレ、浴室、キッチンに適す。居住空間だと「風水の炭」を置いて気を高める。	7金9火　得運 健康運凶、財運吉 美人、改革、明るい家庭。 玄関、リビングであると良い。水槽または噴水を置くと財運が高まる。

第七運　巽山乾向・巳山亥向　格局　上山下水(水星入囚)

乾宮 79 / 八	坎宮 24 / 三	艮宮 92 / 一
7金9火　得運 健康運凶、財運吉 美人、改革、明るい家庭。玄関、リビングであると良い。水槽または噴水を置いて財運を高める。	2土4木　失運 健康運、財運共に凶 失財、母と娘の不和、暗い家庭、不動産のトラブル。トイレ、浴室、キッチンに適す。居住空間だと「風水の炭」を置いて気を高める。	9火2土　得運 健康運吉、財運凶 文才、聡明な子、家族が多い、事業発展、名声、昇進。八運の期間中は水星入囚となるので、中宮の水星8をサポートするため東北に水槽または噴水を設置する。
兌宮 81 / 九	**中宮 68 / 七**	**震宮 46 / 五**
8土1水　得運 健康運大吉、財運小吉 文才学業、事務職は昇進、事業で成功、不動産運吉。寝室、子供部屋に適す。盆石かクラスター水晶を置くと健康運が高まる。水周りは不適。清潔に保つ。		4木6金　失運 健康運、財運共に凶 家庭不和、長女が怪我、苦労、官災、盗難。トイレ、浴室、キッチンが適す。居住空間なら「風水の炭」を置いて気を高める。
坤宮 35 / 四	**離宮 13 / 二**	**巽宮 57 / 六**
3木5土　失運 健康運凶、財運大凶 ギャンブルで失財、不測の禍。交通事故、中毒。納戸、トイレ、浴室、キッチンに適す。居住空間なら金属の瓢箪を使って化解する。	1水3木　得運 健康運小吉、財運凶 長男が有能。一家安泰、創業、試験合格。居住空間に適す。トイレや浴室、キッチンには不適。木の瓢箪を置いて化解する。	5土7金　失運 健康運大凶、財運凶 舌禍、官災、酒色で破財、不動産の争い、少女多病。納戸、トイレ、浴室、キッチンに適す。玄関や居住空間なら不利。

第七運　丙山壬向　格局 双星会座		
乾宮　14 / 八	坎宮　68 / 三	艮宮　86 / 一
1水4木　得運 文昌方位 文才学業、名士、文章で名声、賞賛、出世。 書斎、子供部屋に適す。寝室にも良い。吉方位。一方、ここがトイレや浴室、キッチンがあると良くない。木の瓢箪を置いて化解する。	6金8土　得運 財運大吉 文武両道、不動産での富、地位と名声、子供が活躍。 玄関、リビングに最適。水槽または噴水を置いて財運を高める。トイレ、浴室、キッチンなら木の瓢箪を置く。	8土6金　得運 健康運大吉 福徳、事務職は出世、不動産による富、蓄財、慈父と親孝行息子。 寝室に最適。子供部屋でも良い。盆石かクラスター水晶を置いて健康運を高める。
兌宮　95 / 九	中宮　23 / 七	震宮　41 / 五
9火5土　得運 健康運吉、財運大凶 地位と名誉、不動産運、優秀な子を授かる。家族が増える。寝室に適すが、火生土となって五黄が強まり良くない。金属の瓢箪を置いて化解する。	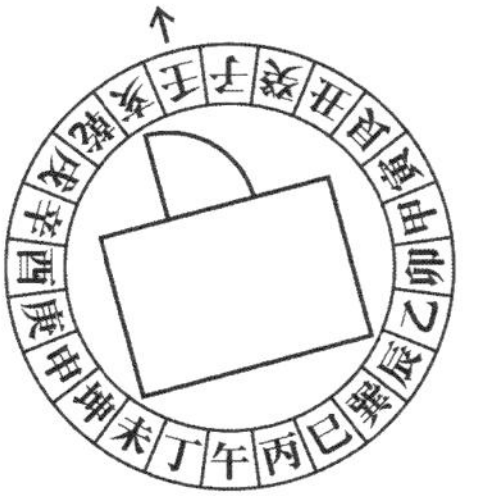	4木1水　得運 文昌方位 文才学業、試験合格、子女聡明、生家を離れて成功。 書斎、子供部屋に適す。寝室にも良い。水周りの場合は木の瓢箪を置いて化解する。
坤宮　59 / 四	離宮　77 / 二	巽宮　32 / 六
5土9火　得運 健康運大凶、財運吉 教育者、美人、貴婦人、聡明な女子、奇才の人。 リビングに適す。しかし火生土となっては五黄が強まり良くない。金属の瓢箪を置いて化解する。	7金7金　失運 健康運、財運共に凶 予想外の出費、舌禍、多情、事故、強盗、出血。 水周りに適す。玄関や居住空間であれば金を洩らすための水盤を置く。玄関だと黒か紺色のマットでも良い。	3木2土　失運 健康運、財運共に凶 争いで怪我、家庭不和、官災、破財、舌禍、不動産トラブル。 トイレ、浴室、キッチンに適す。逆に居住空間であると「風水の炭」を置いて気を高める。

第七運　午山子向・丁山癸向　格局　双星会向(水星合十)

乾宮 32 八	坎宮 77 三	艮宮 59 一
3木2土　失運 健康運、財運共に凶 争いで怪我、家庭不和、官災、破財、舌禍、不動産トラブルの発生。トイレ、浴室、キッチンに適す。居住空間なら「風水の炭」を置いて気を高める。	7金7金　失運 健康運、財運共に凶 予想外の出費、舌禍、多情、交通事故、強盗、出血。怪我。 玄関があると財運の流出。七赤金を弱めるために静水である水盤を置く。黒か紺色のマットを敷くのも良い。	5土9火 得運 健康運大凶、財運吉 教育者、美人、貴婦人、聡明な女子、奇才の人。 玄関、居住空間であるならば五黄対策として金属の瓢箪を置く。
兌宮 41 九	中宮 23 七	震宮 95 五
4木1水　得運 文昌方位 文才学業、試験合格、子女聡明、生家を離れて成功。書斎、子供部屋に最適。寝室や玄関にも良い。水周りなら木の瓢箪を置く。	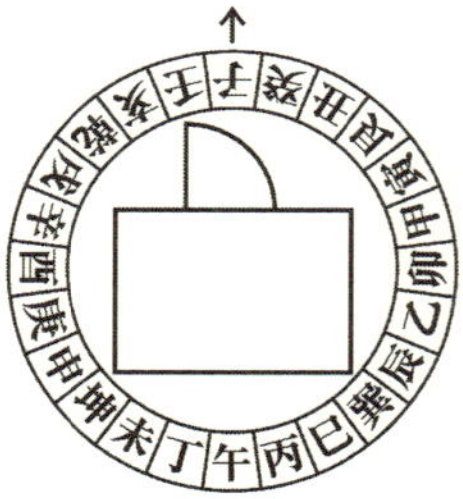	9火5土　得運 健康運吉、財運大凶 地位と名誉、不動産による富、優秀な子が生まれる、家族が多い。 居住空間なら金属の瓢箪を置いて化解する。
坤宮 86 四	離宮 68 二	巽宮 14 六
8土6金　得運 健康運大吉 福徳、事務職は出世、不動産による富、蓄財、慈父と親孝行息子。 寝室に最適。リビングでも良い。盆石またはクラスター水晶を置いて健康運を高める。	6金8土　得運 財運大吉 文武両道、不動産での富、地位と名声、子供が活躍。 玄関、リビングに最適。水槽または噴水を置いて財運を高める。トイレ、浴室、キッチンは不適。木の瓢箪を置く。	1水4木　得運 文昌方位 文才学業、名士、文章で名声、賞賛、出世。 書斎、子供部屋に適す。寝室にも良い。一方、ここがトイレや浴室、キッチンがあると吉運を失う。木の瓢箪を置いて化解する。

第七運　未山丑向　格局　双星会座		
乾宮　32／八	坎宮　86／三	艮宮　14／一
3木2土　失運 健康運、財運共に凶 争いで怪我、家庭不和、官災、破財、舌禍、不動産トラブル。 トイレ、浴室、キッチンに適す。逆に居住空間であると「風水の炭」を置いて気を高める。	8土6金　得運 健康運大吉 福徳、事務職は出世、不動産運、蓄財、慈父と親孝行の息子。 寝室に最適。盆石かクラスター水晶を置くと健康運が増進する。	1水4木　得運 文昌方位 文才学業、名士、文章で名声、賞賛、出世、生家を離れて成功する。 書斎、子供部屋に適す。寝室にも良い。玄関には不適。もし、水周りだと木の瓢箪を置く。
兌宮　23／九	中宮　41／七	震宮　68／五
2土3木　失運 健康運、財運共に凶 長男不調、トラブル、官災、舌禍、婦女へ暴力、多病。 トイレ、浴室、キッチンが適す。居住空間であれば「風水の炭」を置いて気を高める。	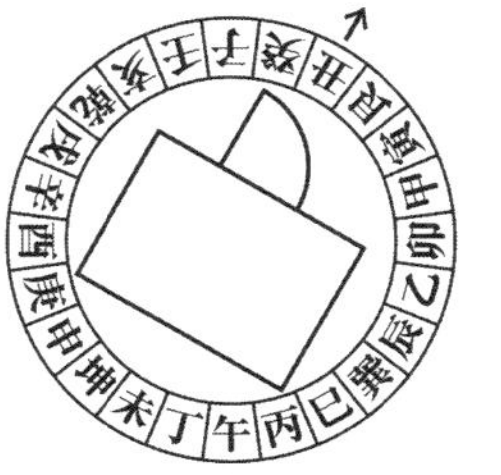 	6金8土　得運 財運大吉 文武両道、不動産の富、地位と名声、子供が活躍。 玄関、リビングに最適。水槽か噴水を置いて財運を向上させる。
坤宮　77／四	離宮　95／二	巽宮　59／六
7金7金　失運 健康運、財運共に凶 予想外の出費、舌禍、多情、事故、強盗、出血。 水周りに適す。玄関や居住空間であれば金を洩らすための水盤を置く。玄関だと黒か紺色のマットでも良い。	9火5土　得運 健康運吉、財運大凶 地位と名誉、不動産運、貴子が出生、家族が増える。 寝室に適すが、火生土となって五黄が強まり良くない。金属の瓢箪を使って化解する。	5土9火　得運 健康運大凶、財運吉 教育者、美人、貴婦人、聡明な女子、奇才の人。 リビングに適す。しかし火生土となっては五黄が強まり良くない。金属の瓢箪を置いて化解する。

第七運　坤山艮向・申山寅向　格局　双星会向		
乾宮　59　八	坎宮　95　三	艮宮　77　一
5土9火　得運 健康運大凶、財運吉 教育者、美人、聡明な女性。奇才の人、財産家。 玄関、リビングに適す。9が五黄を強めるので、金属の瓢箪を置いて化解する。	9火5土　得運 健康運吉、財運大凶 地位と名誉、不動産による富、貴子が生まれる、家族が多い。 寝室、子供部屋に適す。五黄を弱めるため金属の瓢箪を置いて化解する。	7金7金　失運 健康運、財運共に凶 予想外の出費、舌禍、多情、交通事故、強盗。 水周りに適す。玄関は財運の流出。黒か紺色のマットを敷く。または水盤を置いて七赤金を洩らす。
兌宮　68　九	中宮　41　七	震宮　23　五
6金8土　得運 財運大吉 文武両道、不動産による富、地位と名声、子供が活躍。 玄関、リビングに最適。水槽か噴水を置いて財運を向上させる。		2土3木　失運 健康運、財運共に凶 長男不調、トラブル、官災、舌禍、婦女へ暴力、多病。 トイレ、浴室、キッチンが適す。居住空間だと「風水の炭」を置いて気を高める。
坤宮　14　四	離宮　86　二	巽宮　32　六
1水4木　得運 文昌方位 文才学業、名士、名声、賞賛、出世、生家を出て成功。 書斎、子供部屋に適す。寝室にも良い。一方、ここがトイレ、浴室、キッチンだと木の瓢箪を置いて化解する。	8土6金　得運 健康運大吉 福徳、事務職は出世、不動産による富、蓄財、慈父と親孝行の息子。 寝室、子供部屋に最適。盆石かクラスター水晶を置くと健康運が増進する。	3木2土　失運 健康運、財運共に凶 争いで怪我、家庭不和、官災、破財、舌禍、不動産トラブル。 トイレ、浴室、キッチンに適す。居住空間であれば「風水の炭」を置いて気を高める。

第七運　庚山甲向　格局　上山下水		
乾宮　16 八	坎宮　51 三	艮宮　38 一
1水6金　得運 文昌方位 文武両道、中年は財を得る、長寿、富貴、万事如意。書斎、子供部屋に適す。ここにトイレ、浴室、キッチンがあると凶。この場合は清潔に保つ。	5土1水　得運 健康運大凶、財運小吉 八運において一白は進気で、まだ五黄の悪影響が強い。居住空間であれば金属の瓢箪を置いて化解する。	3木8土　得運 財運大吉 文才学業、聡明な子、子供に恵まれる、不動産収入で利益。玄関、リビングに適す。水槽または噴水を置いて財運を高める。
兌宮　27 九	坎宮　95 七	震宮　73 五
2土7金　失運 健康運、財運共に凶 27は先天八卦で火。火災、口舌で失敗という象意あり。そのほか男女問題。 水周りに適す。居住空間ならクラスター水晶または「風水の炭」を置いて化解する。	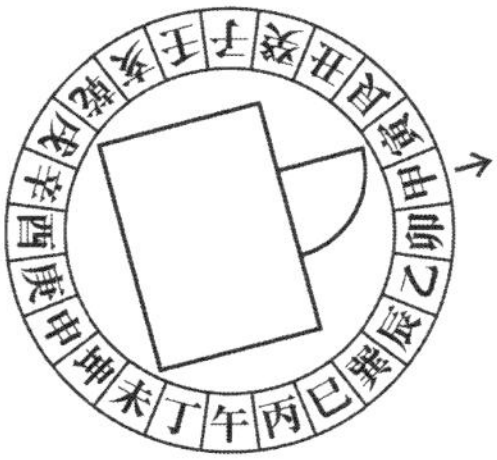	7金3木　失運 健康運、財運共に凶 舌禍、官災、破財、家庭不和、長男と妹の反目、出血、交通事故。 トイレ、浴室、キッチンに適す。玄関は不適。居住空間として使用するなら「風水の炭」を置いて気を高める。
坤宮　62 四	離宮　49 二	巽宮　84 六
6金2土　失運 健康運、財運共に凶 夫婦不和、離婚、吝嗇、頭痛、胃腸病、婦人病。 トイレ、浴室、キッチンに適す。居住空間として使うなら「風水の炭」を置いて気を高める。	4木9火　得運 健康運凶、財運吉 聡明な子女。有能な女性という象意あり。玄関やリビングに適す。水槽または噴水を置くと財運が高まる。トイレ、浴室、キッチンであれば木の瓢箪を置く。	8土4木　得運 健康運大吉 文書運、家業発展、不動産運、主婦が主導権を持つ。寝室に適す。盆石またはクラスター水晶を置くと健康運が高まる。トイレや浴室、キッチンがあれば木の瓢箪を置いて化解する。

第七運　西山卯向・辛山乙向　格局　旺山旺向(反吟)

乾宮　84 / 八
8土4木　得運
健康運大吉
文書運、家業発展、不動産運、主婦が主導権を持つ。
寝室に適す。盆石かクラスター水晶を置くと健康運が高まる。ここにトイレや浴室、キッチンがあれば木の瓢箪を置く。

坎宮　49 / 三
4木9火　得運
健康運凶、財運吉
財と名声、聡明な子女。文才、一家円満。
玄関、リビングに適す。水槽か噴水を置くと財運が高まる。

艮宮　62 / 一
6金2土　失運
健康運、財運共に凶
夫婦不和、離婚、吝嗇、頭痛、胃腸病、婦人病。
トイレ、浴室、キッチンに適す。居住空間として使うなら「風水の炭」を置いて気を高める。

兌宮　73 / 九
7金3木　失運
健康運、財運共に凶
舌禍、官災、破財、家庭不和、長男と妹の反目、出血、交通事故。
トイレ、浴室、キッチンに適す。居住空間として使用するなら「風水の炭」を置いて気を高める。

中宮　95 / 七
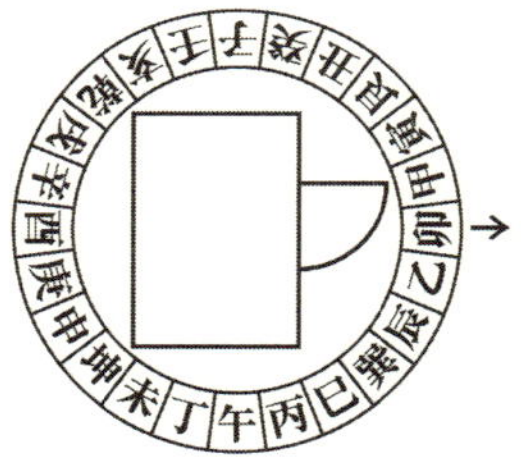

震宮　27 / 五
2土7金　失運
健康運、財運共に凶
27は先天八卦で火。火災、口舌、男女問題失敗という象意あり。
水周りに適す。玄関だと財運の流出。水盤または黒系の玄関マットを置いて化解する。

坤宮　38 / 四
3木8土　得運
財運大吉
文才学業、聡明な子、子供に恵まれる、不動産収入で利益。
玄関、リビングに適す。水槽か噴水を置いて財運を高める。

離宮　51 / 二
5土1水　得運
健康運大凶、財運小吉
八運において一白は進気で、まだ五黄の悪影響が強い。よって金属の瓢箪を置いて化解する。この対処でリビングは可。

巽宮　16 / 六
1水6金　得運
文昌方位
文武両道、中年は財を得る、長寿、富貴、万事如意。
書斎、子供部屋に適す。ここにトイレ、浴室、キッチンがあると凶。この場合は木の瓢箪を置いて化解する。

第七運　戌山辰向　格局　旺山旺向(山星入囚)		
乾宮 75 / 八	**坎宮** 31 / 三	**艮宮** 53 / 一
7金5土　失運 健康運凶、財運大凶 舌禍、男女問題、官災、交通事故、肺病、中毒。 納戸、水周りに適す。居住空間として使うなら金属の瓢箪を使って化解する。	3木1水　得運 健康運凶、財運小吉 家庭円満　試験合格。長男が活躍。 寝室、書斎、リビングに適す。トイレ、浴室、キッチンがあると良くない。その場合は木の瓢箪を置く。	5土3木　失運 健康運大凶、財運凶 出血、盗難、刑罰、交通事故、長男が病気。 八運の期間は山星入囚となるので、中宮の山星8をサポートするため東北にアメジストのドームを設置する。
兌宮 64 / 九	**中宮** 86 / 七	**震宮** 18 / 五
6金4木　失運 健康運、財運共に凶 妻への暴力、多情と失財、刃物で怪我、辛い仕事。 トイレ、浴室、キッチンに適す。居住空間であれば「風水の炭」を置いて気を高める。	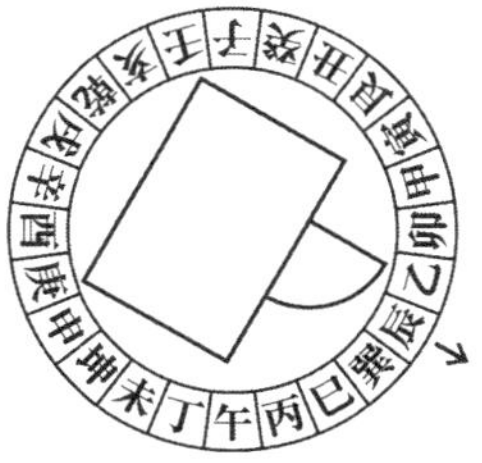	1水8土　得運 健康運小吉、財運大吉 文才、研究家、公平無私、才徳兼備、反省心、事業で成功、不動産による富。 玄関、リビングに適す。水槽か噴水を置いて財運を強化する。
坤宮 29 / 四	**離宮** 42 / 二	**巽宮** 97 / 六
2土9火　得運 健康運凶、財運吉 福徳、文章で名声、子孫繁栄、不動産運。農業好調。 玄関、リビングに適す。トイレ、浴室、キッチンには不適。その場合は木の瓢箪を置く。	4木2土　失運 健康運、財運共に凶 失財、失言、嫁姑不和、暗い家庭、事業不振、胃病。 トイレ、浴室、キッチンに向く。寝室、リビング、書斎等で使用するならば「風水の炭」を置く。	9火7金　得運 健康運吉、財運凶 不労所得、聡明な人、健康な美人、法律家。 寝室、子供部屋に向く。玄関だと財運の流出。水盤を置くか黒系の玄関マットを敷いて化解する。

<table>
<tr><td colspan="6">第七運　乾山巽向・亥山巳向　格局　上山下水(山星入囚)</td></tr>
<tr><td>乾宮</td><td>97
八</td><td>坎宮</td><td>42
三</td><td>艮宮</td><td>29
一</td></tr>
<tr><td colspan="2">9火7金　得運
健康運吉、財運凶
不労所得、聡明な人、健康な美人、法律家。
寝室、子供部屋に向く。クラスター水晶または「風水の炭」を置くと健康運が高まる。</td><td colspan="2">4木2土　失運
健康運、財運共に凶
失財、失言、嫁姑不和、暗い家庭、事業不振、胃病。
トイレ、浴室、キッチンに向く。寝室、リビング、書斎等で使用するならば「風水の炭」を置く。</td><td colspan="2">2土9火　得運
健康運凶、財運吉
福徳、文章で名声、子孫繁栄、不動産運。農業好調。
八運の期間は山星入囚となるので、中宮の山星8をサポートするため東北にアメジストのドームを設置する。</td></tr>
<tr><td>兌宮</td><td>18
九</td><td>中宮</td><td>86
七</td><td>震宮</td><td>64
五</td></tr>
<tr><td colspan="2">1水8土　得運
健康運小吉、財運大吉
文才、研究家、公平無私、才徳兼備、反省心、事業で成功、不動産による富。
玄関、リビングに適す。水槽または噴水を置いて財運を強化する。</td><td colspan="2">
</td><td colspan="2">6金4木　失運
健康運、財運共に凶
妻への暴力、多情と失財、刃物で怪我、辛い仕事。
トイレ、浴室、キッチンに適す。居住空間であれば「風水の炭」を置いて気を高める。</td></tr>
<tr><td>坤宮</td><td>53
四</td><td>離宮</td><td>31
二</td><td>巽宮</td><td>75
六</td></tr>
<tr><td colspan="2">5土3木　失運
健康運大凶、財運凶
出血、盗難、刑罰、交通事故、長男が病気。
納戸、水周りに適す。居住空間なら金属の瓢箪を置いて化解する。</td><td colspan="2">3木1水　得運
健康運凶、財運小吉
家庭円満　試験合格。長男が活躍。
玄関やリビングに適す。トイレ、浴室、キッチンがあると良くない。木の瓢箪を置いて化解する。</td><td colspan="2">7金5土　失運
健康運凶、財運大凶
舌禍、男女問題、官災、交通事故、肺病、中毒。
納戸、水周りに適す。玄関は不適。金属の瓢箪または数霊盤、風水尺を置いて化解する。</td></tr>
</table>

第八運玄空盤一覧表

飛星盤	座山の角度	座向の角度	格局
壬山丙向	337.5～352.5	157.5～172.5	双星会座
子山午向	352.5～7.5	172.5～187.5	双星会向
癸山丁向	7.5～22.5	187.5～202.5	双星会向
丑山未向	22.5～37.5	202.5～217.5	旺山旺向(山星合十)
艮山坤向	37.5～52.5	217.5～232.5	上山下水(父母三般卦)
寅山申向	52.5～67.5	232.5～247.5	上山下水(父母三般卦)
甲山庚向	67.5～82.5	247.5～262.5	双星会座
卯山酉向	82.5～97.5	262.5～277.5	双星会向
乙山辛向	97.5～112.5	277.5～292.5	双星会向
辰山戌向	112.5～127.5	292.5～307.5	上山下水(連珠三般卦)
巽山乾向	127.5～142.5	307.5～322.5	旺山旺向
巳山亥向	142.5～157.5	322.5～337.5	旺山旺向
丙山壬向	157.5～172.5	337.5～352.5	双星会向
午山子向	172.5～187.5	352.5～7.5	双星会座
丁山癸向	187.5～202.5	7.5～22.5	双星会座
未山丑向	202.5～217.5	22.5～37.5	旺山旺向(水星合十)
坤山艮向	217.5～232.5	37.5～52.5	上山下水(父母三般卦)
申山寅向	232.5～247.5	52.5～67.5	上山下水(父母三般卦)
庚山甲向	247.5～262.5	67.5～82.5	双星会向
酉山卯向	262.5～277.5	82.5～97.5	双星会座
辛山乙向	277.5～292.5	97.5～112.5	双星会座
戌山辰向	292.5～307.5	112.5～127.5	上山下水(連珠三般卦)
乾山巽向	307.5～322.5	127.5～142.5	旺山旺向
亥山巳向	322.5～337.5	142.5～157.5	旺山旺向

第八運　壬山丙向　格局 双星会座		
乾宮 34 / 九	坎宮 88 / 四	艮宮 16 / 二
3木4木 失運 健康運、財運共に凶 夫婦不和、長男不調、酒色で失敗、好色、足の怪我。 トイレ、浴室、キッチンに適す。寝室であると良くない。「風水の炭」を置く。	8土8土　得運 健康運大吉 文才学業、不動産収入。優秀な子ども、長寿。 寝室、玄関に適す。玄関の場合は水槽か噴水を置いて財運を高める。	1水6金　得運 文昌方位 文武両道、中年は財を得る。長寿、富貴、万事如意。 書斎や寝室、子供部屋があると良い。水周りは不適。吉運が現れない。
兌宮 25 / 一	中宮 43 / 八	震宮 61 / 六
2土5土　失運 健康運、財運共に大凶 多病多災、怪我、産厄、孤独、夫婦不和の恐れあり。 納戸、トイレ、浴室、キッチンに適す。居住空間なら土性が強いので、金属の瓢箪を置いて化解する。	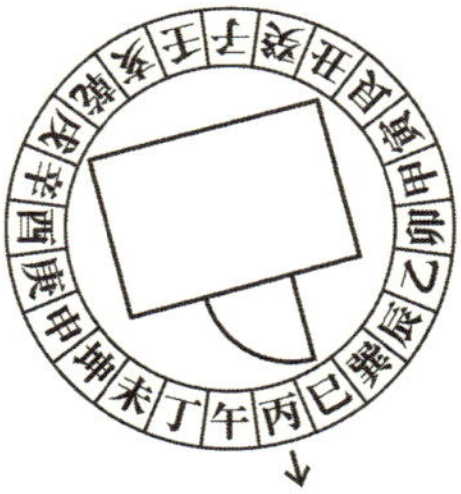	6金1水　得運 文昌方位 財運旺盛、文才、試験合格、出世、法律家、清廉潔白、紳士。 寝室、書斎、子供部屋に向く。水周りは不適。清潔に保つ。
坤宮 79 / 五	離宮 97 / 三	巽宮 52 / 七
7金9火　得運 健康運凶、財運吉 美人、改革、明るい家庭、法律家、研究者。 玄関、リビングに適す。水槽または噴水を置くと財運吉。トイレ、浴室、キッチンは不適。	9火7金　得運 健康運吉、財運凶 聡明な人、不労所得、健康な美人という象意がある。 寝室に適す。玄関は不適。クラスター水晶か盆石を置くと健康運が高まる。	5土2土　失運 健康運、財運共に大凶 多病、多災。不動産トラブル、怪我、中毒、産厄。 納戸、トイレ、浴室、キッチンに適す。居住空間なら土性が強いので、金属の瓢箪を置いて化解する。

第八運　　子山午向・癸山丁向　　格局　双星会向

乾宮 52 / 九	坎宮 97 / 四	艮宮 79 / 二
5土2土　失運 健康運、財運共に大凶 多病多災、不動産トラブル、怪我、中毒、産厄。 トイレ、浴室、キッチンに適す。居住空間なら土性が強いので、金属の瓢箪を置いて化解する。	9火7金　得運 健康運吉、財運凶 不労所得、聡明な人、健康な美人。法律家。 寝室に向く。クラスター水晶か盆石を置くと健康運が高まる。玄関は不適。	7金9火　得運 健康運凶、財運吉 美人、改革、明るい家庭、法律家、研究者。 玄関、リビングに適す。水槽か噴水を置くと財運が高まる。
兌宮 61 / 一	**中宮** 43 / 八	**震宮** 25 / 六
6金1水　得運 文昌方位 財運旺盛、文才、試験合格、出世運に恵まれる。法律家、清廉潔白、紳士。 書斎、子供部屋に向く。寝室にも良い。トイレ、浴室、キッチンであれば清潔に保ち、木の瓢箪を置く。	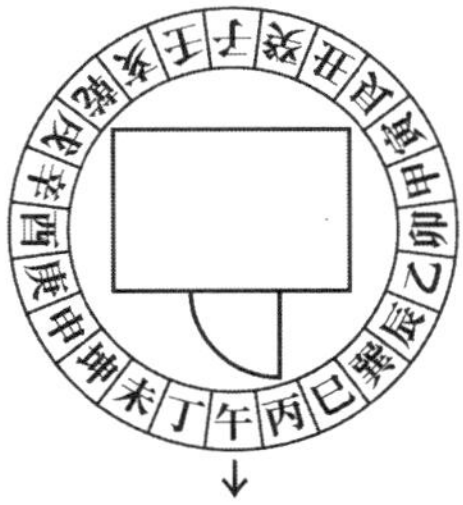	2土5土　失運 健康運、財運共に大凶 多病多災、産厄、孤独、夫婦不和、不動産トラブル。 納戸、トイレ、浴室、キッチンに適す。居住空間であれば土性が強いので、金属の瓢箪を置いて化解する。
坤宮 16 / 五	**離宮** 88 / 三	**巽宮** 34 / 七
1水6金　得運 文昌方位 文武両道、中年は財を得る。長寿、富貴、万事如意。 寝室、書斎に適す。長寿という象意があるので、高齢者に良い。	8土8土　得運 財運大吉 文才学業、不動産運、優秀な子供、長寿。 玄関に最適。リビングでも良い。水槽または噴水を置くと財運が高まる。水周りは不可。	3木4木　失運 健康運、財運共に凶 夫婦不和、長男不調、酒色で失敗、足の怪我。 トイレ、浴室、キッチンに適す。居住空間なら「風水の炭」を置く。

第八運　丑山未向　格局 旺山旺向(山星合十)

乾宮 14 / 九 1水4木　得運 文昌方位 文才学業、名士、文章で名声、賞賛、出世、生家を離れて成功する。 書斎、寝室、子供部屋に適す。水周りは不適。	**坎宮** 69 / 四 6金9火　得運 健康運凶、財運吉 文才、名家の出身、地位と名声、出世、協力者有り。 玄関、リビングがあると財運吉。九運になると更に開運が期待できる。	**艮宮** 82 / 二 8土2土　得運 健康運吉 事業好調、従業員が増える、不動産による富、慈母。 室内に盆石かクラスター水晶を置くと健康運が増進。寝室は大吉。水周りは不可。
兌宮 93 / 一 9火3木　得運 健康運吉、財運凶 発展、高い地位、聡明な子女、二女が活躍。 寝室や子供部屋に適す。 トイレ、浴室、キッチンがあると凶。ともかく清潔に保つ。	**中宮** 25 / 八 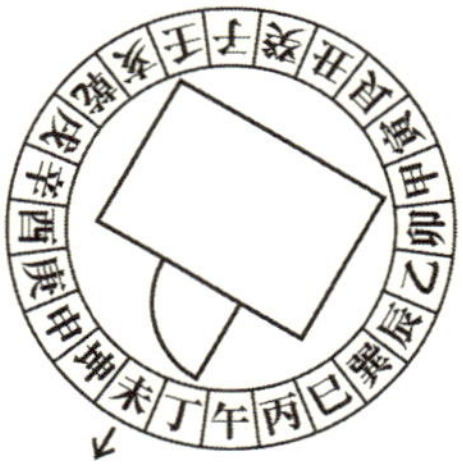	**震宮** 47 / 六 4木7金　失運 健康運、財運共に凶 夫婦不和、好色、酒色で失敗、出血、舌禍。交通事故。 トイレ、浴室、キッチンに適す。居住空間なら風水の炭「旺気」置いて気を高める。
坤宮 58 / 五 5土8土　得運 財運吉 英才児、幸福と長寿、善因善果、指導者、権力者。 この方位へ玄関があると財運大吉。リビングだと水槽または噴水を置いて更に財運を高めることを考えたい。	**離宮** 71 / 三 7金1水　得運 健康運凶、財運小吉 温順、弁才、法律家、医師、財産家、恋愛運、パーティ。 リビングに適す。トイレ、浴室、キッチンがあると不利。 整理整頓清掃を心がける。	**巽宮** 36 / 七 3木6金　失運 健康運、財運共に凶 刃物で怪我、主人の怪我、父と長男が不和、交通事故、盗難、刑罰。 トイレ、浴室、キッチンに適す。居住空間であると良くない。風水の炭「旺気」置いて気を高める。

第八運　艮山坤向・寅山申向　格局　上山下水(父母三般卦)

乾宮	36 九	坎宮	71 四	艮宮	58 二
3木6金　失運 健康運、財運共に凶 刃物で怪我、主人の怪我、父と長男が不和、交通事故、盗難、刑罰。 トイレ、浴室、キッチンに適す。居住空間であると良くない。「風水の炭」置いて気を高める。		7金1水　得運 健康運凶、財運小吉 温順、弁才、法律家、医師、財産家、恋愛運、パーティ。 リビングに適す。トイレ、浴室、キッチンがあると不利。 整理整頓清掃を心がける。		5土8土　得運 財運大吉 英才児、幸福と長寿、善因善果、指導者、権力者。 玄関に最適。このままでは凶格。水槽か噴水を置いて父母三般卦にすると財運大吉。	
兌宮	47 一	中宮	25 八	震宮	93 六
4木7金　失運 健康運、財運共に凶 夫婦不和、好色、酒色で失敗、出血、舌禍。交通事故。 トイレ、浴室、キッチンに適す。居住空間なら「風水の炭」を置く。				9火3木　得運 健康運吉、財運凶 発展、高い地位、聡明な子女、二女が活躍。 寝室、子供部屋に向く。九運では健康運が更に高まる。	
坤宮	82 五	離宮	69 三	巽宮	14 七
8土2土　得運 健康運大吉 事業好調、従業員が増える、不動産による富、慈母。 寝室に最適。このままでは凶格。盆石またはクラスター水晶を置いて父母三般卦にすると健康運は大吉。玄関は不適。		6金9火　得運 健康運凶、財運吉 文才、名家の出身、地位と名声、出世、協力者がいる。 玄関、リビングがあると財運吉。九運になると更に開運が期待できる。		1水4木　得運 文昌方位 文才学業、名士、文章で名声、賞賛、出世、生家を離れて成功する。 寝室、子供部屋、書斎に適す。トイレ、浴室、キッチンは福運が出ない。	

第八運　甲山庚向　格局 双星会座

乾宮 52 / 九	坎宮 16 / 四	艮宮 34 / 二
5土2土 失運 健康運、財運共に大凶 多病多災、不動産トラブル、怪我、中毒、産厄。 トイレ、浴室、キッチンに適す。居住空間なら土性が強いので、金属の瓢箪を置いて化解する。	1水6金　得運 文昌方位 文武両道、中年は財を得る、長寿、富貴、万事如意。 書斎、寝室、子供部屋に向く。トイレや浴室、キッチンとして使っていると良くない。清潔に保つ。	3木4木　失運 健康運、財運共に凶 夫婦不和、長男不調、酒色で失敗。足の怪我。 トイレ、浴室、キッチンに適す。寝室など居住空間であれば「風水の炭」を置く。
兌宮 43 / 一	**中宮** 61 / 八	**震宮** 88 / 六
4木3木　失運 健康運、財運共に凶 夫婦不和、好色、婦人が権力を持つ、文書の不備。 この方位はトイレ、浴室、キッチンが適す。玄関は良くない。居住空間であれば「風水の炭」を置く。	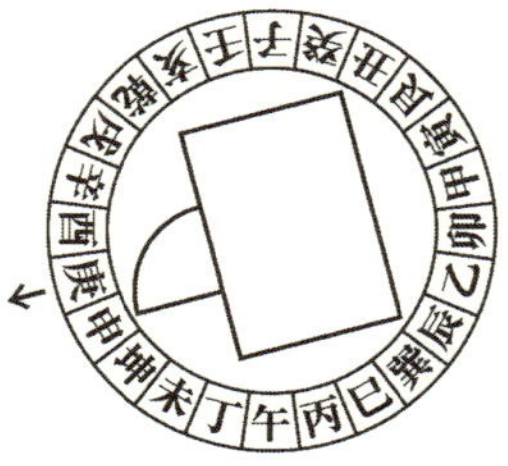	8土8土　得運 健康運大吉 文才学業、不動産運に恵まれる。優秀な子供、長寿。 玄関に最適。水槽または噴水を置くと財運が増進する。
坤宮 97 / 五	**離宮** 25 / 三	**巽宮** 79 / 七
9火7金　得運 健康運吉、財運凶 不労所得、聡明な人、健康な美人。法律家。 寝室に向く。居住空間であればクラスター水晶か「風水の炭」を置く。	2土5土　失運 健康運、財運共に大凶 多病多災、産厄、孤独、夫婦不和、不動産トラブル。 納戸、トイレ、浴室、キッチンに適す。居住部分とするならば土性が強いので、金属の瓢箪を置いて化解する。	7金9火　得運 健康運凶、財運吉 美人、改革、明るい家庭、法律家、研究者。 玄関、リビングに適す。水槽または噴水を置くと財運が増す。

第八運　卯山酉向・乙山辛向　格局　双星会向		
乾宮　79 九	坎宮　25 四	艮宮　97 二
7金9火　得運 健康運凶、財運吉 美人、改革、明るい家庭、法律家、研究者。 玄関、リビングに適す。水槽や噴水を置くと財運が高まる。	2土5土　失運 健康運、財運共に大凶 多病多災、怪我、産厄、孤独、夫婦不和、不動産トラブルの恐れあり。 トイレ、浴室、キッチンに適す。居住空間なら金属の瓢箪を置いて化解する。	9火7金　得運 健康運吉、財運凶 不労所得、聡明な人、健康な美人、法律家。 寝室に適す。クラスター水晶か「風水の炭」を置いて健康運を高める。
兌宮　88 一	中宮　61 八	震宮　43 六
8土8土　得運 財運大吉 文才学業、不動産運、優秀な子供、長寿。 玄関に最適。リビングにも良い。水槽か噴水を置くと財運が高まる。居住空間として使う場合は水槽や噴水は不可。	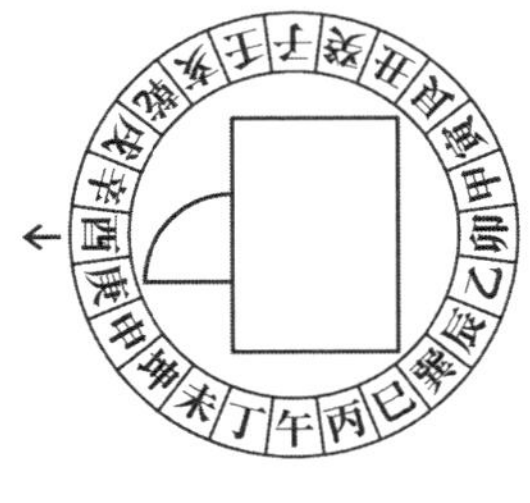	4木3木　失運 健康運、財運共に凶 夫婦不和、好色、婦人が権力を持つ、文書の不備。 トイレ、浴室、キッチンに適す。寝室など居住空間として使用するなら「風水の炭」を置く。
坤宮　34 五	離宮　16 三	巽宮　52 七
3木4木　失運 健康運、財運共に凶 夫婦不和、長男不調、酒色で失敗。足の怪我。 トイレ、浴室、キッチンに適す。寝室など居住空間であれば「風水の炭」を置く。	1水6金　得運 文昌方位 文武両道、中年は財を得る、長寿、富貴、万事如意。 書斎、寝室、子供部屋に向く。トイレや浴室、キッチンとして使うと良くない。清潔に保つ。	5土2土　失運 健康運、財運共に大凶 多病多災、不動産トラブル、怪我、中毒、産厄。 トイレ、浴室、キッチンに適す。居住空間なら土性が強いので、金属の瓢箪を置いて化解する。

第八運　辰山戌向　格局　上山下水（連珠三般卦）		
乾宮　81 九	坎宮　35 四	艮宮　13 二
8土1水　得運 健康運大吉、財運小吉 文才学業、事務職は昇進、不動産収入、事業で成功。寝室に最適。玄関も吉。このままでは凶格だがここに盆石かクラスター水晶を置いて上山下水を連珠三般卦に転換する。	3木5土　失運 健康運凶、財運大凶 ギャンブルで失財、不慮の禍、交通事故、足の怪我。納戸、トイレ、浴室、キッチンに適す。居住スペースなら、金属の瓢箪を置いて五黄を化解する。	1水3木　得運 健康運小吉、財運凶 長男が有能、健康、一家安泰、創業、試験合格。寝室、子供部屋、書斎に適す。トイレ、浴室、キッチンがあれば良くない。清潔に保つ。
兌宮　92 一	中宮　79 八	震宮　57 六
9火2土　得運 健康運吉、財運凶 文才、聡明な子、家族が多い、名声、昇進、事業発展。寝室、子供部屋、書斎に適す。トイレ、浴室、キッチンは不適。	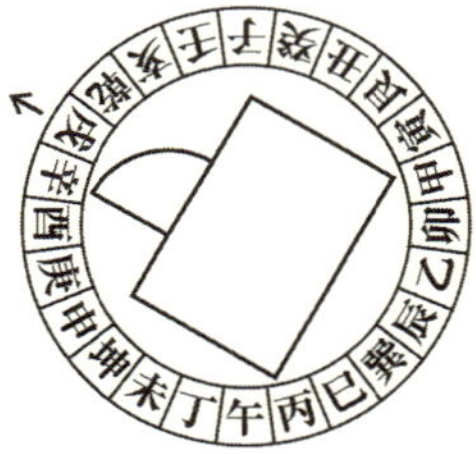	5土7金　失運 健康運大凶、財運凶 舌禍、官災、酒色で破財、不動産の争い、少女多病。納戸、トイレ、浴室、キッチンに適す。居住スペースなら、金属の瓢箪を置いて五黄を化解する。
坤宮　46 五	離宮　24 三	巽宮　68 七
4木6金　失運 健康運、財運共に凶 家庭不和、長女が怪我、苦労、官災、盗難、肺病。トイレ、浴室、キッチンに適す。居住空間とするなら「風水の炭」を置いて気を高める。	2土4木　失運 健康運、財運共に凶 失財、男性は短命、母と娘の不和、暗い家庭、不動産のトラブル、破財、産厄。トイレ、浴室、キッチンに適す。居住空間なら「風水の炭」を置く。	6金8土　得運 財運大吉 文武両道、不動産収入、地位と名声、子供が活躍。玄関、リビングに最適。このままでは凶格。水槽か噴水を置いて連珠三般卦とすると財運大吉。

第八運　巽山乾向・巳山亥向　格局　旺山旺向		
乾宮　68 / 九	坎宮　24 / 四	艮宮　46 / 二
6金8土　得運 財運大吉 文武両道、不動産収入、地位と名声、子供が活躍。 ここに玄関があると財運大吉。リビングでも良い。水槽か噴水を置いて財運を高める。	2土4木　失運 健康運、財運共に凶 失財、男性は短命、母と娘の不和、暗い家庭、不動産のトラブル、破財、産厄。 トイレ、浴室、キッチンに適す。居住空間なら「風水の炭」を置く。	4木6金　失運 健康運、財運共に凶 家庭不和、長女が怪我、苦労、官災、盗難、肺病。 トイレ、浴室、キッチンに適す。居住空間とするなら「風水の炭」を置く。
兌宮　57 / 一	中宮　79 / 八	震宮　92 / 六
5土7金　失運 健康運大凶、財運凶 舌禍、官災、酒色で破財、不動産の争い、少女多病。 トイレ、浴室、キッチンであれば問題なし。居住スペースなら、金属の瓢箪を置いて五黄を化解する。		9火2土　得運 健康運吉、財運凶 文才、聡明な子、家族が多い、名声、昇進、事業発展。 寝室、子供部屋に適す。九運になると健康運がさらに高まる。クラスター水晶か盆石を置くと健康運が高まる。
坤宮　13 / 五	離宮　35 / 三	巽宮　81 / 七
1水3木　得運 健康運小吉、財運凶 長男が有能、健康、創業、一家安泰。試験合格。 寝室、子供部屋、書斎に適す。トイレ、浴室、キッチンなには不適。その場合は清潔に保つ。	3木5土　失運 健康運凶、財運大凶 ギャンブルや投機で失財。不測の禍、交通事故。 トイレ、浴室、キッチンであれば可。居住スペースとして使用するなら、金属の瓢箪を置いて五黄を化解する。	8土1水　得運 健康運大吉、財運小吉 文才学業、事務職は昇進、不動産収入、事業で成功。 寝室、書斎、リビングも良い。ここへ盆石かクラスター水晶を置くと健康運が高まる。

第八運　丙山壬向　格局 双星会向

乾宮 43 / 九	坎宮 88 / 四	艮宮 61 / 二
4木3木　失運 健康運、財運共に凶 夫婦不和、好色、婦人が権力を持つ、文書の不備。 トイレ、浴室、キッチンに適す。居住空間であると良くない。「風水の炭」を置く。	8土8土　得運 財運大吉 文才学業、不動産運、優秀な子供、長寿。 玄関に最適、リビングも良い。水槽または噴水を置くと財運が高まる。	6金1水　得運 文昌方位 財運旺盛、文才、試験合格、出世、清廉潔白。 寝室、書斎、子供部屋に適す。リビングや玄関として使う場合は水槽、噴水を置くことができる。
兌宮 52 / 一	中宮 34 / 八	震宮 16 / 六
5土2土　失運 健康運、財運共に大凶 多病多災、怪我、不動産トラブル、中毒、産厄。 トイレ、浴室に適す。居住空間であれば土性を弱めるため金属の瓢箪を置いて化解する。	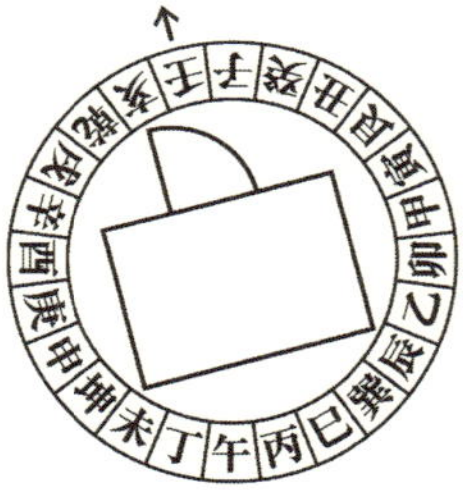	1水6金　得運 文昌方位 文武両道、中年は財を得る、長寿。富貴、万事如意。 寝室、書斎、子供部屋に向く。健康運小吉。仕事運も良い。トイレ、浴室、キッチンには不適。
坤宮 97 / 五	離宮 79 / 三	巽宮 25 / 七
9火7金　得運 健康運吉、財運凶 聡明な人、不労所得、健康な美人。法律家。 寝室に適す。クラスター水晶または「風水の炭」を置いて健康運を高める。	7金9火　得運 健康運凶、財運吉 美人、改革、明るい家庭、法律家、研究者。 玄関、リビングに適す。水槽または噴水を置くと財運が高まる。	2土5土　失運 健康運、財運共に大凶 多病多災、怪我、産厄、孤独、夫婦不和、不動産トラブルの恐れあり。 トイレ、浴室に適す。居住空間ならば金属の瓢箪を置いて化解する。

第八運　　午山子向・丁山癸向　　格局　双星会座		
乾宮　25／九	坎宮　79／四	艮宮　97／二
2土5土　失運 健康運、財運共に大凶 多病多災、産厄、孤独、夫婦不和、不動産トラブル。 納戸、トイレ、浴室、キッチンに適す。居住部分とするならば土性が強いので、金属の瓢箪を置いて化解する。	7金9火　得運 健康運凶、財運吉 美人、改革、明るい家庭、法律家、研究者。 玄関、リビングに適す。水槽か噴水を置くと財運が高まる。寝室や水周りには不適。	9火7金　得運 健康運吉、財運凶 不労所得、聡明な人、健康な美人。法律家。 寝室に向く。玄関や水周りには不適。
兌宮　16／一	中宮　34／八	震宮　52／六
1水6金　得運 文昌方位 文武両道、中年は財を得る、長寿、富貴、万事如意。 寝室、子供部屋、書斎に適す。水周りは不適。その場合は清潔に保つ。	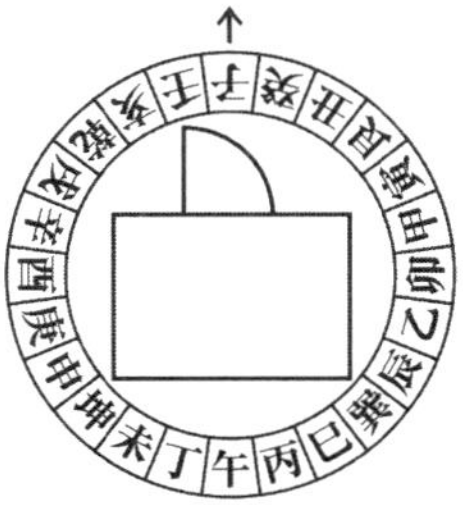	5土2土　失運 健康運、財運共に大凶 多病多災、不動産トラブル、怪我、中毒、産厄。 トイレ、浴室、キッチンに適す。居住空間なら土性が強いので、金属の瓢箪を置いて化解する。
坤宮　61／五	離宮　88／三	巽宮　43／七
6金1水　得運 文昌方位 財運旺盛、文才、試験合格、出世運、法律家、紳士。 寝室、書斎、子供部屋に向く。トイレ、浴室、キッチンには不適。その場合は清潔に保つ。	8土8土　得運 健康運大吉 文才学業、不動産による富、優秀な子供、長寿。 ここに玄関があると健康運、財運共に吉。水槽か噴水を置くと発財。居住空間では不可。	4木3木　失運 健康運、財運共に凶 夫婦不和、好色、婦人が権力を持つ、文書の不備。 この方位はトイレ、浴室、キッチンが適す。居住空間であれば「風水の炭」を置く。

第八運　未山丑向　格局　旺山旺向(水星合十)

乾宮 41 九	坎宮 96 四	艮宮 28 二
4木1水　得運 文昌方位 文才学業、試験合格。子女聡明。美女。 書斎、寝室、子供部屋に適す。玄関があっても良いが、トイレ、浴室、キッチンであれば財運は不調。清潔に保つ。	9火6金　得運 健康運吉、財運凶 事務職は昇進、主人が健康で長寿、趣味と実益。博識。寝室、書斎に向く。山星9は健康運吉だが、火剋金なので、土となるクラスター水晶か「風水の炭」を置く。	2土8土　得運 財運大吉 不動産による富。農業は好調。和睦と協調。謙譲心。 玄関に最適。リビングも良い。水槽か噴水を置けば財運が高まる。寝室、トイレ、浴室、キッチンは不適。
兌宮 39 一	**中宮 52 八**	**震宮 74 六**
3木9火　得運 健康運凶、財運吉 富貴、有能、文才、子女聡明、不動産運、農業好調。リビング、玄関に適す。寝室や水周りは不可。水槽か噴水を置くと財運が高まる。	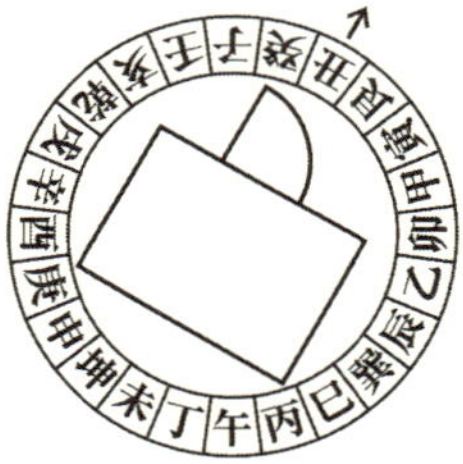 	7金4木　失運 健康運、財運共に凶 破財、姉妹不和、刃物で怪我。出血、好色、肺病など。トイレ、浴室、キッチンに適す。居住空間だと風水の炭「旺気」置いて気を高める。
坤宮 85 五	**離宮 17 三**	**巽宮 63 七**
8土5土　得運 健康運大吉 運気旺盛、聡明な少年、不動産運好調。 寝室に適す。盆石またはクラスター水晶を置いて健康運を増進させる。トイレ、浴室、キッチンは不適。	1水7金　得運 健康運小吉、財運凶 文才学業、弁舌の才、品行方正、生家を離れて吉。寝室に適す。書斎、子供部屋として使うのも良い。	6金3木　失運 健康運、財運共に凶 父と長男が不和、交通事故、転倒、刀傷。出血。 トイレ、浴室、キッチンに適す。寝室であると良くない。「風水の炭」を置いて気を高める。

第八運　坤山艮向・申山寅向　格局　上山下水(父母三般卦)

乾宮	63 九	坎宮	17 四	艮宮	85 二
6金3木　失運 健康運、財運共に凶 父と長男不和、交通事故、転倒、刃物で怪我、出血。トイレ、浴室、キッチンに適す。寝室であると良くない。「風水の炭」を置いて気を高める。		1水7金　得運 健康運小吉、財運凶 文才学業、弁才、品行方正、生家を離れて成功。寝室や子供部屋、書斎に適す。浴室、キッチンは不適。		8土5土　得運 健康運大吉 運気旺盛、聡明な少年、不動産運、宗教者。寝室には最適。玄関は不利。このままでは凶格なので盆石またはクラスター水晶を置いて父母三般卦に変える。	
兌宮	74 一	中宮	52 八	震宮	39 六
7金4木　失運 健康運、財運共に凶 破財、姉妹不和、刃物で怪我、出血、好色、肺病など。トイレ、浴室、キッチンに適す。寝室であると良くない。その場合、「風水の炭」を置いて気を高める。				3木9火　得運 健康運凶、財運吉 富貴、有能、文才、子女聡明、不動産収入。玄関、リビングに適す。水槽または噴水を置くと財運が高まる。寝室や水周りには不適。	
坤宮	28 五	離宮	96 三	巽宮	41 七
2土8土　得運 財運大吉 不動産による富、和睦と協調、謙譲心。玄関に最適。リビングも良い。とはいえこのままでは凶格。噴水か水槽を置いて格局を父母三般卦にすると財運大吉。		9火6金　得運 健康運吉、財運凶 事務職は昇進、主人は健康で長寿、趣味と実益、博識。寝室、リビングなど居住空間に適す。クラスター水晶または盆石を置くと健康運が高まる。		4木1水　得運 文昌方位 文才学業、試験合格。子女聡明。美女。書斎、寝室、子供部屋に適す。トイレ、浴室、キッチンであれば財運は不調。清潔に保つ。	

第八運　庚山甲向　格局 双星会向

乾宮	坎宮	艮宮
25 九	61 四	43 二
2土5土　失運 健康運、財運共に大凶 多病多災、産厄、孤独、夫婦不和、不動産トラブル。 納戸、トイレ、浴室、キッチンに適す。居住部分とするならば土性が強いので、金属の瓢箪を置いて化解する。	6金1水　得運 文昌方位 財運旺盛、文才、試験合格、出世、法律家、清廉潔白、紳士。 寝室、子供部屋、書斎に適す。玄関も良い。トイレや浴室、キッチンは不適。清潔に保つ。	4木3木　失運 健康運、財運共に凶 夫婦不和、好色、婦人が権力を持つ、文書の不備。 この方位はトイレ、浴室、キッチンが適す。居住空間であれば「風水の炭」を置く。
兌宮	**中宮**	**震宮**
34 一	16 八	88 六
3木4木　失運 健康運、財運共に凶 夫婦不和、長男不調、酒色で失敗。足の怪我。 トイレ、浴室、キッチンに適す。寝室など居住空間であれば「風水の炭」を置く。	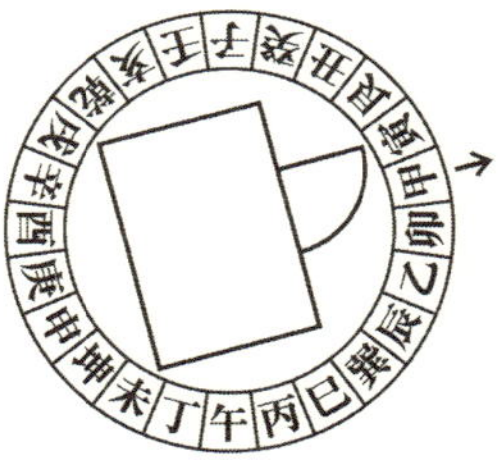 	8土8土　得運 財運大吉 文才学業、不動産収入、優秀な子供、長寿。 玄関に最適。リビングにも適す。水槽か噴水を置くと財運が向上する。寝室として使う場合は水槽や噴水は不可。
坤宮	**離宮**	**巽宮**
79 五	52 三	97 七
7金9火　得運 健康運凶、財運吉 美人、改革、明るい家庭、法律家、研究者。 玄関やリビングに適す。水槽または噴水を置くと財運が高まる。	5土2土　失運 健康運、財運共に大凶 多病多災、不動産トラブル、怪我、中毒、産厄。 トイレ、浴室、キッチンに適す。居住空間なら土性が強いので、金属の瓢箪を置いて化解する。	9火7金　得運 健康運吉、財運凶 不労所得、聡明な人、健康な美人。法律家。 寝室に向く。居住空間であればクラスター水晶か盆石を置くと健康運が高まる。

第八運　酉山卯向・辛山乙向　格局 双星会座

乾宮	97 / 九	坎宮	52 / 四	艮宮	79 / 二
9火7金　得運 健康運吉、財運凶 不労所得、聡明な人、健康な美人、法律家。 寝室に適す。クラスター水晶、「風水の炭」を置くと健康運が高まる。		5土2土　失運 健康運、財運共に大凶 多病多災、不動産トラブル、怪我、中毒、産厄。 トイレ、浴室、キッチンに適す。居住空間なら土性が強いので、金属の瓢箪を置いて化解する。		7金9火　得運 健康運凶、財運吉 美人、改革、明るい家庭、法律家、研究者。 玄関、リビングに適す。水槽または噴水を置くと財運吉。寝室や水周りは不適。	
兌宮	88 / 一	中宮	16 / 八	震宮	34 / 六
8土8土　得運 健康運大吉 文才学業、不動産運、健康運、長寿、優秀な子供。 玄関に適す。水槽または噴水を置くと財運が増進する。寝室として使う場合は水槽や噴水は不可。				3木4木　失運 健康運、財運共に凶 夫婦不和、長男不調、酒色で失敗。足の怪我。 トイレ、浴室、キッチンに適す。玄関は不適。寝室など居住空間であれば「風水の炭」を配置する。	
坤宮	43 / 五	離宮	61 / 三	巽宮	25 / 七
4木3木　失運 健康運、財運共に凶 夫婦不和、好色、婦人が権力を持つ、文書の不備。 トイレ、浴室、キッチンに適す。寝室など居住空間として使用するなら、「風水の炭」を置く。		6金1水　得運 文昌方位 財運旺盛、文才、試験合格、学者、出世、法律家、清廉潔白、紳士。 書斎、寝室、子供部屋に適す。ここがトイレや浴室、キッチンであると吉運は無くなる。清潔に保つ。		2土5土　失運 健康運、財運共に大凶 多病多災、怪我、産厄、孤独、夫婦不和、不動産トラブルの恐れあり。 トイレ、浴室、キッチンに適す。居住空間なら金属の瓢箪で化解する。	

第八運　　戊山辰向　　格局　上山下水(連珠三般卦)

乾宮　18 / 九	坎宮　53 / 四	艮宮　31 / 二
1水8土　得運 健康運小吉、財運大吉 文才、自制心、才徳兼備、事業で成功。不動産運。 玄関に適す。リビングや寝室でも良い。このままでは凶格だが水槽または噴水を置いて連珠三般卦に転換すれば吉となる。	5土3木　失運 健康運大凶、財運凶 出血、盗難、刑罰、交通事故、長男が病気など。 納戸、トイレ、浴室、キッチンに適す。居住空間の場合、五黄を金属の瓢箪を置いて化解する。	3木1水　得運 健康運凶、財運小吉 家庭円満、試験合格、発財、長男が活躍。 リビングに適す。寝室は可。トイレや浴室、キッチンがあると吉運が発揮できない。ともかく清潔に保つ。
兌宮　29 / 一	**中宮　97 / 八**	**震宮　75 / 六**
2土9火　得運 健康運凶、財運吉 福徳、文筆活動で名声、子孫繁栄、不動産による富。農業は好調。 玄関、リビングに適す。九運になるとさらに財運好調。水槽または噴水を置くと財運が高まる。	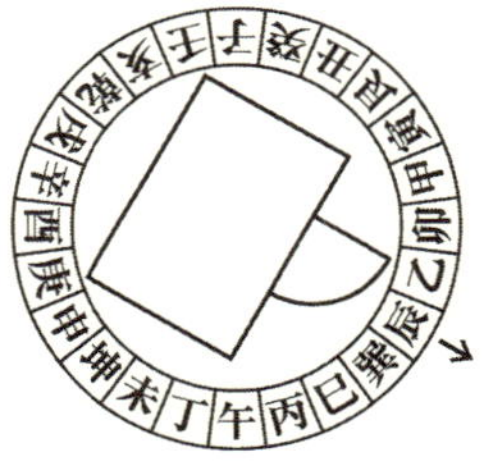	7金5土　失運 健康運凶、財運大凶 舌禍、男女問題、官災、交通事故、肺病、中毒。 納戸、トイレ、浴室、キッチンに適す。玄関や居住空間の場合、五黄の煞気を金属の瓢箪を置いて化解する。
坤宮　64 / 五	**離宮　42 / 三**	**巽宮　86 / 七**
6金4木　失運 健康運、財運共に凶 妻への暴力、多情と失財、刃物で怪我。辛い仕事。 トイレ、浴室、キッチンに適す。寝室、リビングであれば「風水の炭」を置いて気を高める。	4木2土　失運 健康運、財運共に凶 事業不振、嫁姑不和、胃病。 トイレ、浴室、キッチンに向く。寝室、リビングであれば「風水の炭」を置く。	8土6金　得運 健康運大吉 福徳、事務職は出世、不動産による富。蓄財。 寝室に適す。このままでは凶格だがここに盆石かクラスター水晶を置いて上山下水を連珠三般卦に転換すれば吉となる。

第八運　乾山巽向・亥山巳向　格局　旺山旺向

乾宮 86 / 九	坎宮 42 / 四	艮宮 64 / 二
8土6金　得運 健康運大吉 福徳、事務職は出世、不動産による富。蓄財。慈父と親孝行の息子。 寝室に最適。盆石かクラスター水晶を置くと健康運が活発となる。トイレ、浴室、キッチンは不可。	4木2土　失運 健康運、財運共に凶 事業不振、嫁姑不和、胃病。トイレ、浴室、キッチンに向く。寝室、リビングであれば「風水の炭」を置く。	6金4木　失運 健康運、財運共に凶 妻への暴力、多情と失財、刃物で怪我。辛い仕事。 トイレ、浴室、キッチンに適す。寝室、リビングであれば「風水の炭」を置いて気を高める。
兌宮 75 / 一	**中宮** 97 / 八	**震宮** 29 / 六
7金5土　失運 健康運凶、財運大凶 舌禍、男女問題、官災、交通事故、肺病、中毒。 納戸、トイレ、浴室、キッチンに適す。玄関や居住空間の場合、五黄の煞気を金属の瓢箪を置いて化解する。		2土9火　得運 健康運凶、財運吉 福徳、文筆活動で名声、試子孫繁栄、不動産による富。農業は好調。 玄関、リビングに適す。水槽か噴水を置くと財運が高まる。
坤宮 31 / 五	**離宮** 53 / 三	**巽宮** 18 / 七
3木1水　得運 健康運凶、財運小吉 家庭円満、試験合格、発財、長男が活躍。 リビングに適す。寝室は可。トイレや浴室、キッチンがあると吉運が発揮できない。ともかく清潔に保つ。	5土3木　失運 健康運大凶、財運凶 出血、盗難、刑罰、交通事故、長男が病気など。 納戸、トイレ、浴室、キッチンに適す。玄関は不可。居住空間の場合、五黄を金属の瓢箪を置いて化解する。	1水8土　得運 健康運小吉、財運大吉 文才、自制心、才徳兼備、事業で成功。不動産運。 玄関、リビングに最適。水槽か噴水を配置してさらに財運を高める。

第九運玄空盤一覧表

飛星盤	座山の角度	座向の角度	格局
壬山丙向	337.5〜352.5	157.5〜172.5	双星会向
子山午向	352.5〜7.5	172.5〜187.5	双星会座
癸山丁向	7.5〜22.5	187.5〜202.5	双星会座
丑山未向	22.5〜37.5	202.5〜217.5	双星会向
艮山坤向	37.5〜52.5	217.5〜232.5	双星会座
寅山申向	52.5〜67.5	232.5〜247.5	双星会座
甲山庚向	67.5〜82.5	247.5〜262.5	双星会向
卯山酉向	82.5〜97.5	262.5〜277.5	双星会座
乙山辛向	97.5〜112.5	277.5〜292.5	双星会座
辰山戌向	112.5〜127.5	292.5〜307.5	双星会座
巽山乾向	127.5〜142.5	307.5〜322.5	双星会向(水星合十)
巳山亥向	142.5〜157.5	322.5〜337.5	双星会向(水星合十)
丙山壬向	157.5〜172.5	337.5〜352.5	双星会座
午山子向	172.5〜187.5	352.5〜7.5	双星会向
丁山癸向	187.5〜202.5	7.5〜22.5	双星会向
未山丑向	202.5〜217.5	22.5〜37.5	双星会座
坤山艮向	217.5〜232.5	37.5〜52.5	双星会向
申山寅向	232.5〜247.5	52.5〜67.5	双星会向
庚山甲向	247.5〜262.5	67.5〜82.5	双星会座
酉山卯向	262.5〜277.5	82.5〜97.5	双星会向
辛山乙向	277.5〜292.5	97.5〜112.5	双星会向
戌山辰向	292.5〜307.5	112.5〜127.5	双星会向
乾山巽向	307.5〜322.5	127.5〜142.5	双星会座(山星合十)
亥山巳向	322.5〜337.5	142.5〜157.5	双星会座(山星合十)

第九運　壬山丙向　格局 双星会向

乾宮 63 / 一	坎宮 18 / 五	艮宮 81 / 三
6金3木　失運 健康運、財運共に凶 父と長男が不和、交通事故、転倒、刃物で怪我。 トイレ、浴室、キッチンに適す。居住空間なら「風水の炭」を置いて室内の気を高める。	1水8土　得運 健康運吉、財運凶 文才学業、公平無私、才徳兼備、反省心。不動産吉。 居住空間の場合、クラスター水晶または盆石を置くと健康運が高まる。	8土1水　得運 健康運凶、財運吉 文才学業、事務職は昇進、不動産による富。事業成功。 居住空間に適す。玄関も吉。水槽または噴水を置いて財運を高める。
兌宮 72 / 二	**中宮 54 / 九**	**震宮 36 / 七**
7金2土　得運 健康運凶、財運小吉 発展、不動産による富、明るい家庭、女性経営者。 寝室は可。ただし72は先天では火。居住空間であればクラスター水晶か「風水の炭」を置いて化解する。	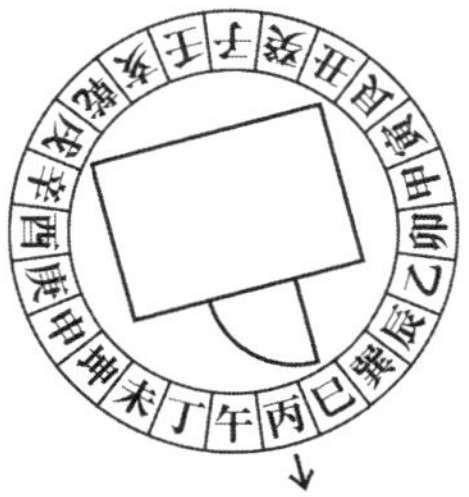	3木6金　失運 健康運、財運共に凶 刃物で怪我、主人が怪我。 父と長男が不和。交通事故、盗難、刑罰。 トイレ、浴室、キッチンに適す。居住空間なら「風水の炭」を置いて室内の気を高める。
坤宮 27 / 六	**離宮 99 / 四**	**巽宮 45 / 八**
2土7金　得運 健康運小吉、財運凶 多産、女の子が生まれる。 寝室は可。ただし27は先天では火。 居住空間であればクラスター水晶か「風水の炭」を置いて化解する。	9火9火　得運 財運大吉 家業旺盛、事業好調、文章で名声、後継者と財を得る。 玄関に最適。リビングにも適す。水槽か噴水を置くと財運が高まる。	4木5土　失運 健康運凶、財運大凶 好色、投機で失財、暗い家庭、絶家、主婦が病気。 トイレ、浴室、キッチンに適す。居住空間なら金属の瓢箪を置いて五黄を化解する。

第九運　子山午向・癸山丁向　格局　双星会座		
乾宮　45 / 一	坎宮　99 / 五	艮宮　27 / 三
4木5土　失運 健康運凶、財運大凶 好色、投機で失財、暗い家庭、絶家、主婦が病気。 トイレ、浴室、キッチンに適す。居住空間なら金属の瓢箪を置いて五黄を化解する。	9火9火　得運 健康運大吉 家業旺盛、事業好調、文章で名声、後継者と財を得る。 玄関に最適。リビングにも適す。水槽か噴水を置くと財運が高まる。	2土7金　得運 健康運小吉、財運凶 多産、女の子が生まれる。 寝室は可。居住空間であればクラスター水晶か「風水の炭」を置いて化解する。
兌宮　36 / 二	中宮　54 / 九	震宮　72 / 七
3木6金　失運 健康運、財運共に凶 刃物で怪我、主人が怪我。父と長男が不和。交通事故、盗難、刑罰。 トイレ、浴室、キッチンに適す。居住空間なら「風水の炭」を置いて気を高める。	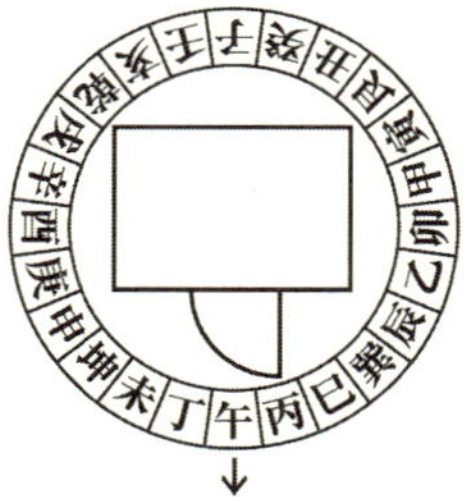	7金2土　得運 健康運凶、財運小吉 発展、不動産による富、明るい家庭、女性経営者。 寝室は可。ただし72は先天では火。居住空間であればクラスター水晶か「風水の炭」を置いて化解する。
坤宮　81 / 六	離宮　18 / 四	巽宮　63 / 八
8土1水　得運 健康運凶、財運吉 文才学業、事務職は昇進、不動産による富。事業成功。八白と一白は吉星。 リビングや玄関に適す。水槽か噴水を置いて財運を高める。	1水8土　得運 健康運吉、財運凶 文才学業、公平無私、才徳兼備、反省心。不動産吉。一白と八白は吉星。 寝室には良いが玄関は不適。財運が流出する恐れあり。金属の瓢箪、数霊盤、風水尺を使って化解する。	6金3木　失運 健康運、財運共に凶 父と長男が不和、交通事故、転倒、刃物で怪我。 トイレ、浴室、キッチンに適す。居住空間なら「風水の炭」を置いて気を高める。

第九運　丑山未向　格局　双星会向

乾宮 45 / 一	坎宮 81 / 五	艮宮 63 / 三
4木5土　失運 健康運凶、財運大凶 好色、投機で失財、暗い家庭、絶家、主婦が病気。 トイレ、浴室、キッチンに適す。居住空間なら金属の瓢箪を置いて五黄を化解する。	8土1水　得運 健康運凶、財運吉 文才学業、事務職は昇進、不動産運、事業で成功。 玄関やリビングに適す。水星が生気であり財運が期待できる。水槽か噴水を置いて財運を高める。	6金3木　失運 健康運、財運共に凶 父と長男が不和。転倒、刃物による怪我。出血。 トイレ、浴室、キッチンに適す。居住空間であれば「風水の炭」を置いて気を高める。
兌宮 54 / 二	**中宮** 36 / 九	**震宮** 18 / 七
5土4木　失運 健康運大凶、財運凶 不動産の荒廃、大酒飲み、刑罰、ギャンブルで失財。 トイレ、浴室、キッチンに適す。居住空間なら金属の瓢箪を置いて五黄を化解する。	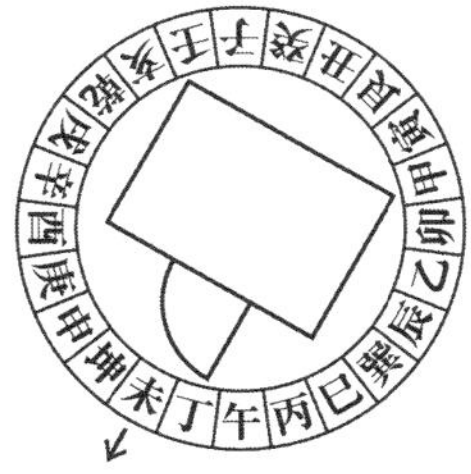	1水8土　得運 健康運吉、財運凶 文才学業、公平無私、才徳兼備、反省心。不動産吉。 居住空間の場合、クラスター水晶が盆石を置いて健康運を高める。
坤宮 99 / 六	**離宮** 72 / 四	**巽宮** 27 / 八
9火9火　得運 財運大吉 家業旺盛、事業好調、文章で名声、後継者と財を得る。 玄関に最適。リビングにも適す。水槽か噴水を置くと財運が高まる。	7金2土　得運 健康運凶、財運小吉 発展、不動産による富、明るい家庭、女性経営者。 居住空間であればクラスター水晶か「風水の炭」を置いて化解する。	2土7金　得運 健康運小吉、財運凶 多産。女の子が生まれる。 寝室は可。居住空間であればクラスター水晶か「風水の炭」を置いて27火を化解する。

第九運　艮山坤向　寅山申向　格局　双星会座

乾宮　27 / 一	坎宮　72 / 五	艮宮　99 / 三
2土7金　得運 健康運小吉、財運凶 多産、女の子が生まれる。寝室は可。ただし27は先天では火。 居住空間であればクラスター水晶か「風水の炭」を置いて化解する。	7金2土　得運 健康運凶、財運小吉 発展、不動産による富、明るい家庭、女性経営者。 寝室は可。ただし72は先天では火。 居住空間であればクラスター水晶か「風水の炭」を置いて化解する。	9火9火　得運 健康運大吉 家業旺盛、事業好調、文章で名声、後継者と財を得る。 玄関に最適。リビングにも適す。水槽か噴水を置くと財運が高まる。
兌宮　18 / 二	**中宮　36 / 九**	**震宮　54 / 七**
1水8土　得運 健康運吉、財運凶 文才学業、公平無私、才徳兼備、反省心。不動産吉。 寝室や子供部屋に適す。クラスター水晶または盆石を置くと健康運が高まる。	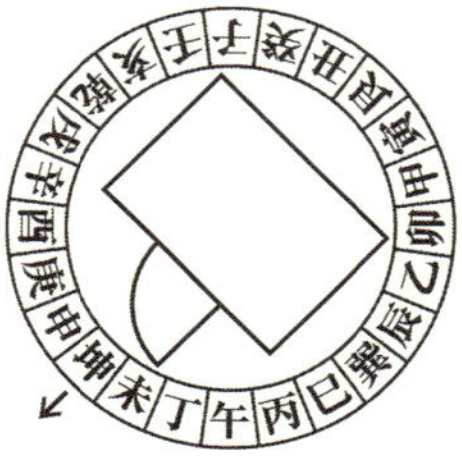	5土4木　失運 健康運大凶、財運凶 不動産の荒廃、大酒飲み、刑罰、ギャンブルで失財、中毒、産厄。 トイレ、浴室、キッチンに適す。金属の瓢箪を置いて五黄を化解する。
坤宮　63 / 六	**離宮　81 / 四**	**巽宮　45 / 八**
6金3木　失運 健康運、財運共に凶 父と長男が不和、交通事故、転倒、刃物で怪我。 トイレ、浴室、キッチンに適す。玄関は不可。居住空間なら「風水の炭」を置いて気を高める。	8土1水　得運 健康運凶、財運吉 文才学業、事務職は昇進、不動産による富。事業成功。 玄関、リビングに適す。水槽または噴水を置くと財運が高まる。	4木5土　失運 健康運凶、財運大凶 好色、投機で失財、暗い家庭、絶家、主婦が病気。 トイレ、浴室、キッチンに適す。居住空間なら金属の瓢箪を置いて五黄を化解する

第九運　甲山庚向　格局　双星会向

乾宮 81 一	坎宮 36 五	艮宮 18 三
8土1水　得運 健康運凶、財運吉 文才学業、事務職は昇進、不動産による富。事業成功。居住空間に適す。玄関も吉。水槽または噴水を置くと財運が高まる。	3木6金　失運 健康運、財運共に凶 刃物で怪我、主人が怪我。父と長男が不和。交通事故、盗難、刑罰。 トイレ、浴室、キッチンに適す。居住空間なら「風水の炭」を置いてで気を高める。	1水8土　得運 健康運吉、財運凶 文才学業、公平無私、才徳兼備、反省心。不動産吉。 居住空間の場合、クラスター水晶または盆石を置き、健康運を高める。
兌宮 99 二	**中宮 72 九**	**震宮 54 七**
9火9火　得運 財運大吉 家業旺盛、事業好調、文章で名声、後継者と財を得る。 玄関に最適。リビングにも適す。水槽か噴水を置くと財運が高まる。	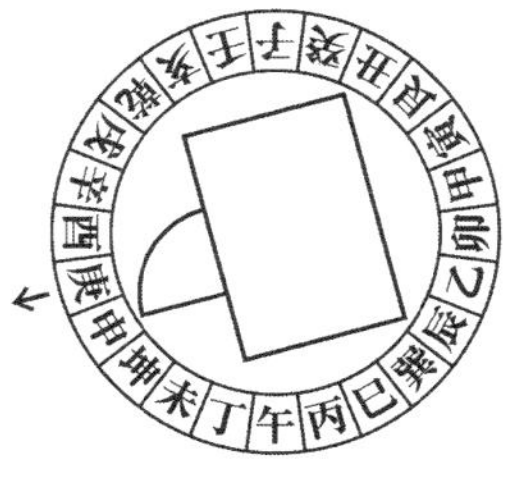	5土4木　失運 健康運大凶、財運凶 不動産の荒廃、大酒飲み、刑罰、ギャンブルで失財、中毒、産厄。 トイレ、浴室、キッチンに適す。居住空間であれば金属の瓢箪を置いて五黄を化解する。
坤宮 45 六	**離宮 27 四**	**巽宮 63 八**
4木5土　失運 健康運凶、財運大凶 好色、投機で失財、暗い家庭、絶家、主婦が病気。 トイレ、浴室、キッチンに適す。居住空間なら金属の瓢箪を置いて五黄を化解する。	2土7金　得運 健康運小吉、財運凶 多産、女の子が生まれる。寝室は可。ただし27は先天では火。 居住空間であればクラスター水晶か「風水の炭」を置いて化解する。	6金3木　失運 健康運、財運共に凶 父と長男が不和、交通事故、転倒、刃物で怪我。 トイレ、浴室、キッチンに適す。居住空間なら「風水の炭」を置いて気を高める。

第九運　卯山酉向　乙山辛向　格局　双星会座		
乾宮　63 / 一	坎宮　27 / 五	艮宮　45 / 三
6金3木　失運 健康運財運共に凶 父と長男が不和、交通事故、転倒、刃物で怪我。 トイレ、浴室、キッチンに適す。居住空間なら「風水の炭」を置いて気を高める。	2土7金　得運 健康運小吉、財運凶 多産、女の子が生まれる。寝室は可。ただし27は先天では火。 居住空間であればクラスター水晶か「風水の炭」を置いて化解する。	4木5土　失運 健康運凶、財運大凶 好色、投機で失財、暗い家庭、絶家、主婦が病気。 トイレ、浴室、キッチンに適す。居住空間なら金属の瓢箪を置いて五黄を化解する。
兌宮　54 / 二	中宮　72 / 九	震宮　99 / 七
5土4木　失運 健康運大凶、財運凶 不動産の荒廃、大酒飲み、刑罰、ギャンブルで失財、中毒、産厄。 トイレ、浴室、キッチンに適す。玄関は不適。居住空間であれば金属の瓢箪を置いて五黄を化解する。	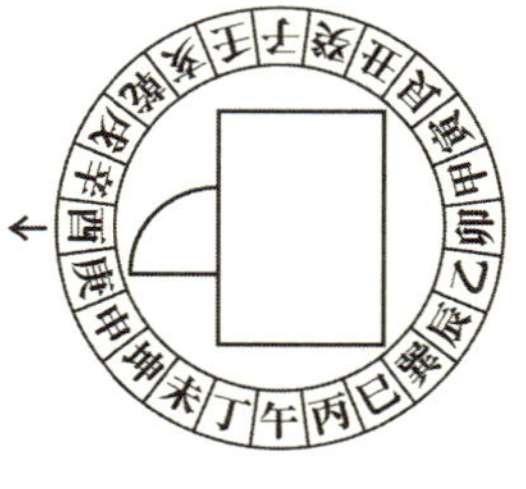	9火9火　得運 健康運大吉 家業旺盛、事業好調、文章で名声、後継者と財を得る。 玄関に最適。リビングにも適す。水槽か噴水を置くと財運が高まる。
坤宮　18 / 六	離宮　36 / 四	巽宮　81 / 八
1水8土　得運 健康運吉、財運凶 文才学業、公平無私、才徳兼備、反省心。不動産吉。 居住空間の場合、クラスター水晶または盆石を置いて健康運を高める。	3木6金　失運 健康運、財運共に凶 刃物で怪我、主人が怪我。父と長男が不和。交通事故、盗難、刑罰。 トイレ、浴室、キッチンに適す。居住空間なら「風水の炭」を置いて気を高める。	8土1水　得運 健康運凶、財運吉 文才学業、事務職は昇進、不動産による富。事業成功。 玄関やリビングに適す。水槽か噴水を置いて財運を呼びこむ。

第九運　辰山戌向　格局 双星会座

乾宮 72 / 一	坎宮 36 / 五	艮宮 54 / 三
7金2土　得運 健康運凶、財運小吉 発展、不動産による富、明るい家庭、女性経営者。 玄関は不可。72は先天では火。居住空間であればクラスター水晶か「風水の炭」を置いて化解する。	3木6金　失運 健康運、財運共に凶 刃物で怪我、主人が怪我。父と長男が不和。交通事故、盗難、刑罰。 トイレ、浴室、キッチンに適す。居住空間なら「風水の炭」を置いて気を高める。	5土4木　失運 健康運大凶、財運凶 不動産の荒廃、大酒飲み、刑罰、ギャンブルで失財、中毒、産厄。 トイレ、浴室、キッチンに適す。金属の瓢箪を置いて五黄を化解する。
兌宮 63 / 二	**中宮 81 / 九**	**震宮 18 / 七**
6金3木　失運 健康運、財運共に凶 父と長男が不和、交通事故、転倒、刃物で怪我。 トイレ、浴室、キッチンに適す。居住空間なら「風水の炭」を置いて気を高める。	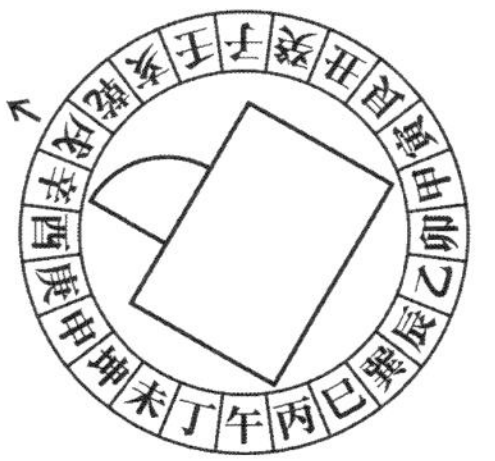	1水8土　得運 健康運吉、財運凶 文才学業、公平無私、才徳兼備、反省心。不動産吉。居住空間の場合、クラスター水晶か盆石を置いて健康運を高める。
坤宮 27 / 六	**離宮 45 / 四**	**巽宮 99 / 八**
2土7金　得運 健康運小吉、財運凶 多産、女の子が生まれる。寝室は可。ただし27は先天では火。居住空間であればクラスター水晶か「風水の炭」を置いて化解する。	4木5土　失運 健康運凶、財運大凶 好色、投機で失財、暗い家庭、絶家、主婦が病気。 トイレ、浴室、キッチンに適す。居住空間なら金属の瓢箪を置いて五黄を化解する	9火9火　得運 健康運大吉 家業旺盛、事業好調、文章で名声、後継者と財を得る。 玄関に最適。リビングも良い。水槽か噴水を置くと財運が高まる。

<table>
<tr><th colspan="6">第九運　巽山乾向　巳山亥向　格局　双星会向(水星合十)</th></tr>
<tr><td>乾宮</td><td>99
一</td><td>坎宮</td><td>45
五</td><td>艮宮</td><td>27
三</td></tr>
<tr><td colspan="2">9火9火　得運
健康運、財運大吉
家業旺盛、事業好調、文章で名声、後継者と財を得る。
玄関に最適。リビングにも適す。水槽か噴水を置くと財運が高まる。ただし寝室の場合は不可。</td><td colspan="2">4木5土　失運
健康運凶、財運大凶
好色、投機で失財、暗い家庭、絶家、主婦が病気。
トイレ、浴室、キッチンに適す。居住空間なら金属の瓢箪を置いて五黄を化解する</td><td colspan="2">2土7金　得運
健康運小吉、財運凶
多産、女の子が生まれる。
寝室は可。ただし27は先天では火。居住空間であればクラスター水晶か「風水の炭」を置いて化解する。</td></tr>
<tr><td>兌宮</td><td>18
二</td><td>中宮</td><td>81
九</td><td>震宮</td><td>63
七</td></tr>
<tr><td colspan="2">1水8土　得運
健康運吉、財運凶
文才学業、公平無私、才徳兼備、反省心。不動産吉。
寝室や子供部屋に適す。水周りの場合は木の瓢箪を置いて化解する。</td><td colspan="2">
</td><td colspan="2">6金3木　失運
健康運、財運共に凶
父と長男が不和、交通事故、転倒、刃物で怪我。
トイレ、浴室、キッチンに適す。居住空間なら「風水の炭」を置いて気を高める。</td></tr>
<tr><td>坤宮</td><td>54
六</td><td>離宮</td><td>36
四</td><td>巽宮</td><td>72
八</td></tr>
<tr><td colspan="2">5土4木　失運
健康運大凶、財運凶
不動産の荒廃、大酒飲み、刑罰、ギャンブルで失財、中毒、産厄。
トイレ、浴室、キッチンに適す。金属の瓢箪を置いて五黄を化解する。</td><td colspan="2">3木6金　失運
健康運、財運共に凶
刃物で怪我、主人が怪我。父と長男が不和。交通事故、盗難、刑罰。
トイレ、浴室、キッチンに適す。居住空間なら「風水の炭」を置いて気を高める。</td><td colspan="2">7金2土　得運
健康運凶、財運小吉
発展、不動産による富、明るい家庭、女性経営者。
寝室は可。ただし72は先天では火。居住空間であればクラスター水晶か「風水の炭」を置いて化解する。</td></tr>
</table>

第九運　丙山壬向　格局 双星会座

乾宮 36 / 一	坎宮 81 / 五	艮宮 18 / 三
3木6金 失運 健康運、財運共に凶 刃物で怪我、主人が怪我。父と長男が不和。交通事故、盗難、刑罰。 トイレ、浴室、キッチンに適す。居住空間なら「風水の炭」を置いて気を高める。	8土1水 得運 健康運凶、財運吉 文才学業、事務職は昇進、不動産による富。事業成功。八白と一白は吉星。 玄関に適す。リビングも吉。水槽か噴水を置くと財運が高まる。	1水8土 得運 健康運吉、財運凶 文才学業、公平無私、才徳兼備、反省心。不動産吉。 居住空間の場合、クラスター水晶か盆石を置くと健康運が高まる。
兌宮 27 / 二	**中宮 45 / 九**	**震宮 63 / 七**
2土7金 得運 健康運小吉、財運凶 多産、女の子が生まれる。 寝室は可。ただし27は先天では火。居住空間であればクラスター水晶か「風水の炭」を置いて化解する。		6金3木 失運 健康運、財運共に凶 父と長男が不和、交通事故、転倒、刃物で怪我。 トイレ、浴室、キッチンに適す。居住空間なら「風水の炭」を置いて気を高める。
坤宮 72 / 六	**離宮 99 / 四**	**巽宮 54 / 八**
7金2土 得運 健康運凶、財運小吉 発展、不動産による富、明るい家庭、女性経営者。 寝室は可。ただし72は先天では火。居住空間であればクラスター水晶か「風水の炭」を置いて化解する。	9火9火 得運 健康運大吉 家業旺盛、事業好調、文章で名声、後継者と財を得る。 玄関に最適。リビングにも適す。水槽または噴水を置くと財運が高まる。寝室として使う場合は水槽や噴水は不可。	5土4木 失運 健康運大凶、財運凶 不動産の荒廃、大酒飲み、刑罰、ギャンブルで失財、中毒、産厄。 トイレ、浴室、キッチンに適す。居住環境であれば金属の瓢箪を置いて五黄を化解する。

第九運　午山子向　丁山癸向　格局　双星会向		
乾宮　54 一	坎宮　99 五	艮宮　72 三
5土4木　失運 健康運大凶、財運凶 不動産の荒廃、大酒飲み、刑罰、ギャンブルで失財、中毒、産厄。 トイレ、浴室、キッチンに適す。居住空間であれば金属の瓢箪を置いて五黄を化解する。	9火9火　得運 財運大吉 家業旺盛、事業好調、文章で名声、後継者と財を得る。玄関に最適。リビングにも適す。水槽か噴水を置くと財運が高まる。ただし寝室の場合は不可。	7金2土　得運 健康運凶、財運小吉 発展、不動産による富、明るい家庭、女性経営者。 寝室は可。ただし72は先天では火。居住空間であればクラスター水晶か「風水の炭」を置いて化解する。
兌宮　63 二	中宮　45 九	震宮　27 七
6金3木　失運 健康運、財運共に凶 父と長男が不和、交通事故、転倒、刃物で怪我。 トイレ、浴室、キッチンに適す。居住空間なら「風水の炭」を置いて気を高める。	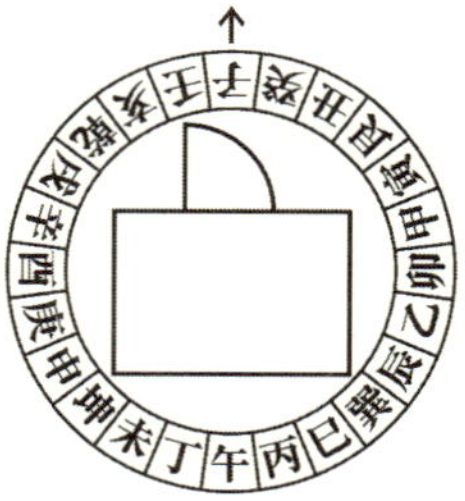	2土7金　得運 健康運小吉、財運凶 多産、女の子が生まれる。 寝室は可。ただし27は先天では火。居住空間であればクラスター水晶か「風水の炭」を置いて化解する。
坤宮　18 六	離宮　81 四	巽宮　36 八
1水8土　得運 健康運吉、財運凶 文才学業、公平無私、才徳兼備、反省心。不動産吉。 寝室に適す。クラスター水晶または盆石を置いて健康運を高める。	8土1水　得運 健康運凶、財運吉 文才学業、事務職は昇進、不動産による富。事業成功。玄関やリビングに適す。水槽または噴水を置いて財運を高める。	3木6金　失運 健康運、財運共に凶 刃物で怪我、主人が怪我。父と長男が不和。交通事故、盗難、刑罰。 トイレ、浴室、キッチンに適す。居住空間なら「風水の炭」を置いて気を高める。

第九運　未山丑向　格局　双星会座		
乾宮　54 一	坎宮　18 五	艮宮　36 三
5土4木　失運 健康運大凶、財運凶 不動産の荒廃、大酒飲み、刑罰、ギャンブルで失財、中毒、産厄。 トイレ、浴室、キッチンに適す。金属の瓢箪を置いて五黄を化解する。	1水8土　得運 健康運吉、財運凶 文才学業、公平無私、才徳兼備、反省心。不動産吉。寝室や子供部屋に適す。クラスター水晶か盆石を置いて健康運を高める。	3木6金　失運 健康運、財運共に凶 刃物で怪我、主人が怪我。父と長男が不和。交通事故、盗難、刑罰。 トイレ、浴室、キッチンに適す。玄関は不可。居住空間なら「風水の炭」を置いて気を高める。
兌宮　45 二	中宮　63 九	震宮　81 七
4木5土　失運 健康運凶、財運大凶 好色、投機で失財、暗い家庭、絶家、主婦が病気。 トイレ、浴室、キッチンに適す。居住空間なら金属の瓢箪を置いて五黄を化解する	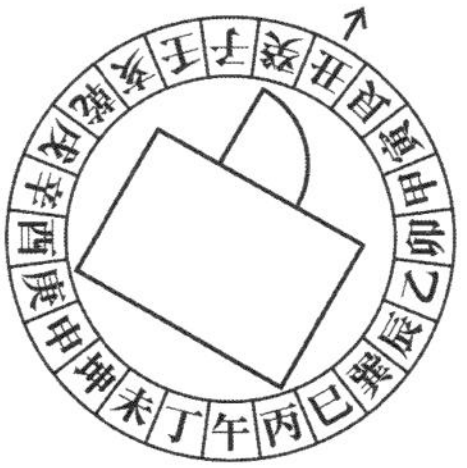	8土1水　得運 健康運凶、財運吉 文才学業、事務職は昇進、不動産による富。事業成功。八白と一白が共に吉。 玄関やリビングに適す。水槽か噴水を置いて財運を呼びこむ。
坤宮　99 六	離宮　27 四	巽宮　72 八
9火9火　得運 健康運大吉 家業旺盛、事業好調、文章で名声、後継者と財を得る。 玄関に最適。リビングにも適す。水槽か噴水を置くと財運が高まる。	2土7金　得運 健康運小吉、財運凶 多産、女の子が生まれる。 寝室は可。ただし27は先天では火。キッチンであれば火災に注意。「風水の炭」を置いて化解する。	7金2土　得運 健康運凶、財運小吉 発展、不動産による富、明るい家庭、女性経営者。 寝室は可。ただし72は先天では火。居住空間であればクラスター水晶か「風水の炭」を置いて化解する。

<table>
<tr><th colspan="3">第九運　坤山艮向　申山寅向　格局　双星会向</th></tr>
<tr><td>乾宮　72　一</td><td>坎宮　27　五</td><td>艮宮　99　三</td></tr>
<tr>
<td>7金2土　得運
健康運凶、財運小吉
発展、不動産による富、明るい家庭、女性経営者。
寝室は可。ただし72は先天では火。居住空間であればクラスター水晶か「風水の炭」を置いて化解する。</td>
<td>2土7金　得運
健康運小吉、財運凶
多産、女の子が生まれる。寝室は可。ただし27は先天では火。居住空間であればクラスター水晶か「風水の炭」を置いて化解する。</td>
<td>9火9火　得運
財運大吉
家業旺盛、事業好調、文章で名声、後継者と財を得る。玄関に最適。リビングにも適す。水槽か噴水を置くと財運が高まる。ただし寝室の場合は不可。</td>
</tr>
<tr><td>兌宮　81　二</td><td>中宮　63　九</td><td>震宮　45　七</td></tr>
<tr>
<td>8土1水　得運
健康運凶、財運吉
文才学業、事務職は昇進、不動産による富。事業成功。玄関、リビングに適す。水槽または噴水を置くと財運を呼びこむ。</td>
<td>

</td>
<td>4木5土　失運
健康運凶、財運大凶
好色、投機で失財、暗い家庭、絶家、主婦が病気。
トイレ、浴室、キッチンに適す。居住空間なら金属の瓢箪を置いて五黄を化解する。</td>
</tr>
<tr><td>坤宮　36　六</td><td>離宮　18　四</td><td>巽宮　54　八</td></tr>
<tr>
<td>3木6金　失運
健康運、財運共に凶
刃物で怪我、主人が怪我。父と長男が不和。交通事故、盗難、刑罰。
トイレ、浴室、キッチンに適す。居住空間なら「風水の炭」を置いて気を高める。</td>
<td>1水8土　得運
健康運吉、財運凶
文才学業、公平無私、才徳兼備、反省心。不動産吉。寝室や子供部屋に適す。クラスター水晶か盆石を置いて健康運を高める。</td>
<td>5土4木　失運
健康運大凶、財運凶
不動産の荒廃、大酒飲み、刑罰、ギャンブルで失財、中毒、産厄。
トイレ、浴室、キッチンに適す。居住空間であれば金属の瓢箪を置いて五黄を化解する。</td>
</tr>
</table>

第九運　庚山甲向　格局　双星会座		
乾宮　18 / 一	坎宮　63 / 五	艮宮　81 / 三
1水8土　得運 健康運吉、財運凶 文才学業、公平無私、才徳兼備、反省心。不動産吉。 寝室や子供部屋に適す。クラスター水晶または盆石を置いて健康運を高める。	6金3木　失運 健康運、財運共に凶 父と長男が不和、交通事故、転倒、刃物で怪我。 トイレ、浴室、キッチンに適す。居住空間なら「風水の炭」を置いて気を高める。	8土1水　得運 健康運凶、財運吉 文才学業、事務職は昇進、不動産による富。事業成功。玄関、リビングに適す。 水槽または噴水を置いて財運を呼びこむ。
兌宮　99 / 二	中宮　27 / 九	震宮　45 / 七
9火9火　得運 健康運大吉 家業旺盛、事業好調、文章で名声、後継者と財を得る。 玄関に最適。リビングにも適す。水槽か噴水を置くと財運が高まる。	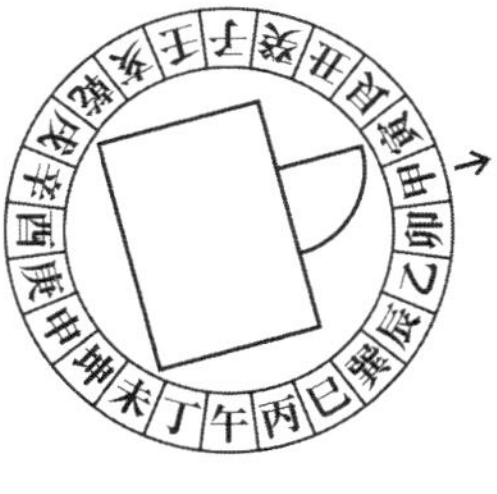	4木5土　失運 健康運凶、財運大凶 好色、投機で失財、暗い家庭、絶家、主婦が病気。 トイレ、浴室、キッチンに適す。玄関は不可。居住空間なら金属の瓢箪を置いて五黄を化解する。
坤宮　54 / 六	離宮　72 / 四	巽宮　36 / 八
5土4木　失運 健康運大凶、財運凶 不動産の荒廃、大酒飲み、刑罰、ギャンブルで失財、中毒、産厄。 トイレ、浴室、キッチンに適す。居住空間であれば金属の瓢箪を置いて五黄を化解する。	7金2土　得運 健康運凶、財運小吉 発展、不動産による富、明るい家庭、女性経営者。 寝室は可。ただし72は先天では火。居住空間であればクラスター水晶か「風水の炭」を置いて化解する。	3木6金　失運 健康運、財運共に凶 刃物で怪我、主人が怪我。父と長男が不和。交通事故、盗難、刑罰。 トイレ、浴室、キッチンに適す。居住空間なら「風水の炭」を置いて気を高める。

第九運　西山卯向　辛山乙向　格局　双星会向		
乾宮　36 一	坎宮　72 五	艮宮　54 三
3木6金　失運 健康運、財運共に凶 刃物で怪我、主人が怪我。父と長男が不和。交通事故、盗難、刑罰。 トイレ、浴室、キッチンに適す。居住空間なら「風水の炭」を置いて気を高める。	7金2土　得運 健康運凶、財運小吉 発展、不動産による富、明るい家庭、女性経営者。 寝室は可。ただし72は先天では火。居住空間であればクラスター水晶か「風水の炭」を置いて化解する。	5土4木　失運 健康運大凶、財運凶 不動産の荒廃、大酒飲み、刑罰、ギャンブルで失財、中毒、産厄。 トイレ、浴室、キッチンに適す。金属の瓢箪を置いて五黄を化解する。
兌宮　45 二	中宮　27 九	震宮　99 七
4木5土　失運 健康運凶、財運大凶 好色、投機で失財、暗い家庭、絶家、主婦が病気。 トイレ、浴室、キッチンに適す。居住空間なら金属の瓢箪を置いて五黄を化解する。	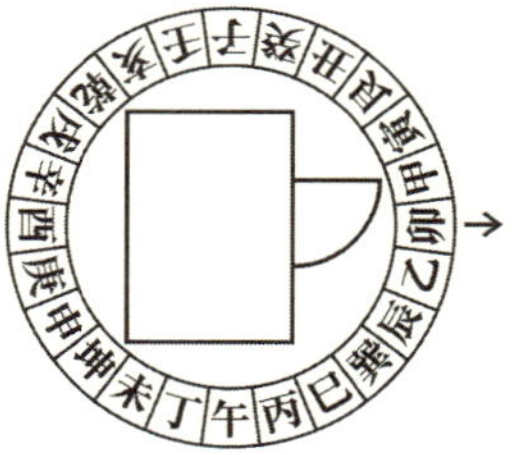	9火9火　得運 財運大吉 家業旺盛、事業好調、文章で名声、後継者と財を得る。 玄関に最適。リビングにも適す。水槽か噴水を置くと発財。ただし寝室の場合は不可。
坤宮　81 六	離宮　63 四	巽宮　18 八
8土1水　得運 健康運凶、財運吉 文才学業、事務職は昇進、不動産による富。事業成功。八白一白共に吉。 玄関やリビングに適す。	6金3木　失運 健康運、財運共に凶 父と長男が不和、交通事故、転倒、刃物で怪我。 トイレ、浴室、キッチンに適す。居住空間なら「風水の炭」を置いて気を高める。	1水8土　得運 健康運吉、財運凶 文才学業、公平無私、才徳兼備、反省心。不動産吉。 寝室や子供部屋に適す。ここが水周りであれば木の瓢箪を置いて化解する。

第九運　戊山辰向　格局　双星会向		
乾宮　27 一	坎宮　63 五	艮宮　45 三
2土7金　得運 健康運小吉、財運凶 多産、女の子が生まれる。寝室は可。ただし27は先天では火。居住空間であればクラスター水晶か盆石を置いて化解する。同時に健康運も高まる。	6金3木　失運 健康運、財運共に凶 父と長男が不和、交通事故、転倒、刃物で怪我。 トイレ、浴室、キッチンに適す。居住空間なら「風水の炭」を置いて気を高める。	4木5土　失運 健康運凶、財運大凶 好色、投機で失財、暗い家庭、絶家、主婦が病気。 トイレ、浴室、キッチンに適す。居住空間なら金属の瓢箪を置いて五黄を化解する。
兑宮　36 二	中宮　18 九	震宮　81 七
3木6金　失運 健康運、財運共に凶 刃物で怪我、主人が怪我。父と長男が不和。交通事故、盗難、刑罰。 トイレ、浴室、キッチンに適す。居住空間なら「風水の炭」を置いて気を高める。		8土1水　得運 健康運凶、財運吉 文才学業、事務職は昇進、不動産による富。事業成功。玄関やリビングに適す。水槽または噴水を置いて財運を呼びこむ。
坤宮　72 六	離宮　54 四	巽宮　99 八
7金2土　得運 健康運凶、財運小吉 発展、不動産による富、明るい家庭、女性経営者。 寝室は可。ただし72は先天では火。居住空間であればクラスター水晶か「風水の炭」を置いて化解する。	5土4木　失運 健康運大凶、財運凶 不動産の荒廃、大酒飲み、刑罰、ギャンブルで失財、中毒、産厄。 トイレ、浴室、キッチンに適す。居住空間であれば金属の瓢箪を置いて五黄を化解する。	9火9火　得運 財運大吉 家業旺盛、事業好調、文章で名声、後継者と財を得る。 玄関に最適。リビングにも適す。水槽か噴水を置くと財運が高まる。ただし寝室の場合は不可。

第九運　乾山巽向　亥山巳向　　格局　双星会座(山星合十)					
乾宮	99 一	坎宮	54 五	艮宮	72 三
9火9火　得運 健康運大吉 家業旺盛、事業好調、文章で名声、後継者と財を得る。玄関に最適。リビングにも適す。水槽か噴水を置くと財運が高まる。		5土4木　失運 健康運大凶、財運凶 不動産の荒廃、大酒飲み、刑罰、ギャンブルで失財、中毒、産厄。 トイレ、浴室、キッチンに適す。居住空間であれば金属の瓢箪を置いて五黄を化解する。		7金2土　得運 健康運凶、財運小吉 発展、不動産による富、明るい家庭、女性経営者。 寝室は可。ただし72は先天では火。居住空間であればクラスター水晶か「風水の炭」を置いて化解する。	
兌宮	81 二	中宮	18 九	震宮	36 七
8土1水　得運 健康運凶、財運吉 文才学業、事務職は昇進、不動産による富。事業成功。八白と一白は共に吉。 玄関やリビングに適す。水槽または噴水を置くと財運が高まる。				3木6金　失運 健康運、財運共に凶 刃物で怪我、主人が怪我。父と長男が不和。交通事故、盗難、刑罰。 トイレ、浴室、キッチンに適す。居住空間なら「風水の炭」を置いて気を高める。	
坤宮	45 六	離宮	63 四	巽宮	27 八
4木5土　失運 健康運凶、財運大凶 好色、投機で失財、暗い家庭、絶家、主婦が病気。 トイレ、浴室、キッチンに適す。居住空間なら金属の瓢箪を置いて五黄を化解する		6金3木　失運 健康運、財運共に凶 父と長男が不和、交通事故、転倒、刃物で怪我。 トイレ、浴室、キッチンに適す。居住空間なら「風水の炭」を置いて気を高める。		2土7金　得運 健康運小吉、財運凶 多産、女の子が生まれる。 寝室は可。玄関は不可。27は先天では火。居住空間であればクラスター水晶か「風水の炭」を置いて化解する。	

特別付録　玄空紫白訣解説

（翻訳　易海陽光）

紫白訣上編

紫白訣は上下の両部分に分けられている。玄空飛星派風水の原典の一つであり、特に紫白九星の組み合わせについて詳細な説明をしている。著者については目講禅師と考える人もいれば、王思山の著作であると思う人もいるものの不明である。

姚廷鑾は乾隆帝（1711年～1799年）の代に活躍した風水師であり、八宅派の名著「陽宅大全」「陽宅全秘」「陰宅集要」を著したが、この書では「紫白訣」の原文と日本語訳に続き、解説文については姚廷鑾の「陽宅全秘」の文章を翻訳したものを併記しつつ、若干の補足を行った。

1　八宅的生旺退殺定吉凶

原文：紫白飛宮，弁生旺退殺之用・三元気運，判盛衰興廃之時。

翻訳：紫白飛宮は生旺退殺の応用を弁別するためであり、三元の気運は盛衰興廃の時期を判明するものである。

解釈：紫白は洛書九星のことである。飛宮は九星が八方に飛布（飛散して配布）することである。紫白の宅盤は座山方位の星を中宮に入れ、これに従って飛んでいく。生旺退殺は各方位の星は中宮の星に対する性質である。中宮の星を生じるものは生と言い、剋するものは殺という。中宮と比するものは旺、中宮の星が各方位の星を生じるものを退といい、剋するものは死という。九星の五行を用いて、その生旺退殺を決めるのだ。気運は上中下三元で分けられ、上元運は一、二、三、中元運は四、五、六、下元七、八、九。元運を得られれば興隆、元運を失うものは衰廃となる。

図1　八卦掌訣

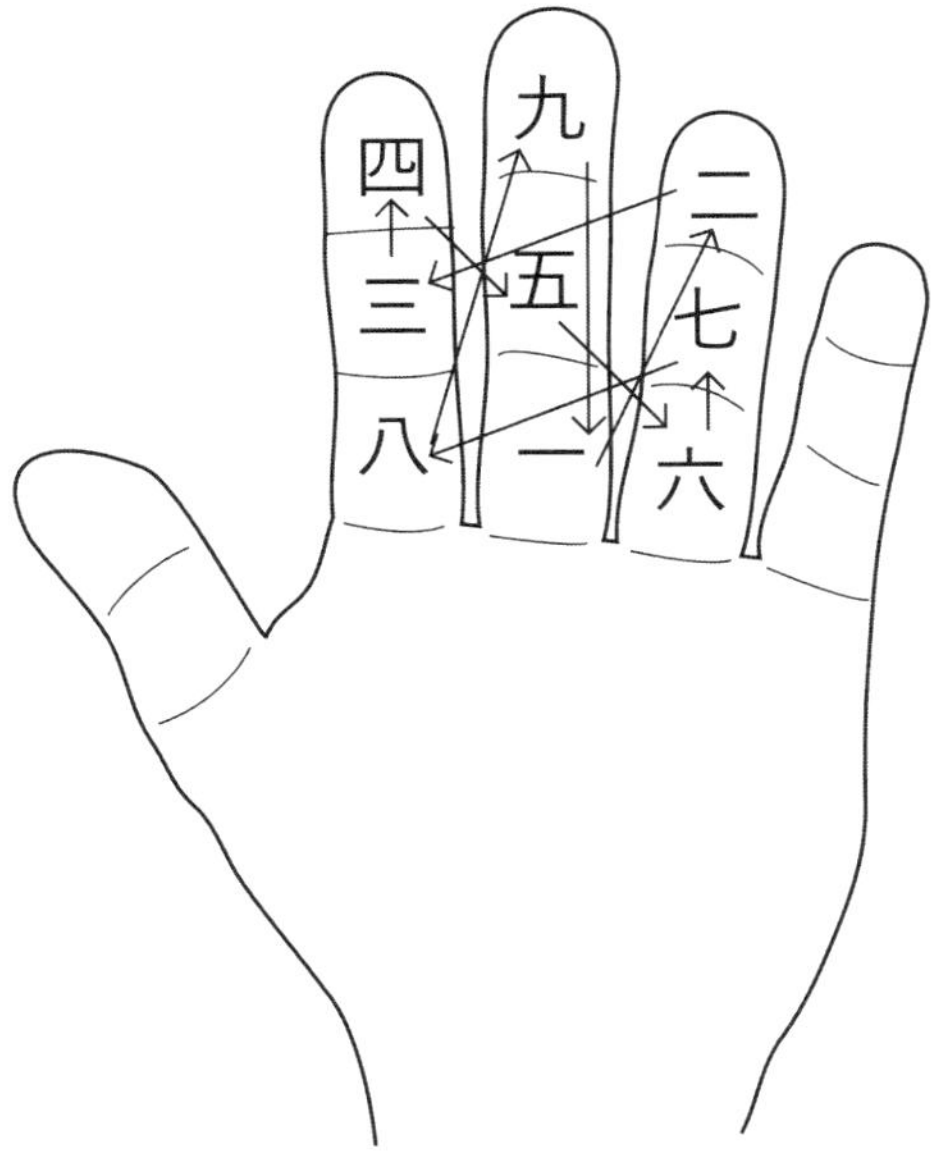

図2　変化後の排山掌訣

図3　真正排山掌訣

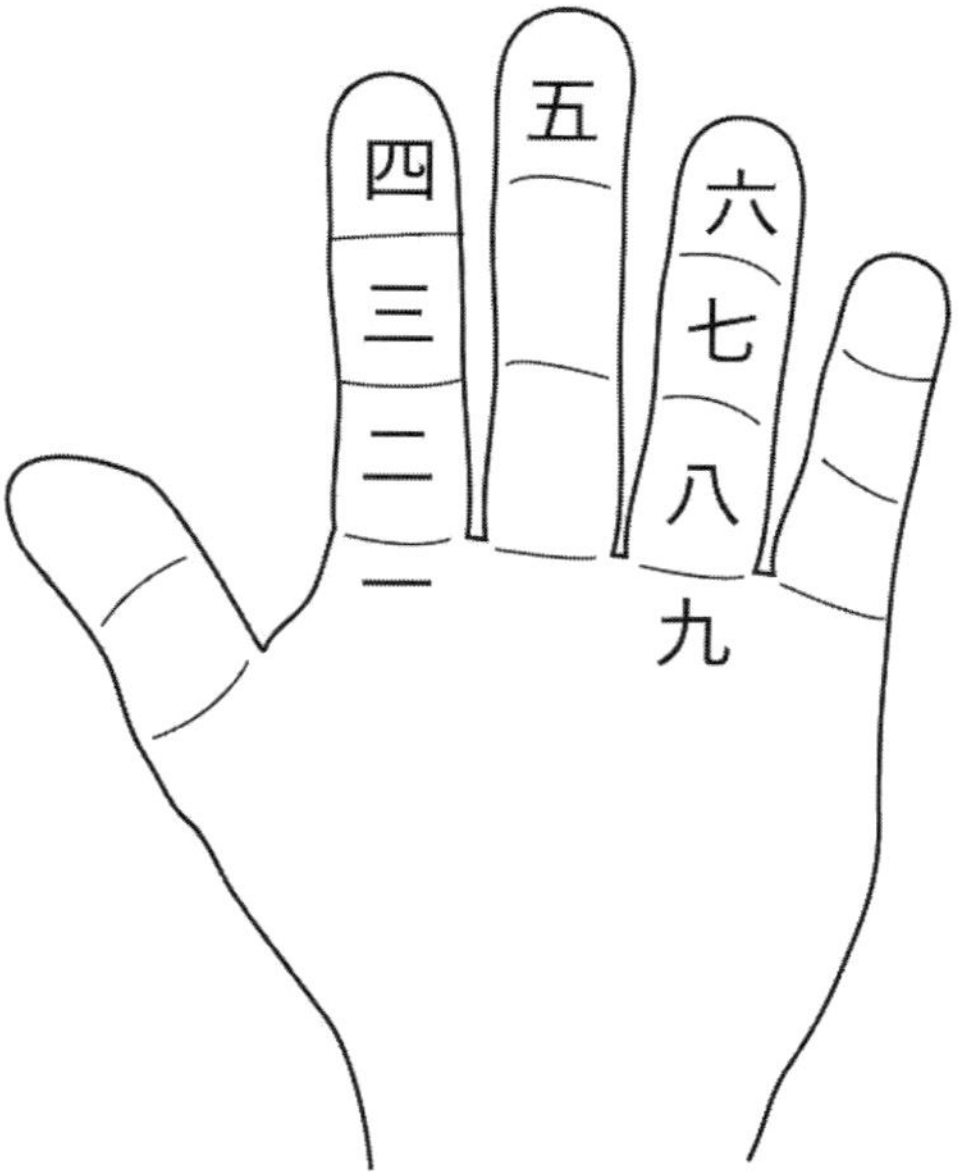

図4　洛書の方位図

東南方 巽宮	南方 離宮	西南方 坤宮
東方 震宮	中宮	西方 兌宮
東北方 艮宮	北方 坎宮	西北方 乾宮

解説：排山掌とは九星の飛泊を紙の上でなく、手のひらを使って行う方法だ。手のひらの指部分を盤面に見立て、親指で順に押さえていって星の移動を確認する。（図1、図2）

真正排山図の定位盤は人差し指の付け根を一（坎宮）とする。続いて関節の間をマス目として二（坤宮）、三（震宮）とぐるりと一周し、薬指の付け根を九（離宮）としている。この排山図では一と九、二と八、三と七、四と六が相対した位置関係となっている。（図3）

右回りを順排、左回りを逆排というが、順飛、逆飛と同じものである。

図5 八宅飛泊図

①坎宅（座北向南）

巽宮 九紫火 死気方	離宮 五黄土 殺気方	坤宮 七赤金 生気方
震宮 八白土 殺気方	中宮 一白水	兌宮 三碧木 退気方
艮宮 四緑木 退気方	坎宮 六白金 生気方	乾宮 二黒土 殺気方

②坤宅（座西南向東北）

巽宮 一白水 死気方	離宮 六白金 退気方	坤宮 八白土 旺気方
震宮 九紫火 生気方	中宮 二黒土	兌宮 四緑木 殺気方
艮宮 五黄土 旺気方	坎宮 七赤金 退気方	乾宮 三碧木 殺気方

③震宅（座東向西）

巽宮 二黒土 死気方	離宮 七赤金 殺気方	坤宮 九紫赤 退気方
震宮 一白水 生気方	中宮 三碧水	兌宮 五碧土 死気方
艮宮 六白金 殺気方	坎宮 八白土 死気方	乾宮 四緑木 旺気方

④巽宅（座東南向西北）

巽宮 三碧木 旺気方	離宮 八白土 死気方	坤宮 一白水 生気方
震宮 二黒土 死気方	中宮 四緑水	兌宮 六白金 殺気方
艮宮 七赤金 殺気方	坎宮 九紫火 退気方	乾宮 五黄土 死気方

⑤乾宅（座西北向東南）

巽宮 五黄土 生気方	離宮 一白水 退気方	坤宮 三碧木 死気方
震宮 四緑木 死気方	中宮 六白金	兌宮 八白土 生気方
艮宮 九紫火 殺気方	坎宮 二黒土 生気方	乾宮 七赤金 旺気方

⑥兌宅（座西向東）

巽宮 六白金 旺気方	離宮 二黒土 生気方	坤宮 四緑木 死気方
震宮 五黄土 生気方	中宮 七赤金	兌宮 九紫火 殺気方
艮宮 一白水 退気方	坎宮 三碧木 死気方	乾宮 八白土 生気方

⑦艮宅（座東北向西南）

巽宮 七赤金 退気方	離宮 三碧木 殺気方	坤宮 五黄土 旺気方
震宮 六白金 退気方	中宮 八白土	兌宮 一白水 死気方
艮宮 二黒土 旺気方	坎宮 四緑木 殺気方	乾宮 九紫火 生気方

⑧離宅（座南向北）

巽宮 八白土 退気方	離宮 四緑木 生気方	坤宮 六白土 死気方
震宮 七赤金 死気方	中宮 九紫火	兌宮 二黒土 退気方
艮宮 三碧木 生気方	坎宮 五黄土 退気方	乾宮 一白水 殺気方

原文：生旺宜興，運未来而仍替。退殺当廃，運方交而尚栄。総以気運為之君，而吉凶随之変化。

翻訳：生旺は常に変化を興すのが宜しい。運がまだ来なければ変化を続ける。退殺は全て衰廃にすべきだが、運に会えば、始めに宜しくなる。要するに気運は帝王となす。したがって吉凶はそれについて変化する。

解釈：一白水は六白七赤金に会うと生、一白水に会うと旺、しかし三元の金水運にならないと、得運にはならない。一白水は三碧四緑木に会うと退、二八土に会うと殺になるが、三元金水運に入れば、逆に運勢が良くなる。ということは、生旺退殺は三元気運にしたがって判断する。元運を得られれば吉、失うと凶である。

解説：三元九運は180年を最長の単位とする。その中で上元が60年で一白が管轄する。中元は60年で四緑が管轄。下元も60年で七赤が管轄する。この60年間を大運という。大運を三つに分け、九運に区分する。

上元は一白、二黒、三碧が含まれ、中元は四緑、五黄、六白。下元は七赤、八白、九紫で各運は20年間となる。これを小運という。

例えば坎宅の場合、六白が飛泊する坎宮では生気。七赤の坤宮では生気となる。（図5①）現在、小運は八白運であって、土の運であるから、土剋水と坎宅を剋すことになって凶である。このような場合、どちらを重要視するかというと小運の影響である。よって、坎宅では坎宮（北）と坤宮（西南）がほどほどに良いというくらいで、大吉とはいえないという判断である。別の見方をすると、第八運で有利な五行は土と金なので、艮宅、坤宅、兌宅、乾宅は良い運に乗っているということになる。

年運の判断をどう見るかだが、小運を重視することは変わりなく、年運は参考にする程度に止める。

2　河洛理数断生旺・宜兼顧元運交替

原文：以図運論体，書運論用，此法之常也。以図運参書，書運参図，此法之変也。

翻訳：河図の運は本体を論じ、洛書の運は応用を論じるのは、一般的な方法論である。時々河図の理は洛書にも参照し、洛書の理は河図にも参照して使えば、両者は常に変化しながら、互いに作用するのだ。

解釈：図運は河図の運、甲丙戊庚壬の五子運を分ける。一方、書運は洛書の運で上中下三元小運のことである。体は八宅で定める宅星のこと。用は宅星から八方に飛泊することである。河図と洛書を融合しながら、また五行の作用も取り入れる。要するに、河図と洛書は共通の点があり、状況に応じて使い方を判断し、活用するのである。

原文：河図之運，以甲丙戊庚壬五子，配水火木金土五行・五子分元，五行定運，秩然不紊。

翻訳：河図の運は、甲丙戊庚壬という五子を用いて、水火木金土の五行と配合する。五天干（甲丙戊庚壬）は元（三元）を分け、五行で運（九運）を決めるので、整然と秩序が立っている。

解釈：河図の一と六は水に属し、甲子からの12年は水運になる。二、七は火に属し、丙子からの12年は火運になる。三、八は木に属し、戊子からの12年は木運になる。四、九は金に属し、庚子からの12年は金運になる。五、十は土に属し、壬子からの12年は土運になる。それぞれの子は各12年を管轄し、秩序が整然としている。（図6）

河図口訣

「一六」友宗・為「水」居北

「二七」同道・為「火」居南

「三八」為朋・為「木」居東

「四九」作友・為「金」居西

「五十」居中・為「土」居中

図6　河図

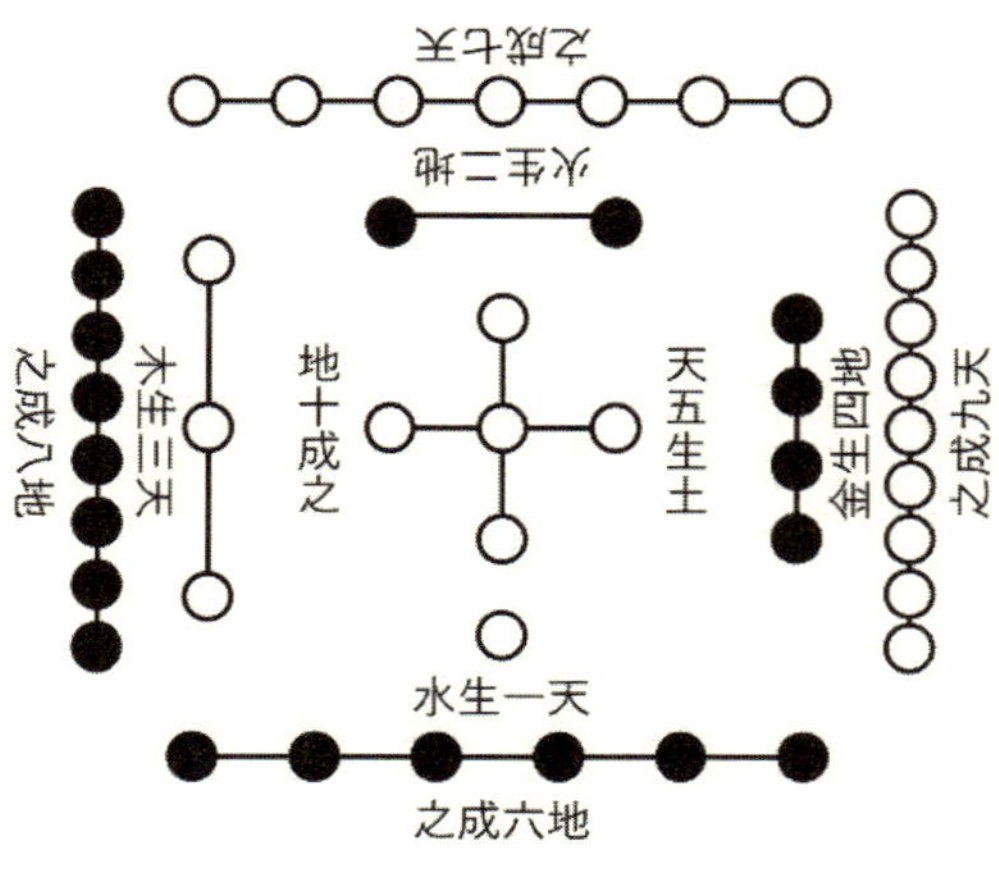

河図運的流年運数・分五子運表

甲子（水運）	甲子、乙丑、丙寅、丁卯、戊辰、己巳、庚午、辛未、壬申、癸酉、甲戌、乙亥
丙子（火運）	丙子、丁丑、戊寅、己卯、庚辰、辛巳、壬午、癸未、甲申、乙酉、丙戌、丁亥
戊子（木運）	戊子、己丑、庚寅、辛卯、壬辰、癸巳、甲午、乙未、丙申、丁酉、戊戌、己亥
庚子（金運）	庚子、辛丑、壬寅、癸卯、甲辰、乙巳、丙午、丁未、戊申、己酉、庚戌、辛亥
壬子（土運）	壬子、癸丑、甲寅、乙卯、丙辰、丁巳、戊午、己未、庚申、辛酉、壬戌、癸亥

原文：凡屋層興間，值水数者，喜金水之運，值木数者，嫌金火之運，火金土数依此類推。

翻訳：家の階数や部屋数は水の数であれば、金水の運を喜ぶ。木の数であれば、金火の運を嫌う。火金土の数では、このように類推できる。

解釈：家宅は生旺を喜び、剋退を忌む。一階と六階若しくは一つと六つの部屋は水数の家。金運と水運の時は吉である。三階、八階若しくは三つと八つの部屋がある家は木運の家であり、火運と金運は凶となる。

原文：生運発丁而漸栄，旺運発禄而聚富。退必冷退絶嗣，殺則横禍官災，死主損丁，吉凶常半，應如桴鼓，図運有然。

翻訳：生運になると子孫繁栄、徐々に興隆する。旺運になれば福禄となり、富が集まる。退運となると、子孫は断絶する。殺なら官からの災に巻き込まれる。死運は主人の健康を損なうが、吉凶半々である。

それは川に浮いた小舟や太鼓のようなものだ。河図の運数はその通りである。

解釈：河図から見れば、階数と家の部屋数は五子運に会えば、生ずるものは生、比するものは旺、剋するものは殺である。五子運により生となる家は子孫が反映し、徐々に興隆する。比和の家は名誉と財を得る。家屋の五行が五子運を生じると退で主人が貧窮、若死にする。五子運が家屋の五行を剋すと不測の禍を生じる。家屋の五行が五子運を剋すと死となる。家屋が剋されるよりも軽い。故に吉凶は半々と言う。「川に浮いた小舟や太鼓」とは不安定なことを表している。

原文：而九星遇此，喜忌亦同，木星金運，宅逢劫盗之凶。火曜木元，人沐恩栄之喜，書可参図，亦如是也。

翻訳：九星はこれと会えば、喜忌とも同じである。木星が金運と会えば、家は窃盗に会う凶になる。火曜木元、人は恩恵に恵まれ吉である。河図の理は洛書にも通用するというのは、そのとおりである。

解釈：九星は洛書のこと、「此」は河図の運をいう。「喜」は河図運の生旺比和を喜すること。「忌」は河図運の剋殺死退を忌すること。九星の五行を河図の五子運と配合して吉凶を論じることである。

原文：洛書之運，上元一白，中元四綠，下元七赤，各管六十年，謂之大運。一元之内，又分三元，循序而推。上元一二三，中元四五六，下元七八九，各管二十年，謂之小運。

翻訳：洛書の運は、上元一白、中元四緑、下元七赤、それぞれは六十年を管轄し、大運と呼ばれる。一元の中はさらに三元を分け、順序に進む。上元は一二三、中元は四五六、下元は七八九、それぞれは二十年を管轄し、小運と呼ばれる。

解釈：三元九運は六十年を一大運とし、二十年を一小運とする。よって、一白から九紫までそれぞれ二十年を管轄するので総じて百八十年となり、三元と称する。

原文：元運既分，更宜專論其局，如八山，上元甲子，甲戌二十年，得一白龍穴，一白方砂水，一白方居住，名元龍主運，発福非常。至甲申，甲午二十年，得二黒龍穴，二黒方砂水，二黒方居住，名旺星当運，発福亦同。一元如是，三元可知。

翻訳：元運が決まれば、その情勢をもっと詳しく論ずる。八山（八つの卦）をたとえとする。上元甲子、甲戌二十年は、一白龍穴、一白方砂水にあたり、一白水星の方位に住めば、元龍主運と名付け、非常に吉である。甲申、甲午の二十年になると、二黒龍穴、二黒方砂水にあたり、二黒土星の方位に住めば、旺星当運と呼ばれ、同じく大吉になるのだ。上元はこのようになるが、ほかの三元は類推すれば分る。

解釈：三元の運、生旺殺退はこれで判断する。甲子、甲戌の二十年は、一白運にあたり、一白運は坎卦が当運である。ここでいう一白龍穴、一白方砂水は、龍、穴、砂、水が坎の方位（北方）に位置することを言うので、大吉である。同じく、甲申、甲午の二十年は二黒運にあたり、二黒運は坤卦が当運である。龍、穴、砂、水は坤卦の位（西南方）にあれば、大吉である。

原文：二者不可得兼，或当一白司令，而震巽受運之「生」，四緑乗時，而震巽合運至「旺」，此方居住，亦慶吉祥。

翻訳：二つのものは同時に得ることはできない。たとえ一白運の中に、震巽は運を受け、「生」の位に位置する、四緑運の時、震巽は運に合い、「旺」の位に位置するのだ。この方位に住めば大吉となる。

解釈：一白運の時、北の方位に住むことができなければ、震（東）か巽（東南）の方位に住めばよい。坎位は水で、震と巽は木であり、水生木になるためである。四緑運は、五行では震巽とともに木であり、木の当旺になるので同じく吉である。

原文：且先天之坎在兌，後天之坎在坤，則上元之坤兌，未可言衰。先天之巽在坤，後天之巽在兌，中元之坤兌，亦可云旺。此卦之先後天運，固可合論也。

翻訳：先天八卦の坎は後天八卦の兌の位にいて、後天八卦の坎は先天八卦の坤位にいるので、上元の坤兌は衰退とは言えない。先天八卦の巽は後天八卦の坤の位にいて、後天八卦の巽は先天八卦の兌の位にいるので、中元の坤兌は旺ともいえるのだ。これは卦の先後天運なので、合わせて論ずることもできる。

解釈：兌は金、坤は土、上元一白水運の時、金生水は退気になる。土剋水は死気になる。先天の坎は後天の兌の位になり、後天の坎は先天の坤の位になるので、兌は一白水運であれば後天で退気になるが、先天では得令である。坤は後天で死気だが、先天では旺に乗るので、坤と兌とともに先天の吉を取るので衰退とは言えない。先天の巽は後天の坤の位にいて、坤は中元の木に剋されるが、先天の巽は木なので、得令になる。中元で言えば後天の巽は先天の兌の位になるので、兌は金で中元の木を剋するが、先天の巽の木は当令である。中元木運の中で、坤兌は先天の吉を取り、旺ともいえる。これを理解しようとすれば、先天八卦と後天八卦を結び付けてみれば、自然に理解できるのだ。

原文：如一白司上元，而六白同旺，四緑主中元，而九紫均興，七赤居下元，而二黒並発者，此即一六共宗，二七同道，三八為朋，四九為友之意，図可参書，不信然乎。

翻訳：一白上元運であれば六白も同じく旺になる。四緑が中元運であれば九紫も興隆になる。七赤は下元運であれば二黒もついでに発達になる。これは河図の一六、二七、三八、四九の理と同じ意味だ。したがって河図の理は洛書に通用することであり、信じないといけない。

解釈：河図と洛書は互いに参考できることについてのもっと詳しい説明である。洛書の一白は上元であり一白が主になり水運である。河図の一と六は同じ位置で一は旺になれば六も旺になる。そのほかは類推できる。

原文：或局未得運，而局之生旺財方，有六事得地者，発福亦同，水為上，山次之，高楼鐘鼓殿塔亭台之属，又其次也。再論其山興山之六事，如門路井灶之類，行運與否，次論其層與層之六事，或行大運，或行小運，俱可言其栄富。否則將六事佈置，合山與層及其間数、生旺，則関殺俱避，而河洛二運未交，僅可言其小康也。

翻訳：あるいは局において未だ運を得ず。而して局の生旺財方の六事が地を得るような場合、発福はまた同じ。水は上で山はその次、高楼、鐘鼓殿、塔亭などの建物はさらに次になる。再度論じると山と山の六事であって、たとえば門、道路、井戸、炊事場などのものは運にはいるかどうかは言えにくい。さらに階層と階層の六事を考えると、大運に入るか小運に入っても共に吉といえる。でないと六事を配置すれば、山と層と部屋数を合わせて考えると生旺すれば（五黄）関殺ともに避けることはできる。

しかし河図洛書の二運に入らないと小吉としかならないのだ。

解釈：局の六事は外の六事を指す。屋外の橋、寺、山、河などのことを言う。山層間の六事は内の六事を指す。門、寝室、井戸、炊事場、トイレなどを指す。これらのことは環境による影響力を言うので一番は「水」、次は「山」、その次は後天で作られた建物である。このようなものは家の吉方にあれば吉、凶方にあれば凶になる。いずれにせよ、すべて九宮で飛泊しないと決めることはできない。生旺であれば大吉になる。剋であれば凶になる。もし六事は局、山、層の生旺方に位置すれば（五黄）関殺に当たらなければ、一旦河図洛書の二運に交われば大吉になる。運に交えなければ小吉になる。しかし関殺方に位置すれば運に交えないときは大丈夫だが、一旦運に交われば改善できない大凶になるので気を付けないといけない。

3　専臨重於統臨

原文：夫八門之加臨，非一九星之弔替。多方納音干支之管殺，有統臨専臨之名，而入中太歳之為旺為生，最宜詳審。管山星宿之穿宮，有逆龍順飛之例。而入中禽星之或生或剋，尤貴同参。

翻訳：八門の加臨は単一ではなく、九星は各方位に吊替する。納音干支の管殺には統臨と専臨の方法がある。太歳に入ると旺になったり、生になったりするので簡単に分析できる。管山星宿は穿宮すると逆龍順飛の例に挙げられる。しかし中宮に入る禽星の生か剋かについては特に慎重に考えないといけないのだ。

納音五行表

干支		納音五行	読み方	干支		納音五行	読み方
甲子	乙丑	海中金	かいちゅうきん	甲午	乙未	沙中金	さちゅうきん
丙寅	丁卯	炉中火	ろちゅうか	丙申	丁酉	山下火	さんかか
戊辰	己巳	大林木	たいりんもく	戊戌	己亥	平地木	へいちもく
庚午	辛未	路傍土	ろぼうど	庚子	辛丑	壁上土	へきじょうど
壬申	癸酉	剣鋒金	けんぽうきん	壬寅	癸卯	金箔金	きんぱくきん
甲戌	乙亥	山頭火	さんとうか	甲辰	乙巳	覆燈火	ふくとうか
丙子	丁丑	澗下水	かんかすい	丙午	丁未	天河水	てんかすい
戊寅	己卯	城頭土	じょうとうど	戊申	己酉	大駅土	たいえきど
庚辰	辛巳	白鑞金	はくろうきん	庚戌	辛亥	剣釧金	けんせんきん
壬午	癸未	楊柳木	ようりゅうもく	壬子	癸丑	桑柘木	そうたくもく
甲申	乙酉	泉中水	せんちゅうすい	甲寅	乙卯	大渓水	たいけいすい
丙戌	丁亥	屋上土	おくじょうど	丙辰	丁巳	沙中土	さちゅうど
戊子	己丑	霹靂火	へきれきか	戊午	己未	天上火	てんじょうか
庚寅	辛卯	松柏木	しょうはくもく	庚申	辛酉	柘榴木	ざくろもく
壬辰	癸巳	長流水	ちょうりゅうすい	壬戌	癸亥	大海水	たいかいすい

解釈：八門の動きは単一ではない。基準は三元の起法である。上元甲子は乾宮から休門がスタートし右回りに生門、傷門、杜門、景門、死門、驚門、開門の順で回る。中元甲子は坎宮でスタートし右回りする。下元甲子は艮からスタートし同様に右回りとする。

解説：納音（なっちん）とは干支を金、木、水、火、土の音に変換すること。統臨は大運で60年間、専臨は小運で20年間を指す。毎年、中宮に入る禽星というのは二十八宿の五行のことを指している。

九星弔替とは九星が中宮に入って飛泊することを「弔」という。年と年を替える、月と月を替える、層と方位を替える、門と間を替えることは「替」という。

原文：何謂統臨，即三元六甲也。六甲雖同，三元之泊宮則異，中宮之支幹納音亦異。

翻訳：統臨とは何か、三元六甲のことである。六甲は同じだが、三元が飛泊した宮は違う。中宮の干支と納音も違うのだ。

解釈：統臨は上元、中元、下元の大運を指す。六甲は、甲子、甲戌、甲申、甲午、甲辰と甲寅のことである。三元はともに六甲を有しているが、飛泊した宮は違うのだ。上元甲子年は坎一卦に所管されるので、坎宮に入る。中元甲子年は巽四卦に所管されるので巽宮に入る。下元甲子年は兌七卦に所管されるので兌宮に入る。

原文：如上元一白坎，於本宮起甲子，逆数至中宮得「己巳」木音也。中元四緑巽，於本宮起甲子，逆数至中宮得「壬申」金音也，下元七赤兌，於本宮起甲子，逆数至中宮得「丙寅」火音也，毎十年一易，此其巽也。

翻訳：たとえば上元一白坎の場合は本宮で甲子から逆推させると「己巳」は中宮に入るので、納音は木である。中元の場合は、四緑巽の場合は、本宮で甲子から逆に数え、「壬申」は中宮に入るので納音は金である。下元の場合は、本宮で甲子から逆排させると「丙寅」は中宮に入るので、納音は火である。十年に一回変わるので、この故にそれぞれ違うのだ。

解釈：上元では、一白坎では坎の位は本宮である。坎位に甲子を入れ逆排すると離位は乙丑、艮位は丙寅、兌位は丁卯、乾は戊辰、己巳は中宮に入る。（管運排山図①）己巳は納音表では大林木なので納運は木である。中元の場合は、四緑巽が本宮で甲子を入れ、逆に数えていくと中宮には壬申が入る。その納音五行は金である。（管運排山図②）下元は兌宮に甲子を入れる。逆推させると中宮には丙寅が入るが納音五行は火である。（兌卦管運排山図③）

図7　管運排山図

①上元　坎卦管運排山図

四巽	五中宮 己巳木	六乾 戊辰
三震	排山図	七兌 丁卯
二坤		八艮 丙寅
一坎 甲子		九離 乙丑

→ 逆排

②中元　巽卦管運排山図

四巽 甲子	五中宮 壬申金	六乾 辛未
三震 乙丑	排山図	七兌 庚午
二坤 丙寅		八艮 己巳
一坎 丁卯		九離 戊辰

→ 逆排

③下元　兌卦管運排山図

四巽	五中宮 丙寅火	六乾 乙丑
三震	排山図	七兌 甲子
二坤		八艮
一坎		九離

逆排 →

④上元　坎卦管運排山図

四巽	五中宮 己卯土	六乾 戊寅
三震	排山図	七兌 丁丑
二坤		八艮 丙子
一坎 甲戌		九離 乙亥

逆排 →

原文：如上元甲子十年，己巳在中宮，甲戌十年，己卯在中宮，中元甲子十年，壬申在中宮，甲戌十年，又壬午在中宮也。

翻訳：たとえば上元甲子の十年は、己巳は中宮に入る。甲戌十年では己卯は中宮に入る。中元甲子の十年では壬申は中宮に入る。甲戌の十年は再び壬午は中宮に入るのだ。

解釈：上元の六甲はすべて坎位から始まる。甲子を坎位に入れ逆排させると癸酉までの十年は、己巳は中宮に入る。甲戌から癸未の十年は、己卯は中宮に入る。（上元　坎卦管運排山図④）中元六甲は巽から始まる。甲子は逆排すると、甲子から癸酉の十年は壬申が中宮に入る。甲戌から癸未の十年は壬午が中宮に入る。下元の六甲は兌位から始まるので、推算方法は上記と同じだ。その他の甲申、甲午、甲辰、甲寅などは、すべてこのように類推する。

この排山図は始めに紹介した排山掌をマス目にしたものである。右回りでは順排となるが、飛星図では順飛である。図では左回りなので逆排だが、逆飛と同じである。

原文：毎甲以中宮納音，復以所泊宮星，與八山論生比，此所謂統臨之君也。

翻訳：それぞれの甲は中宮に入った星の納音により、飛泊した宮星を加え、それぞれ八山の生と比などを論ずる。これは統臨という方法である。

解釈：たとえば、己巳は中宮に入り、納音は木。上元甲子は坎宮に入るので、坎は水、木は水を漏らす。甲子の納音は金であり、金は坎を生ずる。まとめると、下記のようになる。

●中宮にある星の納音は八山の五行を生ずる場合、生気であり、吉
●中宮にある星の納音は八山の五行を剋する場合、殺気であり、凶
●中宮にある星の納音は八山の五行を漏する場合、退気であり、凶
●中宮にある星の納音は八山の五行を和する場合、比和であり、吉
●八山の五行は中宮にある星の納音を剋する場合、死気であり、凶

原文：何謂專臨，即六甲旬，飛到八山之干支也。三元各以本宮所泊，隨宮逆数，数至本山得何干支，即以此干支入中宮順布，以論八山，生旺則吉，剋殺為凶。

翻訳：専臨とは何か。六甲旬は八山に飛泊した干支のことである。三元はそれぞれ本宮から逆推し、再び本宮に入った干支は再度中宮に入れ、今度は玄空盤を作るため順排させる。その結果で八山の吉凶を論ずる。生と旺であれば吉、剋と殺であれば凶である。

解釈：専臨とは六十花甲の十日ごとに一つの変動を指す。またこの変動は九つの宮位飛泊を主にする。一つ

の甲は十日があり、それは甲旬という。八山の干支は、たとえば上元甲子旬、甲子は坎、乙丑は離、丙寅は艮、丁卯は兌の順で進むと、次に坎宮に入るのは癸酉である。癸酉を再び中宮に入れ順排すると、甲戌は乾、乙亥は兌、丙子は艮の順で一周を飛泊する。飛泊した八山の干支の納音を入れ、その生剋を分析する。山を生ずるものは吉、山を剋すものは凶である。

原文：又当與本宮原坐星煞而合論，或為生見生，或為生見殺，或為旺見生，或為旺見退，禍福胥壊，一一参詳，此所謂専臨之名也。

翻訳：または本宮の原座星を見合わせながら生と剋を論ずる。生のところに生じることもあれば、殺することもある。旺のところに生じることもあれば退することもある。福と災について詳細に考慮しなければならない。これが専臨なのだ。

解釈：排山図とは宅盤の配列の手法である。八山とは八方位と読み替える。

上元甲子は坎の位に居れば甲子は原座星である。坎から逆排していって再び坎の位の入る干支は癸酉である。癸酉を中宮に入れ順排すると、坎の位は戊寅になる。戊寅は原座の甲子と見合わせて生剋を論ずる。飛来した座星はこの山にとって生であり、後に飛来した星は、また山を生ずればこれは生のところに生じる。たとえば坎位にいる甲子は原座星で、飛泊した座星は癸酉で金であるから、旺になる。また飛泊した戊寅は土であり、原座星の甲子（金）を生じるので、これは「旺見生」のパターンで大吉である。逆に座星に剋されれば「旺見退」のパターンになる。（図8）

図8　上元坎卦管運排山図

四巽 庚午土	五中宮 己巳木	六乾 戊辰木
三震 辛未土	排山図	七兌 丁卯火 丙子
二坤 壬申金		八艮 丙寅火 乙亥
一坎 甲子金 癸酉金		九離 乙丑金 甲戌

→ 逆排

四巽 辛巳金	五中宮 癸酉金	六乾 甲戌火
三震 庚辰金	排山図	七兌 乙亥火
二坤 己卯土		八艮 丙子水
一坎 戊寅土		九離 丁丑水

← 順排

原文：統臨専臨皆善，吉莫大焉，統臨不善，而専臨喜者，不失為吉。統臨善而専臨不善，不免於凶，然凶尤為甚也。若統臨専臨皆不善，斯凶禍之來，莫可救矣。

翻訳：統臨と専臨両方ともよいのがもちろん大吉となる。統臨はよくないが専臨がよければ、これも吉である。逆に統臨はよくて専臨はよくなければ凶になるが、その凶はまだましだ。統臨と専臨両方とも悪ければ、あまりにも大凶になるので、救おうにもどうにもならないほどである。

解釈：この節は統臨、専臨についての総論である。特に専臨のほうが大切であることを強調している。統臨は十年毎、専臨は十日ごとの六甲飛泊を指す。

4　納音五行択日和禽星調布

原文：至於流年干支，亦入中宮順飛，以考八山生旺，如其年不得九星之吉，而得歳音之生旺。則修動亦獲吉微。

翻訳：流年干支についても同じく中宮に入って順飛し、八山の生旺を探求する。たとえば流年は九星の吉を得られなくても納音により生旺を得れば、その結果により少し改修をすれば吉を得ることができる。

解釈：この節はさらに14番の太歳入中の節についての解釈である。たとえば、甲子年に甲子を中宮に入り、甲子金（五中宮）→乙丑金（六乾）→丙寅火（七兌）→丁卯火（八艮）→戊辰木（九離）→己巳木（一坎）→庚午土（二坤）→辛未土（三震）壬申金（四巽）の順で八山を順布し、その納音と八山を配合しながら生旺を推論する。要するに干支の五行を八山の五行を配合し生剋を考える。但し座山は主で干支は従という関係で判断すべきだ。八山はそれぞれ流年があり、九星を中に入れ中宮から八方に順排すれば、それぞれの生旺退殺が分かる。その吉凶により家の修理や配置の時期を決める。（図9）

例えば乾山巽向の場合、乾山の五行は金である。甲子年は座山に流年干支の乙丑が巡り、その納音五行は金であることから比和となる。よってこの年に改修するのは吉となる。巽山乾向の場合、巽山の五行は木である。座山には壬申が巡り納音五行は金、よって金剋木と座山の五行を剋すことになるので改修は凶である。

図9　甲子流年干支入宮図

四巽 壬申金	五中宮 甲子金	六乾 乙丑金
三震 辛未土	排山図	七兌 丙寅火
二坤 庚午土		八艮 丁卯火
一坎 己巳木		九離 戊辰木

← 順排

原文：禽星穿宮，当先明二十四山入中星。巽角（木）、辰亢（金）、乙氏（土）、卯房（日）、甲心（月）、尾（火）、寅箕（水）、艮鬥（木）、丑牛（金）、癸女（土）、子虚（日）、壬危（月）、室（火）、亥壁（水）、乾奎（木）、戌婁（金）、辛胃（土）、酉昂（日）、庚畢（月）、觜（火）、申參（水）、坤井（木）、未鬼（金）、丁柳（土）、午星（日）、丙張（月）、翼（火）、巳軫（水）。各以坐山所値之星（禽星也）入中順布，以論生剋，但山以辰戌分界，定其陰陽，自乾至辰為陽山，陽順布・自巽至戌為陰山，陰逆行。星生宮者，動用與分房吉，星剋宮者，動用與分房凶。

翻訳：禽星は九宮を飛泊しようとすれば、まずは二十四山の中宮に入る星を分からなければならない。巽角（木）、辰亢（金）、乙氏（土）、卯房（日）、甲心（月）、尾（火）、寅箕（水）、艮鬥（木）、丑牛（金）、癸女（土）、子虚（日）、壬危（月）、室（火）、亥壁（水）、乾奎（木）、戌婁（金）、辛胃（土）、酉昂（日）、庚畢（月）、觜（火）、中參（水）、坤井（木）、未鬼（金）、丁柳（土）、午星（日）、丙張（月）、翼（火）、巳軫（水）。それぞれの座山の当番の星（禽星）を中宮に入れ、順飛させ、その星剋を推論する。但し山は辰と戌を分界として陰と陽を決める。乾から辰までは陽山で順飛する。巽から戌までは陰山で逆飛する。星が宮を生じれば増改築すると吉。逆に星が宮を剋すれば増改築すれば凶になる。

解釈：これは二十八宿と二十四山の関係を説明している。

原文：流年之禽星，則以値年之星入中宮，陽年順飛，陰年逆飛，而修造之休咎，於此可考。

翻訳：流年の禽星は本年の当番の星を中宮に入れ、陽年であれば順飛し、陰年であれば、逆飛させる。家を増改築することができるかどうかはこの方法により決めることができる。

解釈：流年禽星は二十八星宿とも言い、本年度の当番の星のことである。それぞれの星は五行がある。日、月、火、水、木、金、土の七宿は、その順で数えれば当番の年の宿が分かる。さらに虚、鬼、箕、畢、氐、奎、翼の七宿をその順で数えれば当番と年の宿と幹事の宿が分かる。たとえば上元甲子年では畢宿は当番の年になる。畢月鳥は太陰で禽である。庚寅年は胃宿の年の当番で胃土雉は土の禽である。太陽禽は年の当番であれば虚宿は幹事役に当たる。太陰禽は年の当番であれば鬼宿の幹事役になる。水禽の場合、畢宿は幹事となる。木禽は氐宿、金禽は奎宿、土禽は翼宿がそれぞれ幹事役を担う。陽年に当たるのは子、寅、辰、午、申と戌の六つある。陰年に当たるのは丑、卯、巳、未、酉と亥の六つである。

5　奇門風水起例

原文：八門加臨者，乾山起艮，坎山起震，艮則加巽，震則從離，巽從震，離從乾，坤從坤，兌從兌，以起休門，順行八宮，分房安床，独取開、休、生為三吉。

翻訳：八門加臨というのは乾山を艮宮に始める。坎山は震のところに始める。艮では巽、震は離のところに始める。巽は震、坤は坤に、兌は兌のところに休門を置く。八宮に順行させる。それに従って部屋やベッドなどを決める。その中で開・休・生の三門は吉となる。

解釈：加臨というのは八山に加えることだ。八門というのは奇門のことであり、休・生・傷・杜・景・死・驚・開の八門のことである。八門の五行は八卦に従う。休は坎で水、生は艮で土、傷は震で木、杜は巽で木、景は離で火、死は坤で土、驚は兌で金、開は乾で金となる。乾山は艮位のところに休門を置く。震は生門、巽は傷門、離は杜門、坤は景門、兌は死門、乾は驚門、坎は開門の順になる。坎山は震のところに休門を置き、艮山では巽に、震山は離に、巽山は震に、離山は乾に、坤山は坤に、兌山は兌に、それぞれの宮に休門から始まり順次に八宮に配布する。八門の中に開・休・生の三門は吉方である。（図10）

たとえば乾宅は艮宮のところに休で始まり続いて震は生、巽は傷、離は杜、坤は景、兌は死、乾は驚、坎は開の順に飛布する。開門は北の坎位、休門は東北の艮位、生は東の震位にあってこの三つの方位は吉方で、玄関、寝室、居間部屋にすると吉である。

図10　休門配布表

①乾宅艮宮起休門

巽宮 傷門	離宮 杜門	坤宮 景門
震宮 生門	中宮	兌宮 死門
艮宮 休門	坎宮 開門	乾宮 驚門

②坎宅震宮起休門

巽宮 生門	離宮 傷門	坤宮 杜門
震宮 休門	中宮	兌宮 景門
艮宮 開門	坎宮 驚門	乾宮 死門

③艮宅巽宮起休門

巽宮 休門	離宮 生門	坤宮 傷門
震宮 開門	中宮	兌宮 杜門
艮宮 驚門	坎宮 死門	乾宮 景門

④震宅離宮起休門

巽宮 開門	離宮 休門	坤宮 生門
震宮 驚門	中宮	兌宮 傷門
艮宮 死門	坎宮 景門	乾宮 杜門

⑤巽宅震宮起休門

巽宮 生門	離宮 傷門	坤宮 杜門
震宮 休門	中宮	兌宮 景門
艮宮 開門	坎宮 驚門	乾宮 死門

⑥離宅乾宮起休門

巽宮 景門	離宮 死門	坤宮 驚門
震宮 杜門	中宮	兌宮 開門
艮宮 傷門	坎宮 生門	乾宮 休門

⑦坤宅坤宮起休門

巽宮 驚門	離宮 開門	坤宮 休門
震宮 死門	中宮	兌宮 生門
艮宮 景門	坎宮 杜門	乾宮 傷門

⑧兌宅兌宮起休門

巽宮 死門	離宮 驚門	坤宮 開門
震宮 景門	中宮	兌宮 休門
艮宮 杜門	坎宮 傷門	乾宮 生門

原文：又有三元起法，上元甲子起乾，順行四維、乾、艮、巽、坤、週而復始。中元甲子起坎，順行四正，坎、震、離、兌、下元甲子起艮，順行四維，艮、巽、坤、乾。

翻訳：または三元により始まる方法もある。上元甲子では乾位のところに休で始まり、四維の乾・艮・巽・坤の順でぐるぐると回せば良い。中元甲子では坎位のところに休で始まり、四正の坎・震・離・兌の順で動く。下元甲子は艮位に休で始まり、四維の艮・巽・坤・乾の順で動く。

解釈：毎年の分布は四維だけで決めればよい。上元甲子年は乾位のところに休で始まる。次の年の乙丑年は艮位。丙寅年は巽位。丁卯年は坤位。それぞれの宮に休で始まって順次に八宮を飛布する。たとえば上元甲子年は乾位に休、坎生、艮傷、震杜、巽景、離死、坤驚、兌開の順になる。（図11）

図11　上元甲子年至乙亥年の休門配布方位

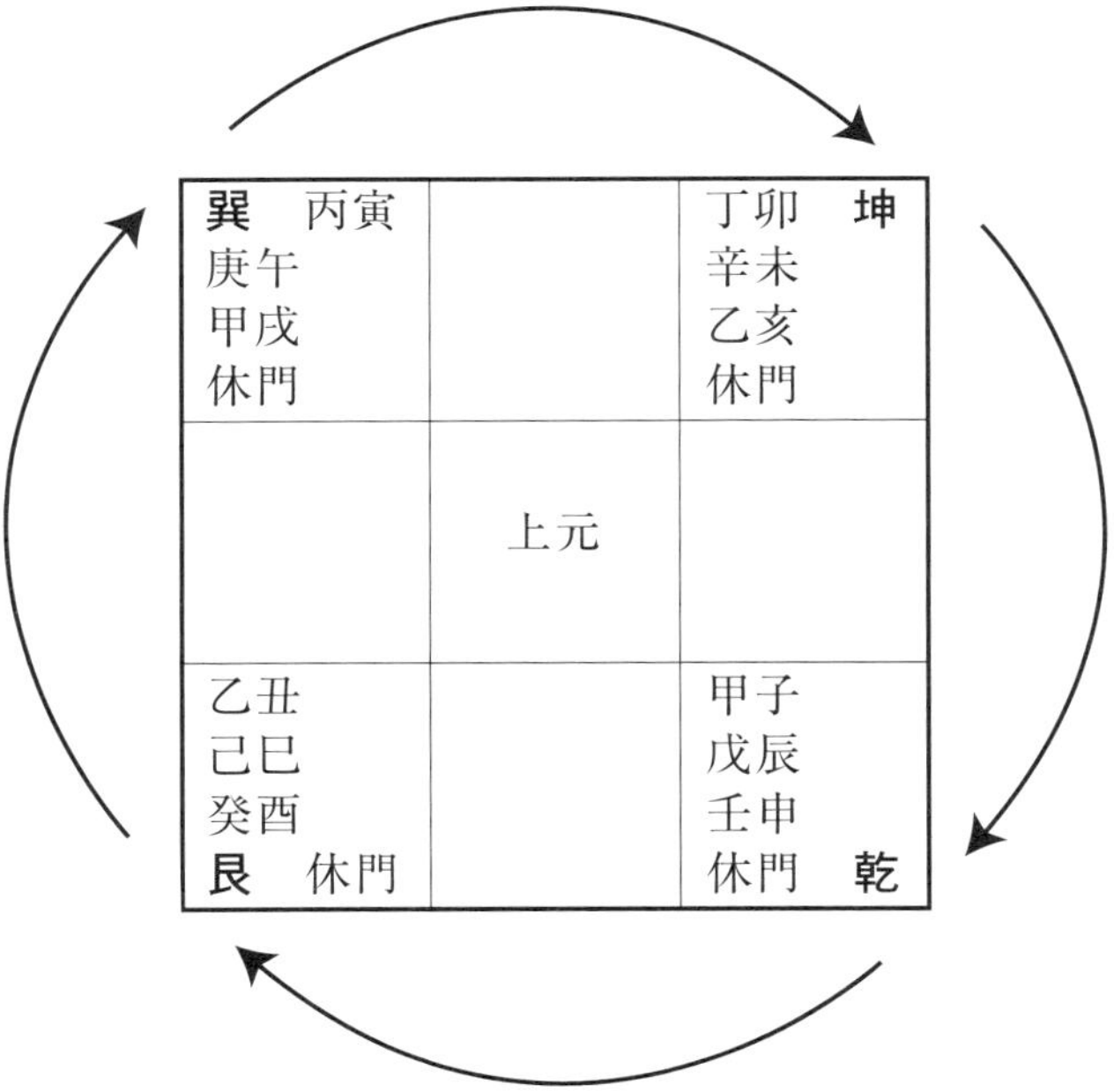

原文：論流年系何宮起休門，亦論其山之陰陽順逆。如寅甲為陽，陽主順，乙卯為陰，陰主逆。但取門奇門也，生宮，宮門比和為吉，宮剋門次之，宮生門則凶，門剋宮則大凶矣！

翻訳：流年にどの宮に休で始まるかというと、その山の陰陽により順行か逆行かを決める。たとえば寅甲は陽であり、陽は順行になる。乙卯は陰であり陰は逆行になる。奇門は宮を生じたり、門と宮は比和であれば吉となる。

その次は宮が門を剋す。宮は門を生ずれば凶、門が宮を剋せば大凶となる。

解釈：八宮で休門を決める方法は二十四宮の陰陽により順行と逆行を決める。（図12）たとえば震宮に甲・卯・乙の三山がある。流年で震宮に休で始まれば甲・卯・乙ともに休門になる。甲は陽干であり陽山になるので順行する。その順は震休、巽生、離傷、坤杜、兌景、乾死、坎驚、艮開になる。乙と卯は陰干で陰山になるので逆行させると震休、艮生、坎傷、乾杜、兌景、坤死、離驚、巽開の順になる。奇門五行と宮位の五行が同じであれば旺気である。休が木の宮に入れば大吉となる。奇門五行が宮位の五行を生じれば生気である。休が木の宮に入れば吉。宮が門を剋せば死。休が土の宮に入れば凶。宮は門を生じれば洩気になる。休は金の宮に入れば凶とする。門が宮を剋せば殺。休は火の宮に入れば大凶となる。

図 12　二十四山陰陽

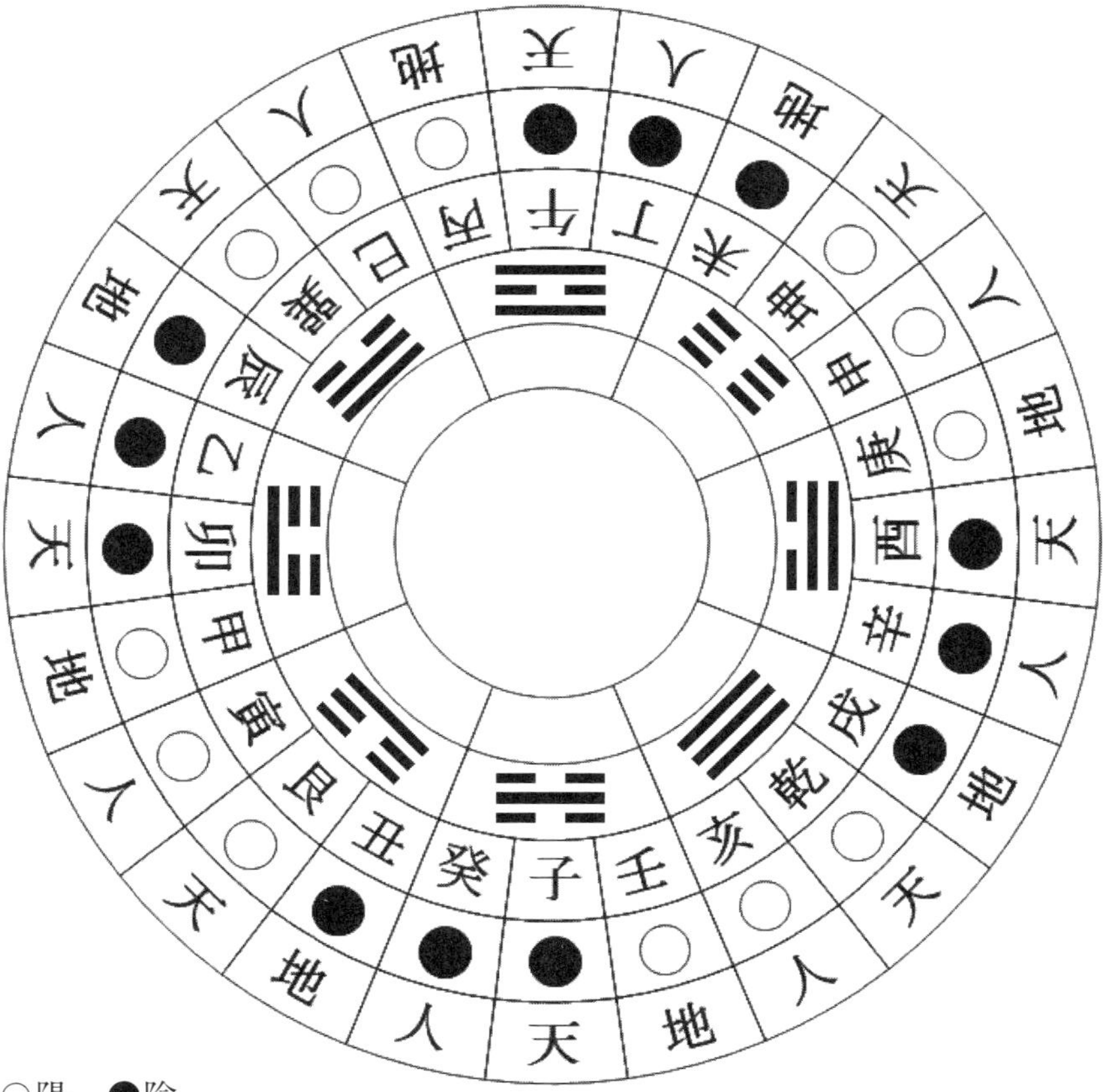

○陽　●陰

6　九星弔替，年月替之法

原文：九星弔替者，如三元九星如中飛布，均謂之弔。而年替年，月替月，層替方，門替間，皆以替名。

翻訳：九星弔替というのは三元九星が中宮に入って洛書に従って飛泊することを弔と呼ぶ。年は年を替え、月は月を替え、層は方位を替え、門は間を替えなどは替というのだ。

解釈：弔とは吊りあい、バランスの意味を持っている。九星を飛泊させることを説明している。

原文：如上元甲子年，一白入中宮，輪至子上，乃歳支也。系六白，即以六白入中，飛布八方，視其生剋。而支上復得二黒，是年替年也。

翻訳：たとえば上元甲子年では一白星は中宮に入り順飛すると坎宮に六白星が入る。坎位は子であり、子は年の支になるので再び六白星を中宮に入れ順飛させて、その生剋を見極める。今度は坎位に入るのは二黒星である。これは年替年の方法である。（図13）

図13　年替年飛星図

巽宮 九紫	離宮 五黄	坤宮 七赤
震宮 八白	中宮 一白	兌宮 三碧
艮宮 四緑	坎宮 六白	乾宮 二黒

巽宮 五黄	離宮 一白	坤宮 三碧
震宮 四緑	中宮 六白	兌宮 八白
艮宮 九紫	坎宮 二黒	乾宮 七赤

原文：又如子年三月，六白入中宮，輪至辰上，三月建系五黄。即以五黄入中宮，輪見八方伏位，而月乃復四緑，是月替月也。

翻訳：また子年の三月は六白星を中宮に入れ辰位まで飛泊する。三月は辰である。辰の位は五黄星になるので五黄星を再び中宮に入れ、飛泊すると辰の位になるのは四緑星になる。それは月替月の方法である。（図14、図15）

解釈：三月は辰である。子の年の三月は六白星を中宮に入れ七乾、八兌、九艮、一離、二坎、三坤、四震、五巽の順になる。辰は巽に属し、月支の五黄星を中宮に入れ、もう一回飛泊させると辰巽の宮に四緑星が入る。これは月替月の方法である。具体的に毎月の値当令の九星について月白毎年起法訣は曰く：「四仲之年正月八、四孟二黒卻相逢、若問四季如何取、正月黄星逆数通」。（意味：四仲は子午卯酉のことを指す。子午卯酉の年では、正月は八白星を中宮に入る。四孟は寅申巳亥のこと。寅申巳亥の年では正月二黒星は中宮に入る。四季は辰戌丑未四季土のこと。辰戌丑未の年に五黄星は中宮に入る。四仲、四孟、四季それぞれの年は中宮に入る星を逆推すれば、それぞれの月の当令星はすぐわかる。（図16）

図14　月飛星図

巽宮 五黄	離宮 一白	坤宮 三碧
震宮 四緑	中宮 六白	兌宮 八白
艮宮 九紫	坎宮 二黒	乾宮 七赤

図15　五黄入中宮飛星図

巽宮 四緑	離宮 九紫	坤宮 二黒
震宮 三碧	中宮 五黄	兌宮 七赤
艮宮 八白	坎宮 一白	乾宮 六白

図16　各年九星置月一覧表

	正月	2月	3月	4月	5月	6月	7月	8月	9月	10月	11月	12月
子午卯酉年	八白	七赤	六白	五黄	四白	三碧	二黒	一白	九紫	八白	七赤	六白
辰戌丑未年	五黄	四白	三碧	二黒	一白	九紫	八白	七赤	六白	五黄	四白	三碧
寅申巳亥年	二黒	一白	九紫	八白	七赤	六白	五黄	四白	三碧	二黒	一白	九紫

原文：如二層屋下元辛亥年，五黄入中，六白到乾，以六白入中，輪布八方論生剋，是層替方也。

翻訳：たとえば二階の家に関して下元辛亥年では五黄星は中宮に入り、六白星は乾宮に入る。六白星を再び中宮に入れ、もう一回飛泊し、それぞれの生剋を考える方法は層替方である。

原文：又二層屋，二黒居中，如開離門，則六白為門星，辛亥年五黄入中，見九紫到門。剋原坐金星。復以九紫入中，輪数八方，而六白到坤及第七間，是門替間也。

翻訳：また二階の家は二黒星を中宮に入れると離宮に六白星が入る。離の位に門があれば六白星は門星になる。辛亥年は五黄星入中宮、九紫星は門の位置になるので、元の座星である金星を剋する。九紫星を再び中宮に入れ飛泊させる。六白星は坤位及び第七間になる。これは門替間の方法である。（図17）ここでいう間は九宮で分布する部屋のことを指す。中宮は第一間、乾宮は第二間、兌は第三間、艮は第四間、離は第五間、坎は第六間、坤は第七間、震は第八間、巽は第九間で推計する。上の例では九紫星を中宮に入れ、順飛させると一白星は乾宮に入って第二間になる。二黒星は兌宮に入って第三間になる。六白星は坤宮に入って第七間になるという推計方法である。

原文：此河図之妙用，運令（三元運令）之災祥，無不可以預決矣。

翻訳：この河図の応用については、これを運用し三元九運の災祥などすべてのことを予測できる。

図17　二階建て飛星図

二階建ての家

巽宮 一白	離宮 六白	坤宮 八白
震宮 九紫	中宮 二黒	兌宮 四緑
艮宮 五黄	坎宮 七赤	乾宮 三碧

辛亥年

巽宮 四緑	離宮 九紫	坤宮 二黒
震宮 三碧	中宮 五黄	兌宮 七赤
艮宮 八白	坎宮 一白	乾宮 六白

九紫入中

巽宮 八白	離宮 四緑	坤宮 六白
震宮 七赤	中宮 九紫	兌宮 二黒
艮宮 三碧	坎宮 五黄	乾宮 一白

紫白訣下篇

1　双星加会結果

原文：四一同宮，準発科名之顕。

翻訳：四緑と一白が同宮すると必ず学問により名を顕すであろう。

解釈：たとえば坎宅では一白星は中宮に入り、流年は四緑星も中宮に入る。坎宅の艮位は四緑星の位置であり流年が七赤星の場合、一白星は艮位に入る。または巽宅では四緑星は中宮に入り、流年の一白星が中宮に入る。巽宅は流年で七赤星が中宮に入ると四緑星が坤位に入る。このようなケースは四一同宮という。ここで一白星は官星であり四緑星は文昌星であるので、勉強や文学に大きな成果を収める。紫白九星はそれぞれ各自の特質がある。二つの星が同宮すれば、特別の作用が発生する。（図18）

図18 四一同宮図

巽宅

巽宮 三碧 9	離宮 八白 5	坤宮 一白 7
震宮 二黒 7	中宮 四緑 1	兌宮 六白 3
艮宮 七赤 4	坎宮 九紫 6	乾宮 五黄 2

坎宅

巽宮 九紫 3	離宮 五黄 8	坤宮 七赤 1
震宮 八白 2	中宮 一白 4	兌宮 三碧 6
艮宮 四緑 7	坎宮 六白 9	乾宮 二黒 5

巽宮 三碧 6	離宮 八白 2	坤宮 一白 4
震宮 二黒 5	中宮 四緑 7	兌宮 六白 9
艮宮 七赤 1	坎宮 九紫 3	乾宮 五黄 8

巽宮 九紫 6	離宮 五黄 2	坤宮 七赤 4
震宮 八白 5	中宮 一白 7	兌宮 三碧 9
艮宮 四緑 1	坎宮 六白 3	乾宮 二黒 8

原文：九七合轍，常招回禄之災
翻訳：九紫と七赤が合うと常に火災を招く。
解釈：九紫は後天の火である。七赤は先天の火であるため、中宮で同宮するか方位で同宮すると火が強まり火災を招くとしている。

原文：二五交加罹死亡並生疾病
翻訳：二五が交わると死亡するか病気になる。
解釈：二黒は病符星である。五黄は廉貞星なのでこれらが同宮すると死亡するか病気を生じるのである。九星の組み合わせのうち最悪のもので、流年で五黄が加わるとさらに良くない。

原文：三七疊至劫盜更見官災
翻訳：三碧と七赤が重なると強盗か官からの災いを見る。
解釈：三碧は蚩尤星で戦いを好む神と言われている。一方、七赤は破軍星で金気が強く刃物（武器）を持っている。この二つが組み合わさると強盗に入られるか、そうでなくとも官憲からの災いに遭遇する。

原文：蓋四緑為文昌之神，職司祿位（原作天輔太乙或天輔太一），一白為官星之応，主宰文章（原作牙笏文章），還宮復位固佳，交互疊逢亦美。
翻訳：四緑星は文昌星であり、禄の位に務める。（天輔太乙若しくは天輔太一とも言う）

一白は官吏になることに応ずる。文章を主宰する。還宮復位もよければ交互畳逢も吉である。

（注：牙笏文章、牙笏は中国古代の大臣は朝廷で皇帝に報告するときに持つ板のことである。要するに古代の文人は科挙により官吏になること）

解釈：一白の宅は流年に一白星は中宮に入る。四緑の宅は流年に四緑星は中宮に入る。これは還宮復位という。要するに一白の宅は坎の宅であり、一白星は中宮に居て流年にさらに一白星は中宮に入ると一白星同士は逢い本の位に戻るので還宮復位というのだ。また、一白の宅は流年に四緑星が中宮に入る、若しくは四緑の宅は流年に一白星は中宮に入る。一白星と四緑星が逢うことは交互疊逢という。どちらも吉だ。

2　中宮山向飛星的組合

原文：是故三九、九六、六三，惟乾、離、震，攀龍有慶・而二、五、八之位，亦可蜚聲。

翻訳：それゆえ、三九、九六、六三は、乾、離、震では、かなりの有力者が助けてくれる。二、五、八の位に居ればかなりの名声を得る。

解釈：三九は三碧九紫のことである。震宅では三碧星は中宮に入る。乾の位は四緑星が居る。流年九紫は中宮に入れば乾の位に一白星が入る。（図19）離宅では九紫が中宮に入宮し、飛泊すると乾の位に一白星は入る。流年では三碧が中宮に入ると乾の位に四緑星が入るのだ。即ち三九の宅は乾の位に四一同宮になる。
九六は九紫六白のことである。離宅の場合、九紫星が中宮に入宮。飛泊すると離の位は四緑星が入る。
流年で六白星は中宮に入ると離の位は一白星が入って四一同宮。（図20）乾宅は六白星が中宮に入り、離の位は一白星であり、流年の時九紫星は中宮に入り、離の位は四緑星が入る。そうすると九六の宅は離の位で四一同宮である。（図20）
同じく、六三は六白三碧のことである。乾宅では六白星は中宮に入宮し、飛泊すると震の位に四緑星は入る。流年で三碧星が中宮に入ると一白星は震の位に飛泊する。（図21）震宅では三碧星が中宮に入宮する。震の位には一白星が入る、流年で六白星は入宮すると震方に四緑星が入る。ということで六三の宅は震の位で四一同宮である。

図19　震宅飛星図

巽宮 二黒 8	離宮 七赤 4	坤宮 九紫 6
震宮 一白 7	中宮 三碧 9	兌宮 五黄 2
艮宮 六白 3	坎宮 八白 5	乾宮 四緑 1

図20　離宅飛星図

巽宮 八白 5	離宮 四緑 1	坤宮 六白 3
震宮 七赤 4	中宮 九紫 6	兌宮 二黒 8
艮宮 三碧 9	坎宮 五黄 2	乾宮 一白 7

乾、離、震では、かなりの有力者が助けてくれることは、三九の宅は四一が乾位にある。九六宅では四一は離位になる。六三では四一は震位になるためである。

二、五、八では、二は第二の部屋のことを指す。前述の三九は震宅では三碧星が中宮に入るので三碧星は第一間に入れ、上の第二間は四緑星が入る。流年では九紫星が入中し九紫星は第一間に入れて上の第二間は一白星が入るため第二間は四一同宮である。離宅と三碧流年の推計は同じである。五は第五の部屋のことを指す。九六の宅では離宅は九紫星が中宮に入るので九紫星は第一間、順に数えると第五間は四緑星である。流年で六白星は中宮に入るので六白星は第一間に入り順飛させると第五間は一白星が入る。第五間は四一同宮である。乾宅と九紫流年は同じ推計すればよい。八は第八間のことを指す。前述の三六では乾宅は六白星が中宮に入るので六白星は第一間になる。順に数えると第八

図21　乾宅飛星図

巽宮 五黄 2	離宮 一白 7	坤宮 三碧 9
震宮 四緑 1	中宮 六白 3	兌宮 八白 5
艮宮 九紫 6	坎宮 二黒 8	乾宮 七赤 4

図22　洛書による部屋の配列

9 間	5 間	7 間
8 間	1 間	3 間
4 間	6 間	2 間

間は四緑星が入る。流年では三碧星は入中し三碧星は第一間に居る。順に数えると、一白星であるので、第八間は四一同宮である。震宅と六白流年の推計は同じである。ということは第二、五、八の部屋に住み、四一同宮になれば結構の有名人になるのだ。但し、ここでいう第二、五、八間の数え方は数字の順ではなく、洛書の軌跡にしたがって数えるのである。（図22）

原文：一七、七四、四一，但坤艮中附鳳為祥。而四、七、一之房，均堪振羽。

翻訳：一七、七四、四一では坤と艮は中宮に居り、鳳凰が付いて吉となる。さらに四、七、一の部屋では、みな羽振りが良い。

解釈：ここでいう一七、七四、四一は前節の三九等と同じように考えればよい。艮坤中というのは艮は原文にある一七に対応し艮の位で四一同宮になる。坤は原文の七四に対応し坤の位で四一同宮になる。中は中宮のことであり原文の四一に対応し、中宮では四一同宮になる。次の四、七、一は、前節と同じく部屋数である。四は第四間のことで原文の一七に対応する。坎宅では一白星が中宮に入るので一白星は第一間に入れ、順に数えて第四間は四緑星である。流年で七赤星は中宮に入り、七赤星を第一間に入れ、順に数えて第四間は一白星が入るため第四間は四一同宮になるのだ。（図23、図24）坎宅は一宮の宅である。七赤流年で一白星は第四間（艮の位）に入り、艮の部屋に住む人は大吉となる。兌宅は一白流年では、これと同じく推計する。七は第七間のことである。原文の七四に対応する。兌宅では七赤星が中宮に入るので七赤星を第一間に入れて、順に数えて第七間は四緑星になる。流年が四緑星の場合、四緑星を第一間に入れて順に数えて第七間は一白星になり、第七間は四一同宮である。

兌宅は七宮の宅であり、四緑流年で一白星は第七間（坤の位）に入るので、この部屋に住む人は大吉となる。巽宅は七赤流年での推計はこのようにする。一は第一間のことである。原文の四一に対応する。巽宅は四緑星が入中し、四緑星を第一間に入れ、流年で一白星が入中する。一白星を第一間に入れると第一間は四一同宮である。巽宅は四宮の宅であり、一白流年では一白星は第一間（中宮）に入るので中宮に住む人は大吉となる。坎宅と四緑流年は同じように類推する。

附鳳、振羽とは鳳凰が付いて羽振りが良いという意味であり、転じて高位に就く。名声が高まる。諸事順調となる。よって四一は同じ間に居る時に吉だという意味である。

図23　坎宅飛星図

巽宮 九紫6	離宮 五黄2	坤宮 七赤4
震宮 八白5	中宮 一白7	兌宮 三碧9
艮宮 四緑1	坎宮 六白3	乾宮 二黒8

図24　洛書による部屋の配列

9間	5間	7間
8間	1間	3間
4間	6間	2間

原文：八二、二五、五八、在兌、巽、坎，登雲足賀，而三、六、九之屋，倶足提名。
翻訳：八二、二五、五八は兌、巽、坎の位になれば雲に登って賀に足る。三、六、九の部屋は名を上げ満足することができる。
解釈：八二、二五、五八とは前節の三九等と同じく考えればよい。兌、巽、坎というのは、兌は原文の八二に応対し兌の位では四一同宮である。巽は原文の二五に応対し巽の位で四一同宮である。坎は原文の五八に応対し坎の位では四一同宮である。三、六、九というのは第三間、第六間、第九間のことである。第三間は八二に対応する。艮宅は八白星が入中し八白星を第一間に入れて順に数えると兌宮は一白が飛泊する。二黒流年では二黒星を一間に入れ順に数えると第三間は四緑星であるので第三間は四一同宮である。（図25、図26）坤宅と八白流年の推計は同じである。第六間は五八に対応する。五黄局では五黄星は中宮に入り五黄星を第一間に入れて順に数えると第六間は一白星である。流年では八白星が中宮に入り、八白星を第一間に入れて順に数えると第六間は四緑星であるので第六間は四一同宮である。艮宅と五黄流年時の推計も同じである。第九間は二五に対応し、坤宅は二黒星が中宮に入るので二黒星を第一間に入れ、順に数えると第九間は一白星である。流年五黄は中宮に入るので五黄を第一間に入れて続けて数えると第九間は四緑星である。したがって第九間は四一同宮である。
以上述べたように、このような部屋に住むと流年になれば名声が世に高まり、順風満帆となって世に名を残す。

図25　艮宅飛星図

巽宮 七赤1	離宮 三碧6	坤宮 五黄8
震宮 六白9	中宮 八白2	兌宮 一白4
艮宮 二黒5	坎宮 四緑7	乾宮 九紫3

図26　洛書による部屋の配列

9間	5間	7間
8間	1間	3間
4間	6間	2間

原文：遇退殺以無嫌，逢生旺益利，年與運固須並論，運與局尤貴珍觀。

翻訳：退と殺と会っても凶にはならなくて済むが、生と旺であれば、かなりの利益を上げられるのだ。年と運とともに論ずることは大事だが、運と局との関係はもっと大事にしないといけない。

解釈：この節は、今まで述べた四一同宮のことを述べている。ここで言う年と運の年は流年のことを指す。運は三元九運のことを指す。局は宅の座向のことを指す。要するに流年と運との組み合わせより、運と局の組み合わせのほうがもっと大切であることを強調している。

原文：運有双逢分大小，年月加会弁三元。

翻訳：運は大運と小運を分ける。年月を加会し三元を弁じる。

解釈：運は大運と小運がある。大運は60年を司る。小運は20年を司る。年の令星は三元の違いによって異なる。たとえば上元甲子年は一白星が入中する。中元甲子年は四緑星が入中する。下元甲子年は七赤星が入中する。

原文：但住宅以局方為主，層間以図運為君。故坤局兌流，左輔運臨，而科名独盛。艮山庚水，巨門運至而甲地流芳。下元癸卯，坎局之中宮発科，歳在壬寅，兌宅之六門入泮。

翻訳：住宅の判断は家の座向を主にして分析し、層と間は河図の五子運を主にして論ずる。ゆえに坤局兌流、八白左輔運になると、優秀な成績で世に名を挙げる。艮山庚水、二黒巨門運になるので、下元癸卯は坎局の中宮となり科挙に合格。名を後世に残す。壬寅の年の兌宅では四六は同じ宮になり吉である。

解釈：河図の五子運とは、60年を五運に分ける。一つの運は12年である。甲子水運、丙子火運、戊子木運、庚子金運、壬子土運である。坤山では二黒星が中宮に入り、兌の位に四緑星が入る。左輔は八白のことであり、八運に交わると兌の位に一白星が入り、四一同宮になるので高位となる。（図27）艮山では八白星が中宮に入り、兌の位に一白星が入る。巨門は二黒星のことである。二黒運は兌の位に四緑星が入るので同じく四一同宮になる。下元癸卯年では四緑星が中宮に入る。坎宅では、もともと一白星が中宮に入り、その年は四緑も中宮に入るので、四一同宮になる。以上のようなパターンは、どちらもよいのだ。兌宅では七赤星が中宮に入り、六白星は巽の位に飛んでいくので巽は六門という。下元壬寅年は五黄星が中宮に入り、四緑星は巽の位に入るため、兌宅では六門入泮という。（図28）但しここで四六同宮になり、文曲星と武曲星と会うのも良いのだが、小吉であって大吉にはならない。

なぜならば四一同宮ではないからだ。

図27　坤宅八白入宮図

坤宮 八白 5	離宮 六白 3	巽宮 一白 7
兌宮 四緑 1	中宮 二黒 8	震宮 九紫 6
乾宮 三碧 9	坎宮 七赤 4	艮宮 五黄 2

図28　兌宅二黒入宮図

坤宮 四緑 2	離宮 二黒 9	巽宮 六白 4
兌宮 九紫 7	中宮 七赤 5	震宮 五黄 3
乾宮 八白 6	坎宮 三碧 1	艮宮 一白 8

原文：此白衣求官，秀士赴挙，推之各有其法。而下僚求昇，廃官思起，作之亦異其方。

翻訳：一般庶民は官僚になり、秀士（古代中国の知識人のこと）は科挙になるため、それぞれの方法がある。官位を上げるにも退官するのも別の方法があるのだ。

解釈：この節も四一同宮についてのまとめである。官僚になるために一白星は大切である。知識人は名を挙げるため四緑文昌は大切である。目的の違いによって必要な九星も違うことを強調する。

原文：夫煞旺須求生旺為佳，造塔堆山，龍極旺宮加意。

翻訳：煞の方位が強ければ、生と旺の方位で塔を作り土の山を作る。龍や宮を旺盛にすることだ。

解釈：たとえば坎山では土星方は煞方である。（土は水を剋する）。生気方は六白星、七赤星が入るところである。生気の方位に殺の方位より高い建物や土の山を作れば煞気を洩すことができる。土生金となって土の煞が弱まる。

原文：制煞不如化殺為貴，鐘楼鼓閣，局山生旺施工。

翻訳：煞を制圧するよりは煞を貴に変えたほうがよい。鐘楼鼓閣を建てて座山を生旺にする。

解釈：煞を制圧することは五行の二つの行は戦うことになる。たとえ煞を制圧できても、自分もダメージになるから、できれば煞を剋すより洩らすことを勧めている。

原文：七赤為先天火数，九紫為後天火星，旺宮単遇，動始為殃，殺処重逢，静亦肆虐。

翻訳：七赤は先天で火になる。九紫は後天で火になる。局山の旺の方位に七赤か九紫の一つだけが入って、何かが動けば火事になる。煞の方位に二つの星が揃えば何もしなくても火事になるのだ。

解釈：河図では、二七は火である。河図は先天であり、七赤は先天の火という。洛書では九紫は後天の火であるからこの二つが同宮すると火が強まり、火事になると述べている。

原文：或為廉貞疊至，如都天加臨，不分動静，均有火災之患。

翻訳：若しくは廉貞も来る。都天も加われば動いでも動かなくても火災になるのだ。

解釈：廉貞は五黄星のことで最凶の星で流年神煞の都天は次凶の星。このような凶星が七九同宮の位に入れば火災になるのは確実であり、防ぐことはできない。

都天煞には戊都天、己都天のほか奕煞《やくさつ》都天の３種類がある。五黄に七九が同宮し、更に都天煞が加われば火に油を注ぐようなものだと述べている。

都天煞表

年干	甲	乙	丙	丁	戊	己	庚	辛	壬	癸
戊都天	辰	子庚	戌	申	午	辰	子寅	戌	申	午
己都天	巳	丑卯	亥	酉	未	巳	丑卯	亥	酉	未
奕煞都天	巽	甲	乾	庚	丁	巽	甲	乾	庚	丁

原文：是故亥、壬之方水路，宜通不宜閉。通而閉之，登時作祟。右弼方之井池，可鑿不可填。鑿者填之，随手生殃。

翻訳：したがって、亥、壬の方位に水路を作らなければならない。水路を止めれば直ちに悪い運勢になる。右弼の方位に井戸や池があれば、それを埋めてはいけない。

解釈：亥、壬二宮は水に属する。水は火を剋すので水路を無くしてはいけない。右弼は九紫のことであり火に属する。九紫の方位に井戸や池があれば火を制圧することができるから良いのだ。それを埋めれば直ちに大凶になる。

原文：廟宇刷紅，在一白煞方，尚主瘟火。楼台聳閣，当七赤旺地，豈免炎災。

翻訳：お寺の建物は赤色にすれば、一白の煞方では火を制圧することはできない。建物は七赤の旺の地に建てれば火災を防ぐこともできない。

解釈：お寺の建物は赤色にすると赤は火に属する。一白は水に属するので火を制圧することができそうだが、一白星は煞の地であるので、たとえ水であっても火を制圧することはできない。さらに建物は七赤星（先天火）の地に建てたならば火が燃えやすくなる。この地に楼閣を作れば（楼閣は火に属する）、火災を避けることはできない。

原文：建鐘楼於煞地，不特亢旱常遭。造高塔於火宮，須知生旺難恃。但一宮而二星同到，必片刻而満室全灰。

翻訳：鐘楼を煞の方位で立てると常に干ばつとなる。高い塔を火の宮で立てると、たとえ生旺の方位でも良いようにならない。一つの宮に二つの星が同時に来ると、ほとんどの部屋は灰になってしまうのだ。

解釈：煞の地は凶方である。そこで鐘楼を立て毎日鳴らす鐘の音は煞気を催すので火災になるのは当然である。それどころか訴訟にもなる。九紫七赤は火の宮である。局山の生旺の地で塔を建てると高ければ高いほど火星はさらに盛んになる。さらに塔の頂点は鋭いので、それも火の形であるから生旺の地でも凶になる。

原文：巽方庚子造高楼，坎艮二局盡俱焚。而坤局之界無侵犯。

翻訳：庚子年に巽の方位で高い建物を建てると坎艮の両方位に火災になる。坤位での被害の心配はなし。

解釈：中元庚子年では四緑星は中宮に入るので七赤星は艮の位、九紫星は坎の位、一白星は坤の位に飛泊する。巽宮に三碧星（木）が入宮。木生火となるので高い建物を建てると火性が強まるのだ。艮の七赤は先天火数、坎の九紫は後天火の宮であるので、坎と艮は火災を避けることはできない。反対に坤の位では流年一白星が入る。一白星は水であり、火を制圧するため被害はないのだ。高楼は火を意味する。（図29）

図29　流年四緑飛星図

巽宮 三碧	離宮 八白	坤宮 一白
震宮 二黒	中宮 四緑	兌宮 六白
艮宮 七赤	坎宮 九紫	乾宮 五黄

高楼

原文：巳上丙午興傑閣，巽中離兌皆燼燒，而艮局遠方不侵，知此明徵，可以避禍。

翻訳：丙午年の建物は巽の位、中宮、離の位、兌の位にあればほとんど火災に逃れず、燃えてしまうのだ。艮局では災害に合わない。この理を分かれば災害を避けることができる。

解釈：中元丙午年、坎宅の巽の位は九紫の凶地である。この年に七赤星が中宮に入り、九紫は兌の位に飛泊し、二黒星は離の位に飛泊するので、巽、中、兌、離の位に建物を建てると、すべて燃やされるのだ。艮の位は一白星が飛来するので水は火を剋す。よって火災から逃れる。このような仕組みを分かれば災害を防ぐことができる。

原文：正煞為五黄，不拘臨方到間，常損人口。二黒病符，無論小運流年，多生疾病。五主妊婦受災，黄遇黒時出寡婦，二主宅母多災，黒逢黄，至出鰥夫。

翻訳：五黄星は正関煞である。方位や間を問わず人を損なう。二黒星は病符星である。小運にしても流年にしてもよく病気になる、五は妊婦に害を与え、黄は黒と会えば寡婦が出る。黒は黄に逢うと鰥夫になるのだ。

解釈：五黄星は中央土であり、正関煞であるので最凶の星である。二黒星は病符星であり、病気になることを主宰する。五黄星は陽土、二黒星は陰土なので腹を管轄するので妊婦に対応する。黄の上に黒が入ると、陰は陽の上になるから寡婦《かふ》になる。逆になれば陽上陰下で鰥夫《やもめ》が出る。さらに二黒星は坤位になり、坤は母であり母にも災害が多い。

原文：運如已退，廉貞逢處禍非一，総是避之為良。運若未交，巨門交会病方深，必然遷之始吉。

翻訳：退運の時、廉貞星と会えば一つだけの災いで済むのではないので予め避けたほうが良い。運が来ないとき、巨門を交わると病気になり、治るどころかますます重くなるので、引っ越ししないと避けることはできない。
解釈：廉貞、五黄星のことである。生旺運が退くとき、廉貞星と逢うと必ず災害になるので避けなければならない。巨門、二黒星のことである。生旺運になる前に二黒星と逢えば必ず病気になるので、引っ越ししたほうが良い。

3　吉星、凶星加会断事訣

原文：蚩尤碧色，好勇闘狠之神，破軍赤名，肅殺剣鋒之象。是以交剣殺興多劫掠，闘牛殺起惹官刑，七逢三到生財，豈識財多被盜。三遇七臨生病，那知病癒遭官。
翻訳：三碧星である蚩尤星は勇猛で戦いが好きな神である。七赤星である破軍星は殺意の強い星である。そのため交剣殺の位では盗難の被害を受ける。闘牛殺の位では官刑が起こる。七のところに三が来れば財運が高まるが、はからずも盗難に逢う。三のところに七が来れば病気になる。病気が治っても、さらに裁判や刑罰が待っている。
解釈：三碧星と七赤星とともに凶星である。三碧星は木、七赤星は金である。七赤星は六白星と逢うことは交剣殺という。三碧星は坤艮と逢えば木は土を剋すことになり、闘牛殺という。七赤金星は三碧木星を剋し、七赤星の位に財運が向上する。但し、七赤星は賊星でもあるので盗難に逢う訳だ。また三碧木星は七赤金星に剋され、剋されるところは病になる。さらに三碧星は戦う星であるため裁判になるのだ。

原文：運至何慮穿心，然而煞星遇旺，終遭劫賊，身強不畏反伏，但因助神一去，遂罹官災。

翻訳：運が来ると、「穿心殺」であっても心配することはない。但し、旺星である煞星に逢うと強盗に遭う。自分が強ければ反伏を恐れないが、助ける星が去ると、直ちに官災に遭うのだ。

解釈：「穿心殺」とは、対冲のことである。三碧星と七赤星は冲することを指す。煞星遇旺とは三碧星は木運に、七赤星は金運になるときのことを指す。反伏は反吟と伏吟のこと。反吟は「穿心殺」と同じ。たとえば三は三と逢い、七は七と逢えば伏吟という。伏吟は助けてくれる星である。伏吟がいれば自分が強くなり吉になる。去れば旺の運勢がなくなり、自分も弱くなり、煞が強くなるので凶に変わる。

原文：要知息刑彌盜，何須局外捜求，欲識愈病延年，全在星中討論。

翻訳：裁判などの災を避け、病気を治し、長生きするにはほかの方法ではなく、局、山、流年、九星の互いの関係の中で探せば良い。

解釈：この節は今まで述べたことをまとめる。前述の「四一同宮」は優秀な成績で出世できる、「七九穿途」は火災に逢う。「二五交加」は病気になる。「三七疊加」は窃盗や裁判に逢うなど。その理にしたがって配置すれば、吉に赴き、凶を避けることができるのだ。

原文：更言武曲青龍，喜逢左輔善曜。六八主武科発跡，不亦韜略栄身。八六主文士參軍更宜異途擢用。旺，生一遇巳吉，死，退双臨乃佳。

翻訳：さらに武曲青龍は左輔に逢えば吉。六八は軍事上の功績により偉くなる。または謀略で栄進する。八六は文士が参軍し登用される。旺の位では一白と逢えば吉になる。死、退の位であっても、二つの星が揃えれば、また吉である。

解釈：武曲星は六白乾金、左輔星は八白艮土である。土生金、二つとも吉星である。六は八に逢えば武功により出世する。八は六に逢えば知識による名を挙げる。また、宅の八白の方位に流年六白星が入れば知識人は軍に入り、文武両道により出世する。諸葛孔明や劉伯温の如きである。宅の生、旺方であれば六と八のどちらの一つの星があれば、吉。死、退方では六白星と八白星がそろえば小吉になる。

原文：九紫雖司喜気，然六会九，而長房血症，七九之会尤凶。四綠固号文昌，然八会四而小口殞生，三八之逢更悪。

翻訳：九紫は吉の星であっても、六は九に逢えば長男が吐血する。七と九と逢えば、もっと大凶になる。四緑星は文昌というが、八は四と逢えば家族の中の子供がなくなる可能性がある。三と八と逢うときの凶はもっと強烈だ。

解釈：九紫は離火であり六白は乾金である。火剋金の作用で重病になる。長房は長男の部屋を指す。七赤は兌に属し、兌は三女を指すので、七赤金は九紫火に剋されることは三女に災いが生じる。八白土は四緑木に剋される。八白星は艮に属し、三男であるので子供に対応する。八白土は三碧木に剋されるのも同じである。四緑星は文昌星であり吉星であるが、剋関係があることにより凶になる。三碧星は凶星であり八白星を剋すると、その凶性がさらに発揮されるのである。

原文：八逢紫曜，須知婚喜重来。六遇輔星，可以尊栄不次。如遇会合之道，盡同一四之中。

翻訳：八は九紫に逢うと結婚などのめでたいことが重ねてくる。六は左輔星と逢えば思わずに官職が上がる。この二つの星が同宮すれば四一同宮と同じである。

解釈：八白星は吉星で九紫星も喜びの吉星である。九紫火生八白土、結婚などのめでたいことが重ねて続けてくる。六白星は同じく吉星であり、八白土生六白金、意外に官職が昇進する。二つの吉星が同宮すれば前述の四一同宮と同じように吉である。

原文：欲求嗣続，紫白惟取生神，至論帑藏，飛星宜得旺気。

翻訳：子孫の存続を希望するなら紫白が生神であれば良い。財運向上では飛星は旺の気が必要となる。

解釈：子供が欲しいなら九紫星により生じればできる。九紫火生土、一白水生木、六白金生水、八白土生金、これらはすべて生神というので、紫白を加えれば子供ができるのだ。帑藏は、古代中国では国庫の意味である。要するに、かなりの財産を築けるために、旺星のところに紫白星が飛来すればよい。たとえば八運で水星は八白方にあり、年星である九紫星が来れば、八は旺気であり、九は生気であるので財を得ることができるのだ。

4　各曜調布各宮、各間、各層、吉凶互見

原文：二黒飛乾，逢八白而財源大進，遇九紫則瓜瓞緜緜。三碧臨庚，逢一白丁口頻添。交二黒，即倉箱済済。先旺丁，後旺財，於中可見。先旺財，後旺丁，與理易詳。

翻訳：二黒星は乾位に飛び、八白星と逢えば財を得る。九紫と逢えば子孫が繁栄する。三碧星は庚の位に入り、一白星と逢えば、さらに子供が次々と生まれる。二黒運に入れば、大財を得る。ということは先に旺丁、次に旺財の順が来れば家族数は増え、次に財を得ることができる。反対の場合は、まず財を得てから後に家族数が増えるのだ。

解釈：坎宅では二黒星が乾位に入り、二黒星は土で、流年では七赤星が中宮に入ると八白土は乾位に入る。（図30）土は乾の位であれば旺になる。さらに八白星は吉星であるので財運となることが判断できる。二黒土は九紫火に生じられ、九紫星も吉星であるので、子供ができると判断できる。坎宅では三碧星が兌に入る。流年が八白だと兌の位に一白水星が入る。（図31）水生木で生星になり、一白星は吉星でもあるので子供ができるのだ。三碧木は二黒土を剋すので二黒運では財運が向上するのだ。瓜は蔓に鈴なりに生えるので子供が次々に生まれることに例えた文章である。

図30　坎宅流年七赤飛星図

巽宮 九紫6	離宮 五黄2	坤宮 七赤4
震宮 八白5	中宮 一白7	兌宮 三碧9
艮宮 四緑1	坎宮 六白3	乾宮 二黒8

図31　坎宅流年八白飛星図

巽宮 九紫7	離宮 五黄3	坤宮 七赤5
震宮 八白5	中宮 一白8	兌宮 三碧1
艮宮 四緑2	坎宮 六白4	乾宮 二黒9

原文：木間逢一白為生気，八白同臨而添丁不育，必因星到艮坤。火層遇木運為財宮，官累不休，必是年逢戌亥。故遇殺未可言煞，須求化煞生權。逢生未可言生，猶懼恩星受制。

翻訳：木は一白と逢えば生気になる。八白は同じ宮に入れば子供が養育しにくいが、星が艮坤の位になったためである。火層は木運になれば財宮である。長年訴訟や災害などが続くのは、必ず流年は戌亥である。そのため煞であれば、必ず悪いと言わない。煞と逢うとき、その煞を解消し生とさせればよい。なお恩星が制されれば、運勢が悪くなるのだ。

解釈：一白水生木、一白は子生であり子供ができるが、八白土に剋されるので養育することが難しくなる。木運は火層（二、七は火に属するので、ここで言う火層は二階、七階、十二階、十七階などの階数を指す）を生ずれば財運がよい。但し火（午）の墓は戌であり、絶は亥であるので、流年戌亥であれば訴訟や災害に逢う。水に逢い、煞であれば木で水を洩したり土で剋すれば、その煞の害を軽減するのだ。水に逢い、恩であっても土に剋されたり木で洩されたりすれば運勢が悪くなるのだ。

原文：但方曜宜配局配山，更配層星乃善。間星必合山，合層，尤合方位為佳。
翻訳：但し九星は山、向と合わせて考え、さらに層の星を取り合わせて考えればよい。各部屋の星も山向、層、方位と合わせて考えればよし。
解釈：九星は座山、座向と組み合わせて吉凶を判断することだ。また階層や間とも組み合わせて判断する。

原文：蓋在方論方，原有星宮生剋之弁。復配以山之生死，局之旺衰，層之退煞而方曜之得失始彰。
翻訳：飛来した方位から言えば、そもそも星と宮の生と剋の関係がある。さらに山の生と死、局の旺と衰、層の退と煞の関係を総合的に考え、方星の得失を論ずる。
解釈：たとえば元の方位は坎で、六白星、七赤星が入れば、金生水で生になる。一白星が入れば、水と水は比和で旺になる。二黒星、八白星が入れば土剋水で煞になる。ほかの方位も同じように考える。生と旺が得られれば吉。退と煞は凶である。

原文：就間論間，固有河図配合之殊，再合以層之恩難，山之父子，局之財官，而間星之制化聿著。
翻訳：部屋の間を言えば河図の数を配合し、さらに層の恩と難を考慮、山の父子関係、局の財と官の関係などを総合的に考えながら間星の生剋などの制生関係を論ずる。

解釈：就間論間というのは、本間の星から生剋関係を論ずることである。河図の数は第一間は水、第二間は火、第三間は木、第四間は金、第五間は土の順で数えていき、間の五行を決める。再び層、山、局のそれぞれの関係を考慮し、剋、殺、退、洩を論ずる。層之恩難とは二七間は火で、木層は火を生するので恩になる。水層は火を剋するので難になる。山之父子とは我を生するものは父、我が生するものは子である。先の例でいえば二七間は火で、山の木星と逢えば、それは父という。山の土星と逢えば山の子という。我が剋するものは財、我を剋すものは官である。生旺が多く、剋洩が少ないものは凶より吉が大きい。逆であれば凶のほうが大きい。たとえば剋、殺、退と会う時は制化の方法を用いるのだ。

原文：論方者，以局、山、層同到，観其得運失運，而吉凶懸絕。

翻訳：方位から言えば局、山、層に飛来した星を河図と洛書の運を照らし合わせてみれば吉と凶との違いはかなり大きい。

原文：論間者，以運年星疊至，徵其得気失気，而休咎分途。

翻訳：間から言えば、運と年星と合わせて分析し、その得気と失気を分析し休と咎がわかる。

解釈：間の五行をまず確定する。次にこの間は河図洛書の何にあたるかを考える。さらに年星をあたる。この三者を合わせて分析する。たとえば、ある間は得運であり、その年星は生旺の気もあり、得気といい吉である。得気は休。逆に剋洩運であれば失気といい凶である。失気は咎。それぞれを判断すれば違いが分かる。

原文：「八卦」乾位屬金，「九星」則二黒土，此號老父配老母，入三層則木來剋。土而財少，入兌局，則星列生宮而人與，更逢九紫入土、木之元，斯得運，主科名財丁並茂。

翻訳：「八卦」の乾位は金に属する。「九星」では二黒星は土である。ということは父と母との関係である。三層では木は土を剋し、財運が少ない。兌の局に入れば星は生する宮に入るので家族数が増える。さらに九紫は土、木の元運に入れば得運といい、財運、家族数運ともよく、名を挙げることもできる。

解釈：ここでいう「八卦」は、後天八卦のことである。乾は西北位で金に属する。二黒星は坤の位で土に属する。乾坤は父母のことである。二黒星は乾宮に入れば土生金で吉。乾宅では三層が木に属す。二黒星が入れば木に剋され、金を生することができなくなるので財運がなくなる。兌局は金に属し、二黒星が入れば土生金。これは「星到生宮」といい、子供が生まれる。九紫離火は乾宮に入れば、さらに河図洛書木運と土運により木生火、運は星を生じるというので財、人、名ともに吉である。

原文：河図四間属金。洛書四緑属木，此為河図剋洛書，入兌方則文昌破體而出孤。入坤居，則土重金埋而出寡。若以一層入坎震之鄉，始為得氣，而科甲傳名，亦增丁口。

翻訳：河図では第四間は金に属する。洛書では四緑星は木に属する。これは河図が洛書を剋している関係である。兌の方位に入れば、文昌は怪我し孤児になる恐れがある。坤の方位に入ると土が重くて金を埋めるので、夫がいなくなる可能性がある。たとえ一層は坎震の宮に入れば得気になり、得た知識により出世できるし家族も増える。

解釈：河図では第四間は金、洛書では、第四間は四緑星で木である。金剋木、河図は洛書を剋するというのだ。兌は金に属し、さらに木を剋する。四緑文昌星は二回ほど剋され、怪我をするのは当然である。兌は三女であり、四緑星は巽の木であるので、兌に剋され、娘のほうが強いので父を剋する。第四間は坤局であれば坤は土、土が重ければ、金を埋めるので土が強いことである。坤は母であり夫を剋する。一層では坎宮に入れば、水と水は旺である。震宮に入れば水生木は生になる。層と方は互いに生、旺関係になり得気になるので大吉である。

原文：局為體，山為用。山為體，運為用。體用一元，合天地之動靜。

翻訳：局は体であれば山は用になる。山は体であれば運は用になる。体用は一元になり、天地の道は分かる。

解釈：先に局を見、局の上で山の吉凶を分別することは局為体、山為用という。先に山を見、山の上から運と山の生、旺、退、洩の関係を分析するのは山為体、運為用というのだ。体は静、用は動、体と用を一体にすると天地自然界の変動に当てはまる。体は本体で用は作用のことである。このことを前提に体を主、用を従と置き換えても良い。

原文：山為君，層為臣。層為君，間為臣。君臣合德，鬼神咸驚！

翻訳：山は君主であれば層は大臣である。層は君主であれば間は大臣である。君と臣は一緒になれば鬼神が見ても驚くだろう。

解釈：君は主役であり臣は補佐役である。まず山を決め、それから層数を決めることは山為君、層為臣である。層を決めてから部屋の間数を決めることは層為君、間為臣のことである。山と層、層と間、互いに剋洩の関係がなく、生と旺の関係だけであれば大吉である。

原文：局雖交運，而八方之六事，亦懼戊己廉貞疊加。山雖逢元，而死退方之悪殺尤懼巡邏天罡加臨。

翻訳：局は運に恵まれても、八方に六つのことがあるので、たとえ戊己と廉貞が重ねてくるのを恐れるのである。山は元運であっても、死と退の殺方では巡邏天罡が一緒にくるとさらに凶になる。

解釈：局は生旺元運に交わしても、流年に戊己廉貞の二つの凶星が重ねれば六事が恐ろしいことになる。六事は内外で分ける。内六事は宅内の門、戸、井戸、窓、ベッド、部屋のことを指す。外六事は宅外の橋、梁、殿、塔、亭、台のことを指す。実は内外で言えば、このそれぞれ六つのことよりさらに多いのである。廉貞は五黄星、戊己は天都。ともに悪星である。巡邏は巡山邏睺のこと、子年は癸、丑年は艮、寅年は甲、卯年は乙、辰年は巽、巳年は丙、午年は丁、未年は坤、申年は庚、酉年は辛、戌年は乾、亥年は壬にそれぞれいるのだ。天罡は奇門内の悪星である。

原文：蓋吉凶原由星判，而隆替乃由運分。局運興，屋運敗，従局論吉。山運敗，局運興，従屋呈祥。

翻訳：吉凶はすべて星で判断できる。宅の興隆や衰退と交替は運で分かる。局が得運し、宅が失運であっても、宅を考えずに局に従えば吉になる。山が失運し宅が得運すれば、山を無視し宅に従えば、また吉になるのだ。

解釈：局と山と合わせて考えないといけない。吉星であれば吉。凶星であれば凶。九星は八方に飛泊し、生旺方では吉、退殺方では凶。但し、興隆と衰退、交替について、三元大小運及び五子運に基づいて、得運であるかどうかを判断する。局は元運に入って得運であれば興隆になる。たとえば屋は失運であれば落魄れた場合は局に従い、屋を切り捨てればよい。山は失運で落魄れ、宅は得運で興隆すれば山を切り捨て局に従うのだ。

原文：発明星運之用，啟迪後起之賢，神而明之，存乎其人也。

翻訳：古来の九星飛泊と河図、洛書の五子運、三元九運などの学問は後継の有能者に良い啓発を与え、さらにこの学問の発達するよう道を広げる。

玄空星曜断事歌訣

一一（坎為水）
一白為官星之應・主宰文章
一白は官星にあたる。文章を主宰する。
文章により任官、昇進、昇格となる。
※一白は貧狼星、官禄星とも言う（吉）

一四（水風井）、四一（風水渙）
四一同宮・準発科名之顕
四一が同宮すると必ず学問により名を顕すであろう。
入試、入社試験、資格試験に合格。文章のことで名声が高まる。

二三（地雷復）、三二（雷地予）
闘牛殺起惹官刑
牛が闘う殺が起こる、官による刑罰を受ける。

争いが起きる、法律による罰則、税務の罰則。

二五（地戊己卦）、五二（同）

二五交加・羅死亡並生疾病

二と五が交わると死亡か疾病に罹る。

※二黒は巨門星、病符星ともいう（凶）

二六（地天泰）、六二（天地否）

二黒飛乾・逢八白而財源大進

二黒が乾に飛ぶと、八白に逢い財運が大いに高まる。

（乾宮は先天で八白が入宮するため）

二九（地火明夷）、九二（火地晋）

遇九紫則瓜瓞緜緜

九紫に会うと小さな瓜が綿々と連なる。子孫繁栄を象徴する。おめでたいことが訪れる。

三三（震為雷）

蚩尤碧色・好勇鬥狠之神（鬥とは鬪のこと）狠（ガン）

蚩尤は碧色、勇猛を好む神。
蚩尤は凶猛な部族長であって黄帝と戦って敗れたという伝説がある。
このことから、粗暴で争いごとが起きる。暴力行為の発生。
※三碧は禄存星という、蚩尤星とも言う（凶）

三七（雷沢帰妹）、七三（沢雷随）
三七畳至・被劫盗更見官災
三七が合わさると強盗、更に官からの災いを見る。
三逢七臨生病・那知病癒遭官・七逢三到生財・豈識財多被盗。
三が七に会うと病気を生じる。何と病気が治ったにもかかわらず官災に遭遇する。七が三に到ると財を生じる。どうして財を多いのに盗まれることを知る。（凶）

三八（雷山小過）、八三（山雷頤）
四緑固號文昌・然八会四而小口殞生・三八之逢更悪
四緑は文昌が固まると号す。しかし八が四に会うと子供が亡くなる。三と八が会うと更に悪い。（凶）

四四（巽為風）
蓋四緑為文昌之星・職司禄位・一白為官星之應・主宰文章

それ四緑は文昌の星、官職を司る、一白は官星に応ず。文章を主宰する。
還宮復位固佳・交互畳逢亦美
宮に帰って復位となるので良い。交互に重なってもまた良し。
※四緑は文曲星という、文昌星ともいう（吉）

四八（風山漸）、八四（山風蠱）
四緑固號文昌・然八会四而小口殞生・三八之逢更悪
四緑は文昌が固まると号す。しかし八が四に会うと男の子に災いが生ず。三と八が会うと更に悪い。（凶）
固は昔から古来、決まっているという意味もある。

五五（戊己、戊己中宮）
五主孕婦受災
五は妊婦が災いを受けるのを主宰する。
※五黄は廉貞星という、関殺星ともいう（大凶）

六七（天沢履）、七六（沢天夬）
交剣殺興多劫掠
剣殺の運にあたる。強盗が多く起る。剣殺の運にあたる（凶）

六八（天山遯）、武曲青龍・喜逢左輔善曜

武曲（六白のこと）は青龍、左輔（八白）良い星と喜び会う。

六八武科発跡、否亦韜略栄身

六八は武功で立身出世する。そうでなくても謀略で栄身する。

韜略とは周建国時の軍師である太公望呂尚が記したとされる兵法書「六韜三略」のこと。

※六白は武曲星という（大吉）

六九（天火同人）、九六（火天大有）

六会九而長房血症

六が九に会うと長男が血液関係の病気になる。

（火剋金となり、金は肺・大腸・血液に関係する）（凶）

七七（兌為沢）

破軍赤名・粛殺剣鋒之象

破軍（七赤のこと）は赤い名であり、粛殺剣鋒の姿。

※七赤を破軍星という（凶）　刃物によって粛清するという意味を持つ。

七九（沢火革）、九七（火沢睽）

七九合轍・常招回禄之災
七九が合うと火災を招く（凶）

八六（山天大蓄）
武曲青龍・喜逢左輔善曜
武曲（六白のこと）は青龍、左輔（八白）良い星と喜び会う。
八六文士参軍或則異途擢用・旺生一遇已吉・死退雙臨乃佳
八六は文士が参軍あるいは異なる分野で才能を発揮する。
旺生一つに会えば已（すでに）吉、死退両方訪れて乃（すなわち）よし。
※八白を左輔星という、財帛星ともいう（大吉）

八九（山火賁）、九八（火山旅）
八逢紫曜・婚喜重来
八白が九紫と会うと結婚と他の喜び事が重なり来る。
中国では喜喜と並べて書き、縁起の良い文字とする。
※九紫を右弼星という

あとがき

風水の本場、中国では風水を職業とする人ははっきりと分からないがそれなりにいると思う。白鶴易人老師に以前聞いてみたら、上海にも50人はいると言っておられた記憶がある。このほとんどが男性だ。一方、占い師はその10倍以上はいるだろう。こちらはほとんどが女性だ。中国では風水は選地と吉相の建物を建てるのに欠かせない職業なのだ。それだけでない、陰宅といって墓地を作るのにも風水師がかかわってくる。職業柄、山の中へ入ったり、建築現場へ踏み込む必要があるため女性には危険ということかも知れない。また、風水は空間（立体）を対象とし、占いは主に個人（心と体）を対象とする。このことから、風水は対象を絞りにくく難しいとか良く分からないという声を聞く。空間を対象ということならば建築やインテリアの知識が併せて必要なところである。なるべく具体的にはっきりわかるように対処しなければいけないので一部の方を除いては女性にはなじみにくいのかも知れない。理論ばかり多くても具体性がないといけないと思い、この本では玄空風水を体系的に整理すると共に図を多くして、できるだけわかりやすく説明したつもりである。

本をまとめていくうちに土地建物に関する事象はそればかりでもないと気付いた。風水のアプローチである巒頭と理気だけで説明がつかないものだ。これを「よもやま話し」として付け加えた。

風水へのアプローチにも研究対象としての「風水学」と家相占いとしての「風水術」とがある。大学で地理学や環境学の一つとして「風水学」を研究されるのは良いことと思うし、関係する書籍も発行されている。一方、「風水術」の本は数多く世に出ている。その多くは風水に名を借りた占いの本であったり、風水グッズやパワーストーンを紹介したものであったように思う。このような中でも近年になって玄空風水の本が世に出るようになったことは喜ばしいことである。それでもあえて玄空風水の本を出版する意味はある。それは「風水学」でもなく、「風水術」でもなく、「風水業」につながる本を出したかったのである。

ＮＴＴのタウンページで50音順索引を見ると、「占い、占学校」はあるが、「風水」という項目はない。結局、職業として確立されていないというのが結論であろう。それでは風水を産業として確立させるにはどうしたら良いか。風水師は風水グッズを販売するだけでなく、不動産や建築、インテリア、造園の分野まで関連させる関与が必要なのである。結論から言うと、関連する業者と連携するのである。何も風水師が建築士や宅建取引士にならなくても良いのである。こうしてほしいという考えを専門家に図面にしてもらい、改善につなげていくのである。

本書は「沈氏玄空学」をベースに、理論を整理すると共に各方面での応用を紹介した。この本が世に出たのは白鶴易人老師のご指導あってのことである。このご恩に報いるため、これからも努力し続けていきたい。

２０１８年６月吉日

現代風水研究会
会長 **安藤 成龍**（吉村徳則）

参考文献

中国・台湾書

地理辦正疏　蔣大鴻　著、張心言　疏　武陵出版有限公司
図注地理疑問　蔣大鴻　著　内蒙古人民出版社
蔣氏玄空秘笈　唐雍智　著　中州道教文化協会
玄空紫白訣精解　白鶴鳴點　注　聚賢館文化有限公司
玄空地理叢譚　鐘義明　武陵出版有限公司
沈氏玄空学標注　劉賁　進源文化事業有限公司
図解　沈氏玄空学　原著　沈竹礽　鄭逸　著　陝西師範大学出版社
新　玄空真秘　徐宇辳　編著　宋林出版社
三元玄空地理精要　張玉正　著　聖環図書股份有限公司
玄空八宅経緯　黄榮泰　編著　進源書局
玄空陽宅学　陳柏瑜　著　益群書店股份有限公司
八運玄空陽宅秘訣　李哲明　編著　育林出版社
八運風水秘笈　蘇志宗　著　明窗出版社
八運己丑実例集　梁超　著　中国哲学文化協進会出版

陽宅風水指南　洑渓居士、圓銘居士　編著　瑞成書局
易学与建築環境学　張仕全　主編　北京工芸美術出版社
帯羅盤看風水　蔵壽　著　経史子集出版社
玄空大卦羅経詳解　李哲明　編著　育林出版社

国内書
五行大義　中村璋八　明徳出版社
陰陽五行思想からみた日本の祭　吉野裕子　著　弘文堂
風水気の景観地理学　渡邊欣雄　著　人文書院
図説風水学　目崎茂和　著　東京書籍
風水という名の環境学　上田　信　著　（社）農村漁村文化協会
解説本陽宅集成を識る　鮑黎明　著　東洋文化学院
風水で運を呼び込む大辞典　鮑黎明　著　東洋経済新聞社
図解　庭師が読み解く作庭記　小埜雅章　著　学芸出版社
石組園生八重垣伝解説　上原敬二　偏　加島書店

【著者紹介】

安藤 成龍（本名 吉村徳則）
広島市在住
現代風水研究会会長、中小企業診断士、環境プランナー
四柱推命を五輪会（東京）の伊勢瑞祥先生に学ぶ。鑑定師・師範
奇門遁甲挨星法を近江一成先生に学ぶ
玄空風水、劉氏奇門遁甲を上海の風水師 白鶴易人老師に学び弟子となる
風水や奇門遁甲を研究し、後進の指導にあたっている
現代風水研究会 http://gendaifusui.com/
連絡先 広島市中区袋町 4-14 ㈱成研 電話（082）543-5551

玄空風水秘訣

２０１９年２月15日 初刷発行

定 価——本体１０、０００円＋税
著 者——安藤成龍
発行者——斎藤 勝己
発行所——株式会社東洋書院
〒１６０－０００３ 東京都新宿区四谷本塩町15－８－８Ｆ
電 話 ０３－３３５３－７５７９
ＦＡＸ ０３－３３５８－７４５８
http://www.toyoshoin.com
印刷所——株式会社平河工業社
製本所——株式会社難波製本

ISBN978-4-88594-526-7